DEUTSCHE LANDESREFERATE
ZUM V. INTERNATIONALEN KONGRESS FÜR
RECHTSVERGLEICHUNG IN BRÜSSEL 1958

INSTITUT FÜR RECHTSVERGLEICHUNG
DER UNIVERSITÄT MÜNCHEN

Deutsche Landesreferate zum V. Internationalen Kongreß für Rechtsvergleichung in Brüssel 1958

Herausgegeben von MURAD FERID

WALTER DE GRUYTER & CO.

vormals G. J. Göschen'sche Verlagshandlung
J. Guttentag Verlagsbuchhandlung, Georg Reimer, Karl J. Trübner, Veit & Comp.

Archiv-Nr. 27 22 58
Satz: Walter de Gruyter & Co., Berlin W 35. Druck: Berliner Buchdruckerei „Union", Berlin SW 29

VORWORT

Die nachfolgenden Beiträge sind als deutsche Landesreferate zum V. Internationalen Kongreß für Rechtsvergleichung in Brüssel 1958 erstattet worden. Sie werden hiermit, ebenso wie schon früher die Referate zu den vorangegangenen Kongressen (Den Haag 1932 und 1937, London 1950, Paris 1954), der Öffentlichkeit übergeben.

Dem deutschen Landeskomitee gehörten unter dem Ehrenvorsitz von Präsident Professor Dr. *Ernst Wolff* die folgenden Herren an:

Professor Dr. *Günther Beitzke*, Göttingen
Professor Dr. *Arwed Blomeyer*, Berlin
Professor Dr. *Ernst von Caemmerer*, Freiburg i. Br.
Professor Dr. *Helmut Coing*, Frankfurt
Professor Dr. *Hans Dölle*, Hamburg
Professor Dr. *Konrad Duden*, Mannheim
Ministerialdirektor Dr. *Gerhard Erdsiek*, Bonn
Professor Dr. *Erich Genzmer*, Hamburg
Professor Dr. *Paul Gieseke*, Bonn
Professor Dr. *Erich Kaufmann*, Bonn
Professor Dr. *Gerhard Kegel*, Köln
Professor Dr. *Hans Lewald*, Basel
Professor Dr. *Hans Liermann*, Erlangen
Professor Dr. *Hans Möller*, Hamburg
Professor Dr. *Klaus Mörsdorf*, München
Präsident des Bundesarbeitsgerichts
Professor Dr. Dr. *Hans Carl Nipperdey*, Kassel
Professor Dr. *Leo Raape*, Hamburg
Professor Dr. *Otto Riese*, Luxemburg
Professor Dr. *Otto Spies*, Bonn
Staatssekretär Dr. *Walter Strauß*, Bonn
Professor Dr. *Hermann Trimborn*, Bonn
Professor Dr. *Eugen Ulmer*, München

Professor Dr. *Hellmut von Weber*, Göttingen
Professor Dr. *Hans Würdinger*, Hamburg
Professor Dr. *Konrad Zweigert*, Hamburg

sowie als Generalsekretär

Professor Dr. *Murad Ferid*, München.

Besonderer Dank gebührt den Herren Staatssekretär Dr. *Strauß* und Ministerialdirektor Dr. *Erdsiek* vom Bundesjustizministerium und Professor Dr. *Dölle* vom Max-Planck-Institut für Ausländisches und Internationales Privatrecht, die durch Rat und Tat die Entstehung dieses Werkes wesentlich gefördert haben.

Durch eine großzügige Spende trug die Gelsenkirchener Bergwerks AG zur Behebung der finanziellen Schwierigkeiten des Druckvorhabens bei.

Die Einrichtung für den Druck besorgte Rechtsanwalt Dr. Dr. *Eugen D. Graue*, München.

PROFESSOR DR. M. FERID
München

INHALTSVERZEICHNIS

ERSTER TEIL

Rechtsgeschichte

Kirchenrecht

Rechtsethnologie

Rechtsphilosophie

ZWEITER TEIL

Bürgerliches Recht

Landwirtschaftsrecht

---

*) Ein weiteres Landesreferat von KLAUS MÖRSDORF „Die kirchliche Eheschließungsform nach dem Selbstverständnis der christlichen Bekenntnisse. Eine rechtsvergleichende Untersuchung" ist in der Münchener Theologischen Zeitschrift, Jahrgang 9 (1958) Heft 4, veröffentlicht.

DRITTER TEIL

VIERTER TEIL

Académie Internationale de Droit Comparé

V. Internationaler Kongreß für Rechtsvergleichung
vom 4. bis 9. 8. 1958 in Brüssel

ÜBERSICHT ÜBER DIE KONGRESSTHEMEN

SECTION I (GÉNÉRALE)

A. *Droits de l'Antiquité*

1. Le concept de la propriété dans les droits de l'antiquité
(ohne deutsches Landesreferat)

B. *Histoire du Droit*

1. Biens familiaux et biens individuels
(deutsches Landesreferat von FRIEDRICH MERZBACHER)
2. Droit de propriété absolue et démembrement de la propriété
(ohne deutsches Landesreferat)

C. *Droit Canonique*

1. La forme ordinaire et la forme extraordinaire du mariage dans les différents droits canoniques
(deutsche Landesreferate von HANS LIERMANN und KLAUS MÖRSDORF)
2. La bonne foi et sa fonction en droit canonique
(ohne deutsches Landesreferat)
3. L'usage en droit canonique moderne, sa nature, son influence, ses rapports avec la coutume
(ohne deutsches Landesreferat)

D. *Ethnologie juridique*

1. Les problèmes de la propriété privée et collective chez les peuples primitifs
(deutsches Landesreferat von WALTER NIPPOLD)
2. Le problème de la rédaction des droits coutumiers: intérêt, difficultés, méthodes
(ohne deutsches Landesreferat)

E. *Droit Oriental*

1. Modifications apportées par la loi au statut personnel des Hindous depuis l'indépendance de l'Inde
(ohne deutsches Landesreferat)

2. Un grand juriste musulman: Mohammed Ibn Al-Hasan Al-Shaibani
(ohne deutsches Landesreferat)

3. Le mouvement de codification dans les pays musulmans. Ses rapports avec les systèmes juridiques occidentaux
(ohne deutsches Landesreferat)

4. Coutume et jurisprudence musulmanes (Orf et Amal)
(ohne deutsches Landesreferat)

5. L'autonomie de la volonté en droit musulman
(ohne deutsches Landesreferat)

F. *Philosophie du Droit*

1. Notion de la légalité
(deutsches Landesreferat von Ulrich Klug)

2. La relativité des concepts juridiques
(deutsches Landesreferat von Karl Engisch)

G. *Etude et Enseignement du Droit Comparé et Unification*

1. L'étude du droit comparé envisagée comme moyen pour rechercher les matières susceptibles d'unification sur le plan international
(ohne deutsches Landesreferat)

SECTION II

A. *Droit Civil*

1. Le contrôle des autorités judiciaires ou administratives dans la liquidation des successions
(deutsches Landesreferat von Karl Firsching)

2. Le cas de responsabilité sans faute
(ohne deutsches Landesreferat)

3. Les tendances de la législation et de la jurisprudence moderne vers une égalisation de la condition juridique des époux
(ohne deutsches Landesreferat)

B. *Droit International Privé*

1. Le transfert de siège social
(ohne deutsches Landesreferat)

2. Les effets des jugements de divorce étrangers
(ohne deutsches Landesreferat)

C. *Procédure Civile*

1. L'action préventive en dehors des litiges immobiliers
(ohne deutsches Landesreferat)

2. L'exécution des sentences arbitrales
(ohne deutsches Landesreferat)

D. *Droit Rural*

1. Marché commun européen et législation agraire. Thèses et tendances méthodiques: harmoniser ou unifier? Limites
   (ohne deutsches Landesreferat)
2. Les crédits agricoles d'établissement et leurs garanties
   (deutsches Landesreferat von Hans-Dietrich v. Arnswaldt)

SECTION III

A. *Droit Commercial*

1. Mesures préventives de la faillite
   (ohne deutsches Landesreferat)
2. La participation des travailleurs dans la gestion et les bénéfices de l'entreprise
   (deutsches Landesreferat von Rolf Dietz)
3. L'énergie atomique et le droit des assurances
   (deutsches Landesreferat von Reimer Schmidt)

B. *Droits intellectuels*

1. Le développement de la licence obligatoire
   (ohne deutsches Landesreferat)
2. La convention universelle des droits d'auteur, entrée en vigueur en 1956
   (ohne deutsches Landesreferat)

C. *Droit du Travail*

1. La stabilité de l'emploi
   (deutsches Landesreferat von Gerhard Boldt)
2. Le droit des congés payés
   (deutsches Landesreferat von Marie Luise Hilger)

D. *Droit Aerien*

1. Système et limites de la responsabilité en droit aérien, international et national
   (deutsches Landesreferat von Gerd Rinck)

SECSION IV

A. *Droit Public*

1. Le problème de la sécurité de l'Etat et la liberté
   (ohne deutsches Landesreferat)
2. L'institutionalisation des partis
   (ohne deutsches Landesreferat)
3. Evolution des idées en matière de représentation proportionnelle
   (ohne deutsches Landesreferat)
4. L'exécution forcée sur les biens des autorités et services publics
   (ohne deutsches Landesreferat)

5. Statut juridique de la presse, de la radio, de la télévision et des spectacles, et les limites de la liberté d'expression
(deutsches Landesreferat von IGNAZ SEIDL-HOHENVELDERN)

B. *Droit Pénal*

1. Les procédés nouveaux d'investigation scientifique et la protection des droits de la défense
(deutsches Landesreferat von MAX KOHLHAAS)
2. La notion du secret médical en droit pénal comparé
(ohne deutsches Landesreferat)
3. Les sanctions en matière de droit pénal économique
(deutsches Landesreferat von RICHARD LANGE)

C. *Droit International Public*

1. Les conditions dans lesquelles les Etats accordent aux navires le droit d'arborer le pavillon national
(ohne deutsches Landesreferat)
2. La règlementation juridique des espaces maritimes, et de la plateforme sous-marine
(ohne deutsches Landesreferat)
3. Grandeur et décadence de la doctrine de non intervention des Etats dans les affaires internes des Etats étrangers
(ohne deutsches Landesreferat)

Erster Teil

RECHTSGESCHICHTE

KIRCHENRECHT

RECHTSETHNOLOGIE

RECHTSPHILOSOPHIE

RECHTSGESCHICHTE

FAMILIENGUT UND INDIVIDUALGUT

Von Dr. Dr. Friedrich Merzbacher

Privatdozent an der Universität München

Die Sozialordnung der ursprünglichen Gesellschaft ruht auf dem tragenden Fundament der Familie. Das primitive Recht erklärt sich ohnehin entscheidend aus den bestimmenden Faktoren und grundlegenden Voraussetzungen der primitiven Wirtschaftsverhältnisse[1]. Im Rahmen einer solchen Umwelt aber verlagert sich das Gewicht der sozialen Beziehungen stark auf die Kernzelle der menschlichen Zusammenschlüsse, auf die Familie. Namentlich die patriarchalische Großfamilie verkörperte eine dauernde, ständige Personenverbindung, die über Grund und Boden verfügte, das Familiengut von einer Generation an die nächste weiterreichte[2]. Insofern repräsentierte die ältere Hausgemeinschaft ebenfalls eine Vermögensrechtsgemeinschaft. In dieser Gemeinschaft des Hauses, dem gemeinsamen Haushalt der unter einem Dache wohnenden nächsten Blutsverwandten, war das dem Hausherrn eignende Hausgut gebunden und beschränkt[3]. Nicht dem Hausvater allein, sondern der gesamten Wohn- und Lebensgemeinschaft gehörte das zugewiesene Land in seiner Eigenschaft als Gesamtgut des Hauses[4]. Hausherr und die seiner Hausgewalt, seiner Munt, unterworfenen Erben, mithin in erster Linie seine Söhne, waren rechtlich miteinander hinsichtlich des Hausgutes in einer typischen Vermögensgemeinschaft verbunden[5].

In der germanischen Epoche unserer rechtsgeschichtlichen Periodisierung erscheinen sowohl Liegenschaft (Immobilien) als auch Fahrnis (Mobilien) weithin unter dem Sammelbegriff und der Doppelgestalt des

---

[1] Vgl. *William Seagle*, Weltgeschichte des Rechts. Eine Einführung in die Probleme und Erscheinungsformen des Rechts, München und Berlin 1951, S. 91.

[2] Vgl. *Emile de Laveleye*, Das Ureigenthum, autorisierte deutsche Ausgabe von *Karl Bücher*, Leipzig 1879, S. 366/367.

[3] Vgl. *Hermann Conrad*, Deutsche Rechtsgeschichte, Bd. I: Frühzeit und Mittelalter, Karlsruhe 1954, S. 51.

[4] Vgl. *Rudolf Hübner*, Grundzüge des deutschen Privatrechts, 5. Aufl. Leipzig 1930, § 21 I 2, S. 155.

[5] Vgl. *Hübner*, a. a. O., § 102 I, S. 735.

Familiengutes. Beide Vermögensmassen, unbewegliche und bewegliche Sachen, vereinigten sich als Hausgut in der Hand des Familienvaters. Außerdem stand das Eigentum an Grund und Boden überhaupt als kollektive Berechtigung den Genossen der Agrarverbände in Form der Gesamthandschaft zu[6]. Schon *Gajus Julius Caesar* bemerkte von den Germanen, daß bei ihnen niemand ein bestimmtes Maß Ackerland oder eigenes Gebiet, also Grundeigentum habe. Vielmehr verteilten die Fürsten die Anbauflächen auf Zeit — und gewiß auch ganz nach Bedarf — an die einzelnen Geschlechtsverbände und Sippen[7]. Damit aber ist das Individualeigentum an Grundstücken in dieser verhältnismäßig frühen Epoche unserer Rechtsgeschichte rechtlich unbeachtlich, weil es eben noch ungebräuchlich war.

Die frühe germanische Eigentumsordnung basiert, soweit sie sich geschichtlich überhaupt wirklichkeitsgetreu erkennen läßt und wie sie namentlich *Otto Gierke*[8] treffend charakterisierte, auf einer „innigen Verflechtung der Gemeinschaftsrechte und der Sonderrechte an Sachen". Ursprünglich dominierte dabei fraglos die sich als Gemeinschaftseigentum äußernde Sachherrschaft. Ihr Übergewicht, das auf den Gesamtheiten, nicht zuletzt eben den Familien, gründete, vermochte erst allmählich durch die Ausbildung eines immer reicheren und verzweigteren Sondereigentums eingedämmt und ausgewogen zu werden. Ein Umstand aber dürfte für die ursprünglichen vermögensrechtlichen Zustände des germanischen Rechts ganz allgemein seine besondere Beleuchtung und Herausstellung rechtfertigen, zumal er für die Theorie der Eigentumsentwicklung und -entstehung schlechthin zur Prämisse erhoben wird. Es ist die vor allem von der vorigen Forschergeneration der Germanisten aufgestellte Vermutung, wonach die Hausgemeinschaft auf ihrer älteren Entwicklungsstufe gekennzeichnet wird durch den Mangel einer „ideellen Quotisierung"[9], durch das Fehlen begrifflich und rechnerisch getrennter Vermögensanteile am Familiengut. Die erwiesene gedankliche Unfähigkeit der Germanen zur Kunst der juristischen Abstraktion legt diese Annahme durchaus nahe. Infolge ihres Strebens nach Verkörperungssymbolen und sinnlich wahrnehmbaren Ausdrucksmitteln emp-

[6] Vgl. *Karl von Amira*, Grundriß des germanischen Rechts, 3. Aufl., Straßburg 1913, § 61, S. 193.

[7] De bello Gallico, Lib. VI Cap. 22: „. . . Neque quisquam agri modum certum aut fines habet proprios, sed magistratus ac principes in annos singulos gentibus, cognationibus hominum quique una coierunt, quantum et quo loco visum est agri, attribuunt atque anno post alio transire cogunt . . .".

[8] *Otto Gierke*, Deutsches Privatrecht, II. Bd. (= Systematisches Handbuch der deutschen Rechtswissenschaft, hrsg. von *Karl Binding*, II. Abt. 3. Teil II. Bd.), Leipzig 1905, § 122 I, S. 375.

[9] Vgl. *Alfred Schultze*, Augustin und der Seelteil des germanischen Erbrechts. Studien zur Entstehungsgeschichte des Freiteilrechts, Abhandlungen der phil.-hist. Klasse der Sächs. Akademie der Wissenschaften XXXVIII. Bd. Nr. 4, Leipzig 1928, S. 213.

fanden unsere Vorfahren die Hausgemeinschaft als den ursprünglichsten und geläufigsten Anwendungsfall der „gesamten Hand", als den alltäglichen Grundtyp der „coniuncta manus". Diese Hausgemeinschaft verkörpert schließlich, genetisch betrachtet, das Urmodell der Gesamthandschaft schlechthin.

Das Familiengut zeigt sich in seiner inhaltlichen Erstreckung auf Grund und Boden, auf die Liegenschaft, als ein dem Hause anhaftendes, ihm zugehöriges Gesamthandsvermögen, das sich der Auf- und Verteilung entzieht[10]. Hausgemeinschaft und Familiengut gleichen ruhenden Polen. Sie bleiben weithin vom Wechsel der Generationen unberührt und stellen gewissermaßen konstante Größen im Wandel der Entwicklung, im Kommen und Gehen der Geschlechter dar. Ihr Bestand und ihre Fortdauer gewähren und erhalten die Stützpfeiler der frühen sozialen Ordnung. Das Familiengut selbst erweist sich damit als ein wesentliches statisches Element und Bindemittel der Hausgenossenschaft. Es bindet die dynamische Personenvielheit der häuslichen Gemeinschaft an das gesamthänderisch erschlossene sachliche Element. Heute dürfte es wohl nahezu unbestrittene Meinung der Fachgelehrten sein, daß der von *Andreas Heusler* ehedem geprägte Gedanke des Familiengutes, d. h. die Zugehörigkeit der Vermögensteile zur Familie, den Ausgangspunkt der eigentums- und güterrechtlichen Entwicklung und Institutionengeschichte aufzeigt. Die rechtliche Stellung des Familiengutes selbst begreift sich hier generell als die Rechtsposition des hausherrlichen Gewalthabers, des Muntwaltes gegenüber dem Vermögen aller Hausgenossen, vornehmlich dem seiner Personengewalt unterworfenen Familiengliedern, insbesondere seiner Ehefrau und seiner Abkömmlinge. Das Familiengut selbst aber ist als Gesamthandsvermögen der Hausgenossen zu werten. Von den germanischen Verhältnissen ist überliefert, daß vielfach sogar die Sitte vorherrschte, wonach auch beim Tode des Vaters seine bereits mündigen Söhne auf die Teilung des angefallenen Erbes verzichteten. Vielmehr blieben sie im gemeinsamen Haushalt und hielten dadurch das bisherige Familiengut in der traditionellen Form der Gesamthand auch für die Zukunft aufrecht[11].

Das im Jahre 643 von König Rothari veröffentlichte Langobardenrecht, der berühmte *Edictus Rothari*[12] hat über den gemeinschaftlichen Haushalt der Brüder und die Neubildung von Familiengut (Gesamtgut) innerhalb dieser „fortgesetzten" Hausgemeinschaft weitreichende Vorschriften erlassen. So bestimmt das Gesetz in seinem Kapitel 167, daß selbst dasjenige, was einer von diesen zusammenbleibenden Gebrüdern

[10] Vgl. *Karl Haff*, Institutionen des Deutschen Privatrechts, Bd. II: Familienrecht, Stuttgart 1934, § 28 I, S. 95.

[11] Vgl. *R. Hübner*, a. a. O., § 21 I 2, S. 155.

[12] Vgl. zur Unterrichtung ebenfalls: *Rudolf Buchner*, Die Rechtsquellen, Beiheft zu *Wattenbach-Levison*, Deutschlands Geschichtsquellen im Mittelalter. Vorzeit und Karolinger, Weimar 1953, S. 34ff.

(„fratres, qui in casam communem remanserent") sich im Kriegsdienst etwa als Beuteanteil erwirbt, gemeinsames Gut, „Familiengut" der in Hausgemeinschaft Lebenden wird[13]. Andererseits wurden Sachen, die einer von ihnen aber im Gefolge des Königs oder eines Richters erlangte, nun auffallenderweise nicht als Gesamtgut bewertet. Vielmehr durfte diese der betreffende Bruder behalten, mußte sie sich jedoch als Voraus anrechnen lassen[14]. Im langobardischen Recht ist noch im 9. Jh. das Gesamteigentum der Familie, das archaische Familiengut anzutreffen. Es existierte weiterhin die alte Vermögensgemeinschaft der Familie. Zu Verfügungen über das Familiengut war das gesamthänderische Handeln aller Berechtigten, des Hausvaters und der Haussöhne erforderlich. Die Stellung dieser Gesamthänder gegenüber dem Familiengut entsprach dem Verhältnis von Teilhabern eines gemeinsamen, unaufgeteilten Vermögens, denen *zusammen* das Eigentumsrecht an dem Gesamtobjekt zukommt. Aus dem zugrundeliegenden Gesamthandsverhältnis aber läßt sich hinlänglich erkennen, daß der Hausvater in seiner rechtlichen Verfügungsgewalt über das Familiengut durchaus nicht unumschränkter Herr, sondern vielmehr beschränkt und Bindungen unterworfen gewesen ist. Das Haus- und Wirtschaftsgut, wie es *Alfred Schultze* im Hinblick auf den ökonomischen Zusammenhang bezeichnet hat, verblieb jeweils — sofern man von den dem Untergang und der Abnutzung unterworfenen Sachen einmal absieht — als ein „eiserner Bestand" der gerade lebenden Hausfamilie. Die Liegenschaft war zudem lange noch mit den Rechten der Markgenossenschaft verknüpft. Sonst aber gehörten die Vieh- und Menschenhäupter, die Liegenschaft und das Haus- und Ackergerät der gesamten Hausgemeinschaft, nicht dem Hausvater allein. Er hatte dieses Familiengut lediglich in seiner Gewere und Verwaltung. Die Mitberechtigung am Hausgut aber kam sämtlichen Mitgliedern der Hausgemeinschaft gleichermaßen zu. Nach dem Tode des Vaters aber verblieb das Familiengut den überlebenden Genossen des Hauses[15], wobei sich jedenfalls der Kreis der bisherigen Mitberechtigten nur um eine Person, die des verstorbenen Hausherrn verringerte. Diese alte Haus- und Familiengutsideee beherrschte in eindrucksvoller Weise etwa das langobardische Recht. Schließlich brach sich dieser Grundgedanke selbst in jenen Fällen noch Bahn und drängte zur Verwirklichung, wenn der Hausvater an Stelle von Söhnen allein Töchter hinterließ. *Liutprand* hat hierzu eine einschlägige Satzung erlassen, die bestimmte, daß die hinterlassenen Töchter ganz entsprechend wie eheliche Söhne in den gesamten Nachlaß

[13] „Et qui foras in exercitum aliquit adquisiverit, commune sit fratribus, quod in casa commune dimiserit. (Die Gesetze der Langobarden, übertragen und bearbeitet von *Franz Beyerle*, Weimar 1947, S. 56, 57.)

[14] „. . . unus ex ipsis (fratribus!) in obsequium regis aut iudicis aliquas res adquesiverit, habeat sibi *in antea* absque portionem fratrum" (ed. *F. Beyerle*, l. c.).

[15] Vgl. *Schultze*, Augustin und der Seelteil, A. 20.

des Vaters und der Mutter, mithin in das Familiengut folgen sollten[16]. Andererseits hatte auch eine in das Haus des Vaters beziehungsweise des Bruders zurückgekehrte verwitwete Tochter bzw. Schwester das ihr ehedem anläßlich ihrer Eheschließung vom Vater oder Bruder mitgegebene Vatergut (faderfio) wiederum an das gemeine Gut zurückzuerstatten[17].

Aber selbst das eingebrachte Gut der Frau schlechthin wurde zuweilen regelrechtes Familiengut. In dieser Richtung äußerte sich beispielsweise das burgundische Recht. Die *Lex Burgundionum*, entstanden auf der Schwelle des 6. Jhs., stellte gewiß nicht ohne Anlehnung an noch ältere Rechtsgewohnheiten die Norm (XIV, 4) auf, daß beim Tode ihres Mannes, sofern dieser keine Söhne hinterläßt, weder die Frau noch ihre Verwandten etwas von dem zurückfordern können, was die Frau einstmals ihrem Manne in die Ehe mitgebracht hatte[18]. Überschauen wir die weitere Entwicklung im deutschen Rechtsraum während der Jahrhunderte des Mittelalters, so läßt sich als Ergebnis — ohne ferneres Eingehen auf Einzelheiten und Varianten — wenigstens ganz allgemein feststellen, daß in Süddeutschland das Familiengut seine traditionelle Stellung als ein Gemeinschaftsgut zwischen Vater und Kindern am stärksten bewahrt hat[19]. In diesem Zusammenhang dürfte ein entsprechender Hinweis selbst auf die Walliser Rechtsquellen diese rechtliche Erscheinung nur noch verstärkend unterstreichen. Das Zentralmoment der ganzen Eigentumsordnung war im Mittelalter dort nach wie vor die alte, urtümliche Hausgemeinschaft. Das Haus begegnet hier durchaus als eine „Rechtsgemeinschaft von Teilhabern mit inhaltlich gleichen Teilhaberrechten“ (*G. Partsch*). Bis zum Jahre 1260, also noch über die Mitte des 13. Jhs. hinaus, konzentrierte sich diese Vermögensgemein-

---

[16] „Si quis langobardus sine filiis masculinis legetimis mortuos fuerit, et filias dereliquerit, ipsae ei *in omnem hereditatem* patris vel matris suae, tamquam filii legetimi mascolini, heredis succedant“ (Liutprandi Leges Anni I, Cap. 1, ed *F. Beyerle*, l. c. p. 170).

[17] Edictus Rothari, Cap. 199: De faderfio autem (id est, quantum de alia dona, quando ad maritum ambulavit, pater aut frater ei dedit) mittat in confuso cum alias sorores (ed. *F. Beyerle*, l. c. p. 78).

[18] Lex Burgundionum XIV, 4, Gesetz der Burgunden (Germanenrechte, Bd. 10), hrsg. und übersetzt von *Franz Beyerle*, Weimar 1936, S. 28. Vgl. dazu ebenfalls noch: *Karl Haff*, Das Familiengut im niederdeutschen und nordischen Recht, Zeitschrift des Vereins für hamburgische Geschichte, Bd. XLI = *Festschrift* für *Heinrich Reincke*, Hamburg 1951, S. 49. — Siehe ganz allgemein ebenfalls noch: *Claudius Frhr. von Schwerin*, Germanische Rechtsgeschichte. Ein Grundriß, Berlin 1936, § 6 II, S. 27f.; dazu § 3 III, S. 14.

[19] Vgl. *Andreas Heusler*, Institutionen des Deutschen Privatrechts, I. Bd., Leipzig 1885, § 51 II 1, S. 228. So dominierte beispielsweise die Idee des Familiengutes auch im Frankfurter Ehegüterrecht. Jede Familiengründung bedeutete zugleich Entstehung einer neuen vermögensrechtlichen Gemeinschaft des Familiengutes (vgl. dazu statt anderer: *Helmut Coing*, Die Rezeption des römischen Rechts in Frankfurt am Main, Frankfurt am Main 1939, S. 75).

schaft auf sämtliche Güter, so daß für die Bildung von Sondergutskomplexen überhaupt kein Ansatz und Raum blieb[20].

Das germanische Familiengut war ein Gesamtgut, das durch das Beispruchsrecht der Erben gebunden war. Wohl stand sowohl das unbewegliche als auch das bewegliche Vermögen als Hausgut in der Gewere des Hausherrn. Aber dieser war eben in seiner Verfügungsmacht wesentlich durch das Wartrecht, ein Anwartschaftsrecht der Mitglieder der von ihm geleiteten Hausgemeinschaft beschränkt[21]. Das Erbgut war bekanntlich als Familienvermögen durch ein Mitbestimmungsrecht der Erben gesichert und gebunden. Diese Kautel garantierte als eine vorbeugende Maßregel den Bestand des Familiengutes, indem es dieses vor willkürlichen und eigenmächtigen Manipulationen des Gewereinhabers schützte.

Aus diesem ursprünglichen Beispruchsrecht der Erben hat sich entwicklungsgeschichtlich das sog. Verfangenschaftsrecht herausgeformt. Auch die Verfangenschaft ist ebenso dem Familiengrundsatz verpflichtet. Sie charakterisiert sich als organische Folge der bereits während der Ehe bestehenden Gemeinderschaft zwischen Eltern und Kindern am Haus- und Familiengut[22]. Zur Sicherung des Erbrechts der Abkömmlinge beim Tode eines Elternteils wurde die Liegenschaft des vorverstorbenen und des überlebenden Ehegatten als eine einheitliche Gütermasse angesehen. An diesem „Familiengut" kam dem überlebenden Ehegatten — ähnlich wie in der alten germanischen Hausgemeinschaft dem Hausvater schlechthin — lediglich ein Verfügungsrecht über dieses „verfangene" Gut unter Mitwirkung seiner Kinder zu. Unbeschadet dieser ihm angelegten rechtsgeschäftlichen Fessel jedoch eignete ihm die Nutznießung und Verwaltung des Gutes.

Nach dem Bamberger Recht hatte zwar der überlebende Ehegatte freie Verfügung über die gesamte Fahrnis. Ausgenommen von der Fahrhabe wurde allerdings von vornherein der Hausrat. Hausrat und Immobiliarvermögen bildeten nämlich zusammen das Familiengut. Dieses aber war den Kindern der Ehe „verfangen". Selbst zur Ausstattung eines Abkömmlings war nach bambergischem Recht die Zustimmung der anderen Nachkömmlinge, also seiner Geschwister, erforderlich[23].

Im älteren Walliser Hausgenossenschaftsrecht erfaßte bis 1260 das Recht der Kinder sämtliche bestehenden Gütermassen[24].

In den deutschen Stammesrechten fehlte zudem auch das Prinzip der Individualsukzession. Das bedeutete, daß abgegrenzte Rechte des ein-

---

[20] Vgl. *Gottfried Partsch*, Das Mitwirkungsrecht der Familiengemeinschaft im älteren Walliser Recht (Laudatio parentum et hospicium), Genève 1955, S. 123.

[21] Vgl. *Conrad*, a. a. O., S. 59.

[22] Vgl. *Heusler*, a. a. O. II, § 160 A, S. 460.

[23] Vgl. *Richard Schroeder*, Geschichte des ehelichen Güterrechts in Deutschland, II. Teil 2. Abt., Stettin—Danzig—Elbing 1871, § 19, S. 146/147.

[24] Vgl. *Partsch*, a. a. O., S. 71.

zelnen gegenüber der Gemeinschaft fehlten und im allgemeinen insofern kein Mitglied der Erbengemeinschaft, dieser Gesamtheit des Hauses und Familiengutes, irgendwelche erbrechtlichen Vorzüge genoß. Vielmehr verfügten gleichnahe Erben eben über ein völlig gleiches Recht am Nachlaßgut, wobei allerdings Männer gegenüber Frauen dennoch vielfach vorrangig behandelt wurden[25].

Eine Ausnahme von dieser Regelerscheinung und damit immerhin einen historischen Beleg für die Existenz einer Individualsukzession liefert lediglich der römische Geschichtsschreiber *Publius Cornelius Tacitus* in seiner Germania, wenn er berichtet, daß bei den im heutigen hessischen Gebiet seßhaften Tenkterern der tapferste und kriegserfahrenste Sohn die Pferde erhalten sollte[26]. Eine betont aristokratische Form der Hausgemeinschaft und des Familiengutes begegnet dann im adeligen Stammgut, in der ritterlichen Ganerbschaft, im Fideikommiß und im Majorat. Ihre Besitzer waren, juristisch gesehen, reine Nutznießer, während die Gesamtfamilie (einschließlich aller Zweige) Eigentümer des unteilbaren und unveräußerlichen Stammgutes gewesen sind. An dieser Grundtendenz ändert auch nichts die wachsende Einengung des Kreises der nutznießenden Familienmitglieder, der sich schließlich von ursprünglich sämtlichen Deszendenten mit der Zeit auf den ältesten Sohn reduziert[27]. Das Recht der Ganerben an den adeligen Stamm- und Hausgütern äußerte sich in der Zurechnung des ungeteilten Stammgutes auch für die nicht besitzenden und selbst nicht nutznießenden Mitglieder der Eigentümerfamilie oder des berechtigten Geschlechts[28].

An sich treten Familienfideikommisse seit dem 14. Jh. praktisch in Erscheinung. Sie sind nach dem Modell der früheren Stammgüter der edlen Geschlechter vom niederen Adel geschaffen. Sie verfolgten vornehmlich das Ziel, das Familiengut in seinem Bestande vor Zerschlagung zu bewahren, es für die männliche Linie des Geschlechts ungeschmälert zu erhalten und sein rechtliches Schicksal für die Zukunft zu sichern[29]. Eindrucksvoll hat das in dieser Hinsicht ständisch orientierte Preußische Allgemeine Landrecht von 1794 den Rechtsproblemen des Fideikommisses Rechnung getragen. Es hat nicht zuletzt bei der Sichtbarmachung der rechtlichen Verhältnisse mit den rezipierten Begriffen des *dominium*

---

[25] Vgl. hierzu etwa auch: *Alex Franken*, Lehrbuch des Deutschen Privatrechts, Leipzig 1894, § 35, S. 288.

[26] Germania, c. 32: ... inter familiam et penates et iura successionum equi traduntur: excipit filius, non ut cetera maximus natu, sed prout ferox bello et melior. — Vgl. dazu: *Heinrich Brunner*, Deutsche Rechtsgeschichte I. Bd., 2. Aufl. (= Systematisches Handbuch der deutschen Rechtswissenschaft, hrsg. von *Karl Binding*, II. Abt. 1. Teil I. Bd.), Leipzig 1906, § 12, S. 109.

[27] Vgl. *de Laveleye*, a. a. O., S. 370.

[28] Vgl. *Richard Schröder — Eberhard Frhr. von Künßberg*, Lehrbuch der deutschen Rechtsgeschichte, 7. Aufl., Berlin und Leipzig 1932, S. 471.

[29] Vgl. *Conrad*, a. a. O., S. 558.

directum und des *dominium utile* operiert. So erklärt es[30] lapidar: „Das Obereigentum befindet sich bey der ganzen Familie". Andererseits bemerkt es[31], daß dem jeweiligen Fideikommißbesitzer das nutzbare Eigentum des Familienfideikommisses gebühre. Das alte Prinzip des Familiengedankens, der schon in der germanischen Zeit überaus stark lebendig war, drängt am Abend des absolutistischen Zeitalters, kurz vor der gewaltigen Rechtsumwälzung welt- und menschheitsgeschichtlichen Formats, die die große Französische Revolution einleitete, noch einmal zu unmißverständlichem Ausdruck. Es wirkt fast wie eine letzte Manifestation eines mehr als tausendjährigen Grundsatzes, der hier noch einmal kodifikatorische Gestalt annimmt, wohlgemerkt zu einer Zeit, in der die Grundlagen der bis dahin herrschenden Sozial- und Verfassungsordnung mehr und mehr ins Wanken geraten. Das Prinzip der gesamthänderisch verbundenen Hausgenossen klingt auch im AL R an, wenn darin der Grundsatz verankert ist, wonach Verfügungen bei Fideikommissen im Wege des Familienbeschlusses zu treffen seien, da ganz allgemein bei geteiltem Eigentum die Einwilligung des Obereigentümers (d. i. der Gesamtfamilie) vorliegen müsse[32]. Umgekehrt aber wandelte sich gemäß den Vorschriften dieses Preußischen Allgemeinen Landrechts[33] für den letzten männlichen Familienangehörigen bei Erlöschen des Mannesstammes das bisherige Fideikommiß, mithin das Familiengut, in persönliches, individuelles Eigentum um. Wie sehr aber letztlich die neue wirtschaftliche Gesinnung der freiheitlichen Bewegung von 1848 das Familienfideikommiß bekämpfte, erhellt eindeutig die Frankfurter Reichsverfassung vom 28. 3. 1849, die im Artikel IX § 170 die Aufhebung dieser unteilbaren Familiengüter forderte.

Dem Familiengut vornehmlich eben an der Liegenschaft, an den Immobilien, steht das Individualgut gegenüber. Während beim Familiengut dem einzelnen bestimmte Sachteile ermangelten, kannten demgegenüber die Germanen schon früh ein allerdings beträchtlich eingeschränktes Individualeigentum an beweglichen Sachen, an der Fahrhabe. Das bewegliche Individualeigentum ist zeitlich überhaupt älter als das Individualeigen an unbeweglichen Sachen. Zunächst ist dieses Individualeigentum an Mobilien ebenfalls unvererblich gewesen. Es wurde vielmehr seinem Eigentümer nach dem Ableben in das Grab mitgegeben[34]. Der waffenfähige freie Mann erhielt mit diesen Einzelgegenständen, in Gestalt des sog. Heergewätes, seine Totenausstattung. Dieses Heergewäte umfaßte vor allem das Streitroß, die Rüstung und die Waffen des

[30] ALR II, Tit. 4, § 73 (vielfach zitiert: ALR 73 II 4).
[31] ALR II, Tit. 4, § 72.
[32] ALR II, Tit. 4, § 76. Vgl. dazu noch: *Heinz Wagner*, Das geteilte Eigentum im Naturrecht und Positivismus, Jur. Diss. Tübingen, Breslau 1938, S. 50.
[33] ALR II, Tit. 4, § 189.
[34] Vgl. *v. Amira*, a. a. O., § 64, S. 204.

Mannes. Der Sachsenspiegel des ritterlichen Schöffen *Eike von Repgow* (um 1225) umschreibt im Landrecht I 22 § 4 das Heergewäte mit diesen Worten: des „mannes swert . . ., unde dat beste ors oder perd gesadelet, unde dat beste harnasch, dat he hadde . . .“[35]. Allerdings wurde damals, im 13. Jh., natürlich dieses Heergewäte, die „vestis bellica“ dem Toten schon nicht mehr ins Grab gegeben, sondern vielmehr seinen Kindern, nachdem sie den ersten Mündigkeitstermin des sächsischen Rechts von zwölf Jahren erreicht hatten, von ihrem Vormund, dem ältesten ebenbürtigen Schwertmagen ausgehändigt[36]. Das beste und kostbarste Stück des gesamten Heergewätes bedeutete zweifellos das Schwert. Nicht ohne Grund, sondern mit voller Absicht stellt der Spiegler (Ldr. I 22 § 5) in dieser Hinsicht fest: „Swar twene man oder dre to eneme herwede geboren sin, de eldeste nimt dat swert to voren, dat andere delet se gelike under sek“[37]. Man dürfte kaum fehlgehen, die Entstehung des Individualeigens am Heergewäte, das den Tod des jeweiligen Inhabers überdauert, wie überhaupt an der Fahrnis ganz allgemein auf den progressiven Einfluß christlicher Vorstellungen zurückzuführen[38].

Für die Entstehung von Individualgut gilt ganz allgemein, daß zunächst nur vereinzelte Gegenstände der Fahrnis aus dem Gesamteigentum der Familie und Sippe in das Eigentum einzelner Mitglieder übergingen. Die vermögensrechtlichen Beziehungen der germanischen Ehegatten wurden überdies vom Grundsatz beherrscht, daß das eingebrachte und während der Ehe erworbene Gut als Eigentum des Mannes anerkannt wurde. Für ihn wurde bereits in der frühesten Periode ein Individualeigentum an Fahrnisgegenständen begründet[39]. Die Herausbildung des Individualeigentums hat sich zeitlich erst in verschiedenen Entwicklungsstufen verwirklicht. Der früheste Ansatz läßt sich an Haus und Hof feststellen. Das Individualeigentum der Germanen an Haus und Hofstätte dürfte eine gewisse sakrale Grundlage in Gestalt des Hauses als Wohnung der Hausgötter und Ahnengrab aufweisen[39a]. Individualeigen am Kulturland begegnet dann in der fränkischen Zeit. Die Gemeinflur, die Allmende wird überhaupt erst für diese Individualgutsbildung mit

---

[35] Sachsenspiegel. Landrecht, hrsg. von *Karl August Eckhardt*, 2. Bearbeitung (Germanenrechte NF Land- und Lehnrechtsbücher, hrsg. vom Hist. Institut des Werralandes), Göttingen —Berlin—Frankfurt 1955, S. 88.

[36] Ssp. Ldr. I 23 § 1: Swar de sone binnen eren jaren sin, er eldeste [evenbordege] swertmach nimt dat herwede allene, unde is der kinder vormunde dar an, wante se to eren jaren komen, so scal he it an weder geven . . . (*Eckhardt*, S. 89).

[37] *Eckhardt*, S. 89.

[38] Vgl. *v. Amira*, ebd.

[39] Vgl. *v. Amira*, a. a. O., § 57, S. 181.

[39]a) Vgl. *Heinrich Mitteis*, Deutsche Rechtsgeschichte[4], bearb. von *Heinz Lieberich*, München und Berlin 1956, Kap. 5 II 5, S. 13; s. a. kurzen Hinweis bei *Fr. Olivier-Martin*, Histoire du Droit Français des origines à la Revolution, Montchrestien 1948, p. 4.

ihrer Aufteilung erschlossen[40]. Aber auch die Frau erlangte bereits verhältnismäßig früh immerhin eine gewisse selbständige Sphäre, in der ihr ebenfalls — wenn vielfach auch nur spärliches — Individualgut eignete. So verfügte sie bald wenigstens über ihre zum persönlichen Gebrauch bestimmte Aussteuer, insbesondere über ihre ,,Gerade", in der wir ein frühes Gegenstück zum männlichen Hergewäte erblicken können. Zu dieser Frauengerade zählten nach der Aussage des Sachsenspiegels[41] unter anderem Kästen und Truhen, Garn Bettzeug, Pfühl, Kissen, Leintücher, Tisch-, Hand- und Badetücher, Becken, eherne Leuchter, Frauengewänder, Fingerringe, Armreife, Kopfputz, Stirnbänder, Psalter, Gebetbücher, Sessel und Laden, Wandteppiche und Vorhänge, nicht zu vergessen die zeitlosen Attribute weiblicher Schönheitspflege, nämlich Bürsten, Scheren und Spiegel. Selbst kleinere Haustiere wie Schafe und Gänse führt *Eike* in seinem Geradekatalog auf. Indes gehörten wohl noch Linnen, aber schon nicht mehr unzugeschnittenes Tuch für Frauenkleider dazu. Im wesentlichen konzentrierte sich die Gerade vornehmlich auf die ,,ornamenta propria" der Frau, erstreckte sie sich auf deren höchstpersönliche Gebrauchsgegenstände. Alles aber, was über diese Geradestücke hinausging, fiel unter den landrechtlichen Begriff des Erbes, der *hereditas*. Aus den konkreten Gegenständen der Gerade selbst wird jedoch auf der anderen Seite dieser immerhin doch recht veränderliche, Wandlungen unterworfene Vermögensinbegriff spürbar. Während der Dauer der Ehe vermochte das selbständige Eigentum der bevogteten, lange muntbedürftigen Frau an ihrer Fahrnis ohnehin noch keine allzugroße praktische Bedeutung zu erlangen. Das Frauengut ist bekanntlich weithin von den ehemännlichen Rechten überdeckt und überschattet. Es steht mit in der Gewere ihres Ehemannes. Dadurch aber ist ihre eigene Verfügungsmacht über ihr Individualgut, ihr persönliches Eigentum beträchtlich beschränkt. Erst bei der Auflösung der Ehe vermochte sich das zunächst gebundene Recht

[40] Vgl. *Claudius Frhr. von Schwerin*, Grundzüge des deutschen Privatrechts, 2. Aufl. (= Grundrisse der Rechtswissenschaft, 13. Bd.), Berlin und Leipzig 1928, § 30 I, S. 106.

[41] Ssp. Ldr. I 24 § 3: Unde allet dat to der rade hort, dat sint alle scap unde gense ⟨unde⟩ kesten mit opgehavenen leden, al garn, bedde, pole, kussene, linlakene, dischlakene, ⟨hant⟩dwelen, badelakene, beckene, [unde] ⟨erne⟩ luchtere, lin, unde alle wifleke kledere, vingerne, unde armgolt, zapel, saltere, unde alle buke, de to Goddes denste horet, de vrowen pleget to lesene, sedelen unde laden, teppede, ummehank unde ruckelaken, unde al gebende. Dit is dat to vrowen rade horet . . . al ne nenne ek is nicht sunderleke, alse borst unde scere unde spegele. Al laken ungesneden to vrowen klederen, golt noch silver ungewarcht, dat ne horet den vrowen nicht (*Eckhardt*, S. 91f.). — Vgl. aber auch noch *Schroeder*, Geschichte des ehelichen Güterrechts in Deutschland, I. Teil: Die Zeit der Volksrechte, Stettin—Danzig—Elbing 1863, S. 127; *Bernhard Heukamp*, Die Gerade im ehelichen Güterrecht des Sachsenspiegels und des älteren Magdeburger Rechts, Jur. Diss. Münster i. W., Bonn 1912, S. 21f.

der Frau wiederum zu unbeschränkter Wirksamkeit voll zu entfalten[42]. Eine soziale und ebenfalls rechtliche Aufbesserung der Stellung der Frau im Mittelalter lag zweifellos nun in einer gewissen Emanzipation der Frau, einer teilweisen Durchbrechung der ehemännlichen Hausgewalt zugunsten der trotzdem noch lange unmündigen Ehefrau. Diese Besserstellung zeichnete sich nicht zuletzt in der Gewohnheit ab, daß der Frau nach dem Tode ihres Ehemannes seit dem 12./13. Jh. das freie Verfügungsrecht über ihre Gerade konzediert wurde[43]. Darüber hinaus sprach ihr der Sachsenspiegel Leibzucht, Gerade, Musteil und eingebrachtes Gut oder zumindest einen vom Manne ihr versprochenen Wert zu, wenn er im Landrecht III, 74 vorschrieb: „Wert en wif mit rechte van erme manne gesceden, se behalt doch er lifgetucht[44], de he er gaf an sineme egene, unde er gebuw[45] dat dar oppe steit ... Er rade[46] ⟨de⟩ behalt se unde er musdele[47]; men scal er ok weder laten unde geven, swat se to erme brachte, oder also vele des mannes gudes, alse er gelovet wart, do se to samene quamen“[48]. In ganz entsprechender Weise äußert sich auch der jüngere Schwabenspiegel (um 1275): „Und wirt ein wip mit rehte von ir manne gescheiden, si behabet ir lipgedinge, daz er ir gap, zu irm libe an sinem eigen und an dem bu, der dar ufe stêt. Swaz si zu im brahte, daz sol si wider hin heim füeren, ob ez da ist. Und hat si varent gut ze im braht, daz sol si ouch mit ir heim füeren, ob ez da ist. Und ist ez verloren, si muz den schaden han“[49].

Wie sehr das Leibgedinge im Spätmittelalter völlig persönliches Individualgut der Frau geworden ist, auf das sich kein Recht des Mannes mehr erstreckte, wird deutlich aus einer Bestimmung des Schwabenspiegels, der im Cap. XXI die Unantastbarkeit des Leibgedinges proklamiert: „Verwürket ioch ir man sin gut mit untat, man kan ez [= ihr Leibgedinge] mit rehte niht genemen“[50].

---

[42] Vgl. *Carl Daeschner*, Die altdeutsche Gerade und die Bestimmungen des BGB über Frauengeräte, Haushaltsgegenstände und Rechtsvermutungen unter Ehegatten, Jur. Diss. Heidelberg, Hannover 1908, S. 31; *Aloys Schmitt*, Das Fortleben der Gerade des Sachsenspiegels in den neueren Rechten mit Verwaltungsgemeinschaft, Jur. Diss. Heidelberg, Berlin 1913, S. 23.

[43] Vgl. *Haff*, Familiengut, S. 54.

[44] Vgl. dazu auch noch Ldr. I 21 § 2 Satz 2: Wert san en man mit rechte van sime wive gesceden, se behalt doch er lifgetucht, de he er gegeven hevet an sineme egene (*Eckhardt*, S. 86).

[45] Gebäude.

[46] Gerade, Frauengut.

[47] Die Definition des Musteiles enthält Ssp. Ldr. I 24 § 2: „Meste swin aver horet to der musdele, unde alle gehovet spise in iewelkeme hove ers mannes“ (*Eckhardt*, S. 91).

[48] *Eckhardt*, S. 258.

[49] *Heinrich Gottfried Gengler*, Des Schwabenspiegels Landrechtsbuch, 2. Aufl., Erlangen 1875, S. 109: Schwsp. Cap. CXXV.

[50] *Gengler*², S. 21.

Auch an ihrer Morgengabe[51] hatte die Frau bereits während bestehender Ehe individuelles Eigentum[52]. Ihr Individualgut erstreckte sich damit je nach dem Stande ihres Mannes auf einen Knecht oder eine Magd, auf Haus und Hof und feldgängiges Vieh oder auch nur auf das beste Pferd oder Stück Vieh, das der Mann besaß. Im übrigen war auch im Mittelalter schon dasjenige Individualgut der Witwe, was der Mann seiner Frau vor Gericht vergabt hatte[53]. Daß zudem die Morgengabe, das *donum matutinale*, als reines Individualgut gewertet wurde, erhellt anschaulich eine diesbezügliche Vorschrift des Schwabenspiegels, die folgende Regelung trifft: „Stirbet einem wibe ir man, und belibet si in dem gute ungeteilet mit den kinden lanc oder kurz: so si sich zweien[54], so nimt diu frowe ir morgengabe vor hin dan"[55].

Gegenüber dem hier beleuchteten Individualgut an Fahrnis, zu dem auch das brennbare Holzhaus gemäß des Rechtssprichwortes „Was die Fackel verzehrt, ist Fahrnis" zählte, verdient vor allem nunmehr noch die Ausbildung des Individualeigentums an Grund und Boden eine wenngleich auch nur skizzenhafte Würdigung. Individuelles Eigentum, Sondergut an Liegenschaften, entstand bereits in der germanischen Zeit durch kolonisatorische Rodung, dann auch durch Abschichtung der übrigen Gemeinder und nicht zuletzt ebenfalls durch spezifische Erwerbsarten, mittels deren von vorneherein lediglich Individualeigentum entstehen sollte[56].

Es ist gewiß richtig, daß sich die Bildung von Sondereigentum geschichtlich nicht in letzter Konsequenz erkennen läßt[57], aber die Quellen weisen vielfach — wenn auch in verschiedenen Zeiträumen — bestimmten Personen zukommendes Individualgut nach. Auch im Wege der „individuellen Okkupation" war den Germanen Besitzergreifung von Land jenseits des genossenschaftlichen Verbandes früh möglich. Damit aber wurden ebenfalls Immobilien privates und darüber hinaus individuelles Eigen, wenngleich dieses auch weiterhin in der sozialen Bindung verharrte[58]. Für die Wertung eines Individualeigentums an der Liegen-

---

[51] Zur Morgengabe vgl. u. a. Ssp. I 20 § 1 (ritterliche Morgengabe); I 20 § 8 (Morgengabe Nichtritterbürtiger).

[52] Vgl. *Schroeder*, Geschichte des ehelichen Güterrechts II. Teil, Stettin und Elbing 1868, S. 156.

[53] Der Halle-Neumarkter Schöffenbrief bringt in seinem § 26 diese ausdrückliche Bedingung: „. . . sed tantum illa que maritus tradidit uxori coram iudicio . . ." (*Eckhardt*, S. 86 Anm. 55).

[54] trennen.

[55] Schwsp. Cap. CXXVI § 1: *Gengler*², S. 109.

[56] Vgl. *v. Amira*, a. a. O., § 62, S. 196.

[57] Vgl. zuletzt etwa: *Karl Siegfried Bader*, Das mittelalterliche Dorf als Friedens- und Rechtsbereich (= Studien zur Rechtsgeschichte des mittelalterlichen Dorfes, 1. Teil), Weimar 1957, S. 39 Anm. 2.

[58] Vgl. dazu: *Friedrich Lütge*, Deutsche Sozial- und Wirtschaftsgeschichte. Ein Überblick (Enzyklopädie der Rechts- und Staatswissenschaft), Berlin—Göttingen—Heidelberg 1952, S. 19 und 21.

schaft kommt neben der bestimmten Zweckwidmung[50] vor allem deren Gewinnung im Wege der Rodung in Betracht. Der Neubruch oder Bifang (proprisio, captura) erwuchs bekanntlich zum Sondereigentum des betreffenden Unternehmers[60]. Individualgut der Ehegatten waren beispielsweise im älteren dänischen und norwegischen Recht die in die Ehe eingebrachten Vermögensmassen. Selbst die Hochzeitsgeschenke wurden ausschließliches Eigen der Frau[61]. Demgegenüber aber entbehrte die ältere Walliser Hausgemeinschaft bis über die Mitte des 13. Jhs. jegliches Sondereigentum selbst an der Errungenschaft[62]. Man sieht daraus hinlänglich, daß sich die privatrechtsgeschichtliche Entwicklung keineswegs vereinheitlichen und vereinfachen läßt. Sie lebt vielmehr in der Vielfalt und bewegt sich auch zeitlich in verschieden langen Wandlungsabschnitten. Demgegenüber betont die Nürnberger Reformation von 1479, ein bedeutendes Denkmal der deutschen Rezeptionsgesetzgebung, durchaus die individuellen, juristisch säuberlich voneinander geschiedenen und sachlich abgegrenzten Eigentumssphären, dieses Prinzip der „Gütertrennung" der beiden Ehegatten während der Dauer und Existenz der ehelichen Lebensgemeinschaft. Sie hat ausdrücklich bestimmt, Mann und Weib sollten „bede ir yedes habe und gut, so sie uber bede zuschetze haben oder gewinnen ... mieinander nießen und gebrauchen, doch unbegeben ir yedes aygenschaft daran, des so in irer einshand steet"[63].

Vielleicht aber doch am entscheidendsten für die Entstehung und Bildung von Individualgut neben oder dann weitergreifend an Stelle von Familiengut überhaupt ist das Erbrecht unter seiner wirksamen Beeinflussung durch die abendländische Kirche geworden. An sich erwuchs hier der sogenannte Seelteil zugunsten der Kirche, die Verfügung *pro remedia animae* zu weitreichender Bedeutung für die Existenz individueller, nicht mehr der Familienbindung unterliegender Güterkomplexe. Ursprünglich sind der Kirche indes auch nur solche Sachen tradiert worden, die bereits dem geschlossenen Familiengut entzogen waren und insofern schon rechtlich den Charakter des „Individualgutes" ange-

---

[59] Vgl. auch *Georg Waitz*, Deutsche Verfassungsgeschichte I, 4. Aufl. Darmstadt 1953, S. 125.

[60] Vgl. *H. Brunner*, Deutsche Rechtsgeschichte I², § 27, S. 297. Kulturland in unmittelbarer Nähe der Einzelhöfe und der Weiler dürfte früh bereits im Sondereigentum gestanden haben (vgl. *Claudius Frhr. von Schwerin*, Grundzüge der deutschen Rechtsgeschichte⁴, bearb. von *Hans Thieme*, Berlin und München 1950, § 5, S. 16).

[61] Vgl. *Haff*, Familiengut, S. 58. — Zur Verdrängung der Idee des Familiengutes durch den Gedanken des von sonstigen familienrechtlichen Bindungen freien Ehegutes siehe in Kürze allgemein noch: *Hans Planitz*, Deutsches Privatrecht, 3. Aufl. (Rechts- und Staatswissenschaften 6), Wien 1948, § 85 II, S. 203.

[62] Vgl. *Partsch*, a. a. O., S. 71.

[63] Nürnberger Reformation 12, 4: Quellen zur neueren Privatrechtsgeschichte Deutschlands, hrsg. von *Wolfgang Kunkel, Hans Thieme, Franz Beyerle*, I. Bd. 1. Halbbd.: Ältere Stadtrechtsreformationen, eingeleitet und erläutert von *Wolfgang Kunkel*, Weimar 1936, S. 8.

nommen hatten. Während in der heidnischen Epoche bei den Germanen die persönliche Habe des Toten, die Rüstung des Kriegers diesem ins Grab oder Bestattungsfeuer gegeben wurde, hat sich aus diesen, dem Kollektiveigentum der Familie nicht zugehörenden, Gegenständen nach der Christianisierung schließlich das Seelgerät allmählich herausgestaltet[64]. Über diese Sachen durfte der Erblasser nach Belieben „inter vivos" und „causa mortis" verfügen[65]. Zunächst betraf die Verfügungsmacht des Hausvaters nur eine Quote, den sog. Seelteil oder Freiteil, der der Kirche zugewendet wurde. Hausgemeinschaft und Familiengut standen durchaus noch im Mittelpunkt der germanischen Sozialordnung als der Gedanke dieses Zuwendungsbruchteils für das Seelenheil und für karitative Zwecke in den westgermanischen Staatsgründungen Gestalt gewann. Das bedeutet, daß zu diesem Zeitpunkt das Familiengut noch durch die Mitberechtigung aller Familiengenossen gebunden war[66]. Aus dieser Vermögenslage erklärt sich nicht zuletzt auch der Widerstand seitens des immerhin betroffenen Kreises der Hausverwandten gegen den Seelteil zugunsten der Kirche. Mit der Zeit aber verwirklichte sich weithin die Verfügungsbefugnis des Hausherrn über diese Seelgabe. Das bahnbrechende rechtsgeschichtliche Moment, das der Freiteil zeitigte, aber lag in der Neuerung, daß allmählich der Hausvater nicht allein zugunsten der Kirche selbst, sondern endlich zugunsten überhaupt jedes beliebigen Empfängers über diesen Anteil Verfügungen treffen konnte. Damit erwuchs dieser Freiteil zu einer rechnerisch festgelegten Quote am Familiengut, die dem Hausvater vorbehalten und der Mitberechtigung der Abkömmlinge entzogen ist. Wegen dieses Anteils eignete dem Hausherrn das Recht, jederzeit auch gegen den Willen seiner Söhne über Stücke des Familiengutes verfügen zu können. Insoweit ist die Beobachtung *Alfred Schultzes* völlig zutreffend, wonach dieser Freiteil zum „Bahnbrecher für die Gabe zu frommen Zwecken und diese wiederum mit ihrem hinter dem Tode liegenden Ziele zum Schrittmacher für die ganze Entwicklung der Verfügungen von Todes wegen" erwachsen ist[67].

Das langobardische Recht spricht sich früh schon für diese Quote aus, über die der Hausvater zugunsten eines Empfängers verfügen durfte. Nach dem Gesetze Liutprands aus dem 13. Jahr seiner Regierung stand über dem Freiteil des Vaters die bindende Vorschrift, wonach derjenige, der noch eine Tochter im „offenen Haar" in seiner Behausung hatte,

---

[64] Vgl. *Eberhard F. Bruck*, Kirchenväter und soziales Erbrecht. Wanderungen religiöser Ideen durch die Rechte der östlichen und westlichen Welt, Berlin—Göttingen—Heidelberg 1956, S. 143; *Alfred Schultze*, Augustin und Seelteil. S. 6.

[65] Vgl. *Bruck*, ebd.

[66] Vgl. statt anderer *Bruck*, a. a. O., S. 142.

[67] Vgl. *Alfred Schultze*, a. a. O., S. 215. — Zur Lehre vom Freiteil, der „die geschlossene germanische Hausgemeinschaft sprengte" und das Wartrecht der Erben beträchtlich beschnitten hat, ebenfalls noch: *Heinrich Mitteis*, Deutsches Privatrecht. Ein Studienbuch, München und Berlin 1950, Kap. 57 II 2, S. 147.

aber keinen ehelichen Sohn hinterließ, von seinen Sachen als Schenkung und für sein Seelenheil niemandem mehr als zwei Teile (zwei Drittel) zuwenden könne. Ein Drittel mußte er in diesem Falle stets seiner Tochter überlassen[68].

Das moderne Eigentum hat sich durchaus als Individualrecht manifestiert. Seiner ganzen Anlage nach war es bestimmt, dem Individuum eine Macht- und Rechtssphäre zu eröffnen[69]. Daran ändert sich auch nichts, wenn das Individualrecht vielfachen sozialrechtlichen Veränderungen unterworfen wurde. Wenngleich auch den modernen Kodifikationen mit geringen Ausnahmen die absolute Verfügungsfreiheit fremd geblieben ist, hatten sie zunächst die Geschlossenheit bestimmter Liegenschaften und die Nähe der Familienzusammengehörigkeit durchaus anerkannt[70]. Das Individualgut, das persönliche Eigentum ist überdies zu einem Pfeiler der gegenwärtigen Sozialordnung gesetzt. Gleichwohl ist die „Sozialisierung des Rechts“[71] eine nicht mehr zu leugnende Tatsache und Erscheinung in unserer gegenwärtigen Rechtswelt. Und damit ist auch der Inhalt und die Spannweite des modernen Individualgutes wie überhaupt des Eigentums schlechthin aufgezeigt, die sich eben aus seinen Beschränkungen ergeben.

---

[68] Cap. 65: „... De eo qui filiam in capillo in casa habuerit, et filium non reliquerit legetimum, ut de rebus suis amplius per nullum titulum cuiquam per donationem aut pro anima sua facere possit, nisi partis duas; tertia vero relinquat filiae suae ...“ (Gesetze der Langobarden, bearb. von *Franz Beyerle*, Weimar 1947, S. 230f.).

[69] Vgl. *Otto Gierke*, Deutsches Privatrecht II, § 120 V 3, S. 363. — Noch die österreichische Kodifikation von 1812 hatte die Schrankenlosigkeit des Eigentums und die selbstherrliche Verfügungsmacht des berechtigten Individuums, des Eigentümers im § 354 ABGB proklamiert: „Als ein Recht betrachtet ist Eigentum das Befugniß, mit der Substanz nach Willkür zu schalten und jeden anderen davon auszuschalten“.

[70] Vgl. etwa: *Justus Wilhelm Hedemann*, Die Fortschritte des Zivilrechts im XIX. Jahrhundert. Ein Überblick über die Entfaltung des Privatrechts in Deutschland, Österreich, Frankreich und der Schweiz, I. Teil: Die Neuordnung des Verkehrslebens, Berlin 1910, S. 21.

[71] Vgl. *Roscoe Pound*, Der Geist des Gemeinen Rechts (The Spirit of the Common Law), deutsch von *W. R. Rickmers*, Söcking 1947, S. 109; auch: *Walter Hallstein*, Wiederherstellung des Privatrechts (= Schriften der Süddeutschen Juristen-Zeitung, H. 1), Heidelberg 1946, S. 7.

KIRCHENRECHT

DIE ORDENTLICHE UND AUSSERORDENTLICHE FORM DER EHESCHLIESSUNG IN DEN VERSCHIEDENEN KIRCHENRECHTEN
DEUTSCHES EVANGELISCHES KIRCHENRECHT

Von D. Dr. Hans Liermann
Professor an der Universität Erlangen

Ein Bericht über „Die ordentliche und außerordentliche Form der Eheschließung in den verschiedenen Kirchenrechten" kann für das evangelische Kirchenrecht in Deutschland nicht erstattet werden. Denn es gibt im deutschen evangelischen Kirchenrecht in der Gegenwart kein Eheschließungsrecht mehr. Die evangelische Kirche nennt nur noch ein Recht der kirchlichen Trauung ihr eigen, für das sich bestimmte Formen herausgebildet haben. Deshalb muß sich der vorliegende Bericht auf eine zusammenfassende Darstellung des Trauungsrechts beschränken, das, wie nochmals hervorgehoben werden soll, kein Eheschließungsrecht im strengen Sinne des Wortes darstellt, aber juristisch als eine Parallelerscheinung zum Recht der Eheschließung gewertet werden kann. Aber auch dieses Trauungsrecht ist zur Zeit in Bewegung und ringt um ein neues Verständnis der kirchlichen Trauung und ihrer liturgischen Gestaltung.

Aus diesem Grunde ist es im gegenwärtigen Zeitpunkt nicht ganz einfach, die im Fluß befindliche Entwicklung, die von geschichtlichen, theologischen, liturgischen und juristischen Elementen gestaltet wird, gleichsam in einer Momentphotographie mit scharfen Konturen einzufangen. Sie gleicht vielmehr einem Film, der im Wechsel der Bilder vor unseren Augen abrollt. Deshalb ist zum Verständnis der gegenwärtigen Rechtslage ein kurzer geschichtlicher Überblick unumgänglich notwendig. Denn nur aus der geschichtlichen Entwicklung heraus ist das gegenwärtige evangelische Trauungsrecht verständlich und darstellbar. Dabei kann bis zur allgemeinen Einführung der obligatorischen Zivilehe in Deutschland durch das Reichsgesetz vom 6. Februar 1875 die Entwicklung in gedrängter Form gegeben werden[1].

[1] Zur genaueren Orientierung sei auf eine reichhaltige Literatur verwiesen. Insbesondere werden genannt: *Rudolph Sohm*, Das Recht der Eheschließung, Weimar 1875; *Hans von Schubert*, Die evangelische Trauung, ihre geschichtliche

Die Reformation fand das Eheschließungsrecht der mittelalterlichen katholischen Kirche vor. Es wurde zunächst äußerlich weithin übernommen, bekam aber von Anfang an einen anderen Wesensinhalt, weil die Reformatoren die katholische Lehre von der Sakramentsnatur der Ehe nicht anerkannten. Es sei jedoch in diesem Zusammenhang bereits ausdrücklich darauf hingewiesen, daß der viel zitierte und viel mißbrauchte Ausspruch Luthers, daß die Ehe ein „weltlich Ding" sei, die Auffassung der Reformatoren und auch Luthers selbst nur sehr einseitig wiedergibt. Denn sie faßten die Ehe zugleich als eine Stiftung Gottes auf. Diese Seite des reformatorischen Verständnisses der Ehe muß gerade im Hinblick auf die gegenwärtige Entwicklung des evangelischen Trauungsrechtes besonders hervorgehoben werden.

Es ist hier nicht notwendig, die differenzierte und schwierige Rechtsgeschichte der evangelischen Trauung im einzelnen darzustellen. Man kann bis zu der Einführung der obligatorischen Zivilehe in einem summarischen Überblick drei Stadien feststellen. Im Zeitalter der Reformation folgte dem mehr oder minder feierlichen, die Ehe bereits begründenden, im Hause oder vor der Kirchentür stattfindenden consensus, der „Verlobung" im Sinne der damaligen Rechtssprache, die Segnung in der Kirche. Beides konnte zeitlich — oft sogar durch geraume Zeit — getrennt sein. Luther und Zwingli haben auf diese Weise geheiratet. Im zweiten Stadium wurde der ehebegründende Akt des feierlichen Konsenses in die Kirche verlegt und mit der Segnung verschmolzen. Zugleich bildete sich die Verlobung im heutigen Sinne als noch nicht unbedingt bindender Vorvertrag heraus. Es entstand so ein gemeines Gewohnheitsrecht, welches für das Zustandekommen einer gültigen Ehe den Konsens vor dem Pfarrer, regelmäßig in der Kirche, forderte. Damit war wiederum eine äußere Angleichung an das katholische Eherecht (Decretum Tametsi von 1563) vollzogen. Im dritten Stadium griff der absolute Staat ein. Die Trauung in der Kirche *vor* dem Pfarrer wurde zur vom weltlichen Recht geforderten Trauung *durch* den Pfarrer. Insbesondere hat das preußische ALR II 1 § 136 bestimmt: „Eine vollgültige Ehe wird *durch* die kirchliche Trauung vollzogen." Damit war aus dem evangelischen Trauungsrecht ein echtes Eheschließungsrecht geworden. Die kirchliche Mitwirkung war als rechtsbegründender Akt unabdingbar notwendig geworden. Ohne sie

---

Entwicklung und gegenwärtige Bedeutung, Berlin 1890; *Werner Elert*, Morphologie des Luthertums, Bd. 2, München 1932; *Paul Graff*, Geschichte der Auflösung der alten gottesdienstlichen Formen in der evangelischen Kirche Deutschlands, 2. Aufl., Bd. 1 und 2, Göttingen 1937/1938; *Walther Köhler*, Die Anfänge des protestantischen Eherechts, ZRG, Bd. 61, Kan. Abt. Bd. 30, Weimar 1941, S. 271ff.; *Georg Rietschel* und *Paul Graff*, Lehrbuch der Liturgik, 2. Aufl., Bd. 2, Göttingen 1952; Weltliche und kirchliche Eheschließung, herausg. von *Hans Dombois* und *Friedrich Karl Schumann*, Gladbeck 1953; Familienrechtsreform, herausg. von *Hans Dombois* und *Friedrich Karl Schumann*, Witten/Ruhr 1955; *Olavi Lähteenmäki*, Sexus und Ehe bei Luther, Schriften der Luther-Agricola-Gesellschaft, Heft 10, Turku 1955.

kam keine vollgültige Ehe zustande. Ein Vergleich mit dem damals geltenden katholischen Eherecht (Decretum Tametsi von 1563) zeigt, daß bei dieser Regelung die aktive Mitwirkung des evangelischen Pfarrers bei der Eheschließung weit über diejenige des katholischen Pfarrers hinausging. Hier wurde die Ehe *durch* die kirchliche Trauung vollzogen, dort war der consensus der Nupturienten nur *coram* parocho erforderlich.

Man wird freilich die Frage aufwerfen müssen, ob dieses vom weltlichen Recht angeordnete Eheschließungsrecht überhaupt noch „Kirchenrecht" gewesen ist. Trotz aller engen Verbindung von Kirche und Staat im damaligen Staatskirchentum zeigt sich doch deutlich der Einsatz der Kirche und ihrer Geistlichen für staatliche Zwecke. Der Pfarrer fungierte, wie man mit Recht formuliert hat, letzten Endes als „Standesbeamter im Talar"[2].

Aber wie man auch die Rechtslage in diesem dritten Entwicklungsstadium beurteilen mag, jedenfalls besaß die Kirche, äußerlich betrachtet, ein echtes Eheschließungsrecht. Sie war an der Schließung einer rechtsgültigen Ehe maßgebend beteiligt.

Das wurde mit der Einführung der obligatorischen Zivilehe mit einem Schlage anders. Es tauchten auf einmal Fragen auf, die man vorher nicht gesehen hatte, oder auch nicht sehen wollte. Denn an sich wäre genug Zeit und Gelegenheit gewesen, sie zu überdenken. In Teilen von Deutschland, in denen der Code civil geltendes Recht war, war ja die obligatorische Zivilehe seit langem in Geltung, und man hatte sich an den Parallelismus von staatlicher Eheschließung und kirchlicher Trauung gewöhnt, ohne viel darüber nachzudenken, ob die Formen der beiden Akte, der zivilen Eheschließung und der kirchlichen Trauung, aufeinander abgestimmt waren und zueinander paßten.

Das in der Praxis geübte, im allgemeinen reibungslose, von keinerlei grundsätzlicher Problematik beschwerte Nebeneinander von obligatorischer Zivilehe und kirchlicher Trauung im Geltungsbereich des Code civil konnte sich mit der allgemeinen Einführung der obligatorischen Zivilehe nicht im gesamten deutschen Rechtsgebiet durchsetzen. Es kam vielmehr zu leidenschaftlichen prinzipiellen Auseinandersetzungen.

Man kann — von vermittelnden Auffassungen abgesehen — zwei einander entgegengesetzte Stellungnahmen zur obligatorischen Zivilehe unterscheiden. Die eine wurde an führender Stelle vom Berliner Evangelischen Oberkirchenrat vertreten, der sich, damals eine staatliche Behörde, als besonders staatsfromm erwies. Er wollte das bis dahin übliche „Zusammensprechen" der Brautleute oder „Bestätigen" der Ehe fallen lassen und an Stelle davon eine bloße kirchliche „Segnung" der geschlossenen Ehe setzen. Die Anhänger dieser Auffassung beriefen sich auf die Wahrheitsfrage. Die Ehe sei bereits vor dem Standesamt geschlossen.

[2] *Hans von Schubert*, Obligatorische und fakultative Zivilehe, Zeitschrift für praktische Theologie, Frankfurt/Main, XVIII. Jg. (1896), S. 253.

Deswegen könne der Pfarrer die Eheleute nicht noch einmal „zusammensprechen". Vor allem sei es auch nicht angängig, daß die Kirche einen vom Staate bereits rechtsgültig vollzogenen Rechtsakt noch einmal bestätige.

Aber auch die Argumente der Gegenseite waren beachtlich. Man wies darauf hin, daß im Reformationszeitalter die Ehe bereits vor der kirchlichen Handlung durch consensus oder auch durch Trauung *vor* der Kirchentür, nicht unbedingt durch den Geistlichen, sondern auch durch Laientrauung, rechtsgültig zustande gekommen sei, und daß man trotzdem die Nupturienten „zusammengesprochen" oder „bestätigt" habe. Dem wurde dann wieder entgegengehalten, daß die Kirche damals auf diese Weise die notwendige Publizitätswirkung hervorgebracht habe. Das Offenkundigmachen der Ehe sei aber heute Aufgabe des Standesamtes.

Ferner berief man sich bei den Anhängern der alten Formen darauf, auch ein schon rechtsgültiger Akt könne durch nochmalige Bestätigung besonders „solennisiert" werden.

Schließlich wurde mit dem Begriff der „christlichen Ehe" operiert. Anhänger der alten Formen unterschieden zwischen der „bürgerlichen Ehe", die vor dem Standesamt, und der „christlichen Ehe", die in der Kirche geschlossen werde. Dem wurde dann wieder entgegengehalten, man könne die *eine* Ehe nicht in dieser Weise auseinanderspalten. Sie werde von Christen schon vor dem Standesamt als „christliche Ehe" geschlossen.

Dazu kam die Auseinandersetzung über die Traufragen. Hatten sie noch einen Sinn, nachdem der consensus bereits vor dem Standesbeamten erklärt war? Und welchen Sinn konnte man sonst dem auf die Traufragen erklärten „Ja" der Nupturienten zugrunde legen? Etwa den eines bloßen Gelöbnisses? Schließlich wurde auch der Sinn des kirchlichen Aufgebots in Zweifel gezogen. Es hatte ursprünglich der Feststellung etwaiger Ehehindernisse gedient. War das nun nicht auch Sache des Standesbeamten geworden?

Man sieht, es war eine Fülle von Fragen, die sich auftaten. Und sie wurden nur ganz ungenügend bewältigt. Die Folge war eine bunte Fülle von Trauagenden, die in jeder Landeskirche verschieden waren, oft sogar durch den Brauch in einzelnen Gemeinden voneinander abwichen. In vielen Einzelheiten zeigte sich die Unsicherheit besonders deutlich, so z. B. in der verschiedenen Art, wie die Braut vor dem Altar angeredet wurde. Das geschah z. T. noch mit dem Mädchennamen, z. T. bereits mit dem Namen des Mannes, den sie von Rechts wegen seit der Eheschließung vor dem Standesbeamten führte. Alle diese Probleme traten besonders kraß zutage, als seit den Wirrnissen der Nachkriegszeit, bereits nach dem ersten Weltkrieg, die standesamtliche Eheschließung und die kirchliche Trauung, die nach allgemeiner Übung bis dahin kurz aufeinander folgten, meist sogar am selben Tage stattfanden, nicht selten weit auseinander fielen. Junge Paare, die durchaus die kirchliche Trauung begehrten und gewillt waren, ihre Ehe erst mit ihr zu beginnen, waren gezwungen, zunächst nur die Zivilehe zu schließen, um auf diese Weise als Ehepaar auf die Liste der Wohnungsuchenden zu kommen.

Äußerlich betrachtet ist dieser seit der Einführung der obligatorischen Zivilehe gegebene unerfreuliche und in den einzelnen Agenden verschiedene Stand des kirchlichen Trauungsrechts im deutschen evangelischen Kirchenrecht noch immer vorhanden. Es gibt keine bestimmte Form, sondern nur verschiedene Formen, die in Einzelheiten nicht übereinstimmen. Und doch ist ein beachtlicher Fortschritt erzielt und viel Klarheit gewonnen worden. Die Trauungsagenden der einzelnen Kirchen sind zwar noch die alten geblieben und zeigen die bunte Fülle, die letzten Endes auf innerer Unsicherheit beruht. Aber man ist in der theologischen Grundlegung weiter voran gekommen. Dieser Fortschritt wird sich über kurz oder lang auch in einer entsprechenden Gestaltung der Trauliturgien auswirken müssen.

Wenn man die Frage aufwirft, woher diese Neubesinnung auf Grundsätze des evangelischen Trauungsrechts kommt, so sind zwei Ursachen zu nennen. Die eine liegt in der inneren Loslösung der Kirche vom Staate seit 1919, insbesondere auch seit dem Kirchenkampf nach 1933. Die Kirche ist heute in der Lage, wohl unter Berücksichtigung des staatlichen Rechts, aber doch in innerer Unabhängigkeit von ihm, ein eigenes Recht heranzubilden. Die zweite Ursache ist die Neugestaltung des Ehe- und Familienrechts in der Bundesrepublik Deutschland. Die Gleichberechtigung der Frau, die wieder aufgebrochene und in breitester Öffentlichkeit diskutierte Frage nach der Berechtigung der obligatorischen Zivilehe haben weite kirchliche Kreise zu einer Neubesinnung auf Grundsatzfragen veranlaßt. Ihr Ergebnis besteht z. T. in amtlichen Verlautbarungen zuständiger kirchlicher Stellen, die eines Tages in Trauliturgien einen konkreten Niederschlag finden werden, z. T. in der Herausarbeitung von nicht unmittelbar amtlichen theologischen Erkenntnissen, deren Rückwirkung auf konkret gefaßtes kirchliches Trauungsrecht auf die Dauer gleichfalls nicht ausbleiben kann.

Zieht man das Fazit dieser neuesten Entwicklung, so ergibt sich folgendes:

1. Die evangelische Kirche erkennt die Zivilehe grundsätzlich als Ehe an. Die Frage, ob die Aufrechterhaltung der obligatorischen Zivilehe oder die Wiedereinführung der vor 1876 in weiten Teilen Deutschlands geltenden fakultativen Zivilehe von der staatlichen Gesetzgebung gefordert werden soll, ist für sie theologisch ein Adiaphoron. Sie kann sie je nach der gegebenen staatspolitischen und gesellschaftlichen Lage in dem

einen oder anderen Sinne beantworten[3]. Es handelt sich dabei also um reine Zweckmäßigkeitserwägungen. *Schumann*[4] sieht in der obligatorischen Zivilehe gewisse, wenn auch z. Z. nicht akute Gefahren für die Kirche. Im Gegensatz dazu tritt die Synode der Evangelischen Kirche in Deutschland für die Aufrechterhaltung der obligatorischen Zivilehe ein[5].

Die Folge dieser grundsätzlichen Einstellung ist, daß die evangelische Kirche kein Eheschließungsrecht, sondern nur ein Trauungsrecht zu gestalten braucht. Zum Ausbau eines eigenen Eheschließungsrechts müßte sie erst in dem Augenblick schreiten, in dem ihr der Staat — etwa durch Einführung der fakultativen Zivilehe — die Schließung von Ehen mit Rechtswirkung für den Bereich des staatlichen Rechts übertragen würde.

Es muß jedoch in diesem Zusammenhang darauf hingewiesen werden, daß dieser zur Zeit gegebene Verzicht auf ein eigenes kirchliches Ehe*schließungs*recht keineswegs den Verzicht auf ein kirchliches Eherecht in Bausch und Bogen bedeutet. Die Kirche muß an die bürgerlich geschlossene Ehe, die sie grundsätzlich anerkennt, ihr eigenes Maß anlegen können. Sonst würde sie sich ohne Hemmung zur kirchlichen Trauung Geschiedener, die vor dem Standesamt die Zivilehe geschlossen haben, verpflichten müssen. Oder sie hätte während des Dritten Reiches vorbehaltlos anerkennen müssen, daß eine Lebensgemeinschaft von Mann und Frau, welcher der Standesbeamte aus „rassischen" Gründen die Eheschließung versagt hat, vor Gott keine Ehe sein kann. An der Möglichkeit des Auseinandergehens von kirchlichem und staatlichem Eherecht muß also grundsätzlich festgehalten werden.

2. Die Ehe ist nicht nur ein „weltlich Ding". So heißt es schon bei dem richtunggebenden Dogmatiker der lutherischen Orthodoxie des 17. Jhs. Johann Gerhard: „Conjugium non est contractus humanus sed divina unius maris et unius feminae ad individuam vitae societatem conjunctio"[6]. Aber ebenso betont das 20. Jh. die Ehe als göttliche Stiftung[7]. Das alles hat schließlich auch in offiziellen kirchlichen Verlautbarungen

---

[3] *Friedrich Karl Schumann*, Zur systematischen Erwägung der Fragen des Eheschließungsrechts, in: Familienrechtsreform (vgl. Anm. 1), S. 155f.

[4] A. a. O., S. 156.

[5] Entschließung der Synode der Evangelischen Kirche in Deutschland zu Fragen der Ehe und Familie. Vom 19. 3. 1954:

„Obwohl es möglich wäre, die rechtliche Konsenserklärung der Eheschließenden mit der kirchlichen Trauung zu verbinden, hält die Synode es für geboten, an dem geltenden Recht der obligatorischen Zivilehe festzuhalten." Vgl. Familienrechtsreform, S. 57f.

[6] *Johann Gerhard*, Loci Theologici, hsg. v. *Joh. Friedr. Cotta*, Bd. XVI, Tübingen 1777, S. 224. Vgl. dazu *Elert*, a. a. O., Bd. 2, S. 110.

[7] Vgl. dazu z. B. *Hans Dombois*, Artikel: Eherecht, Die Religion in Geschichte und Gegenwart, 3. Aufl., Bd. 2, Sp. 333: „Die evangelische Kirche sieht die Ehe als Stiftung Gottes an, welche mit Gebot und Verheißung versehen die Ehegatten in Verantwortung nimmt."

in neuerer Zeit seinen Niederschlag gefunden. In der Ordnung des kirchlichen Lebens vom 30. September 1953, welche Generalsynode und Bischofskonferenz der Vereinigten Evangelisch-Lutherischen Kirche in Deutschland angenommen und den Gliedkirchen als Richtlinien zugeleitet haben, heißt es in Abschnitt VII (von christlicher Ehe und Trauung) Ziff. 1: „Gott der Herr hat den Ehestand selbst eingesetzt“[8].

Auf diesen beiden Grundgedanken: Grundsätzliche, wenn auch nicht vorbehaltlose Anerkennung der staatlichen Zivilehe und Betonung der „mittleren Linie“ in der theologischen Auffassung der Ehe zwischen der rein weltlichen Institution und der katholischen Sakramentslehre ist ein neues evangelisches Trauungsrecht in Deutschland in der Entwicklung begriffen. Es hat seinen Niederschlag in Abschnitt VII der Lebensordnung der Vereinigten Evangelisch-Lutherischen Kirche Deutschlands vom 30. September 1953 „Von christlicher Ehe und kirchlicher Trauung“ gefunden. Abschnitt VII der Lebensordnung beruht seinerseits wieder auf einem Theologischen Gutachten des Theologischen Ausschusses der Vereinigten Evangelisch-Lutherischen Kirche Deutschlands über Ehe und kirchliche Trauung vom 5. Januar 1953[9].

Dieses theologische Gutachten enthält die wesentlichen Ansatzpunkte für die Neugestaltung des evangelischen Trauungsrechts in einem erheblichen Teil Deutschlands, nicht nur in der Bundesrepublik, sondern auch in der Deutschen Demokratischen Republik, in deren Gebiet gleichfalls Gliedkirchen der Vereinigten Evangelisch-Lutherischen Kirche Deutschlands gelegen sind. Es muß deshalb, soweit es von einschlägiger Bedeutung ist, an dieser Stelle ausführlich herangezogen werden.

Das Gutachten sieht die Ehe in einem ersten allgemeinen Abschnitt als „eine Anordnung Gottes innerhalb der Welt der Sünde als Schutzzaun gegen die Unordnung der geschlechtlichen Begierden“ ... „Die Ehe ist von Gott zugleich mit der Erschaffung des Menschen und im inneren Zusammenhang mit seiner Gottesebenbildlichkeit gestiftet“ ... Sie ist ferner „Abbild des Verhältnisses Christi zu seiner Gemeinde“.

Dann geht das Gutachten zu einer Ordnung der kirchlichen Trauung im einzelnen über. In einer allgemeinen Festlegung des Wesens der kirchlichen Trauung kommt die Distanzierung der Kirche von jedem Eheschließungsrecht eindeutig zum Ausdruck: „In der kirchlichen Trauung wird die Bezogenheit der Ehe auf Christus bezeugt und der Wille, sie als christliche zu führen, vor der Gemeinde öffentlich bestätigt.“ Und ferner: „Die kirchliche Trauung konstituiert nicht die Ehe zwischen zwei Menschen, sondern unterstellt diese Ehe Christus dem Herrn.“

---

[8] Ordnungen und Kundgebungen der Vereinigten Evangelisch-Lutherischen Kirche Deutschlands. Nach dem Stand vom 31. 12. 1953. Herausgegeben vom Lutherischen Kirchenamt Hannover, Berlin 1954, S. 105.

[9] A. a. O. (Ordnungen und Kundgebungen), S. 119ff.

Darauf folgen, ohne daß bereits eine Einkleidung in die Form fester Normen vorgenommen wird, Ausführungen, welche die Hauptstücke einer künftigen Gestaltung der Trauliturgie schon deutlich erkennen lassen. Es wird gefordert:

1. „Die Verkündung des Wortes Gottes zum Bund der Ehe.“ Das bedeutet die Einkleidung in gottesdienstliches Handeln. Denn die Wortverkündung ist das Herzstück des evangelischen Gottesdienstes. Hier führt eine unmittelbare geschichtliche Linie zur vorreformatorischen Brautmesse und dem die Ehe offenkundig machenden „Kirchgang“ der Eheleute in der Reformationszeit.

2. „Das Bekenntnis der Ehegatten.“ Nach dem Gutachten soll es „weder ein bloßes persönliches Treuegelöbnis noch eine einfache Wiederholung des die Ehe konstituierenden mutuus consensus“ sein. Vielmehr ist in dem „Ja“ der Ehegatten das Bekenntnis enthalten, „unter dem ihnen zugesprochenen Worte Gottes ihre Ehe zu verstehen und zu führen“. Auf diese Weise sind Traufragen und consensus, die durch den vorangehenden standesamtlichen Akt bei Anerkennung der Zivilehe ihren Sinn zu verlieren drohten und zu bloßen Wiederholungen herabzusinken schienen, mit einem eigenen kirchlichen Sinn versehen und in ihrer Eigenständigkeit voll gerechtfertigt. Fragen und consensus zielen nicht auf die *Schließung*, sondern auf die *Führung* der Ehe.

3. „Die kirchliche Bestätigung der Ehe als einer christlichen.“ Auch hierbei ist die Wiederholung des standesamtlichen Handelns vermieden. Die Bestätigung ist nicht etwa eine Bestätigung der bereits geschlossenen Zivilehe durch die Kirche. Vielmehr „geschieht“ sie „auf Grund des öffentlichen Bekenntnisses der Ehegatten zu dem ihnen verkündigten Gotteswort über die Ehe“. Auf diese Weise ist auch die alte copulatio mit einem Sinn versehen, der, ohne die Wahrheitsfrage zu verletzen, der Rechtslage, wie sie heute ist, durchaus gerecht wird.

4. „Kirchliche Einsegnung der Ehe“, „Segen des Pfarrers“ und „Fürbitte der Gemeinde“. Die Einsegnung ist, wie das Gutachten ausdrücklich hervorhebt, „nicht irgendeine religiöse Weihe, sondern der wirksame Zuspruch der Gnade in Jesus Christus“.

5. „Vermahnung zur christlichen Führung der Ehe.“ Hier tritt das seelsorgerliche Moment besonders in Erscheinung. Jedoch steht im Hintergrund auch die Kirchenzucht, die bei etwaigen späteren groben Verstößen gegen die gelobte christliche Führung der Ehe mit ihren rechtlichen Zuchtmitteln (z. B. Entziehung des kirchlichen Wahlrechtes) einsetzen kann.

6. „Die Einfügung der Ehe in das Leben der Gemeinde.“ Das „Haus“, das durch die Ehe neugegründet wird, ist ein wichtiger Stand in der Gliederung der Gemeinde. Es wird als solches schon im Neuen Testament besonders hervorgehoben. Die Betonung des christlichen Hauses als Be-

standteil der christlichen Gemeinde bringt zugleich die Überwindung des von der Aufklärung genährten individualistischen Gedankens, daß die Trauung eine „Familienfeier" ist. Sie erhält dadurch eine kirchliche Publizität, die etwas ganz anderes ist als die der Kirche vom Standesamt durch den Eintrag in das Register abgenommene Offenkundigmachung der Tatsache des Ehe*schlusses*. Denn es wird offenkundig gemacht, daß der christlichen Gemeinde ein neuer christlicher Hausstand zugewachsen ist.

Auf der von dem Theologischen Ausschuß erarbeiteten Grundlage ist dann von Generalsynode und Bischofskonferenz der Vereinigten Evangelisch-Lutherischen Kirche Deutschlands Abschnitt VII „Von christlicher Ehe und kirchlicher Trauung" der „Ordnung des kirchlichen Lebens" vom 30. September 1953 gestaltet worden. Auch er enthält noch keine im einzelnen formulierte Trauliturgie, sondern nur die Richtlinien für die Gliedkirchen bei Gestaltung ihrer Trauliturgien. Immerhin ist er, seinem Zweck entsprechend, stärker zusammengerafft als das Theologische Gutachten. Nachdem Abschnitt VII Ziff. 1, wie schon oben dargelegt, in knapper Formulierung einige Aussagen über das Wesen der Ehe nach lutherischem Verständnis macht, wird in Ziff. 2 der Hergang der kirchlichen Trauung dargestellt. Man erkennt hier ohne weiteres das Vorbild des Theologischen Gutachtens. Ziff. 2 lautet: „Christen beginnen ihren Ehestand mit der kirchlichen Trauung. In ihr wird dem Ehepaar das Wort Gottes verkündigt, das der Ehe den rechten Grund gibt und sie heiligt. Mit ihrem Ja bekennen sich die Eheleute zur göttlichen Ordnung und christlichen Führung der Ehe. Sie empfangen darauf für ihren Ehebund den Segen Gottes. Die Trauung soll ihnen helfen, Gott für seine Gaben dankbar zu sein, ihn in guten und bösen Tagen zu ehren und in der christlichen Gemeinde Gottes Wort und Sakrament heilig zu halten."

Neben diesem Kernstück, das die wesentlichen Bestandteile der kirchlichen Trauung nennt, sind in Abschnitt VII Ziff. 3 und 4 noch einige weitere mit der Trauung unmittelbar zusammenhängende Regeln und Ratschläge gegeben. Die Trauung soll in der Kirche stattfinden, nur ausnahmsweise in besonderen Fällen während der geschlossenen Zeiten. Ein kirchliches Aufgebot soll erfolgen. Bei der Anmeldung zum Aufgebot haben die Brautleute nachzuweisen, daß sie getauft, zum heiligen Abendmahl zugelassen und noch gegenwärtig beide Glieder einer christlichen Kirche sind. Der Pfarrer hat die Brautleute über Segen und Aufgabe einer christlichen Ehe zu unterweisen. Für jede Trauung ihrer Glieder hält die Gemeinde im Gottesdienst Fürbitte und Danksagung.

An Hand der Ordnung des kirchlichen Lebens läßt sich also der gesamte Vorgang der kirchlichen Trauung, wie er sich in der Vereinigten Evangelisch-Lutherischen Kirche Deutschlands nach Gestaltung der Trauliturgien der Gliedkirchen entsprechend den hier gegebenen Richtlinien darstellen wird, in den wesentlichen Grundzügen konstruieren. Das

Verfahren der Trauung, wenn man diesen juristischen Begriff auf die gottesdienstliche Handlung einmal anwenden darf, wird von den Brautleuten durch Anmeldung zum kirchlichen Aufgebot in Gang gebracht. Die Kirche hat also trotz des der kirchlichen Trauung vorangehenden standesamtlichen Aufgebotsverfahrens nicht auf ein eigenes kirchliches Aufgebot verzichtet. Sie hat das mit Recht getan. Denn es handelt sich hier nicht mehr um die Feststellung etwaiger Ehehindernisse — das ist Sache des Standesamtes — sondern um die Feststellung etwaiger Hindernisse, welche der kirchlichen Trauung entgegenstehen. Diese können ganz anderer Art sein als die Ehehindernisse des staatlichen Rechts. Als Beispiele seien genannt: mangelnde Taufe, Scheidung eines Nupturienten aus einem vom staatlichen Recht zugelassenen, aber aus Gottes Wort nicht gerechtfertigten Grunde, Kirchenaustritt eines Ehepartners. Bei dem Aufgebot kommt es in erster Linie auf die Prüfung aller Umstände durch den Pfarrer, nicht so sehr auf eine Verkündigung des Aufgebots von der Kanzel an. Dieses hat im allgemeinen wenig praktischen Wert. In kleineren ländlichen Gemeinden kennt man so wie so alle Lebensumstände der Nupturienten, in größeren Stadtgemeinden kennt man sich wiederum so wenig, daß das öffentliche Aufgebot in den seltensten Fällen zur Feststellung eines Trauungshindernisses führen wird. Deswegen geht in vielen Gemeinden das öffentliche Aufgebot praktisch in „Danksagung und Fürbitte", welche die Ordnung des kirchlichen Lebens gleichfalls fordert, auf und unter. Die Bekanntmachung der Trauung wird dann häufig, wie es dem Wesen der „Danksagung", nicht unbedingt der „Fürbitte" entspricht, erst *nach* vollzogener Trauung stattfinden, so daß sie nicht mehr als „Aufgebot" bezeichnet werden kann.

Ein weiterer Akt des der eigentlichen Trauung vorangehenden Verfahrens ist die Unterweisung der Brautleute „über Segen und Aufgabe einer christlichen Ehe". Er bildet zusammen mit der Erforschung des kirchenrechtlichen Status der Brautleute im Aufgebotsverfahren das Brautexamen oder Brautgespräch, das viele alte Kirchenordnungen gekannt und gefordert haben[10].

Auf diese vorbereitenden Handlungen folgt — er kann um einige Zeit später liegen — der eigentliche Akt der kirchlichen Trauung. Er beginnt mit der Wortverkündung. Dann werden die „Traufragen", die den oben dargestellten Sinn haben, an die Nupturienten gerichtet. Nach dem „Ja" der Brautleute, das Bekenntnis zur christlichen Ehe und Gelöbnis christlicher Führung der Ehe in sich trägt, erfolgt die „Bestätigung" oder das „Zusammensprechen", dem gleichfalls der oben näher dargelegte besondere kirchliche Sinn unterstellt wird. Die „Bestätigung" ist die alte copulatio. Sie ist dem Brauchtum gemäß mit symbolischen Handlungen

---

[10] Vgl. *Rietschel* und *Graff*, a. a. O., Bd. 2, S. 714; vgl. ferner *Graff*, a. a. O., Bd. 2, S. 334.

verknüpft (Wechseln der Ringe, Zusammenfügen der Hände). Die Symbolik stellt aber kein Essentiale des Trauungsaktes dar[11].

Immerhin sei in diesem Zusammenhang darauf hingewiesen, daß in dem Ringwechsel ein Stück Gleichberechtigung der Frau steckt. Beim ursprünglichen Kauf der Muntgewalt über die Frau nach germanischem Recht gab nur der Mann einen Ring als Kaufpreis. Der Ringwechsel stellt also Mann und Frau gleich.

Die Gleichberechtigung kommt ferner in den Trauungsfragen zum Ausdruck. Ihre Bejahung bringt den gegenseitigen consensus. Es ist richtig, daß der consensus, obwohl er beim standesamtlichen Eheschluß bereits ausgesprochen wurde, noch einmal auf der anderen Ebene des kirchlichen Trauungsrechtes betont wird. Denn hier, vor Gott, sind Mann und Frau erst recht einander gleich. Die Gleichberechtigung der Frau — selbstverständlich nicht unmittelbar im modernsten Sinne voller Emanzipation verstanden — ist altes theologisches Erbgut des Luthertums[12]. Der Satz consensus facit nuptias hat auf dem Boden des evangelischen Kirchenrechts von jeher nicht nur juristischen, sondern auch ethischen Inhalt gehabt[13]. Die moderne evangelische Theologie ist aber auch darum bemüht, dem Gleichberechtigungsgrundsatz, wie er heute verstanden wird, gerecht zu werden. Sie hält die evangelische Kirche nicht für „ermächtigt, sich für eine unbedingte Erhaltung der patriarchalischen Momente im Eherecht (gemeint ist das im Jahre 1952 geltende Eherecht) einzusetzen“[14].

In allen Agenden wird nach dem Vorbild von Luthers „Traubüchlein“ der Hinweis auf die grundsätzliche Unlöslichkeit der evangelischen Ehe[15] gegeben. Er erfolgt durch den Gebrauch des Wortes Matth. 19, 6: „Was Gott zusammengefüget hat, das soll der Mensch nicht scheiden“[16]. Dieser Teil der Agende kann unter Umständen für einen Eheprozeß des katholischen Kirchenrechts von Bedeutung sein, indem das katholische

---

[11] Vgl. *Rietschel* und *Graff*, a. a. O., Bd. 2, S. 749.

[12] Vgl. dazu *Elert*, a. a. O., Bd. 2, S. 92. *Elert* spricht von „Koordination“ von Mann und Frau.

[13] Vgl. *Hans von Schubert*, Obligatorische und fakultative Zivilehe, a. a. O., S. 250. — Schubert weist an dieser Stelle mit Recht darauf hin, wie sehr der zeitweise im alten Herrenhutertum geübte Brauch, die Ehepartner durch Loswurf zu bestimmen, sich von aller christlichen Ethik, aber auch von der protestantischen Grundauffassung der Ehe entfernt. Wenn durch Gottesurteil — das war der Sinn des Loswurfes — die Ehegatten ausgewählt wurden, wurde die Ehe von jeder rechtlich erheblichen menschlichen Willensbildung gelöst und bekam einen rein sakramentalen Charakter, der über das, was der Katholizismus unter der Sakramentsnatur der Ehe versteht, weit hinausgeht.

[14] *Ernst Wolf*, „Evangelisches“ Eherecht, Rechtsprobleme in Staat und Kirche, Festschrift für *Rudolf Smend*, Göttingen 1952, S. 425.

[15] Vgl. dazu *Hans Liermann*, Löslichkeit und Unlöslichkeit der Ehe im evangelischen Kirchenrecht, Deutsche Landesreferate zum IV. Internationalen Kongreß für Rechtsvergleichung in Paris 1954, S. 49ff., Düsseldorf 1955.

[16] Vgl. dazu *Rietschel* und *Graff*, a. a. O., Bd. 2, S. 750.

Kirchenrecht auch die Ehe zweier evangelischer Ehepartner als unlöslich ansieht und, wenn diese Ehe vom staatlichen Gericht geschieden ist, eine Wiederverheiratung eines Ehepartners der geschiedenen Ehe mit einem katholischen Ehepartner nicht zuläßt. Bei der Entscheidung nach katholischem Kirchenrecht kommt es wesentlich darauf an, daß auch die evangelische Ehe für das ganze Leben eingegangen ist und deshalb nach katholischer Auffassung sakramentalen Charakter hat[17].

Auf die copulatio erfolgte nach Luthers Traubüchlein die benedictio. Sie ist, so wie damals, heute noch in allen Agenden vorhanden und geschieht in dem Sinne, in dem, wie oben dargelegt, das Theologische Gutachten die „kirchliche Einsegnung" der Ehe verstanden wissen will. Bei der Einsegnung knien die Eheleute nieder, damit die Handauflegung erfolgen kann.

Auf diese Weise ist die klassische Gliederung des Trauungsaktes, wie sie sich in Luthers Traubüchlein findet, bis heute vorhanden. Er zerfällt in copulatio und benedictio. Der Kopulationsakt ist wieder in Traufragen und Trauformel untergeteilt, der Benediktionsakt in Wortverkündung und Segnung. Ein Unterschied gegenüber dem Trauungsakt zu Luthers Zeiten besteht allerdings darin, daß in der ersten Hälfte des 16. Jhs. Kopulation und Benediktion schärfer getrennt waren. Die Kopulation erfolgte noch *vor* der Kirche, erst die Benediktion fand *in* der Kirche statt. Seitdem der ganze Vorgang in die Kirche verlegt ist, rahmen die beiden Unterteile der Benediktion die Kopulation ein. Die Wortverkündung geschieht vor der Kopulation, die Einsegnung nach der Kopulation[18].

Ein neues Moment ist in das lutherische Trauungsrecht dadurch hineingetragen worden, daß die „Einfügung der Ehe in das Leben der Gemeinde", so lautet die Formulierung des Theologischen Gutachtens, besonders hervorgehoben wird. Sie geschieht durch „Danksagung und Fürbitte" in einem auf die Trauung folgenden Gemeindegottesdienst. Danksagung und Fürbitte für das jungvermählte Ehepaar sind altes liturgisches Gut der lutherischen Kirche. Dagegen zeigt die stärkere Betonung der Eingliederung in die Gemeinde gewisse Beziehungen zu reformierten Gedankengängen. Auch in der reformierten Kirche ist das Trauungsrecht in Bewegung geraten, und es werden Reformpläne erörtert, die entsprechend der reformierten Grundhaltung die Teilnahme und Bedeutung der Gemeinde stark in den Vordergrund rücken. „Es ist eine dringliche Aufgabe der Kirche, der Trauung nicht nur ihre eigene Würde wieder zurückzugewinnen, sondern auch den eigenen Charakter neu zu formulieren. Das Hauptelement wäre dann . . . die Eingliederung der neuen partnerischen Gemeinschaft in die Gemeinschaft mit Jesus

---

[17] Vgl. dazu *Hendrik van Oyen*, Liebe und Ehe, Evangelische Ethik II, Basel 1957, S. 323f.

[18] Vgl. dazu *Rietschel* und *Graff*, a. a. O., Bd. 2, S. 737.

Christus"[19]. Diese Eingliederung soll vor allem auch dadurch zum Ausdruck kommen, daß die communio, der gemeinsame Empfang des heiligen Abendmahls durch die Nupturienten, in die Trauliturgie als wesentlicher Bestandteil mit aufgenommen wird[20].

Allerdings wird an dieser Stelle von *van Oyen* auch hervorgehoben, daß er damit „angesichts der heutzutage geltenden Hochzeitsformen etwas sehr Gewagtes beantragt. Denn man kann sich mit Recht fragen, ob sich die Abendmahlsfeier mit dem ganzen Drum und Dran einer Hochzeit vereinigen läßt". — Die Ordnung des christlichen Lebens der Vereinigten Evangelisch-Lutherischen Kirche Deutschlands wird wohl eher dem Leben, wie es nun einmal ist, gerecht. Sie empfiehlt in Abschnitt VII Ziff. 2: „Eine rechte Vorbereitung auf den Ehestand ist es, wenn Braut und Bräutigam *anläßlich der Trauung* zum heiligen Abendmahl gehen." Hier ist die Kommunion von der Hochzeitsfeier mit ihrem meist nicht vermeidbaren äußeren Gepränge zeitlich getrennt, so daß die Kommunion zu ihrem vollen Recht kommen kann. Diese Trennung erscheint vom seelsorgerlichen Standpunkt aus lebensnäher und richtiger zu sein.

Eine andere Art der Eingliederung in die Gemeinde wird wiederum von *Karl Barth*[21] vorgeschlagen. Er wünscht, „die ganze kirchliche Trauung aufzuheben und dafür ein seelsorgerliches Gespräch, gemeindeöffentlich, an die Stelle zu setzen, worauf dann eine Erklärung der beiden Nupturienten folgt, die mit einer Erinnerung an Gottes Verheißung und Gebot und der Verkündung des göttlichen Segens seitens der Gemeinde beantwortet wird. Damit wäre der Akt nach frühchristlicher Sitte in den Gemeindegottesdienst verlegt"[22].

Van Oyen lehnt den Vorschlag von *Karl Barth*, a. a. O., auch im Hinblick auf dessen eigene theologische Grundhaltung zum Wesen der Ehe ab. — Jedenfalls tauchen auch hier, wenn man von den durch *van Oyen* aufgeworfenen theologischen Fragen einmal ganz absieht, praktische Bedenken auf. Man stelle sich ein wortungewandtes Brautpaar im „seelsorgerlichen Gespräch" vor der versammelten sonntäglichen Gemeinde vor! Dabei wird diese Gemeinde nicht immer eine ideale innerlich teilnehmende Gemeinde sein können, sondern in einem solchen Fall zum Teil auch aus Neugierigen bestehen.

Mit der Darstellung der kirchlichen Trauung vom Nachsuchen des kirchlichen Aufgebots bis zu Danksagung und Fürbitte durch die Gemeinde ist der Gang der Trauung in der ordentlichen Form in den Grundzügen gegeben. Wie bereits hervorgehoben, konnte er bei der im Fluß befindlichen Entwicklung und bei der Verschiedenheit der Trauliturgien in den einzelnen Kirchen nicht an Hand des positiven Rechts geschildert

---

[19] *van Oyen*, a. a. O., S. 330.
[20] *van Oyen*, a. a. O., S. 329f.
[21] *Karl Barth*, Kirchliche Dogmatik, Bd. III, 4, S. 255f.
[22] *van Oyen*, a. a. O., S. 327.

werden. Vielleicht wird sich in einigen Jahren ein einheitliches positives Trauungsrecht herausgebildet haben. Solange das nicht der Fall ist, muß man sich mit der hier versuchten Darlegung der Grundgedanken und der Grundzüge begnügen. Sie hängen eng mit dem theologischen Verständnis des Wesens der Ehe zusammen, die heute, wie auch das Theologische Gutachten zeigt, vom weltlichen Bereich wieder sehr stark in den geistlichen Bereich gerückt ist. Dabei ist vor allem auch die Stelle Eph. 5, 22f., die das Verhältnis Christi zu seiner Gemeinde im Bilde der Ehe begreift, in den Vordergrund gerückt[23]. Die ordentliche Form der kirchlichen Trauung läßt sich so in ihrem Wesen ohne weiteres erkennen.

Außerordentliche Formen der kirchlichen Trauung spielen heute keine bedeutsame Rolle mehr. In manchen alten Kirchenordnungen war die Haustrauung ein Privileg des Adels. Das ist heute selbstverständlich nicht mehr der Fall. Die Haustrauung, die im übrigen in derselben Form vor sich geht wie die Trauung in der Kirche, wird heute grundsätzlich abgelehnt und nach Möglichkeit von kirchlicher Seite, wenn nicht besondere Gründe vorliegen, eingedämmt. Bei der Haustrauung tritt die „Eingliederung in die Gemeinde" vor der aus der Aufklärung stammenden individualistischen „Familienfeier" völlig in den Hintergrund. Deswegen wird sie heute als eine nur aus dringenden Gründen geübte Ausnahme behandelt.

Die Aufklärung kannte besondere Trauformen für Trauung Bejahrter, wobei jeder Hinweis auf Kindersegen unterblieb, Trauung Geschiedener, Trauung bei verschiedener Konfession und Trauung „Gefallener"[24].

Alle diese außerordentlichen Formen der Trauung sind heute so gut wie verschwunden. Es mag noch ländliche Gemeinden mit strenger Kirchenzucht geben, in denen einem „gefallenen" Paar die sonst übliche Anrede „Jungfrau" und „Junggeselle" nicht gewährt wird. In städtischen Verhältnissen läßt sich derartiges kaum mehr durchführen. Es taucht in einem solchen Fall auch das staatskirchenrechtliche Problem auf, ob die Kirche noch „innerhalb der Schranken des für alle geltenden Gesetzes" (Art. 140 GG; Art. 137 Abs. 4 WV.) von ihrer durch die Verfassung gewährten Autonomie und Selbstverwaltung Gebrauch macht, wenn sie ein Paar in dieser Weise öffentlich bloßstellt.

Die Oldenburgische Kirche hat erst in neuerer Zeit ein besonderes Formular für die sogenannte „nachgeholte Trauung" geschaffen. Dafür besteht ohne Zweifel ein gewisses Bedürfnis. Es handelt sich um den Fall, daß ein Paar die Zivilehe geschlossen, darauf ehelich zusammengelebt und erst nachträglich die kirchliche Trauung begehrt hat. Die Oldenburger Trauliturgie sieht hier eine besondere Traufrage vor. Sie lautet: „Willst du diese deine Ehegattin N. N. geb. N. als deine dir vor Gott gegebene Ehefrau lieben und ehren in dem Herrn, Freude und Leid mit

---

[23] Theologisches Gutachten, a. a. O., S. 121.

[24] *Graff*, a. a. O., Bd. 2, S. 270f.

ihr teilen und den Bund der Ehe mit ihr heilig halten, bis der Tod euch scheidet?"[25]

Während des Krieges mußte sich die Kirche auch mit der damals möglichen Ferneheschließung in Abwesenheit des Mannes auseinandersetzen. In der Evangelisch-Lutherischen Kirche in Bayern findet sich dafür eine besondere Regelung. Das kirchliche Aufgebot konnte aus Anlaß der Ferneheschließung bestellt werden. Eine Trauung in absentia des Ehemannes wurde nicht vollzogen. Jedoch erfolgte eine Fürbitte im Gemeindegottesdienst in folgender Fassung: „Die Brautleute werden die Ehe durch Ferneheschließung eingehen und daher erst zu einem späteren Zeitpunkt kirchlich getraut werden. Wir erbitten für sie Gottes Segen"[26].

Man kann es als eine entfernte Auswirkung des modernen Gleichheitsgedankens auf das kirchliche Leben und Recht ansehen, daß außerordentliche Formen der Trauung, die einstmals eine größere Bedeutung hatten, heute stark in der Rückbildung begriffen sind.

---

[25] Vgl. *Rietschel* und *Graff*, a. a. O., S. 754.

[26] Bekanntmachung des Landeskirchenrats betr. Kirchliche Beteiligung bei Ferneheschließung, vom 5. 10. 1940, Amtsblatt für die Evangelisch-Lutherische Kirche in Bayern, 1940, S. 96.

RECHTSETHNOLOGIE

DIE PROBLEME DES PRIVATEIGENTUMS UND DES GEMEINEIGENTUMS BEI DEN NATURVÖLKERN

Von Dr. WALTER NIPPOLD

Kustos a. D., Göttingen

Literatur: *L. Adam,* Ethnologische Rechtsforschung. In: *K. Th. Preuß,* Lehrbuch der Völkerkunde. Stuttgart 1937. — *Kaj Birket-Smith,* Geschichte der Kultur. Zürich 1946 — *M. Gusinde,* Die Kongo-Pygmäen in Geschichte und Gegenwart. Halle (Saale) 1942 — *E. A. Hoebel,* The Law of Primitive Man. Cambridge, Massachusetts 1954 — *W. Immenroth,* Kultur und Umwelt der Kleinwüchsigen in Afrika. Leipzig 1933 — *R. H. Lowie,* Primitive Society. London 1929 — *R. H. Lowie,* An Introduction to Cultural Anthropology. New York 1934 — *R. H. Lowie,* Social Organization, London 1950 — *W. Nippold,* Rassen- und Kulturgeschichte der Negrito-Völker Südost-Asiens. Leipzig 1936 — *W. Nippold,* Die Anfänge des Eigentums bei den Naturvölkern und die Entstehung des Privateigentums. 'S-Gravenhage 1954 — *P. Schebesta,* Die Bambuti-Pygmäen vom Ituri. Brüssel 1938ff. — *P. Schebesta,* Die Negrito Asiens. Wien-Mödling 1952ff. — *P. W. Schmidt,* Das Eigentum auf den ältesten Stufen der Menschheit. Bd. I u. II, Münster i. Westf. 1937 u. 1940 — *R. Schott,* Anfänge dei Privat- und Planwirtschaft. Braunschweig 1954 — *E. Schultz-Ewerth,* u. *L. Adam,* Das Eingeborenenrecht. 2 Bde. Stuttgart 1929 u. 1930 — *R. Thurnwald,* Werden, Wandel und Gestaltung des Rechtes im Lichte der Völkerkunde. In: *Thurnwald,* Die menschliche Gesellschaft. 5. Bd.: Berlin, Leipzig 1934. — *R. Thurnwald,* Ethnologische Rechtsforschung. In: *K. Th. Preuß,* Lehrbuch der Völkerkunde. 2. Aufl. Stuttgart 1939.

Das Eigentumsrecht ist bei jedem Volk, gleich welcher Kulturform, stets nur ein, wenn auch sehr wichtiger, Teil der Gesamtkultur und mit dieser auf das engste verflochten. Es ist daher, wie jede andere Einzelerscheinung einer Kultur, nur aus der jeweiligen Gesamtheit des kulturellen Lebens heraus, aber nicht isoliert für sich, voll zu verstehen.

Bei der großen Mannigfaltigkeit der naturvolklichen Kulturen gibt es kein einheitliches ethnologisches Recht und somit auch keine für alle Naturvölker gleichen eigentumsrechtlichen Normen. Vielmehr sind Privat- und Gemeineigentum nicht nur als Rechtsobjekte, sondern auch in bezug auf die Träger der eigentumsrechtlichen Ansprüche jeweils durch wirtschaftliche, soziologische, aber auch durch religiös-magische und historische Faktoren in vielgestaltiger Weise bestimmt.

Die Erforschung der Eigentumsverhältnisse bei den Naturvölkern stößt daher auf eine Fülle von Problemen. Es ist zweckmäßig, drei Kulturgruppen zu unterscheiden, denen in der Entfaltung des kulturellen Lebens eine entscheidende Bedeutung zukommt, nämlich 1. die Kulturen der Jäger und Sammler (Wildbeuterkulturen), 2. die Anbaukulturen und 3. die Kulturen der Großvieh züchtenden Hirtennomaden.

Wir wählen als Ausgangspunkt der Betrachtung die einfachsten Kulturen, die von der modernen ethnologischen Feldforschung noch in vollem Leben erfaßt werden konnten, d. h. die Kulturen der niederen (einfachen, primitiven) Jäger und Sammler. Bei ihnen sind dank der primitiven Undifferenziertheit des wirtschaftlichen und sozialen Lebens auch die Eigentumsverhältnisse weniger kompliziert und daher in ihren Grundlagen leichter erkennbar als bei höher entfalteten Kulturen.

Die niederen Jäger und Sammler zeigen trotz ihrer primitiven rein aneignenden Wirtschaft, die keine Produktion von pflanzlichen und tierischen Rohstoffen kennt, klar ausgeprägte Eigentumsbegriffe, die einen wesentlichen Bestandteil der wirtschaftlichen und sozialen Ordnung bilden, auf der ihr in den kleinen Lokalgruppen organisiertes Gemeinschaftsleben beruht.

Die folgenden Ausführungen stützen sich weitgehend auf Befunde, wie sie bei den Pygmäen Zentralafrikas, den Buschmännern in Südafrika und den Negritovölkern Südost-Asiens (Andamaner auf dem Andamanen-Archipel, Semang auf Malakka und Aeta auf den Philippinen) nachgewiesen sind.

Zwei Formen des Eigentums sind nebeneinander vorhanden: Das Privateigentum und das Gemeineigentum. Ein ausschließlich individuelles Eigentumsrecht besteht an Waffen, Geräten, Kleidung, Schmuck usw., d. h., an allen Dingen, die der einzelne — Mann oder Frau — für seinen eigenen Bedarf durch eigene Arbeit geschaffen hat. Er allein hat das uneingeschränkte Verfügungsrecht darüber. Betont wird das ausschließlich individuelle Eigentumsrecht in manchen Fällen durch die Eigentumsmarken, mit denen z. B. bei den Buschmännern und den Semang die Gegenstände versehen werden.

In bezug auf den Besitz und den Erwerb von Privateigentum ist die Frau dem Manne völlig gleichgestellt, ein Rechtszustand, der keinesfalls bei allen Kulturen der Naturvölker wiederkehrt. Der Mann kann nicht über das Eigentum der Frau verfügen. Das entspricht der auch sonst völlig gleichberechtigten Stellung der Frau im Rechts- und Gesellschaftsleben dieser Völker. Andererseits hat auch die Frau kein Verfügungsrecht über das Eigentum des Mannes. Sogar die Kinder besitzen bereits Privateigentum und haben ein klares Empfinden dafür, das von den Eltern sorgfältig respektiert wird.

Eigentum der Frau ist ferner die Hütte bzw. der Windschirm. Es ist Aufgabe der Frau, die Hütte oder den Windschirm auf dem Lagerplatz zu errichten und das erforderliche Baumaterial, wie Stangen, Zweige und Blätter zu beschaffen. Das Eigentumsrecht der Frau an der Hütte oder an dem Windschirm leitet sich also unverkennbar ab von ihrer persönlichen Arbeitsleistung. Es geht so weit, daß sie den Mann aus der Hütte weisen kann (Pygmäen), oder daß der Mann im Falle der Ehescheidung den Windschirm der Frau verlassen muß (Semang).

Da sich das Individualeigentum auf persönliche Arbeitsleistung gründet, ist auch die Jagdbeute, die der Mann auf der Einzeljagd erlegt, sein ausschließliches Eigentum. Ebenso ist alles, was die Frau durch ihre Sammeltätigkeit zusammenträgt, im Grunde ihr persönliches Eigentum. Uneingeschränktes Individualeigentum sind auch die mit Wasser gefüllten Straußeneier und Gemsbockmagen, die der Buschmann als Wasserreserve für die äußerste Not der Trockenzeit im Sande vergräbt. Dieses Eigentumsrecht an Wasservorräten ist verständlich aus den harten Bedingungen des durch extreme Trockenzeiten gekennzeichneten Lebensraumes, mit denen sich der Buschmann auseinandersetzen muß.

Der Arbeit, die beim Jagen und Sammeln geleistet wird, ist gleichgesetzt das „Finden“ eines Fruchtbaumes, eines Honignestes, eines Termitenbaues, eines Geleges von Straußeneiern oder anderer Nahrungsmittel und sonstiger verwertbarer Dinge, die der Finder nicht sofort verwerten oder ins Lager schaffen kann. Er kennzeichnet sie durch Abknicken des Gebüsches, durch kleine Steinhaufen, durch eingesteckte Zweige bzw. Stäbchen oder in anderer Weise, wie Sitte und Brauch es vorschreiben. Jeder später Kommende wird diese Eigentumszeichen respektieren. Bei den Andamanern genügt eine bloße Bekanntgabe des Fundes mit entsprechender Ortsbezeichnung, um den Eigentumsanspruch zu begründen. Es muß noch bemerkt werden, daß die Zeichen, durch die ein Fund als Privateigentum ausgewiesen wird, bei diesen Völkern keinerlei magische Bedeutung haben, ebensowenig wie die erwähnten Eigentumsmarken an Gebrauchsgegenständen.

Daß die persönliche Arbeitsleistung die unerläßliche Grundlage für die Ansprüche auf persönliches Eigentum ist, zeigt sich des weiteren in den Verteilungsvorschriften, nach denen die Beute einer Gemeinschaftsjagd, an der mehrere Jäger beteiligt waren, verteilt wird. Bestimmte Leistungen, wie das Auffinden der Spur des Wildes, das Anbringen des ersten Treffers oder des tödlichen Schusses u. a. m. geben ein Anrecht auf bestimmte Teile der Beute, die also keineswegs zu gleichen Teilen unter die beteiligten Jäger verteilt wird, Die Verteilungsvorschriften dieser Art sind zwar bei den einzelnen Völkern in bezug auf die Maßstäbe verschieden, aber allen gemeinsam ist die Grundregel, daß nur eine Beteiligung an den Anstrengungen der gemeinsamen Jagd überhaupt erst den Anspruch auf einen Teil der Beute begründet, und daß Größe sowie Art des Anteils abhängen von dem Beitrag, den der einzelne zum Erfolg der Jagd geleistet hat.

Die aus einer persönlichen Arbeitsleistung abgeleitete individuelle Eigentumsrecht ist auch wirksam in den folgenden Fällen: Das Wild, das in einer Falle gefangen wird, gehört dem, der die Falle errichtet hat. Wer z. B. bei den Pygmäen oder den Semang ein Stück Wild mit einer geliehenen Waffe erlegt, ist verpflichtet, dem Eigentümer der Waffe einen Teil der Beute zu überlassen. Bei den Semang muß derjenige, der mit Erlaubnis des Eigentümers Früchte von einem Baum für sich herabschlägt, dem Eigentümer einen Teil davon abtreten.

Hinsichtlich der Boote, die bei den Küstenstämmen der Andamaner zur Jagd auf Seetiere benutzt werden, ist das freie Verfügungsrecht des Eigentümers einer gewissen Beschränkung unterworfen. Der Eigentümer des Bootes hat den zur Herstellung eines Bootes geeigneten Baum gefunden und zu seinem persönlichen Eigentum erklärt. Um das Boot herzustellen (Fällen des Baumes, Aushöhlen mit dem Muschelbeil) bedarf er jedoch der Hilfe anderer Männer, die dann auf Grund ihrer Mitarbeit ein Mitbenutzungsrecht an dem Boot haben. Dennoch kann der Eigentümer das Boot nach freiem Ermessen fortgeben.

Privateigentum ist also vorhanden als bewegliches und als unbewegliches Eigentum. Bewegliches Individualeigentum sind außer Waffen, Geräten, Werkzeugen, Kleidung, Schmuck usw. aber auch die Nahrungsmittel. Obwohl sie ein Individualeigentum von nur kurzer Lebensdauer sind, da sie zumeist noch am gleichen Tage verzehrt werden und täglich aufs neue beschafft werden müssen, sind sie dennoch ein äußerst wichtiges Eigentum. Sie sind zwar im Grunde Privateigentum des Mannes bzw. der Frau, die sie beschafft haben, aber in der Praxis unterliegt dieses individuelle Eigentumsrecht einer Beschränkung, da auf die Ausbeute des Jagens und Sammelns nicht nur der Mann bzw. die Frau einen Anspruch hat, sondern die ganze Familie. Mann und Frau müssen sich in der Nahrungsbeschaffung für die Familie ergänzen.

Vorräte an Lebensmitteln spielen als Eigentumsobjekte kaum eine Rolle. Sie sind bei den niederen Jägern und Sammlern eine Ausnahmeerscheinung. Die primitive, rein aneignende Wirtschaft deckt normalerweise den Nahrungsbedarf nur für einen Tag und liefert keinen Überschuß an Nahrungsmitteln, die zu Vorräten verarbeitet werden könnten. Außerdem würde eine Vorratsbildung größeren Ausmaßes auch an den mit der schweifenden Lebensweise und dem Fehlen von Tragtieren verbundenen Transportschwierigkeiten scheitern. Ausnahmen von dieser Regel sind in geringem Umfange bei den Adamanern und den Buschmännern nachgewiesen.

Zum unbeweglichen Individualeigentum gehören Bäume, die wegen ihrer Früchte, ihres Holzes (etwa zur Herstellung von Booten) oder wegen ihres Giftsaftes (zum Vergiften der Blasrohrpfeile bei den Semang;

Upas- oder Ipohbaum) von Bedeutung sind. Dazu gehören aber auch bei den Pygmäen Termitenbauten, die über mehrere Flugzeiten ausgenutzt werden. Es sind dazu ferner die von der Frau errichteten Einzelhütten und Windschirme zu rechnen, die jedoch einen Wert immer nur für kurze Zeit haben, da der Lagerplatz zumeist nach wenigen Tagen verlassen wird, und die Hütten bzw. Windschirme aufgegeben werden, ohne daß jemand einen Eigentumsanspruch daran geltend macht. Das gleiche tritt ein, wenn nach einem Todesfall aus Furcht vor der Wiederkehr des Toten ein neuer Lagerplatz bezogen wird. Die Einzelhütte ist wie der Windschirm ein Eigentum, dessen kurzbefristeter Wert bedingt ist durch die in der primitiven Form der Wirtschaft wurzelnde nomadisierende Lebensweise sowie durch religiös-magische Vorstellungen von der Gefährlichkeit des Toten. (Über die großen Gemeinschaftshütten der Andamaner s. unten.)

Als Grundlage des Individualeigentums sind erkennbar die persönliche Arbeitsleistung bei der Herstellung von Waffen, Geräten, Kleidung usw. sowie bei der Jagd- und Sammeltätigkeit, ferner ein „ius primae occupationis", das wirksam wird, wenn ein „Fund" als Privateigentum in der oben erwähnten Form gekennzeichnet wird.

Eine weitere Grundlage für den Anspruch auf Individualeigentum ist der Tausch, bei dem der eingetauschte Gegenstand von dem „Käufer" bezahlt wird mit den Ergebnissen seiner eigenen Arbeitsleistung, die er zur Beschaffung des „Kaufpreises" neben seiner sonstigen Tätigkeit zusätzlich aufwenden muß. Der Tauschhandel innerhalb der einfachen Jagd- und Sammelkulturen ist jedoch nur schwach entwickelt dank der weitgehenden Produktionsgleichheit, bei der im allgemeinen jeder selbst herstellt, was er braucht. Dennoch können Verschiedenheiten dessen, was der Lebensraum bietet, zu einem autochthonen Tauschhandel führen. Bei den Andamanern besteht ein solcher Handel zwischen den im Innern der Inseln lebenden Waldstämmen und den Küstenstämmen. Die letzteren tauschen z. B. Muschelschalen zur Herstellung von Axtblättern, Werkzeugen, Pfeil- und Speerspitzen, ferner Fleisch von Seeschildkröten, rote Farberde u. a. m. gegen Bogen, Pfeile mit Holzspitzen und Urwaldprodukte, die in der Küstenregion fehlen. Nicht an den Unterschied zwischen Wald- und Küstenstämmen gebunden ist der Handel mit Tongefäßen, der von den Gebieten aus betrieben wird, in denen Tonlager vorkommen, so daß Töpferei möglich ist.

Bei den Buschmännern ist ebenfalls ein autochthoner Tauschhandel vorhanden, der sich z. B. auf Mahlsteine zum Zerreiben der Feldkost oder auf Farbsteine, aus denen Schminke hergestellt wird, erstreckt, also auf Materialien, die nur in bestimmten Gebieten vorkommen. Aber auch besondere Geschicklichkeit z. B. in der Herstellung von knöchernen Pfeilspitzen oder von Ketten, die aus runden Scheibchen von Straußeneischale gefertigt werden (Moletsaketten), wie wir sie bei einzelnen Buschmannstämmen antreffen, ist zur Grundlage eines autochthonen Tauschhandels geworden.

Sehr viel umfangreicher als der autochthone Tauschhandel ist der Handel mit den höher zivilisierten Nachbarvölkern, von denen Eisengeräte (Messer, Beile, Speer- und Pfeilspitzen), gewebte Stoffe, Nahrungs- und Genußmittel (Tabak) u. a. m. eingetauscht werden. Dadurch gewinnt der Tausch als Rechtsgrundlage von Privateigentum erheblich an Bedeutung.

Die eigentumsrechtliche Bedeutung des Schenkens ist verschwindend gering. Denn bei der Geringfügigkeit des materiellen Kulturbesitzes ist nur wenig zum Schenken vorhanden. Geschenke des Mannes an seine Frau, an die Braut, an die Brauteltern kommen vor, ebenso Gegengeschenke. In allen Fällen wird das Geschenk zum uneingeschränkten Privateigentum des Beschenkten.

Eine Arbeitsleistung gegen Lohn, d. h. gegen eine Entschädigung in irgendeiner Form ist normalerweise im Rahmen der einfachen Jagd- und Sammelkulturen unmöglich; denn jeder beschafft sich selbst, was er zum Leben nötig hat. Trotzdem gibt es einige Beispiele dafür, daß gewisse Leistungen, die auf besonderen Kenntnissen beruhen, durch Geschenke belohnt werden. So erhält der Zauberer bei den Semang und den Buschmännern für seine Tätigkeit als Arzt eine Belohnung in der Form von Geschenken, und die Hebamme der Semang wird ebenfalls für ihre Tätigkeit durch Geschenke entlohnt. Die Arbeitsleistung gegen Bezahlung als Rechtsgrundlage von Privateigentum erhält jedoch eine erheblich größere Bedeutung durch die vielfach enge Symbiose der Jäger und Sammler mit den seßhaften Nachbarvölkern. Die Jäger und Sammler werden für Arbeiten auf den Pflanzungen, beim Wegebau, beim Holzfällen usw. mit Erzeugnissen der Anbauwirtschaft bezahlt.

Stoffliches Individualeigentum besitzen nicht nur die Lebenden, sondern auch die Toten. Der Verstorbene lebt weiter und hat nach dem Tode die gleichen Bedürfnisse wie auf Erden. Daher müssen die Überlebenden ihm seine Waffen, Werkzeuge und Geräte, oder doch wenigstens einen Teil derselben mitgeben, d. h. in bzw. auf das Grab legen. Es wäre gefährlich, dem Toten diese Dinge vorzuenthalten. Sie sind sein Privateigentum, dessen er auch weiterhin bedarf. In der Sitte der Grabbeigaben sind also nicht nur religiös-magische Vorstellungen von einem Weiterleben nach dem Tode wirksam, sondern unverkennbar auch eigentumsrechtliche Ansprüche des Toten.

Neben dem stofflichen Privateigentum gibt es bei den niederen Jägern und Sammlern aber auch schon ein rein geistiges Individualeigentum, d. h. es wird der Anspruch auf Privateigentum mit ausschließlich individuellem Gebrauchsrecht auf rein geistige Leistungen ausgedehnt und von der Gemeinschaft respektiert. Bei den Andamanern handelt es sich dabei um kurze Lieder, die zu den abendlichen Unterhaltungstänzen vorgetragen werden. Ihr Inhalt bezieht sich auf Vorgänge des täglichen Lebens z. B. der Jagd, des Sammelns usw. Der Dichter komponiert auch die Melodie. Nur der Dichter und Komponist (Mann oder Frau) hat das Recht, die von ihm geschaffenen Lieder vorzutragen, deren Text und Melodie sein geistiges Eigentum sind. Im besonderen ist es nicht gestattet, die Lieder eines Verstorbenen zu singen. Das geistige Privateigentum wird also noch nach dem Tode respektiert. Bei den Buschmännern erstreckt sich das individuelle geistige Eigentum auf Felsmalereien. Niemand darf die Malerei eines anderen verändern oder gar übermalen. Die Respektierung des geistigen Individualeigentums ist auch bei den Buschmännern über den Tod hinaus wirksam und erlischt erst, wenn jede Erinnerung an den Künstler geschwunden ist.

In bezug auf das geistige Individualeigentum steht die Forschung noch vor vielerlei Problemen. So wäre z. B. die Frage zu klären, ob die besonderen Kenntnisse der Zauberdoktoren als ihr geistiges Eigentum respektiert werden müssen, d. h., ob auch andere Menschen sich ohne weiteres dieser Kenntnisse bedienen dürfen oder nicht. Das gleiche gilt für besondere Kenntnisse technisch-handwerklicher oder anderer Art, die wir bei den verschiedenen Kulturen antreffen.

Die Erbschaft als Grundlage für den Anspruch auf Privateigentum wird bei den primitiven Jägern und Sammlern nur wenig wirksam. Das Individualeigentum an beweglichen Gütern, das vererbt werden könnte, ist an sich schon gering. Vorräte an diesen Dingen gibt es nicht, und Vorräte an Nahrungsmitteln sind selten vorkommende Ausnahmen. Die geringe Hinterlassenschaft des Verstorbenen wird noch vermindert durch die Grabbeigaben für den Toten.

Von dem unbeweglichen Individualeigentum können Frucht- und Giftbäume, sowie Termitenbauten vererbt werden. Es fehlen aber genauere Angaben über die Regeln, nach denen das Erbe verteilt wird. Die Hütte und der Windschirm sind nicht vererbbar, da sie beim Tode der Eigentümerin für die Überlebenden gefährlich und unbewohnbar, also wertlos werden. Wie bei den Grabbeigaben greifen auch in diesem Falle religiöse Vorstellungen in das Eigentumsrecht ein. Grund und Boden können nicht vererbt werden, da es ein Privateigentum an Grund und Boden nicht gibt.

Ob von einem Vererben des rein geistigen Individualeigentums gesprochen werden kann, ist bei der Unvollkommenheit der diesbezüglichen Berichte vorerst nicht zu entscheiden. Bei den erwähnten Liedern der Andamaner und den Felsmalereien der Buschmänner ist das eindeutig nicht der Fall. Sie bleiben Eigentum des Toten. Dagegen ist bei den Semang die Würde des Zauberdoktors wie auch das Amt der Hebamme „in der Familie vererbbar“. Die in beiden Fällen vorliegenden besonderen Kenntnisse, d. h. das geistige Eigentum, scheinen vererbbares Individualeigentum zu sein.

Gemeineigentum, auf das alle Mitglieder der Gemeinschaft in gleichem Maße Anspruch haben — und zwar das einzige, das bei den niederen Jägern und Sammlern vorkommt — ist das Jagd- und Sammelgebiet der Lokalgruppe. Ein Nutzungsrecht an diesem Lebensraum mit allem, was er an Tieren, Pflanzen und verwertbaren Rohstoffen enthält, haben nur die Mitglieder der Gruppe, die Eigentümerin dieses Raumes ist. Die gesellschaftlich und wirtschaftlich organisierte Lokalgruppe hat ein klares Bewußtsein von ihrem Eigentumsrecht an diesem Lebensraum, den sie gegen jeden Angriff von außen her verteidigt.

Ein Gemeineigentum des Stammes gibt es nicht. Der Stamm ist durch keinerlei Organisation zusammengefaßt. Er ist zwar eine sprachlich-kulturelle, aber keine wirtschaftlich-politische Einheit. Er ist nicht mehr als die Summe der zu ihm gehörenden, völlig selbständig nebeneinander stehenden Lokalgruppen.

Als Grundlage des Rechtsanspruches auf das Gemeineigentum, also auf den Lebensraum der Gruppe, ist mit größter Wahrscheinlichkeit die Okkupation eines ehemals herrenlosen Gebietes anzunehmen; denn die niederen Jäger- und Sammlervölker leben in ausgesprochenen Rückzugsgebieten, also in Gebieten, die von anderen Völkern nicht beansprucht werden oder wurden. Andererseits ist aber unter den Andamanern auch der Fall einer Annektion neuen Lebensraumes durch gewaltsame Vertreibung der früheren Eigentümer erwiesen. Es ist daher immerhin möglich, daß derartige gewaltsame Annektionen gelegentlich auch bei anderen Jägern und Sammlern vorgekommen sind.

Ein Individualeigentum an Grund und Boden gibt es nicht. Dieser Befund ergibt sich zwangsläufig aus der Wirtschaft des Jagens und Sammelns, bei der das Dasein nur durch eine weiträumige, ständig wechselnde Nutzung des ganzen Gruppengebietes gesichert ist. Eine Aufteilung dieses Gebietes etwa unter die Einzelfamilien, die dann ihre Teilstücke allein und ununterbrochen nutzen müßten, wäre wirtschaftlich unmöglich. Auch psychologisch ist das Fehlen des privaten Bodeneigentums ohne weiteres verständlich. Hinter allen Ansprüchen auf Privateigentum steht an erster Stelle die in irgendeiner Form direkt oder indirekt aufgewandte Arbeit. An dem Boden wird aber bei den Jägern und Sammlern keinerlei Arbeit geleistet, durch die ein Anspruch auf privates Bodeneigentum begründet werden könnte.

Auch durch die Okkupation von Frucht- oder Giftbäumen, von Termitenbauten usw. werden nur diese Bäume bzw. Termitenbauten zum Privateigentum, nicht aber der Boden, auf dem sie stehen. So sind z. B. bei den Semang die an einem solchen Baum hängenden Früchte Privateigentum dessen, der ihn okkupiert und gekennzeichnet hat. Die Früchte dagegen, die von selbst herabfallen, kann jeder auflesen. Sie sind ebensowenig Privateigentum wie der Boden, auf dem sie liegen. Der Grund und Boden, auf dem die Hütte bzw. der Windschirm errichtet wird, gehört zwar automatisch zu dem Wohnbau, aber das Wesentliche ist das schützende Dach, der Windschirm bzw. die Hütte. Beim Wechsel des Lagerplatzes erhebt die Frau keinen Eigentumsanspruch auf die Bodenfläche der nun aufgegebenen Hütte. Ein privates Eigentum an Grund und Boden liegt also nicht vor.

Das gleiche gilt in dem Falle, in dem ein Buschmann (z. B. bei den Auin) während der Trockenzeit auf einem Stück des Schweifgebietes die dürre Vegetation abbrennt, um durch diese Maßnahme das Wachstum der Feldkost in der nächsten Regenzeit zu begünstigen. Der Buschmann ist dann der alleinige Eigentümer alles dessen, was auf diesem Brandfeld in der kommenden Regenperiode gedeiht. Er hat dieses Eigentumsrecht jedoch nur für diese eine Wachstumsperiode, nach deren Ablauf dieses Stück wieder allen Mitgliedern der Gruppe zur Nutzung zugänglich ist. Ein individuelles Bodenrecht wird also durch das Abbrennen der Vegetation nicht begründet und auch nicht beansprucht.

Besondere Verhältnisse liegen bei den Gemeinschaftshütten der Andamaner vor. Es handelt sich um dauerhaft gebaute, in Gemeinschaftsarbeit errichtete große Rundhütten, in denen sämtliche Angehörigen einer Gruppe wohnen. Um einen mittleren freien Platz herum sind die Wohnräume der Familien und der Unverheirateten angeordnet. Diese Hütten sind nun nicht Gemeineigentum in dem Sinne, daß jedes Mitglied der Gruppe an jedem beliebigen Teil ein Nutzungsrecht hätte. Vielmehr verfügt jede Familie über einen bestimmten Raum, der ausschließlich ihr Eigentum ist, wo sie ihr eigenes Feuer unterhält. Für alle Mitglieder der Gruppe gemeinsam und benutzbar ist dagegen der freie Raum der Hütte. Bei diesen Gemeinschaftshütten überschneiden sich also die Eigentums- und Nutzungsrechte der Einzelfamilien und der Unverheirateten mit denen der Gemeinschaft. Die großen Gemeinschaftshütten werden durch einen Todesfall nur vorübergehend, d. h. für die Dauer der Trauerzeit unbewohnbar.

Privateigentum und Gemeineigentum greifen in gewisser Weise ineinander. Das, was der Lebensraum bietet, was zunächst und grundsätzlich Gemeineigentum aller Mitglieder der Lokalgruppe ist, wird durch die individuelle Arbeit des Jagens, Sammelns und Findens zum ausschließlichen Privateigentum einzelner. Daß dieses Privateigentum an Nahrungsmitteln bei verheirateten Männern und Frauen dann praktisch zum Familieneigentum wird, haben wir bereits erwähnt.

Die gegenseitigen Hilfeleistungen innerhalb der Lokalgruppe, wie sie sich in dem Austeilen von Nahrungsmitteln an diejenigen zeigen, die mit ungenügender Ausbeute von der Jagd oder vom Sammeln heimkehren, sind als eine Versicherung auf Gegenseitigkeit zu bewerten, die entstanden ist aus der Jagd- und Sammelwirtschaft mit ihren unsicheren und schwankenden Erträgnissen an Nahrungsmitteln. Diese gegenseitige Hilfeleistung negiert nicht das private Eigentumsrecht an den Nahrungsmitteln. Niemand kann gezwungen werden, sich dieser Sitte zu fügen; denn niemand hat einen Rechtsanspruch auf einen Anteil an der Beute des anderen. Ebenso ist das gelegentliche Ausleihen einer Waffe oder eines Werkzeuges völlig in das freie Ermessen des Eigentümers gestellt. Ein Mitbenutzungsrecht anderer Personen besteht nicht, was auch dadurch betont wird, daß der Eigentümer einer entliehenen Waffe einen Anspruch hat auf einen Teil der mit dieser Waffe erlegten Beute.

Die psychologische Voraussetzung für den Begriff des Individualeigentums ist ein klar empfundenes Bewußtsein der eigenen Individualität, das sich auch bei den niederen Jägern und Sammlern in allen Lebensäußerungen zu erkennen gibt. In diesem Ichbewußtsein wurzelt die Überzeugung von der eigenen individuellen Leistung, mit der der Rechtsanspruch auf individuelles Eigentum an der Ausbeute des Jagens, Sammelns und Findens begründet wird. Das Bewußtsein der eigenen Leistung ist im besonderen Maße mit der Anfertigung von Waffen und Gebrauchsgegenständen verknüpft, die sich jeder für den eigenen unmittelbaren Bedarf selbst herstellt. Es überträgt sich auch auf die durch Tausch erworbenen Gegenstände, die ja mit den Ergebnissen einer zusätzlich geleisteten persönlichen Arbeit bezahlt worden sind.

Die weitgehende Besitzgleichheit beruht nicht auf einer eigentumsrechtlichen Ideologie, sondern ist die Folge der primitiven Wirtschaft des Jagens und Sammelns, die im allgemeinen für jeden an Eigentum nur das zuläßt, was zum Kampf ums Dasein unbedingt erforderlich ist. Eine Durchbrechung dieser Gleichheit ist ohne weiteres möglich und kommt vor.

Die Eigentumsverhältnisse, wie wir sie für die Negritovölker, die Pygmäen und Buschmänner dargelegt haben, kehren trotz gewisser Abweichungen in einzelnen Fällen im Prinzip bei allen niederen Jägern und Sammlern wieder, die, wie bereits erwähnt wurde, die Träger der einfachsten der heute noch lebenden Kulturen sind. Bei ihnen finden wir die einfachsten, unkompliziertesten Eigentumsverhältnisse, die als Ausgangspunkt für das Verständnis der weiteren Entfaltung des Eigentumsrechtes von Bedeutung sind. Denn aus derartig einfachen Jagd- und Sammelkulturen mit rein aneignender Wirtschaft hat sich die Menschheit durch den Übergang zu eigener planvoller Produktion von Rohstoffen zu höher differenzierten Wirtschaftsformen erhoben.

Der Anbau von Pflanzen einerseits und der Schritt zur Zucht von Herdentieren im anderen Falle hatten eine zunehmende Differenzierung des gesamten Kulturlebens zur Folge, die ihren Niederschlag auch in einer Differenzierung des Eigentumsrechtes fand.

Der Anbau, der sich in entwickelteren Stadien nicht nur auf Nahrungspflanzen erstreckt, sondern auch auf Pflanzen, die Textilfasern, Rindenstoff, Öl, Farbstoffe, Genußmittel usw. liefern, der außerdem vielfach mit Kleintierzucht verbunden ist, führt zu größerer Sicherheit und Gleichmäßigkeit der Ernährungsgrundlage. Die bloße Nahrungsbeschaffung beansprucht nicht mehr, wie bei den niederen Jägern und Sammlern, täglich die Kräfte eines jeden Mitgliedes der Gemeinschaft. Es werden Zeit und Kräfte frei für andere Betätigungen. Aus der allmählich einsetzenden Spezialisierung der Tätigkeiten entwickeln sich Handwerke. Die technischen Leistungen werden qualitativ und quantitativ gesteigert. Die über den eigenen Bedarf hinausgehende Produktion führt zu stärkerer Entfaltung des Handels, teilweise zu ausgeprägtem Marktwesen und vielfach auch zur Ausbildung von „Geld“, das als Privateigentum Bedeutung gewinnt. Tausch und Kauf werden in zunehmendem Maße zur Rechtsgrundlage von Privateigentum.

Der materielle Kulturbesitz und damit auch das Eigentum daran wird umfangreicher und mannigfaltiger. Denn die mit dem Anbau verbundene Seßhaftigkeit kennt nicht die für die niederen Jäger und Sammler charakteristische Beschränkung des Eigentums durch Transportschwierigkeiten. Anbau und Seßhaftigkeit ermöglichen auch die Bildung von Vorräten an Nahrungsmitteln, die dadurch als Eigentumsobjekt eine größere Bedeutung erhalten.

Die weitgehende Besitzgleichheit, die kennzeichnend ist für die einfachen Jagd- und Sammelkulturen, weicht einem oft beträchtlichen Unterschied zwischen Reichen und Armen. Reichtum wird zur Grundlage des Ansehens in der Gemeinschaft. Das Eigentum erlangt Einfluß auf die soziale Organisation.

Der Anbau ermöglicht des weiteren das dauernde Zusammenleben zahlenmäßig größerer Gemeinschaften, also ein Hinauswachsen über die kleinen, nur wenige Einzelfamilien umfassenden Lokalgruppen der niederen Jäger und Sammler. Daraus entstehen differenziertere gesellschaftliche Organisationen (der Sippe, des Stammes, des Häuptlingstums), die zu einer autochthonen sozialen Schichtenbildung führen können. Die stärkere Entfaltung des Wirtschaftslebens und der gesellschaftlichen Organisation bringt differenziertere Eigentumsansprüche und damit auch ein komplizierteres Eigentumsrecht mit sich. Durch die Vermehrung des stofflichen Kulturbesitzes gewinnt die Erbschaft als Grundlage für Rechtsansprüche auf individuelles Eigentum an Bedeutung.

Aus der Anbautätigkeit erwächst eine in ihren wirtschaftlichen und psychologischen Grundlagen andere Einstellung zum Boden. Die Nahrung wird nicht mehr, wie bei den Wildbeutern, gewonnen durch eine ständig wechselnde, rein aneignende Nutzung des gesamten Lebensraumes der Gemeinschaft, sondern durch die Bearbeitung und dauernde (mindestens für längere Zeit) Nutzung eines begrenzten Teilstückes. Auf Grund der am Boden geleisteten Arbeit werden von dem einzelnen oder der Einzelfamilie Eigentumsansprüche geltend gemacht auf die Ernten und damit auch auf das bebaute Land, die sich überschneiden können mit Eigentums- bzw. Nutzungsansprüchen der Träger des Gemeineigentums an Grund und Boden, z. B. mit den Rechten der Großfamilie, der Sippe oder des Häuptlings. Das Verhältnis von Privateigentum und Gemeineigentum an Grund und Boden wird dadurch vielfältig kompliziert. Eine eindeutige Trennung von Privateigentum und Gemeineigentum an Grund und Boden ist erst bei höheren Gesellschaftsformen zu finden, bei denen dann auch das Privateigentum am Boden vererbt wird.

Die Bindung des Individuums an Familie, Sippe, Stamm usw. hat vielfach Einfluß auf die privaten Eigentumsrechte. So kann z. B. der Verkauf des privaten Bodeneigentums oder anderen wichtigen Eigentums beschränkt, d. h. an die Zustimmung der Sippe gebunden sein. In derartigen Fällen, in denen sich die Rechtsansprüche der Gemeinschaft mit denen des Individuums überschneiden, hat die gesellschaftliche Organisation Einfluß auf das Eigentumsrecht. Die in Gemeinschaftsarbeit geschaffenen Bewässerungsanlagen, oder auch die Gemeinschaftshäuser u. a. m. werden zum Objekt besonderer Eigentums- und Nutzungsrechte, die die Ansprüche der Individuen bzw. der Familien und die der Gemeinschaft gegeneinander abgrenzen. Denn auch bei Eigentumsobjekten solcher Art sind die Rechtsansprüche von Individuen bzw. von Familien mit denen einer Gemeinschaft engstens verflochten.

Die einzelnen Anbaukulturen zeigen untereinander sehr beachtliche Verschiedenheiten hinsichtlich ihrer wirtschaftlich-technischen Leistung und ihrer gesellschaftlichen Organisation (Mutterrecht, Vaterrecht, rechtliche Stellung der Frau, ihre Eigentumsfähigkeit u. a. m.), aber auch in der Arbeitsteilung zwischen Mann und Frau. Bei manchen Anbaukulturen ist die Frau durch die Sitte des Frauenkaufs zum Eigentumsobjekt geworden. Allen diesen Verschiedenheiten entspricht eine große Vielgestaltigkeit des Eigentumsrechtes.

Die Überlagerung von Anbaukulturen durch Hirtennomaden führt wie die auf anderen Faktoren beruhenden Schichtenbildungen zu einer weiteren Differenzierung der Eigentumsverhältnisse, bei der die gesellschaftliche Organisation einen sehr nachhaltigen Einfluß auf das Eigentumsrecht, auch auf die Eigentumsfähigkeit gewinnt. Es entstehen Herrenschichten, die unter völliger oder teilweiser Ausschaltung älterer Sippen- und Stammesrechte besondere Eigentumsrechte, vor allem an Grund und Boden, beanspruchen und damit sehr wirksam in die Eigentums- und Nutzungsrechte des Individuums bzw. der Familie eingreifen. Die Häuptlings-(Königs-)macht wird vielfach zur letzthinnigen Trägerin des Gemeineigentums am Boden. Sie stützt sich dabei teils auf das Recht der Eroberung, teils auf göttliche Macht. Nicht selten sind beide Faktoren verschmolzen. Jedenfalls ist in solchen Fällen der starke Einfluß religiös-magischer Elemente auf das Eigentumsrecht nicht zu übersehen. Mit derartigen Kulturschichtungen ist häufig die Entrechtung, z. T. die Versklavung eines Teils der Gemeinschaft verbunden. Der Mensch wird zum Eigentumsobjekt.

Wie der Anbau, so führt auch die Zucht von Herdentieren zu einer Vermehrung und Differenzierung des beweglichen Eigentums, zu dem auch das Zelt bzw. die Jurte zu rechnen ist. Bei den Hirtennomaden entwickeln sich ebenfalls z. T. recht große Unterschiede zwischen Reichen und Armen. Reichtum bedeutet Ansehen und Macht. Das Eigentum beeinflußt also auch bei diesen Kulturen die soziale Ordnung. Auf Handel und Tausch mit seßhaften Nachbarvölkern gründen sich in beachtlichem Umfange die Rechtsansprüche auf bewegliches Eigentum. Raubzüge sind, und das ist ein Charakteristikum der Hirtennomadenkulturen, anerkannte Rechtsgrundlage von Individualeigentum.

Das wichtigste Eigentum der Hirtennomaden sind die Herden. Sie sind entweder Eigentum der Großfamilie oder der Einzelfamilie. Daneben sind aber einzelne Tiere häufig Privateigentum eines Mannes, zuweilen auch einer Frau oder eines Kindes. Träger des Eigentums ist bei den Hirtenvölkern in erster Linie der Mann, in besonderem Maße der Mann als das Haupt der Großfamilie. Die Eigentumsfähigkeit der Frau, auch im Erbrecht, tritt stark zurück. Die Mitgift wird Eigentum des Mannes. Das Erbrecht ist weitgehend bestimmt durch die Erfordernisse der Wirtschaftsform, für die eine Zersplitterung des Herdenbesitzes unzweckmäßig wäre.

Aus der extensiven Wirtschaft, dem Bedürfnis an Weiden ergibt sich eine andere Einstellung zum Boden als bei den Anbaukulturen. Der Boden wird nicht bearbeitet. Es entsteht kein privates Bodeneigentum. Grund und Boden sind, wie die Quellen und Brunnen, Eigentum des Stammes oder der Großfamilie. Es ist im Gegensatz zu dem Bodeneigentum der Anbaukulturen ein Eigentum an weiten Räumen, d.h. an den ausgedehnten Weidegründen mit ihren Sommer- und Winterweiden. Das Wesentliche bei diesem Bodeneigentum sind die Ansprüche auf das Nutzungsrecht an bestimmten Gebieten, deren Grenzen, ob es sich nun um Stammeseigentum oder um Eigentum der Großfamilie handelt, zumeist sehr labil sind.

Die einfachen und in ihren Grundlagen gut erkennbaren Eigentumsverhältnisse bei den niederen Jägern und Sammlern werden bei den Kulturen mit eigener Produktion von Rohstoffen (Anbau bzw. Zucht von Herdentieren) in mannigfacher Weise differenziert. Es wird nicht nur der Umfang des Eigentums erweitert, sondern es komplizieren sich auch die Wechselwirkungen der auf das Eigentumsrecht einwirkenden wirtschaftlichen, sozialen, religiös-magischen und historischen Faktoren. Es kompliziert sich damit weiterhin das Verhältnis zwischen Privat- und Gemeineigentum, da beide Eigentumsformen häufig in vielfältiger Weise ineinander greifen. Das Eigentumsrecht zeigt jedoch weder im Rahmen der Anbaukulturen noch innerhalb der Kulturen der Hirtennomaden jeweils eine durchgehende Gleichheit, sondern eine große Vielgestaltigkeit in jeder dieser beiden Kulturgruppen.

Für die Forschung ergeben sich umfangreiche Aufgaben. Es wird, um nur einiges anzudeuten, in jedem Falle zu prüfen sein, wer Träger des Privateigentums ist, worauf sich die individuellen Eigentumsansprüche stützen, ob ein bloßes Nutzungsrecht oder volles Eigentumsrecht vorliegt und welchen Beschränkungen es u. U. durch Rechtsansprüche etwa der Familie, der Sippe, einer herrschenden Schicht, des Häuptlings usw. unterworfen ist. Zu fragen ist auch nach dem Umfang und den Objekten des privaten Eigentumsrechtes, d.h. danach, ob sie materieller oder auch rein geistiger Art sind. Die eigentumsrechtliche Stellung der Frau samt ihrer Eigentumsfähigkeit ist ebenso zu untersuchen wie die Eigentumsfähigkeit der Kinder oder das Eigentumsrecht der Toten, das u. U. recht nachhaltig in die Eigentumsansprüche der Überlebenden eingreift.

Auch in Bezug auf das Gemeineigentum ist die Frage nach dem Rechtssubjekt, ob Familie, Sippe, Stamm, herrschende Kaste, Häuptling bzw. Oberhäuptling usw. ebenso wichtig wie die Feststellung des Rechtsobjektes.

Von Bedeutung ist ferner das Problem, welchen Einfluß das Eigentum jeweils auf die soziale Ordnung hat, d. h. wie einerseits die Stellung des einzelnen oder der Familie in der Gemeinschaft durch das Eigentum bestimmt wird, und andererseits, wie die gesellschaftliche Organisation (z. B. die Sippe, eine herrschende Schicht, das Häuptlingstum usw.) auf das Eigentumsrecht einwirkt. Sehr vielgestaltig sind die mannigfachen Überschneidungen von Privat- und Gemeineigentum, die sich in allen Kulturen finden. Bei allen Erscheinungsformen des Privat- wie des Gemeineigentums wird ferner zu prüfen sein, welche wirtschaftlichen, sozialen, religiös-magischen und historischen Faktoren dabei wirksam gewesen sind.

Eine besondere Beachtung verdienen auch die Einflüsse, die von Nachbarvölkern ausgegangen sind, oder der für weite Teile Afrikas und Asiens so wichtige Einfluß des Islams und die überall direkt oder indirekt erfolgten Einwirkungen, die die Berührung der Naturvölker mit den europäischen Kulturen gebracht hat.

Die Erforschung der Eigentumsverhältnisse bei den Naturvölkern ist nicht nur unerläßlich für ein volles Verständnis der naturvölkischen Kulturen, sie ist vielmehr auch eine der Voraussetzungen für eine wirklich universelle, kulturgeschichtlich vertiefte Geschichte des Eigentums.

RECHTSPHILOSOPHIE

DER LEGALITÄTSBEGRIFF

Von Dr. ULRICH KLUG

Professor an der Universität Mainz

Der Legalitätsbegriff wird in der zeitgenössischen deutschen Rechtsphilosophie in den verschiedensten Bedeutungen verwandt. Es wird deshalb angebracht sein, zunächst zu versuchen, einen zusammenfassenden Überblick über die hauptsächlichsten dieser unterschiedlichen Deutungen zu gewinnen. Von der so gewonnenen Grundlage ausgehend werden dann im zweiten Teil dieser Untersuchungen die Bemühungen darauf gerichtet sein, einen Ansatz für eine systematische Klärung der vielfältigen Gesichtspunkte zu gewinnen.

I.

Aus der *Rechtsphilosophie* der Gegenwart — den Ausdruck „Gegenwart" in einem nicht zu engen Sinn verstanden — seien vor allem folgende Thesen herausgegriffen:

1. Nicht selten wird das Verhältnis von *Legalität und Moralität* zum Ausgangspunkt von Untersuchungen über den Legalitätsbegriff gewählt. So behandelt auch *Radbruch* den Legalitätsbegriff im Zusammenhang mit der Darstellung seines Verhältnisses zum Moralitätsbegriff[1]. Er knüpft dabei an die bekannte Definition von *Kant* an. Danach ist Legalität die Übereinstimmung der Handlungen mit den juristischen Gesetzen ohne Rücksicht auf die Motive des Handelnden, und Moralität die Übereinstimmung der Handlungen mit den ethischen Gesetzen, sofern die letztgenannten zugleich die Motive des Handelnden sind[2]. Die Legalität ist — wie eine weit verbreitete, *Kant* allerdings falsch auslegende Ansicht lautet — Wertung des äußeren und Moralität Wertung des inneren Verhaltens. Deshalb wird in der Rechtsphilosophie immer wieder von der Äußerlichkeit des Rechts und der Innerlichkeit der Moral ge-

[1] *Gustav Radbruch*, Rechtsphilosophie, 4. von *Erik Wolf* besorgte Auflage, Stuttgart 1950, S. 134ff. und ders., Vorschule der Rechtsphilosophie, Heidelberg 1948, S. 37.

[2] *Immanuel Kant*, Metaphysik der Sitten, Einleitung, I. — Vgl. hierzu *Werner Haensel*, Kants Lehre vom Widerstandsrecht, Berlin 1926, S. 17 u. 18.

sprochen. *Radbruch* erklärt diese Gegenüberstellung aus mehreren Gründen für eine unzulässige Vereinfachung eines komplizierten Verhältnisses:

a) Rechtliche Wertungen betreffen durchaus nicht nur das äußere Verhalten, sondern in weitem Umfang auch das innere. Dies zeigt sich im Zivilrecht bei der Berücksichtigung des guten Glaubens und im Strafrecht bei der Frage nach Vorsatz oder Fahrlässigkeit. Nach der Theorie *Radbruchs* lassen sich die Begriffe Innerlichkeit und Äußerlichkeit lediglich zur Unterscheidung der Interessenrichtung bei Recht und Moral verwenden. Das äußere Verhalten interessiert die Moral nur, wenn es Symptom eines inneren Verhaltens ist und wenn es dies innere Verhalten gewissermaßen beglaubigt. Dagegen ist das innere Verhalten für das Recht nur insoweit belangvoll, als es ein äußeres Verhalten erwarten läßt. Im Strafrecht etwa interessiert die Gesinnung des Täters[3] nur dann, wenn sie als mögliche Quelle weiterer Delikte in Betracht kommt. Auch kann man das Recht insofern als äußerlich ansehen, als der Rechtsverpflichtung stets eine Forderungsberechtigung eines anderen gegenübersteht, während die moralische Pflicht einen solchen äußeren Partner nicht kennt, da sie nicht Pflicht gegenüber einem Gläubiger, sondern Pflicht schlechthin ist.

b) Sodann kann die Art und Weise der Verpflichtung bei Recht und Moral nicht durch die Gegenüberstellung von Legalität und Moralität charakterisiert werden. Denn die verpflichtende Kraft des Rechts kann nur durch die Moral begründet werden[4].

c) Ferner ist die Legalität im weiteren Sinne gar keine spezifische Eigentümlichkeit des Rechts. Sie ist allen Werten gemeinsam, soweit sie sich nicht auf die Motive des Einzelnen beziehen. Legalität läßt sich auch zu logischen und ästhetischen Werten in Beziehung setzen.

d) Auch die These, die Äußerlichkeit des Rechts und die Innerlichkeit der Moral beruhe auf der Verschiedenheit ihrer Geltungsquellen, ist nach *Radbruch* nicht zu halten. Bekanntlich geht diese These davon aus, daß das Recht heteronom ist, weil bei ihm ein fremder Wille den Rechtsunterworfenen verpflichtet, und daß die Moral autonom ist, weil hier die Verpflichtungen nur durch die eigene sittliche Persönlichkeit auferlegt werden. Diese Unterscheidung muß nach *Radbruch* schon deshalb verfehlt sein, weil der Begriff einer heteronomen Verpflichtung ein Widerspruch in sich ist, denn die äußere Norm kann nicht als solche verpflichten. Sie verpflichtet erst dann, wenn sie in das eigene Gewissen aufgenommen ist. Heteronomie des Rechts kann danach nur bedeuten, daß das

[3] Vgl. *Hans Welzel*, Das Gesinnungsmoment im Recht, in Festschrift für *Julius v. Gierke*, Berlin 1950, S. 290ff. und *Eberhard Schmidhäuser*, Gesinnungsmerkmale im Strafrecht, Tübingen 1958.

[4] *Radbruch* verweist in diesem Zusammenhang auf *Rudolf Laun*, Recht und Sittlichkeit, 3. Aufl., Hamburg 1935.

Gewissen sich einen eigengesetzlich entwickelten Normenkomplex zu eigen macht. Es ist dies nicht anders als etwa bei der moralischen Verpflichtung zur Wahrhaftigkeit, denn die letztgenannte richtet sich nach der logisch eigengesetzlichen Wahrheit.

2. Eine weitere Möglichkeit zur Bestimmung des Legalitätsbegriffs besteht in der Abgrenzung zwischen *Legalität und Legitimität.*

a) Ausgehend von der Polarität der Begriffe Gesetz und Recht wird das Verhältnis von Legalität und Legitimität bei *Friedrich*[5] entwickelt. Danach ist eine Ordnung legitim, wenn sie rechtlich anerkannt ist, und legal, wenn sie eine gesetzliche Grundlage besitzt. Die Legitimität ist am Recht als solchem orientiert, die Legalität dagegen nur am Gesetz. Die Legitimität einer Satzung oder Entscheidung beruht auf ihrer Rechtlichkeit, die Legalität auf ihrer Gesetzmäßigkeit. *Friedrich* exemplifiziert das am Beispiel von Hitlers Herrschaft, die eine gesetzliche, aber keine rechtliche Grundlage hatte und infolgedessen zwar legal, aber nicht legitim war. Die maßgebende Unterscheidung zwischen Gesetz und Recht wird durch die Erkenntnis ermöglicht, daß es gerechte und ungerechte Gesetze gibt, und daß nur gerechte Gesetze zugleich Recht sind.

b) Im Rahmen der Staatsphilosophie kommt es zu einer indirekten, negativen Annäherung an den Legalitätsbegriff, wenn — wie bei *Coing*[6] — der Begriff der Legitimität bei den Fragen eingesetzt wird, bei denen mit dem Legalitätsgedanken nicht mehr operiert werden kann. Das ist beim Problem der Rechtfertigung der Staatsformen der Fall, denn die Rechte einer verfassungsgebenden Instanz können beim Akt echter Staatsgründung — nach Revolutionen, katastrophalen Kriegsausgängen u. ä. — im allgemeinen nicht aus Gesetzen, also nicht legal begründet werden. Hier spricht *Coing* von den bekannten Legitimitätsprinzipien der Monarchie, der Aristokratie und der Demokratie und begrenzt damit, wenn auch unausgesprochen, den Bereich der Legalität. Das Legitimitätsprinzip fordert, wie *Radbruch*[7] im gleichen Zusammenhang schreibt, daß jede neue Rechtsordnung sich aus ihrer Vorgängerin auf rechtmäßigem — wenn auch nicht legalem, so wird man hier ergänzen müssen, — Wege entwickeln soll. „Recht muß Recht bleiben".

3. Von einem *anthropologischen Legalitätsbegriff* geht *Würtenberger* aus[8]. Legalität ist in diesem Sinne eine bestimmte Art menschlicher Haltung, die als Achtung vor dem Rechtsgesetz charakterisiert wird. Je mehr das Gesetz vom Geist der Sittlichkeit durchdrungen ist, desto

[5] *Carl J. Friedrich,* Die Philosophie des Rechts in historischer Perspektive, Berlin-Göttingen-Heidelberg 1955, S. 126ff.

[6] *Helmut Coing,* Grundzüge der Rechtsphilosophie, Berlin 1950, S. 207ff.

[7] Rechtsphilosophie (s. oben Anm. 1), S. 189.

[8] *Thomas Würtenberger,* Die Legalität, in: Gegenwartsprobleme des Internationalen Rechts und der Rechtsphilosophie, Festschrift für *Rudolf Laun,* Hamburg 1953, S. 619ff.

höher wird es in der Achtung der dem Gesetz Unterworfenen stehen. Um so eher wird es auch die Moralität des Einzelnen ansprechen. Die Achtung vor dem bestehenden Recht wird damit nach einer Formulierung von *Riezler*[9] zu einem ethischen Gefühl. Indessen bleibt, wie *Würtenberger*[10] ausführt, die Eigenständigkeit der Legalität gegenüber der Moralität bestehen, da das Vorliegen einer an die sittlichen Grundlagen der Rechtsordnung anknüpfenden Motivation des Handelns für die Legalität nicht gefordert ist. Es genügt die Anerkennung der legalen Ordnung als solcher, denn in der Achtung vor der im Gesetz verwirklichten Ordnung menschlicher Beziehungen liegt der Kern der als Legalität anzusprechenden Haltung. Ihr eignen Nüchternheit und sachliche Kühle, verbunden mit einem Relativitätsmoment, das aus der Einsicht in die notwendige Unvollkommenheit allen Gesetzgebungswerks resultiert[11].

4. Daß im modernen Rechtsstaat das *Legalitätsprinzip* im Sinne einer Bindung staatlicher Organe an die Gesetze gilt, ist unbestritten. *Coing* erklärt dieses Prinzip als eine Auswirkung der iustitia protectiva[12]. Im Art. 20 Abs. III des Grundgesetzes heißt es ausdrücklich: „Die Gesetzgebung ist an die verfassungsmäßige Ordnung, die vollziehende Gewalt und die Rechtsprechung sind an Gesetz und Recht gebunden".

a) Die *Auswirkungen des Legalitätsprinzips* sind passivierende und aktivierende:

aa) Der passivierende Effekt besteht darin, daß die Handlungs- und Entscheidungsmöglichkeiten für Verwaltung und Rechtsprechung im Interesse der Freiheitssphäre und der Rechtssicherheit beschränkt sind. Die staatliche Machtausübung soll prinzipiell für jeden Staatsbürger durch die Nachprüfung ihrer Legalität kontrollierbar sein (*Coing*[13]).

bb) Es kommen aber auch aktivierende Auswirkungen in Betracht. Im Rahmen der Gesetze ist der Staat zur Justizgewährung verpflichtet. Er hat die Gerichte und die sonstigen Rechtspflegeorgane zur Verfügung zu stellen und den Gang des Verfahrens mit dem Doppelziel „Wahrheit und Gerechtigkeit" zu regeln (*Eb. Schmidt*[14]). Der Gesetzunterworfene hat einen Anspruch auf Justizgewährung (*Niese*[15]). Im Strafprozeßrecht beruht hierauf das spezielle auf die Staatsanwaltschaft bezügliche in § 152 Abs. II StPO geregelte Legalitätsprinzip, auf Grund dessen die Staatsanwaltschaft als Trägerin des staatlichen „Anklagemonopols" verpflichtet ist, wegen aller gerichtlich strafbaren und verfolgbaren Hand-

---

[9] *Erwin Riezler*, Das Rechtsgefühl, 2. Aufl. 1946, S. 79.
[10] A. a. O. S. 622.
[11] *Würtenberger*, a. a. O. S. 624.
[12] A. a. O. S. 211.
[13] A. a. O. S. 211, 212.
[14] Lehrkommentar zur Strafprozeßordnung, Teil I, Göttingen 1952, S. 29.
[15] *Werner Niese*, Doppelfunktionelle Prozeßhandlungen, Göttingen 1950, S. 12.

lungen einzuschreiten, sofern zureichende tatsächliche Anhaltspunkte vorliegen, und soweit nicht gesetzlich ein anderes bestimmt ist[16].

b) Besondere Probleme ergeben sich sodann bei der Bestimmung der *Grenzen des Legalitätsprinzips.*

aa) Der positivistische, engste Standpunkt der Bindung an das Gesetz, nach dem der Richter „Sklave des Gesetzes“ sein sollte, ist schon in der zweiten Hälfte des 19. Jhs. kaum noch vertreten worden (*Bockelmann*[17]). Um der vom Gesetzgeber nicht vorausberechenbaren Vielfalt der konkreten Fälle gerecht werden zu können, werden Richter und Verwaltungsbeamte berechtigt, weitgehend selbständig zu werten und mitunter gesetzgebergleich zu entscheiden und zu verfügen (*Engisch*[18]). Der Gesetzgeber selbst schränkt die Auswirkungen des Legalitätsprinzips ein und bedient sich hierbei verschiedener Methoden. Die beabsichtigte *Auflockerung der Legalität* wird nach *Engisch*[19] vor allem dadurch erreicht, daß „unbestimmte“ Begriffe (z. B. „geeignete Maßregeln“ § 231 StPO), „normative“ Begriffe, die bei der Anwendung eine Wertung erfordern (z. B. „ehrlose Gesinnung“ § 20 StGB), Ermessensbegriffe (z. B. das richterliche Ermessen bei der Strafzumessung[20]) oder Generalklauseln (z. B. Verstoß gegen die „guten Sitten“ § 826 BGB) benutzt werden. Die intensivste Ausweitung des Legalprinzips ist erreicht, wenn der Grundsatz von „Treu und Glauben“ (§ 242 BGB) als allgemeine Auslegungs- und Rechtsfindungsregel herangezogen wird (*Nipperdey*[21]), Aber auch hier wird noch Gesetzestreue, d. h. also Legalität gefordert. Diese legalen Durchbrechungen des Legalitätsprinzips verweisen auf außergesetzliche Bewertungsmaßstäbe, die nach der Ansicht von *Esser*[22] und *Wieacker*[23] Grundsätze oder Maximen, d. h. verbindliche Weisungen für richterliches Handeln im Einzelfall, jedoch keine übergesetzliche Naturrechtskodifikation sein können.

bb) Besonderer Erörterung bedarf bei der Bestimmung der Grenzen der Legalität der extreme Fall einer *rechtswidrigen Legalität.* Da es in der deutschen Justiz in den Jahren zwischen 1933 und 1945 durch den Erlaß

---

[16] Vgl. zum strafprozeßrechtlichen Legalitätsprinzip *Eb. Schmidt* a. a. O. S. 165—175.

[17] *Paul Bockelmann,* Richter und Gesetz, Festgabe für *R. Smend,* Göttingen 1952, S. 23ff.

[18] *Karl Engisch,* Einführung in das juristische Denken, Stuttgart 1956, S. 107 und ders., Die Idee der Konkretisierung in Recht und Rechtswissenschaft unserer Zeit, Heidelberg 1953, S. 180ff.

[19] Einführung in das juristische Denken, S. 108ff.

[20] Vgl. *Günter Spendel,* Zur Lehre vom Strafmaß, Frankfurt 1954, S. 168ff.

[21] *Nipperdey* in: *Enneccerus-Nipperdey,* Allgemeiner Teil des bürgerlichen Rechts, 14. Aufl. (1952), § 51 II Nr. 3.

[22] *Josef Esser,* Grundsatz und Norm, Tübingen 1956.

[23] *Franz Wieacker,* Gesetz und Richterkunst, Karlsruhe 1958 und ders., Zur rechtstheoretischen Präzisierung des § 242 BGB, Tübingen 1956.

rechtswidriger Gesetze möglich geworden war, daß der solche Gesetze korrekt anwendende Richter zum Verbrecher wurde, hat dieses Problem nicht nur theoretische Bedeutung. Während *Feuerbach* zu Beginn des 19. Jhs. noch von der Überzeugung ausging, das im Wesentlichen von ihm verfaßte bayerische Strafgesetzbuch verkörpere die Identität von Gesetz und Recht[24], bemerkt *Eb. Schmidt* für die Gegenwart, daß nichts so zweifelhaft geworden sei, wie die Frage, an was der Richter nun eigentlich gebunden sei, — eine Frage, die um so ernster ist, als die Möglichkeit neuen gesetzlichen Unrechts für Gegenwart und Zukunft selbstverständlich nicht ausgeschlossen ist (*Bockelmann*[25]). In der Rechtsphilosophie der Gegenwart und in der Rechtsprechung des Bundesverfassungsgerichts[26], in der das Problem zur Sprache kommen mußte, da auch der Verfassungsgeber rechtswidrig handeln könnte (*Federer* und *Wintrich*[27]), begnügt man sich im allgemeinen mit der bekannten Formel von *Radbruch*[28], „daß das positive, durch Satzung und Macht gesicherte Recht auch dann den Vorrang hat, wenn es inhaltlich ungerecht und unzweckmäßig ist, es sei denn, daß der Widerspruch des positiven Gesetzes zur Gerechtigkeit ein so unerträgliches Maß erreicht, daß das Gesetz als ‚unrichtiges Recht' der Gerechtigkeit zu weichen hat". Zur näheren Klärung der Frage, wann dieses unerträgliche Maß erreicht ist, verweist *Eb. Schmidt* auf das im Art. 1 des Grundgesetzes verankerte Prinzip der Unantastbarkeit der Menschenwürde, aus dem genauere Entscheidungskriterien erarbeitet werden sollen[29].

5. Eine Analyse des Legalitätsbegriffs legt schließlich die Frage nach den *Gesetzesinhalten* nahe. Dabei geht es einmal um die Voraussetzungen, die erfüllt sein müssen, damit ein Gesetz inhaltlich richtig, d. h. also rechtmäßig und nicht rechtswidrig ist, und zum andern um die Frage, ob unabhängig von der Richtigkeitsfrage inhaltliche Bindungen bestehen.

a) Nach *Emge*[30] ist hier zu unterscheiden zwischen dem Problem des richtigen Gesetzes einerseits und der Frage nach dem richtigen Verhalten des Gesetzgebers andererseits. Unter beiden Gesichtspunkten ist davon auszugehen, daß jedes Gesetz zunächst einmal nur ein Komplex von Direktiven ist, die nichts weiter sind als Anmaßungen eines Gesetz-

---

[24] Vgl. *Eb. Schmidt*, Gesetz und Richter, Karlsruhe 1952, S. 5.

[25] A. a. O., S. 38.

[26] BVerfGE 3, 231 ff.

[27] *Julius Federer*, Die Rechtsprechung des Bundesverfassungsgerichts zum Grundgesetz für die Bundesrepublik Deutschland, in: Jahrbuch des öffentlichen Rechts, neue Folge Band 3 (1954), S. 20ff. — *Josef M. Wintrich*, Zur Problematik der Grundrechte, 1957, S. 10.

[28] *Gustav Radbruch*, Gesetzliches Unrecht und übergesetzliches Recht, Süddeutsche Juristenzeitung 1946, Nr. 5 und ders. Vorschule der Rechtsphilosophie, Heidelberg 1948, S. 31. — *Federer* a. a. O. S. 23. — *Wintrich* a. a. O. S. 9.

[29] A. a. O., S. 19.

[30] *Carl August Emge*, Einführung in die Rechtsphilosophie, Frankfurt und Wien 1955, S. 231ff.

gebers. Die Frage, ob die angemaßte Verbindlichkeit für den diesen Direktiven Unterworfenen auch wirklich besteht, ob also die Gesetze auch Recht sind, ist immer neu zu stellen. Die Antwort hängt von der Berücksichtigung zweier Maximen ab: vom — wie *Emge* sagt — Gebot der Sachlichkeit und vom Gebot der Höhe des Gesichtspunktes[31]. Das Erstgenannte, das man auch Konkretisierungsmaxime nennen könnte, fordert die Beachtung der jeweiligen einmaligen konkreten Situation mit allen Schwierigkeiten der Konkretisierung, wie sie auch von *Engisch* analysiert wurden[32]. Denn nur für die konkrete Situation, nicht für ein abstractum läßt sich das Richtige bestimmen. Das Gebot der Höhe des Gesichtspunktes, das auch Teleologisierungsmaxime genannt werden könnte, verweist demgegenüber auf die teleologische Abhängigkeit von jener dem wirklichen Sein oder Verhalten gegenüberstehenden höchsten Direktive, die religiös als göttliches Gebot und philosophisch als höchstes regulatives, ethisches Prinzip verstanden werden kann. Beide Maximen fordern die Bewältigung einer unvollendbaren Aufgabe vom Menschen, der sich infolgedessen immer wieder vor diese alles entscheidende grundlegende Problematik des richtigen Gesetzes gestellt sieht. Zu im Grundsätzlichen gleichen Ergebnissen kommen, insbesondere im Hinblick auf die Situationsgebundenheit menschlichen Handelns, *Welzel*[33] und *Wieacker*[34].

b) Inhaltliche Bindungen sollen sich nach einer gegenwärtig besonders in der deutschen Strafrechtswissenschaft vertretenen Ansicht, abgesehen von der im Vorangehenden angeschnittenen Richtigkeitsfrage, auch aus ontologischen Gründen ergeben. Man sagt, daß die „Natur der Sache" die freien Regelungsmöglichkeiten des Gesetzgebers sachlogisch binde. Diese Theorie, die — soweit sie von Vertretern der Strafrechtswissenschaft verteidigt wird — mit dem hier nicht zu diskutierenden Finalismusstreit, über dessen derzeitigen Stand *Gallas* zusammenfassend berichtet[35], zusammenhängt, wird vor allem von *Coing*[36], *Esser*[37], *Fechner*[38], *Kaufmann*[39], *Maihofer*[40], *Niese*[41], *Stratenwerth*[42], *Welzel*[43],

[31] A. a. O., S. 233/234.

[32] S. o. Anm. 18, Die Idee d. Konkr. usw.

[33] *Hans Welzel*, Naturrecht und materiale Gerechtigkeit, Göttingen 1951, S. 181.

[34] Gesetz und Richterkunst (s. oben Anm. 23), S. 10.

[35] *Wilhelm Gallas*, Zum gegenwärtigen Stand der Lehre vom Verbrechen, Berlin 1955.

[36] A. a. O., S. 118ff.

[37] A. a. O., S. 346/347.

[38] *Erich Fechner*, Rechtsphilosophie, Tübingen 1956, S. 146ff. und 190ff.

[39] *Arthur Kaufmann*, Naturrecht und Geschichtlichkeit, Tübingen 1957, S. 26ff.

[40] *Werner Maihofer*, Recht und Sein, Frankfurt a. M. 1954, S. 121/122.

[41] *Werner Niese*, Die moderne Strafrechtsdogmatik und das Zivilrecht, Juristenzeitung 1956, S. 457ff.

[42] *Günter Stratenwerth*, Das rechtstheoretische Problem der „Natur der Sache", Tübingen 1957.

[43] A. a. O., S. 197/198.

Wieacker[44] und *Erik Wolf*[45] vertreten. Man ist versucht, von einer ontologischen Schule in der Rechtsphilosophie zu sprechen. Der entscheidende Gesichtspunkt dieser Richtung ist die These, daß es auf dem ontologischen und sachlogischen Felde „ewige Wahrheiten" gibt, die kein Gesetzgeber der Welt abändern könne[46].

II.

Die sich schon bei dem vorangeschickten kurzen Überblick über den Begriff der Legalität in der deutschen Rechtsphilosophie ergebende Mehrdeutigkeit fordert eine *systematische Analyse*, deren prinzipielle Ansatzpunkte nunmehr darzustellen sind.

1. Grundlegend für die genauere Erfassung des Legalitätsbegriffes, bei dem im hiesigen Zusammenhang zunächst immer an das juristische Gesetz gedacht wird, ist die Klärung des *allgemeinen*, nicht nur in der Rechtswissenschaft, sondern auch in vielen anderen Forschungsbereichen vorkommenden *Gesetzesbegriffs*. Da dieser als Oberbegriff für alle in Betracht kommenden Spezialfälle geeignet sein muß, hat er eine sehr formale und abstrakte Struktur. Dieser allgemeine Gesetzesbegriff wird in der Logik entwickelt und hat nach *Carnap*[47] die Form einer *allgemeinen Implikation* von der Art der Aussageform „Für jedes x gilt: Wenn x P ist, so ist x Q". — Setzt man zum Beispiel für P den Ausdruck „ein Mensch" und für Q den Ausdruck „ein sterbliches Lebewesen" ein, so bekommt man die allgemeine Implikation, die besagt, daß alle Menschen sterbliche Lebewesen sind. — Ein Gesetz im allgemeinsten Sinne liegt also immer dann vor, wenn eine allgemeine Aussage über Voraussetzungen und die von ihr implizierten Folgen gegeben ist. Man erkennt leicht, daß dieser Gesetzesbegriff ebenso auf naturwissenschaftlichem oder mathematischem wie auf sozialwissenschaftlichem Gebiet verwendbar ist. Ein juristisches Gesetz ist mithin eine allgemeine Implikation zwischen Rechtsvoraussetzungen und Rechtsfolgen. Daß es verschiedene Implikationsarten — extensive, intensive und gegenseitige Implikationen[48] — gibt, kann in diesem Zusammenhang außer Betracht bleiben.

2. Zur systematischen Ordnung der unter I behandelten verschiedenen Thesen zum Legalitätsbegriff bedarf es aber der Heranziehung noch weiterer begrifflicher Unterscheidungen. Vergleicht man etwa den als Gegenbegriff zur Moralität benutzten Legalitätsbegriff (oben I, 1) mit

---

[44] Gesetz und Richterkunst (s. oben Anm. 23), S. 13/14.

[45] *Erik Wolf*, Das Problem der Naturrechtslehre, Karlsruhe 1955, S. 44ff., 88 u. 111.

[46] *Welzel*, a. a. O., S. 198.

[47] *Rudolf Carnap*, Einführung in die symbolische Logik, Wien 1954, S. 34 (Nr. 9c).

[48] *Ulrich Klug*, Juristische Logik, 2. Aufl., Berlin-Göttingen-Heidelberg 1958, § 4 Nr. 1, 4 und 10.

dem anthropologischen Legalitätsbegriff (oben I, 3), dann erkennt man, daß es sich um Begriffe aus sehr verschiedenen Bereichen handelt, denn die Frage, wie man jeweils den Beweis führt, daß Legalität vorliegt oder nicht, wird in beiden Fällen unterschiedlich beantwortet werden müssen. Ob ein dem Gesetz Unterworfener die Haltung der Legalität, d. h. ob er Achtung vor dem Gesetz hat, das kann nur durch Beobachtung, durch psychologische Tests u. ä. Verfahren ermittelt werden. Die Verifikation der Behauptung über Legalität in diesem Sinne ist also ein empirisches Unternehmen. Dagegen ist die Frage, ob Legalität im Sinne von Übereinstimmung eines gegebenen Verhaltens mit gegebenen juristischen Gesetzen vorliegt, offensichtlich kein empirisches, durch Beobachtungen zu verifizierendes, sondern ein rein logisches Problem. Empirisch zu klären sind nur die Vorfragen, nämlich ob ein bestimmtes Verhalten und ein bestimmtes Gesetz gegeben sind. Aber die entscheidende, rechtlich bedeutsame Frage, ob das gegebene Verhalten legal ist in Bezug auf ein vorliegendes Gesetz, entscheidet sich nach logischen Kriterien, wobei das typisch Juristische dieser Problematik darin liegt, daß zu den Voraussetzungen, d. h. zu dem Vorderglied der Gesetzes-Implikation, teleologische Prämissen gehören, die möglicherweise im Gesetz nicht ausdrücklich genannt sind, sondern aus der ratio legis hergeleitet werden müssen[49]. Das Letztgenannte kompliziert das Verfahren, ändert aber nichts Grundsätzliches an der logischen Struktur. Nennt man nicht-empirische Verifikationen apriorische, dann hat man es im zuletzt erörterten Fall mit einem *apriorischen* Legalitätsbegriff zu tun, während es sich bei der anthropologischen Legalität um einen *empirischen* Begriff handelt, — wobei man sich darüber klar sein muß, daß es sich um eine abkürzende Redeweise handelt, denn an sich können nur Aussagen apriorisch oder empirisch sein, nicht die in ihnen vorkommenden Begriffe.

3. Für die systematische Einordnung des Legalitätsbegriffs sind ferner noch folgende, an die Analyse des Geltungsbegriffs bei *Emge*[50] und *Radbruch*[51] anknüpfende Gesichtspunkte zu berücksichtigen:

a) Unter Legalität kann Übereinstimmung mit den Gesetzen der Logik gemeint sein. Dann hat man es mit *logischer Legalität* zu tun.

b) Legalität kann sich sodann auf die Gesetze einer positiven Rechtsordnung beziehen. Hier spricht man zweckmäßigerweise von *juristischcr Legalität*.

c) Bezieht sich die Übereinstimmung eines Verhaltens auf die Gesetze der Ethik, dann liegt *ethische Legalität* vor. — Ist das Objekt, dessen

---

[49] *Klug*, a. a. O., § 18.

[50] A. a. O., S. 316ff. und ders., Geschichte der Rechtsphilosophie, Berlin 1931, S. 66ff.

[51] Rechtsphilosophie (s. o. Anm. 1), S. 174ff.

Übereinstimmung mit den Gesetzen der Ethik festgestellt ist, selbst ein Gesetz, dann kann man diesen auf sog. richtige Gesetze bezogenen Spezialfall ethischer Geltung zur besonderen Hervorhebung *ideale Legalität* nennen.

d) Von *soziologischer Legalität* wird man bei der Übereinstimmung mit soziologischen Gesetzen sprechen können.

e) Bezieht sich die Legalität auf die sog. sachlogischen Gesetze — auch Seinsgesetze genannt — dann handelt es sich um *ontologische Legalität.*

f) *Ästhetische Legalität* ist die Übereinstimmung mit den Gesetzen der Ästhetik.

g) *Psychologische Legalität* wäre schließlich die Übereinstimmung mit psychischen Gesetzen.

Die im vorstehenden skizzierten Möglichkeiten für die Aufgliederung des Legalitätsbegriffs sind nicht vollständig. Da es physikalische, chemische und andere naturwissenschaftliche, mathematische, historische und sonstige Gesetze gibt, wären noch zahlreiche weitere Legalitätsbegriffe zu entwickeln. Das kann nicht Wunder nehmen, weil der Gesetzesbegriff ein logischer Begriff ist, und er infolgedessen grundsätzlich in allen Wissenschaftsbereichen vorkommt. Diese weiteren Möglichkeiten interessieren jedoch im hiesigen Zusammenhang weniger.

4. Wendet man die verschiedenen Interpretationen des Legalitätsbegriffs auf die oben unter I dargestellten rechtsphilosophischen Thesen an, so zeigt sich folgendes:

a) Obwohl der *logische* Legalitätsbegriff als von der Erfahrung unabhängige, apriorische Grundlage für alle übrigen Legalitätsarten in Betracht kommt, wird er ausdrücklich in keinem der genannten Fälle in Bezug genommen. Er wird stillschweigend vorausgesetzt und zwar auch dort, wo man in der Jurisprudenz die axiomatische Methode[52] bewußt verläßt und sich einer Topik im Sinne von *Viehweg*[53] als ars inveniendi bedient. Wo immer der juristische Legalitätsbegriff vorkommt, ist der logische stets mitgemeint, es sei denn man verzichtet auf logische Korrektheit.

b) Nicht so eindeutig ist die Analyse hinsichtlich des *juristischen* und des *ethischen* Legalitätsbegriffs.

aa) Die Gegenüberstellung von Legalität und Legitimität (oben I, 2) gestattet noch eine klare Subsumtion, denn dort, wo die Gesetzesfrage maßgebend ist, wird der juristische Legalitätsbegriff, und dort wo die Rechtsfrage entscheidend ist, der ethische und — falls die Legitimität eines Gesetzes selbst in Frage steht — der ideale Legalitätsbegriff ge-

---

[52] Vgl. hierzu *Klug*, a. a. O. (s. oben Anm. 48), § 17.

[53] *Theodor Viehweg*, Topik und Jurisprudenz, München 1953, S. 15ff.

meint. Das gilt entsprechend auch für das staatsphilosophische Legitimitätsprinzip.

bb) Dagegen erscheint die systematische Klärung des Begriffspaares Legalität und Moralität (oben I, 1) schwieriger. Da *Radbruch* den Verpflichtungsgrund des Rechts in der Moral sieht, muß man bei seinen Thesen davon ausgehen, daß sowohl Legalität wie Moralität im Sinne einer ethischen Legalität gemeint sind.

cc) Beim Legalitätsprinzip (oben I, 4) ist die juristische Legalität überall dort gemeint, wo zunächst nur auf die Bindung durch das positive Gesetz verwiesen wird, die ethische dagegen dort, wo zusätzlich auf das Recht als Bindungsquelle Bezug genommen ist. Das gilt deutlich für Art. 20 Abs. III des Grundgesetzes, jedoch ist es nicht eindeutig, wenn etwa *Wieacker* — doch wohl bewußt — von einer *außer*gesetzlichen und nicht von einer *über*gesetzlichen Rechtsordnung spricht. Dagegen ist wiederum unzweifelhaft die juristische Legalität gemeint, wenn von rechtswidriger Legalität gesprochen wird, denn hier ist gerade Divergenz zwischen juristischer und ethischer Legalität das Charakteristische.

dd) Bei dem Problem des richtigen Gesetzes, wie überhaupt ganz allgemein bei der Richtigkeitsfrage, die beim Gesetzesinhalt (oben I 5a) von entscheidender Bedeutung ist, geht es um die rechtsphilosophische Kardinalfrage, wie aus juristischer Legalität ethische Legalität wird.

c) Die *ontologische* Legalität ist dort in Anspruch genommen, wo von sachlogischen Bindungen des Gesetzgebers (oben I, 5b) die Rede ist. Hier wird dann die These vertreten, daß eine Divergenz zwischen ontologischer und juristischer Legalität zu einem Widerspruch mit logischer Legalität führe, und daß zwischen ontologischer und ethischer Legalität kein Widerspruch denkbar sei. Bei der Diskussion dieser Theorie hängt alles von der hier nicht weiter zu verfolgenden Frage ab, ob es eine kontrollierbare Erkenntnis ontologischer Gesetze, sog. Seinsgesetze, gibt, oder ob man sich hier, wie *Engisch*[54] zutreffend meint, nur auf dem Gebiet des philosophischen Glaubens bewegt.

d) Bei der Verwendung des Begriffs der Legalität zur Kennzeichnung einer menschlichen Haltung (oben I, 3) ist zu unterscheiden zwischen dem, worauf sich diese Haltung bezieht und der Haltung selbst. Ist die Haltung nur eine Achtung vor dem positiven Gesetz, dann hat man es mit juristischer Legalität zu tun. So wäre etwa ein reiner Positivist charakterisiert. Bezieht sich die Haltung nicht auf Gesetze, sondern auf das Recht, dann liegt ethische Legalität vor. Erst in diesem Falle hätte man es mit einem echten Juristen im anspruchsvollen Sinn des Wortes zu tun. Im übrigen ist der Sachverhalt sehr komplex, denn auch die logische und die ästhetische Legalität können ins Blickfeld kommen. Die erstgenannte

[54] Idee der Konkretisierung usw. (s. oben Anm. 18), S. 115; ähnlich auch *Coing*, a. a. O. (s. oben Anm. 6), S. 128/129.

beim Typ des „Korrekten“ oder „Pedanten“, die zuletztgenannte bei demjenigen, dessen Verhalten vom „Mißfallen am Streit“ gelenkt wird. Sogar die ontologische Legalität käme für die Typisierung eines Verhaltens insofern in Betracht, als man es hier mit Haltungen zu tun hätte, die im Gegensatz etwa zum Skeptiker und Aporetiker durch Glaubenssicherheit hinsichtlich des Blicks in das Wesen des Seins charakterisiert wären. Bei den einzelnen Möglichkeiten gibt es darüber hinaus mannigfaltige Überschneidungen und Kombinationen hinsichtlich der Legalität, auf die sich die Haltung bezieht. Sie können hier nicht weiter verfolgt werden. Bei der Haltung der Legalität selbst ist der psychologische Begriff der Legalität gemeint. Insoweit käme es also auf eine Heranziehung psychologischer Gesetze zur Persönlichkeitsanalyse an. Die anthropologische Legalität erweist sich somit als ein vielschichtiges, nicht uninteressantes Gebilde, das zu weiterer Untersuchung anregt.

Das Gleiche gilt indessen auch hinsichtlich des Legalitätsbegriffs in allen seinen übrigen Bedeutungen und systematischen Relationen, von denen hier nur ein begrenzter Ausschnitt dargestellt werden konnte.

DIE RELATIVITÄT DER RECHTSBEGRIFFE

Von Dr. Karl Engisch
Professor an der Universität München

Eine Erörterung des Problems der Relativität der Rechtsbegriffe setzt voraus, daß wir wissen, was ein „Rechtsbegriff" ist. Viele von den Juristen gebrauchte Begriffe stammen aus der Sprache des Lebens und des Alltags, z. B. „Mensch", „Tötung", „Sache", „Beschädigung". Definiert der Jurist Begriffe, die zweifellos Rechtsbegriffe sind, wie z. B. „Rechtsgeschäft", „Verbrechen", so ist er gezwungen, um sich verständlich zu machen, die der Definition dienenden Begriffe und Merkmale letztlich auch wieder der Alltagssprache zu entnehmen und damit auf das „natürliche Weltbild" zurückzugehen (dazu näher meine Abhandlung „Vom Weltbild des Juristen", Heidelberg 1950). So tauchen bei der Definition der Begriffe „Rechtsgeschäft" und „Verbrechen" natürliche Begriffe wie „Handlung", „Erklärung", „Wille" auf. Da die Rechtsbegriffe auf Lebenserscheiningen angewandt werden sollen und müssen, so ist es gar nicht anders denkbar, als daß sie einer Reduktion auf natürliche Begriffe oder Merkmale bedürftig sind. Angesichts dieser inneren Beziehung der Rechtsbegriffe auf die natürliche Begriffswelt ist die Frage berechtigt, wodurch ein Rechtsbegriff gerade zum Rechtsbegriff wird. Unmöglich kann ja etwa jeder in einem juristischen Lehrbuch verwandte Begriff darum, weil er in einem juristischen Lehrbuch steht, ein Rechtsbegriff sein.

Wohl aber können wir sagen — und damit gewinnen wir einen ersten verläßlichen Ansatzpunkt —, daß jeder Begriff, der in einem gültigen Rechtssatz verwendet wird, ohne weiteres „Rechtsbegriff" heißen darf. Das gilt auch für solche Begriffe, die scheinbar keine spezifische rechtliche Bedeutung haben, wie „wird", „oder" usw. So bedeutet das scheinbar triviale „wird" in einem Paragraphen des deutschen Strafgesetzbuchs in Verbindung mit dem Worte „bestraft" soviel wie: „soll bestraft werden". Mit Bezug auf das die Strafrechtssätze häufig einleitende, neutral klingende Wort „wer" (ergänze: diese oder jene Handlung vornimmt) konnte man die Frage aufwerfen: Wer ist im strafrechtlichen Sinne „wer"? Jedoch wollen wir nunmehr in erster Linie an solche Begriffe denken, deren rechtlicher Gehalt offen zutage liegt, wie „Eigentum", „Nießbrauch", „Geschäftsfähigkeit", „Willenserklärung", „unerlaubte Handlung", „Verbrechen", „Urkunde". Derartige Begriffe, in unseren Gesetzen selbst verwendet, sind zweifellos echte Rechtsbegriffe. Man hat sie auch „rechtlich relevante Begriffe" (*Radbruch*, Rechtsphilosophie, 4. Aufl., 1950, S. 218f.) oder „Rechtsinhaltsbegriffe" (*Somlo*, Grundlehre, 1917, S. 26f.) genannt. Wir wollen der größeren Deutlichkeit halber von „Rechtssatzbegriffen" sprechen, um damit zum Ausdruck zu bringen, daß diese Art von Rechtsbegriffen innerhalb eines Rechtssatzes vorkommen. Mit Recht sagt *H. Maier*, Psychologie des emotionalen Denkens, 1908, S. 736, daß „die Quelle der juristischen Begriffe in den Handlungen liegt, durch welche das Recht geschaffen wird".

Aber freilich sind nicht nur solche Rechtssatzbegriffe Rechtsbegriffe. Gegen *Zitelmann*, der in seinem Buch „Irrtum und Rechtsgeschäft" gesagt hat, Rechtsbegriffe seien diejenigen Begriffe, die als Bestandteile eines Rechtssatzes vorkommen, hat bereits *Eltzbacher* (Über Rechtsbegriffe, 1900, S. 23/24) darauf hingewiesen, daß, wenn Rechtsbegriffe nur solche Begriffe wären, die *in* den Rechtssätzen vorkommen, Begriffe, die *von* den Rechtssätzen im ganzen gebildet werden, keine Rechtsbegriffe wären (vgl. auch *Somlo* a. a. O., 1917, S. 28). Es wären dann also „der Begriff von dem § 303 des deutschen Reichsstrafgesetzbuchs selbst, der Begriff des deutschen Reichsgesetzes, der Begriff der öffentlichrechtlichen Norm, der Begriff des Gewohnheitsrechtes, der Begriff der Rechtsordnung keine Rechtsbegriffe, weil diese Begriffe nicht Bestandteile irgendwelcher Rechtssätze, sondern die Rechtssätze selbst, ihre Gesamtheiten und Gattungen zu Gegenständen haben". Es kann aber kein Zweifel daran bestehen, daß auch die Begriffe von Rechtssätzen und Rechtssatzkomplexen Rechtsbegriffe sind. *Eltzbacher* selbst bestimmt die Rechtsbegriffe als „Begriffe von Rechtsnormen" (a. a. O., S. 32/33). Er unterscheidet sie damit von solchen Begriffen, die „auch gegeben sein könnten, wenn gar keine Rechtsnormen da wären" (z. B. Mensch, Handlung, Ursache), sowie von solchen Begriffen, die zwar dem Vorhandensein von Rechtsnormen ihre Entstehung verdanken, aber nur insofern, als sie soziale Phänomene betreffen, auf die die Rechtsnormen Anwendung finden (z. B. Zwangsversteigerung eines bestimmten Hausgrundstücks oder der von A an B verübte Mord). *Eltzbacher* unterscheidet dann weiter innerhalb der Rechtsbegriffe: Begriffe einzelner Rechtsnormen, Begriffe von einzelnen Rechtsnormgesamtheiten, Begriffe von Elementen einzelner Rechtsnormen usw., ferner aber auch: Begriffe von Rechtsnormgattungen, Begriffe von Gattungen von Rechtsnormelementen usw. Die Einzelheiten interessieren jetzt nicht.

Gewiß sind alle diese von *Eltzbacher* angeführten Begriffsarten Rechtsbegriffe. Aber der Begriff des Rechtsbegriffs reicht viel weiter. Zunächst müssen wir feststellen, daß — genau genommen — zu unterscheiden ist zwischen den Rechtsbegriffen, die mit und in den Rechtssätzen selbst gegeben sind, und denjenigen Rechtsbegriffen, die in juristischen Arbeiten (Lehrbüchern, Kommentaren, Monographien und Aufsätzen) als Bestandteil juristischer Aussagen vorkommen. Auch wenn diese letzteren Rechtsbegriffe irgendwelchen Rechtssatzbegriffen genau korrespondieren, so ist doch z. B. der Begriff der „Urkunde" in § 267 StGB als vom Gesetzgeber verwendeter Begriff zu unterscheiden von dem Begriff „Urkunde im Sinne des § 267 StGB", wie er etwa eine wissenschaftliche Definition in einem Lehrbuch oder Kommentar einleitet. Wir können solche auf die Rechtssatzbegriffe bezüglichen juristischen Begriffe „Rechtsinhaltsbegriffe" nennen. Diese Rechtsinhaltsbegriffe sind mit den entsprechenden Rechtssatzbegriffen inhaltsgleich.

Bedeutsamer ist jedoch, daß die Rechtswissenschaft teils in Kontakt mit dem positiven Recht, teils auch über das positive Recht sich erhebend, eigenständige Rechtsbegriffe bildet. *Radbruch* (a. a. O., S. 219) stellt demgemäß den „rechtlich relevanten Begriffen" als den Begriffen, „aus denen die Rechtssätze zusammengesetzt sind" gegenüber „die konstruktiven und systematischen Begriffe, mit denen man sich des normativen Inhalts eines Rechtssatzes bemächtigt, die ‚echten Rechtsbegriffe'". Er weist dabei hin auf die Gegenüberstellung von Rechtsinhaltsbegriffen und Rechtswesensbegriffen bei *Kelsen*, von Rechtsinhaltsbegriffen und juristischen Grundbegriffen bei *Somlo* und auf die „doppelte Wertbeziehung" der Rechtsbegriffe auf den Rechtswert und den Rechtswissenschaftswert bei *Erik Wolf*. Ähnliche Gegenüberstellungen findet man aber auch bei *Eltzbacher* a. a. O. S. 41/42, *Heck*, Begriffsbildung und Interessenjurisprudenz, 1932, §§ 5, 15, *Oertmann*, Interesse und Begriff in der Rechtswissenschaft, 1931, S. 42ff.

Ohne auf literarische Einzeluntersuchungen einzugehen, sei versucht, selbständig einen Überblick über die verschiedenen Arten rechtswissenschaftlicher Begriffe (zum Unterschied von den Rechtssatzbegriffen) zu gewinnen. Wir streben dabei keine erschöpfende Einteilung an, sondern nur eine Grundlegung für die Behandlung des Problems der Relativität der Rechtsbegriffe.

1. Obwohl wir von der Unterscheidung zwischen den eigentlichen Rechtssatzbegriffen und den ihnen korrespondierenden juristischen Rechtsinhaltsbegriffen kein besonderes Aufheben machen wollen, muß doch darauf hingewiesen werden, daß die Bildung jener und dieser Begriffe verschiedenen Prinzipien untersteht. Der Gesetzgeber ist bei der Bildung der Rechtsbegriffe in gewissen Grenzen „frei". Die Grenzen sind zuvörderst durch die Logik gezogen. Denn der Gesetzgeber darf keine in sich widerspruchsvollen Begriffe aufstellen und auch keine in sich widerspruchsvollen Legaldefinitionen liefern. Es ist z. B. ein logischer Fehler, wenn die deutsche Zivilprozeßordnung in § 78 Abs. 3 von einem Rechtsanwalt spricht, der „sich selbst vertreten" kann. Unter „Vertretung" versteht man ein Handeln in fremdem Namen. Ein Rechtsanwalt, der „sich selbst vertritt", handelt aber gerade nicht in fremdem Namen,

sondern im eigenen Namen. Eine paradoxe Legaldefinition wäre es, wenn das Handeln im Notstand als „erlaubtes Unrecht" bestimmt würde. Neben den logischen Bindungen gibt es für den Gesetzgeber aber auch sachliche Bindungen, nämlich Bindungen der Zweckmäßigkeit, der Folgerichtigkeit, der Rücksichtnahme auf die Forderungen der Gerechtigkeit und der Sittlichkeit. Wir können diesen Abhängigkeiten von materialen Vorgegebenheiten jetzt nicht im einzelnen nachgehen. Letztlich bleibt doch ein Spielraum für die freie Willensentscheidung des Gesetzgebers offen. Er kann z. B. den Begriff des Mordes zum Unterschied vom Begriff des Totschlags durch das Merkmal der Überlegung oder durch das Merkmal des niedrigen Beweggrundes oder auch auf andere Weise bestimmen. Der Gesetzgeber könnte ferner, wenn er wollte, die Notwehr in den allgemeineren Begriff des rechtfertigenden Notstandes aufgehen lassen.

Anders als der Gesetzgeber seinen Rechtssatzbegriffen steht der Jurist den diesen Rechtssatzbegriffen korresspondierenden Rechtsinhaltsbegriffen gegenüber. Diese letzteren müssen nämlich so aufgefaßt und bestimmt werden, wie es der Sinn des Rechtssatzbegriffes fordert. Es besteht hier eine Bindung der Erkenntnis an ihren Gegenstand. Die Rechtsinhaltsbegriffe sind, bildlich gesprochen, Spiegelungen der Rechtssatzbegriffe. Daher muß der Jurist Begriffe wie „Geschäftsfähigkeit", „Willenserklärung", „Mord", „Ehebruch", „Notstand", „Notwehr" als Rechtsinhaltsbegriffe so bestimmen, wie es dem Sinne des ihm jeweils vorgegebenen Rechtssatzes gemäß ist, mag es dann auch ein Problem für sich sein, ob dieser „Sinn" durch den Willen des historischen Gesetzgebers oder durch objektive Momente, wie z. B. die Bedürfnisse der Gegenwart, bestimmt ist. Der Jurist steht hier unter den Regeln methodengerechter Wahrheitserkenntnis. Kurz: die Rechtssatzbegriffe sind ein Produkt gesetzgeberischer Kunst, die Rechtsinhaltsbegriffe sind ein Objekt rechtswissenschaftlicher Erkenntnis.

2. Aber nun operiert der Jurist nicht nur mit Rechtsinhaltsbegriffen, die er unmittelbar den Rechtssatzbegriffen entnimmt, er bildet — wenn auch zunächst noch in unmittelbarem Kontakt mit einer konkreten Rechtsordnung — weitere Begriffe, die der Gesetzgeber nicht kennt, die aber dazu dienen sollen, den in der vorgegebenen Rechtsordnung dargebotenen Stoff systematisch zu verarbeiten, faßlich darzustellen, sachgerecht zu erweitern (durch Analogieschlüsse u. dgl.). Ich nenne hier Begriffe wie „Rechtfertigungsgrund", „Zumutbarkeit", „adäquate Kausalität", „Realakt", „Voraussetzung", „Geschäftsgrundlage", „Persönlichkeitsrecht", „Verschulden beim Vertragsschluß", „positive Vertragsverletzung", „faktisches Vertragsverhältnis", „funktionelle Zuständigkeit". Es sind recht eigentlich schöpferische Juristen gewesen, die Rechtsbegriffe dieser Art geprägt haben: *Jhering*, *Windscheid*, *Staub* u. a. Die logische Eigenart dieser Rechtsbegriffe besteht darin, daß sie

„frei" gebildet sind und doch Erkenntniswert haben, weil sie dazu berufen sind, die Gehalte einer konkreten Rechtsordnung ans Tageslicht zu bringen und weiter zu verarbeiten. Wie sie selbst Konstruktionen sind, eignen sie sich auch dazu, das in der Rechtsordnung vorgegebene Material konstruktiv zu veredeln, indem bestimmte rechtliche Erscheinungen (Rechtsnormen, Rechtssatzbegriffe, Tatbestandsmerkmale) als Anwendungsfälle jener freien rechtswissenschaftlichen Begriffe erkannt werden. Daran können sich Verallgemeinerungen, Analogieschlüsse, Rechtsfortbildungen knüpfen, wie es z. B. bei der Lehre von der Haftung für Verschulden bei Vertragsschluß geschehen ist.

Zwischen den Rechtssatzbegriffen und ihren Korrelaten: den Rechtsinhaltsbegriffen einerseits und den soeben behandelten „freien rechtswissenschaftlichen Begriffen" gibt es Übergangserscheinungen: Rechtssatzbegriffe werden gelegentlich von der Rechtswissenschaft ein wenig umgebildet und dann freier verwendet. So ist es z. B. dem Begriff des „gesetzlichen Tatbestandes" in § 59 StGB ergangen. Doch können wir solche Übergangserscheinungen hier auf sich beruhen lassen.

3. Eine etwas höhere Stufe erreichen wir, wenn wir bedenken, daß wir als Juristen nicht der einzelnen konkreten Rechtsordnung verhaftet bleiben, sondern rechtsgeschichtlich oder rechtsvergleichend forschend mehrere Rechtsordnungen in den Blick nehmen müssen, wobei wir solcher Begriffe bedürfen, die von den Besonderheiten der einzelnen Rechtsordnungen abstrahieren und damit eine gleichsam übergreifende Bedeutung gewinnen. Wollen wir etwa die historische Entwicklung des Kaufrechts vom römischen Recht zu einem mit dem römischen Recht historisch verbundenen modernen Recht untersuchen oder wollen wir die Kaufrechte der europäischen Staaten miteinander vergleichen, so bedürfen wir eines allgemeinen Begriffs des Kaufs, der weiter sein muß, als der Begriff des Kaufes nach deutschem bürgerlichem Recht. Denn nur so können wir Verbindungen zwischen den verschiedenen ins Spiel kommenden Rechten herstellen. Ebenso steht es z. B. mit dem Begriff des Mordes. Wir wollen die hier notwendig werdenden allgemeineren Begriffe als universale Rechtsbegriffe bezeichnen. *Eltzbacher* nannte Begriffe dieser Art „Begriffe der Wissenschaften von einem Rechtskreis", denkt aber dabei wohl nur an zur gleichen Zeit nebeneinander bestehende Rechtsordnungen. Wir dürfen aber die historische Tiefendimension, bei der das Vergangene mit dem Gegenwärtigen verbunden wird, nicht außer acht lassen. Die logische Schwierigkeit, die universale Rechtsbegriffe bereiten, besteht darin, daß die Rechtsphänomene, die umgriffen werden sollen, starke Verschiedenheiten aufweisen können. Das Anfangs- und das Endglied einer historischen Entwicklung, z. B. die römisch-rechtliche mancipatio und der moderne Kauf können so verschieden sein, daß es schwer wird, greifbare gemeinsame Merkmale herauszustellen. Man muß sich mit vergleichsweise unjuristischen Begriffs-

bestimmungen wie z. B. dem eher wirtschaftlichen Begriff: „Austausch von Ware und Geld“ begnügen, wobei vieles für das konkrete Recht Charakteristische unter den Tisch fallen mag, wie z. B. die Tatsache, daß der Kauf nach heutigem deutschem Recht ein Verpflichtungsgeschäft ist, das von der Eigentumsübertragung scharf getrennt ist.

Zu den universalen Rechtsbegriffen zählen wir auch noch Begriffe, die *Eltzbacher* als „Begriffe der allgemeinen Rechtswissenschaft“ bezeichnet, nämlich Begriffe, die nicht nur kleineren oder größeren Rechtskreisen, sondern allen Rechtsordnungen angehören, wie z. B. der Begriff des „Verfassungsrechts aller Völker und Zeiten“, der „Gewohnheitsrechtsnorm“. Sofern nämlich diese Begriffe nur gleichsam „empirischen Charakter“ haben, weisen sie keine logische Besonderheit gegenüber den vorerwähnten Begriffen auf. Sie sind nur dadurch ausgezeichnet, daß sie empirisch allumfassend sind.

4. Abstrakter als alle universalen Rechtsbegriffe sind die rechtswissenschaftlichen Grundbegriffe, die häufig als apriorisch angesehen werden. Wir meinen jetzt Begriffe, die mit jeder Rechtsordnung als solcher gegeben sind wie z. B. „Rechtsnorm“, „Rechtspflicht“, „Rechtmäßigkeit“, „Rechtswidrigkeit“, „Rechtssubjekt“, „Rechtsobjekt“. Um die Erforschung dieser Begriffsarten haben sich namentlich *Stammler* und *Somlo* verdient gemacht (ältere Literatur bei *Stammler*, Lehrbuch der Rechtsphilosophie, 1922, § 109 Anm. 1, und bei *Somlo*, a. a. O., S. 29 Anm. 3 u. S. 32ff.). *Stammler* nennt diese Grundbegriffe „Kategorien des Rechts“ und kennzeichnet sie als „Gedankengänge, die unausweichlich eingeschlagen werden, sobald ein besonderes Wollen in seiner Eigenschaft als ein rechtliches Wollen erkannt wird“, als „reine Formen des Begreifens“, als „Methoden des Ordnens unserer Gedanken“. Sie machen, wie *Stammler* kantianisierend sagt, „Jurisprudenz als Wissenschaft möglich“ (Lehrbuch § 109; Tafel der rechtlichen Grundbegriffe und ihrer Derivate in §§ 111, 112 daselbst). *Somlo* umschreibt die juristischen Grundbegriffe als „Begriffe, die mit der Normart ‚Recht‘ mitgesetzt sind“. Er stellt sie, wie schon erwähnt, den „Rechtsinhaltsbegriffen“ gegenüber, welch letztere er aber etwas anders bestimmt als wir es oben getan haben. Zum Unterschied von *Stammler* legt *Somlo* diesen Grundbegriffen keine absolute, sondern bloß eine relative Apriorität bei. Diese Grundbegriffe seien zwar eine Voraussetzung oder ein Apriori jeder besonderen juristischen Betrachtung (S. 32), besäßen aber doch empirischen Ursprung. „Ihre Reinheit bedeutet nicht Reinheit von jeder Erfahrung, sondern bloß von jedem Rechtsinhalt“ (S. 47; vgl. auch S. 127).

In neuerer Zeit hat sich *W. Burckhardt*, Methode und System des Rechts, 1936, S. 56ff., noch einmal zu *Stammlers* „reinen Formen“ bekannt, indem er „unbedingt allgemeine“ zum Unterschied von „relativ allgemeinen Begriffen“ (wie „Vertrag“, „Eigentum“, „Erbrecht“) anerkannt hat. Jene sind „Begriffe, die ein Postulat wiedergeben, denen jedes positive Recht folgen muß, wenn es eine Rechtsordnung sein will" (S. 57).

5. Die bisher aufgezählten Arten von Rechtsbegriffen dürfen als die wesentlichen angesprochen werden. Sie sind jedoch in der juristischen Arbeit umgeben von vielen Begriffen, die teils für ein tiefer eindringendes Verständnis, teils für eine kritische Beurteilung des geltenden Rechts, teils für die Arbeit an der Rechtsreform unentbehrlich sind, ohne spezifisch „juristischen" Charakter zu besitzen. Ich denke hier an rechtssoziologische, rechtspolitische, rechtsideologische, rechtsphilosophische Begriffe wie „Rechtsgehorsam", „faktische Rechtsgeltung", „richtiges Recht", „Gerechtigkeit", „Freiheit", „Rechtsstaat", „Humanität", „Autonomie". Offensichtlich gehen diese verschiedenen Begriffsklassen ohne scharfe Grenzen ineinander über. Mit den eigentlichen Rechtsbegriffen weisen sie mancherlei Berührungspunkte und Beziehungen auf. So kann es sein, daß ein rechtsideologischer Begriff von dem Gesetzgeber programmatisch in die Rechtsordnung übernommen wird und damit zum Rechtssatzbegriff und Rechtsinhaltsbegriff wird. Oder ein aus rechtspolitischen Gründen geprägter Begriff wird im Zuge der Reform zu einem Rechtssatzbegriff oder zu einem freien rechtswissenschaftlichen Begriff (z. B. „limitierte Akzessorietät" im deutschen Strafrecht). Es ist für unseren Zweck nicht geboten, diese weiteren Begriffsklassen im einzelnen zu untersuchen und zu bestimmen. Gänzlich unbeachtet dürfen wir sie aber auch nicht lassen, wenn es sich darum handelt, des Sinnes der „Relativität" der Rechtsbegriffe habhaft zu werden.

Diese Aufgabe stellen wir uns nunmehr. Dabei sehen wir uns sogleich der Schwierigkeit ausgesetzt, daß der Begriff der Relativität selbst unbestimmt und vielgestaltig ist. Man möchte von einer „Relativität" des Begriffs der Relativität sprechen, wenn damit nur Genaueres gesagt wäre. Aber es kann ja nichts Genaueres damit gesagt sein, eben wegen der Unbestimmtheit der „Relativität". Wir können auch so sagen: Das *Wort* „Relativität" ist vieldeutig, es weist auf sehr verschiedene *Begriffe* hin. Wir berühren damit das hier nicht näher zu erörternde Problem des Verhältnisses von Wort und Begriff. Wir bemerken dazu nur, daß das Wort als „Name" oder „Zeichen" dient, wodurch man auf den Begriff hinweist. Der Begriff selbst kann dann entweder „intensional" (inhaltslogisch) als die Bedeutung jenes Namens bzw. Zeichens oder „extensional" (umfangslogisch) als dem Namen bzw. Zeichen zugeordneter Objektskreis aufgefaßt werden (siehe dazu *Bochenski*, Die zeitgenössischen Denkmethoden, 1954, S. 10ff., 57).

Sollte etwa mit der Vokabel „Relativität" in Verbindung mit den „Rechtsbegriffen" gemeint sein, daß die Rechtsbegriffe Relationsbegriffe sind, d. h. daß ihre Bedeutung oder ihr Objektsumfang in Relationen bestehen? Das würde voraussetzen, daß in den Rechtsbegriffen Beziehungen zwischen mehreren Beziehungsgliedern gemeint sind (vgl.

auch *Carnap*, Einführung in die symbolische Logik, 1954, S. 4ff.). Ein Begriff wie „Rechtsverhältnis“ oder „Rechtswidrigkeit“ ist gewiß ein Relationsbegriff, denn ein „Rechtsverhältnis“ besteht nur zwischen mehreren „Individuen“ (in einem denkbar weiten logischen Sinn) und „Rechtswidrigkeit“ bedeutet die Beziehung eines Verhaltens zu einer Rechtsnorm, impliziert also gleichfalls mehrere Relata (nämlich Verhalten, Rechtsnorm). Bei jeder Art von Rechtsbegriffen können wir Relationsbegriffe in diesem Sinne entdecken. Es fragt sich nur, ob alle Rechtsbegriffe Relationsbegriffe sind. Dies bestreitet z. B. *Somlo* (Grundlehre 1917, S. 29 Anm. 2): „Da es Dinge sind, die in die juristische Relation gesetzt werden, so muß sich die Jurisprudenz auch für die Begriffe dieser in Relation gesetzten Dinge interessieren. Die Rechtsnormen bedienen sich auch der Begriffe von Dingen.“ In der Tat sind mit Rechtsbegriffen wie „Mensch“, „Sache“, „Grundstück“, logisch gesehen, keine Relationen, sondern Individuen gemeint, desgleichen mit Rechtsbegriffen wie „unbeweglich“ und „beweglich“, logisch gesehen, Eigenschaften. Ich glaube aber nicht, daß es nötig ist, diesen logischen Verhältnissen nachzugehen. Denn ich nehme an, daß mit der Frage nach der Relativität der Rechtsbegriffe nicht die Frage nach der Relationsnatur der Rechtsbegriffe gestellt sein soll. Wir müßten sonst prüfen, ob bei schärferer Analyse auch Begriffe wie „Mensch, „Sache“, „beweglich“ nicht Individuen oder Eigenschaften meinen, sondern doch Relationen, z. B. der Begriff „Mensch“ die Relation, daß jemand von Menschen abstammt.

Eine besondere Note erhält das Problem der Relationsnatur der Rechtsbegriffe dann, wenn man die Frage aufwirft, ob die Rechtsbegriffe in dem besonderen Sinne Relationsbegriffe sind, daß sie „Ordnungsbegriffe“ bzw. „Typenbegriffe“ zum Unterschied von „Klassenbegriffen“ sind. Eine Untersuchung von *Hempel* und *Oppenheim*: „Der Typusbegriff im Lichte der neuen Logik“ (1936) hat auch die Aufmerksamkeit der Juristen auf sich gezogen. In dieser Arbeit werden den Klassenbegriffen, die ihrerseits Eigenschaften- und Merkmalsbegriffe sind (z. B. „14 Jahre alt“, „unbeweglich“) Typenbegriffe alias Ordnungsbegriffe gegenübergestellt, die, umfangslogisch gesprochen, als Objektskreise Reihen von Objekten unter sich begreifen, die untereinander in der Beziehung der Gleichstelligkeit oder in der Beziehung der Vorgängerschaft und Nachfolgerschaft stehen (z. B. „schizoid“, „vermindert zurechnungsfähig“). „Von einem Begriff, der seiner Anwendungsweise nach eine Reihenordnung mit den Grundrelationen G, V (sc. Gleichstelligkeit, Vorgängerschaft) darstellt, wollen wir sagen, er sei ein Ordnungsbegriff“ (a. a. O., S. 31/32). Derartige Begriffe ermöglichen „eine Darstellung ‚abstufbarer Eigenschaften‘ oder ‚fließender Übergänge‘“, wie sie dann vorhanden sind, „wenn eine für die Gruppierung wesentliche Eigenschaft einem einzelnen Individuum nicht entweder zukommt oder nicht zukommt, sondern an einem Individuum mehr oder minder ausgeprägt sein kann“ (a. a. O., S. 21). Kein geringerer als *Radbruch* hat in seiner Abhandlung in der Internationalen Zeitschrift für Rechtstheorie Bd. XII, 1938, S. 46ff., untersucht, wie weit solche Ordnungsbegriffe in der Jurisprudenz Verwendung finden. Später bin auch ich auf das Problem in meiner Abhandlung: „Die Idee der Konkretisierung in Recht und Rechtswissenschaft unserer Zeit“, (1953, S. 243f., 284ff.) eingegangen. Das Ergebnis dieser Untersuchungen war dies, daß Ordnungsbegriffe oder Typenbegriffe als Relationsbegriffe in dem besonderen Sinne, der *Hempel* und *Oppenheim* vorschwebt, nur gelegentlich vorkommen. So kann man die Rechtsbegriffe „Schuld“, „Fahrlässigkeit“, „verminderte Zurechnungsfähigkeit“ wenigstens *auch* als Ordnungsbegriffe auffassen, aber wohl die Mehrzahl der Rechtsbegriffe gehört zu den Klassenbegriffen. „Das heute noch herrschende Rechtsdenken steht . . . grundsätzlich auf der Seite der klassifizierenden Methode“ *(Radbruch)*.

Wenngleich wir nunmehr die Rechtsbegriffe als Relationsbegriffe und insbesondere als Ordnungsbegriffe auf sich beruhen lassen wollen und uns einer anderen Art von Relativität zuwenden wollen, darf doch festgehalten werden, daß ein gewisser logischer Zusammenhang besteht zwischen der Relativität der Ordnungsbegriffe und jener anderen Relativität, auf die wir nunmehr unser Augenmerk richten. In seiner bekannten Abhandlung über „Die Relativität der Begriffe und ihre Begrenzung durch den Zweck des Gesetzes“ in *Jherings* Jahrbüchern Bd. 61, 1912, S. 243ff. (auch als Sonderdruck erschienen, nach dem ich zitiere), stößt *Müller-Erzbach* auf die Relativität der Rechtsbegriffe von der Erwägung her, daß „die Lehre vom Recht eine Lebenswissenschaft ist“ (S. 3). Um des Lebens willen müsse „die Rechtsdogmatik ihren Begriffen genügend Spielraum lassen“. Eben dieser Gesichtspunkt notwendiger Angemessenheit der Begriffe an die „fließenden Übergange“ in den Lebenserscheinungen ist es aber, der auch *Hempel* und *Oppenheim* dazu angeregt hat, die Ordnungsbegriffe gegen die nur ein Entweder-Oder kennenden Klassenbegriffe auszuspielen. Auch *Müller-Erzbach* erklärt, die Rechtsdogmatik dürfe nicht „durch scharfe Grenzen festlegen, was Gegenstand eines Kaufs, eines Erbbaurechts, einer Grunddienstbarkeit usw. sein soll“. Am Beispiel des Eigentumsbegriffs zeigt er, daß die scharfen romanistischen Unterscheidungen zwischen Eigentum und iura in re aliena sowie zwischen Alleineigentum und Eigentum nach Bruchteilen dem Leben weniger gerecht werden als die deutschrechtlichen Eigentumsbegriffe, die „nur umfassende und weniger umfassende Spielarten desselben Herrschaftsrechts“ (S. 3) und „Zwischenbildungen“ wie das Gesamteigentum (S. 6) kennen. In diesem Zusammenhang fällt erstmals das Stichwort „Relativität“ (S. 8). Dies bedeutet hier offensichtlich Angemessenheit an die Übergangserscheinungen des Lebens. Empfohlen werden für Wissenschaft und Gesetz solche Begriffe, die wie die Ausdrücke Interesse, Gefahr, höhere Gewalt nur etwas Relatives aussagen, die also augenscheinlich „Steigerungsbegriffe" und damit Ordnungsbegriffe im Sinne von *Hempel* und *Oppenheim* sind.

Aber alsbald wechselt *Müller-Erzbach* zu einer anderen Bedeutung von „Relativität" über, die uns nunmehr beschäftigen soll. Er spricht nämlich von der „Bedingtheit und Elastizität" der in den Gesetzen vorkommenden Rechtsbegriffe mit der Maßgabe, daß dieselben Worte in den verschiedenen Gesetzen etwas Verschiedens meinen können. Der Begriff des Menschen ist „nach deutschem bürgerlichen Recht etwas enger als nach dem Strafgesetzbuch", denn er umgreift den Menschen erst nach der Vollendung der Geburt, während für das Strafrecht (§ 217 StGB) ein Mensch schon im Stadium der Geburt vorhanden ist (S. 9). Ebenso schwankt der Begriff „Geld". Er begreift in der ZPO alles, was dem Gläubiger unmittelbar zur Befriedigung dienen kann, während das BGB ihn bald „in dem engeren Sinn eines gesetzlichem Zahlungsmittels", bald in dem weiteren Sinn aller im Verkehr als Geld gewerteter vertretbarer Sachen versteht. Verschiedene Bedeutung haben dann weiter die Worte „Anfechtung" (im bürgerlichen Recht und im Vollstreckungsrecht), „Verfügung" (im bürgerlichen Recht und im Konkursrecht) usw. Diese Mehrdeutigkeit der Rechtsbegriffe ist es, an die man heute wohl in erster Linie denkt, wenn von „Relativität" die Rede ist. Es ist die Bezüglichkeit des Begriffs auf den besonderen Rechtssatz, in dem er vorkommt, auf dessen ratio und Zusammenhang mit anderen Rechtssätzen, welche die „Relativität" begründet (vgl. auch *Müller-Erzbach*, Wohin führt die Interessenjurisprudenz?, 1932, S. 71 ff.). In meiner „Einheit der Rechtsordnung" (1935, S. 43 f.) findet man weitere Literatur und Beispiele dazu angeführt. Hinzugekommen ist inzwischen noch eine Äußerung von *Riezler*, Archiv für Recht- und Sozialphilosophie Bd. 34, 1940/41, S. 162: Um die Rechtsbegriffe „den eigenartigen Zwecken des Rechts entsprechend zu gestalten", darf man nicht davor zurückscheuen, „innerhalb derselben Rechtsordnung auf verschiedenen Rechtsgebieten denselben Begriff in einer verschiedenen Bedeutung zu gebrauchen, wenn er auf dem einen Gebiet eine andere Funktion zu erfüllen hat als auf dem andern". Ich habe (a. a. O.) darauf hingewisen, daß auch innerhalb *desselben* Gesetzeswerks die Terminologie schwankt und daß Legaldefinitionen nicht vor Mehrdeutigkeiten schützen. Man hat diese „individualisierende Variation der Begriffe unter Anpassung an den besonderen Sinn der einzelnen Rechtsbestimmungen" als eine „Relativierung des Dogmas von der Einheitlichkeit und Widerspruchslosigkeit der Rechtsordnung" betrachtet (so *Grünhut*, *Frank*-Festgabe I, 1930, S. 19). Aber wenn man hier von Widersprüchen reden will, so sind es doch nur äußerliche „technische Widersprüche", die im Interesse einer sinnvollen Rechtsanwendung und zur Vermeidung sachlicher Widersprüche in Kauf genommen werden müssen; z. B. ist die Bestimmung des Besitzbegriffs in

§ 246 StGB mit ihrer Abweichung von der des bürgerlichen Rechts geboten zur Vermeidung sachlicher Widersprüche zwischen den Normen über Diebstahl und Unterschlagung. *H. J. Bruns* hat in seinem verdienstvollen Werk über die „Befreiung des Strafrechts vom zivilistischen Denken“ (1938, S. 3), auf das wir gleich noch zurückkommen werden, beanstandet, daß von „technischen Widersprüchen“ gesprochen werde, wo es sich um sachlich gewichtige Inhaltsverschiebungen der Begriffe handeln könne. Aber die „Technizität“ kommt nur dem Widerspruch als solchem zu, sie betrifft die Uneinheitlichkeit der Ausdrucksweise, genauer noch: die Mehrdeutigkeit gleicher Vokabeln in Beziehung auf den Begriffsinhalt und Begriffsumfang. Daß diese Widersprüche in sachlichen Verschiedenheiten begründet sind, die ihrerseits keine bloße technische Bedeutung haben, nehme auch ich an.

Die Regeln, nach denen sich die Bestimmung der Rechtsbegriffe, das heißt in unserem Zusammenhang: die der oben so genannten Rechtssatzbegriffe und Rechtsinhaltsbegriffe vollzieht, sind die hier nicht weiter zu behandelnden Regeln der juristischen Methodenlehre, die Regeln der „Hermeneutik“. In diesen Regeln ist die Relativität verwurzelt. Sie sind es aber auch, die uns lehren, auf Grund der Erkenntnis der Relativität begriffsjuristische Fehlschlüsse zu vermeiden. Weil sich der Inhalt der Rechtsbegriffe gemäß den Regeln der Methodik aus ihrer Beziehung auf den ganzen Rechtssatz, seinen Zweck, seine Funktion, seine Stellung im größeren Ganzen ergibt, weil, kurz gesagt, das Prinzip „teleologischer“ Rechtsfindung gilt, ist es falsch, aus der Gleichförmigkeit der Worte, Zeichen und Ausdrücke innerhalb der Gesetze Schlüsse auf einen gleichen Inhalt ziehen zu wollen (*Müller-Erzbach* a. a. O., S. 30ff.). Es ist auch falsch, aus der Übereinstimmung des gesetzlichen Sprachgebrauchs mit dem alltäglichen Sprachgebrauch sichere Schlüsse auf die Bedeutung der Rechtsbegriffe ableiten zu wollen. Die Relativität der Rechtssatzbegriffe und Rechtsinhaltsbegriffe äußert sich gerade auch darin, daß ein außerjuristischer Sprachgebrauch für die Bedeutung der Rechtsbegriffe zwar Anhaltspunkte liefert, aber nicht ausschlaggebend ist. Über die Grenzziehung zwischen Geisteskrankheit und Geistesschwäche nach bürgerlichem Recht entscheidet nicht der medizinische Sprachgebrauch, sondern der Zweck des Gesetzes (*Müller-Erzbach*, S. 32/33; vgl. auch *Heck*, Begriffsbildung und Interessenjurisprudenz, 1932, S. 60). Bekannt ist auch, daß der strafrechtliche Begriff des „Vorsatzes“ nicht übereinstimmt mit dem alltäglichen oder psychologischen Vorsatzbegriff. Allgemein ist jegliche Ableitung von Merkmalen aus einem vermeintlich vorgegebenen absoluten Begriffsinhalt zu verwerfen, wie auch die Wendung, etwas sei „begrifflich unmöglich“, „nichtssagende Begriffsjurisprudenz“ ist (*Müller-Erzbach* a. a. O. S. 28).

Nur ein Sonderfall der Relativität der Rechtsbegriffe ist die „Autonomie“ der strafrechtlichen Begriffsbildung gegenüber der zivilrechtlichen. Ihr ist das erwähnte Buch von *Bruns* gewidmet, dem weitere Abhandlungen von *Schaffstein* (Deutsche Rechtswissenschaft IV, S. 241 ff.) und *Bruns* selbst (Deutsche Rechtswissenschaft V, 1940, S. 300ff.) gefolgt sind. In diesen Arbeiten findet man weitere einschlägige Literatur verzeichnet. Das Ergebnis ist bei *Bruns* und *Schaffstein* dies, daß gerade die heute allgemein herrschende teleologische Methode der Auslegung und Handhabung der Gesetze zu der Auffassung zwingt, daß die strafrechtlichen Rechtsbegriffe weitgehend unabhängig sind von den entsprechenden zivilrechtlichen Begriffen. Auch die viel berufene aber höchst fragwürdige „Akzessorietät" des Strafrechts als eines „Schutzrechts" hindert nicht die Anerkennung der grundsätzlichen Eigenständigkeit strafrechtlicher Begriffsbildung. Gewiß gibt es Abhängigkeiten zwischen den Begriffen des Strafrechts und denen des Zivilrechts. Das Hauptbeispiel dafür liefert der Begriff der „Fremdheit" in den §§ 242, 246, 303 StGB, der auf die zivilrechtliche Eigentumsordnung Bezug nimmt (dazu *Bruns*, Befreiung, S. 290ff.). Aber bei Begriffen wie „Verursachung", „Fahrlässigkeit", „Einwilligung", „Verwandtschaft", „Besitz", „Vermögen", „Verfügung" läßt sich die Autonomie der strafrechtlichen Begriffsbildung gegenüber der zivilrechtlichen gut aufzeigen. Hier ist die deutsche höchstrichterliche Rechtsprechung bahnbrechend gewesen. *Schaffstein* faßt den Gedankengang zusammen in den Sätzen: „Ebenso wie der verschiedene Sinngehalt zu einer unterschiedlichen Auslegung desselben Wortes in zwei Bestimmungen desselben Gesetzes führen kann, muß die verschiedene Zweckbestimmung ganzer Rechtsgebiete, also etwa des Zivilrechts im Vergleich zum Strafrecht oder zum Steuerrecht, zu einer unterschiedlichen, durch die besondere Funktion des jeweiligen Gebiets bestimmten Auslegungsweise auch im Hinblick auf die scheinbar gleichlautenden Begriffe führen" (a. a. O., S. 244). Wie dieses Zitat zeigt, gilt das Prinzip der Autonomie der einzelnen Rechtsgebiete nicht nur für das Strafrecht im Verhältnis zum Zivilrecht, sondern auch für das Steuerrecht im Verhältnis zum Zivilrecht und überhaupt für das Verhältnis verschiedener Rechtsgebiete zueinander (*Bruns*, Befreiung, S. 4, 123ff.).

Unsere letzten Betrachtungen über die Relativität der Rechtsbegriffe waren orientiert an den Rechtssatz- und Rechtsinhaltsbegriffen. Man kann die Frage aufwerfen, ob diese Relativität eigentlich notwendig ist, ob nicht der Gesetzgeber durch Wechsel im Ausdruck die Mehrdeutigkeit gleicher Worte vermeiden könnte. Wäre der Gesetzgeber in der Lage, überall dort, wo sich der Inhalt eines Begriffs von einem Rechtsgebiet zum anderen oder gar von einem Rechtssatz zum anderen verschiebt, neue Vokabeln einzuführen, so könnte er in der Tat die Relativität der Rechtsbegriffe überwinden. Es ist jedoch leicht zu erkennen, daß und warum der Gesetzgeber sich nicht in dieser Lage befindet. Er muß sich der Alltagssprache bedienen, um nicht nur den Juristen, sondern auch der Allgemeinheit nach Vermögen verständlich zu sein. Er kann daher nicht eine künstliche Sprache gebrauchen, wie sie erforderlich wäre, um jeder Begriffsverschiebung im Ausdruck Rechnung zu tragen. Auch ein Ausdruckswechsel im Rahmen der natürlichen Sprache wäre nicht zu empfehlen. Er könnte leicht Verwirrung stiften, wie etwa bei Gebrauch des Wortes „Fahrlässigkeit" im bürgerlichen Recht und des Wortes „Leichtfertigkeit" im Strafrecht, um die sachliche Differenz der Begriffe zu kennzeichnen. Wir werden danach die Relativität der Rechtsbegriffe schwerlich aus dem Recht austreiben können.

Ganz anders steht es, wenn wir uns in die Sphäre der rechtswissenschaftlichen Begriffe begeben. Die Rechtswissenschaft kann es sich nicht leisten, unter Berufung auf eine unvermeidliche Relativität schwankende Begriffe zu bilden und Äquivokationen zu ertragen. Sie kann und muß verschiedene Begriffe terminologisch scharf voneinander trennen. Sie tut dies schon dann, wenn sie den Zusatz macht: „im Sinne des bürgerlichen Rechts", „im Sinne des Strafrechts", „im Sinne des § 267 StGB" usw. Die Relativität der Rechtssatzbegriffe ist überhaupt nur dann erträglich, wenn die Rechtswissenschaft sie bemerklich macht, die Mehrdeutigkeiten als solche kennzeichnet, vor jeder „quaternio terminorum" warnt und der Begriffsjurisprudenz, die sich die Relativität der Rechtsbegriffe sophistisch und dialektisch zunutze machen will, auf der Spur bleibt. Schon jeder Rechtsinhaltsbegriff, der als Korrelat eines Rechtssatzbegriffes mit einem anderen Rechtsinhaltsbegriff verwechselt werden kann, sofern der gleiche Terminus verwendet wird, muß in seiner spezifischen Bedeutung markiert werden. Mit Recht werden daher nicht geringe Bemühungen darauf verwendet, Begriffe wie „Sache", „Öffentlichkeit", darauf zu untersuchen, wie weit sie in den verschiedenen Rechtssätzen und Rechtsgebieten gleiche oder verschiedene Bedeutung besitzen.

Vollends im Bereich der schöpferisch gebildeten freien rechtswissenschaftlichen Begriffe muß darauf Bedacht genommen werden, daß keine Relativität aufkommt, daß also nicht Begriffsverwechselungen entstehen. Es ist ein Unfug, wenn ein mit einem bestimmten Gehalt eingebürgerter Begriff plötzlich in ganz anderem Sinne verwendet wird. Der wissenschaftliche Eifer kann und soll sich nur darauf richten, freie wissenschaftliche Begriffe wie etwa den der „adäquaten Kausalität", oder den der „überholenden Kausalität" oder den der „Geschäftsgrundlage" schärfer zu fassen und genauer zu definieren. Will jemand einen wirklich neuen juristischen Begriff einführen, so muß er sich auch überlegen, wie er ihn auf eine Weise benennen kann, daß Begriffsvertauschungen verhütet werden. Übrigens hängt auch die Durchschlagskraft neuer juristischer Begriffe davon ab, daß der Autor über die Gabe verfügt, für den schöpferisch geprägten Begriff eine angemessene Benennung zu finden. In dieser Beziehung dürfte *Staub* mit seiner „positiven Vertragsverletzung" glücklicher verfahren sein als der Urheber des Begriffs „faktisches Vertragsverhältnis". Wo immer sich dann innerhalb eines rechtswissenschaftlichen Begriffs noch wesentliche Differenzen ergeben, ist dem Juristen die Aufgabe gestellt, diese Differenzen durch entsprechende „Divisionen", d. h. durch Begriffsunterteilungen und die zugehörigen Definitionen bemerklich zu machen. Vor kleinlichen Differenzierungen bewahre den Juristen der wissenschaftliche Takt.

Vielleicht ist es bereits ein Verstoß gegen die eben mitgeteilten Regeln, wenn es bei *Windscheid-Kipp*, Lehrbuch des Pandektenrechts, 9. Aufl., 1906, § 69 Anm. 1 mit Bezug auf den Begriff des Rechtsgeschäfts heißt, daß „dieser Begriff ein rechtswissenschaftlicher Begriff ist, d. h. ein Begriff, den die Rechtswissenschaft zu ihren Zwecken aufstellt, und daß daher jeder, welcher an der rechtswissenschaftlichen Arbeit teilnimmt, befugt ist, diesen Begriff zu gestalten, wie er es für zweckmäßig hält". Genau genommen solle man nicht sagen: „Rechtsgeschäft ist das und das", sondern: „unter Rechtsgeschäft verstehe ich das und das" (zit. nach *Müller-Erzbach*, Relativität, S. 11). So mag und darf man mit einem durchaus originären Begriff verfahren, nicht aber mit einem Rechtsbegriff, der wie der des Rechtsgeschäfts durch eine längere wissenschaftliche Tradition eine einigermaßen feste Bedeutung erlangt hat. Zuzugeben ist nur, daß in der Tat für den Juristen insofern eine gewisse Freiheit und Relativität der Begriffsbildung gegeben ist, als er seine eigenständigen Begriffe mit Bezug auf besondere wissenschaftliche Zwecke bildet, die er sich selbst — wenn auch angeregt durch eine vorgegebene Problemsituation — gesetzt hat.

Bei einem Begriff wie dem des Rechtsgeschäfts kann man die Frage stellen, zu welcher Klasse von Rechtsbegriffen er überhaupt gehört. Unser BGB kennt ihn als Rechtssatzbegriff. Damit ist er auch Rechtsinhaltsbegriff. In der eben zitierten Äußerung von *Windscheid-Kipp* spielt er offenbar die Rolle eines freien rechtswissenschaftlichen Begriffs. Bedenkt man weiter, daß er für die rechtshistorische und rechtsvergleichende Forschung in einer abstrakteren Fassung unentbehrlich ist, so kann man ihn auch als universalen Rechtsbegriff fassen. *Burckhardt* hat ihn sogar als einen „allgemeingültigen" Begriff angesprochen, da der Jurist an jede Rechtsordnung mit der Frage herantreten müsse, „ob durch willkürliche Handlungen Verhaltungsnormen (unter ‚Privatpersonen') begründet werden können" (a. a. O., S. 72). Nur als Bestandteil der konkreten Antwort einer bestimmten positiven Rechtsordnung auf jene Grundfrage sei der Begriff des Rechtsgeschäfts „rein positivrechtlich".

Denken wir uns aber zunächst einmal den Begriff des Rechtsgeschäfts als universalen Begriff, so werden wir alsbald einer weiteren und doch nicht ganz unvertrauten Relativität inne. Der Begriff des Rechtsgeschäfts setzt, wie auch der universale Begriff des Kaufs, logisch voraus das

Vorhandensein einer Rechtsordnung, die überhaupt den Privatpersonen einen Spielraum der Rechtsgestaltung durch „willkürliche Handlungen" gönnt. Er setzt mit anderen Worten eine Rechtsordnung mit „Privatautonomie" voraus (dazu instruktiv: *Fritz v. Hippel*: Zur Gesetzmäßigkeit juristischer Systembildung, 1930, und öfters. Siehe jetzt „Zum Aufbau und Sinnwandel des Privatrechts", 1957). Logisch denkbar ist ein Rechtskreis, in dem es diesen Spielraum überhaupt nicht gibt (ein Modell dessen haben wir annäherungsweise in den Strafanstalten). Vielleicht darf man sagen, daß diese Relativität auf eine bestimmte Art von Rechtssystem es ist, wodurch sich die universalen Begriffe von den später zu behandelnden rechtlichen Kategorien unterscheiden. Wie sehr sich die universalen Rechtsbegriffe von den konkreten Rechtsordnungen emanzipieren mögen, so bleibt ihnen doch eine Relativität immanent, die sich aus dem besonderen Charakter des Rechtssystems ergibt. Wir können nun auch sagen: Der Rechtshistoriker und der verschiedene Rechte Vergleichende können einerseits einen universalen Rechtsbegriff gebrauchen, um festzustellen, daß er in bestimmt gearteten Rechtsordnungen, die einem entsprechenden Rechtssystem zugehören, Heimatrecht besitzt, in anderen, gleichsam systemfremden Rechtsordnungen dagegen nicht. Sie können ihn andererseits dazu verwenden, um überall dort, wo er heimisch ist, also innerhalb des Kreises der demselben Rechtssystem zugehörigen Ordnungen, die Übereinstimmungen und Verschiedenheiten in der konkreten Ausgestaltung herauszuarbeiten. So ergibt sich eine doppelte Relativität, eine Relativität nach außen und eine nach innen. Nach außen wirkt sie als Grenze, nach innen bedeutet sie Offenheit für Differenzierungen. Dies gilt natürlich nicht nur für die eben erwähnte universalen Begriffe des Privatrechts, sondern auch für die universalen Begriffe des öffentlichen Rechts, insonderheit des Strafrechts, des Staatsrechts und des Verwaltungsrechts.

Wenn wir jetzt zu den kategorialen Grundbegriffen der Rechtswissenschaft übergehen, so erfüllt uns die Hoffnung, allem Relativen zu entrinnen. Die Relativität, die selbst die universalen Rechtsbegriffe nicht von sich abstreifen können, weicht sie nicht etwas Absolutem, wenn es sich um solche Begriffe wie „Rechtsnorm", „Normadressat", „Rechtmäßigkeit", „Rechtswidrigkeit" usw. handelt? Wie immer man den absoluten Charakter dieser Begriffe kennzeichnen mag, ob man diesen ein Apriori schlechthin oder ein bloß „relatives" Apriori (*Somlo*) zugestehen oder ob man von „Allgemeingültigkeit" ihrer Anwendung oder auch nur von Unumgänglichkeit der Fragestellung vermittels ihrer sprechen mag, gewiß scheint doch dies zu sein, daß die Bedeutung der Grundbegriffe die gleiche ist, wie immer die konkreten Rechtsordnungen und Rechtskreise voneinander abweichen mögen. Streiten kann man natürlich darüber, welche Begriffe zu den Grundbegriffen zu rechnen sind, ob z. B. auch der Begriff des Rechtsgeschäfts, wie dies *Burckhardt*

a. a. O., S. 56ff., 72 annimmt, während wir es nicht getan haben, ferner wie der Inhalt jener Begriffe zu definieren ist, ob z. B. die Bestimmung des Begriffs „Rechtsnorm“ mit den Merkmalen „Imperativ“ und „Erzwingbarkeit“ auszustatten ist oder nicht. Dergleichen Kontroversen können nichts ändern an dem Prinzip, daß die rechtlichen Grundbegriffe eine absolute Bedeutung besitzen.

Indessen regen sich doch Zweifel, wenn wir bedenken, daß sich hinter einem scheinbar so eindeutigen Begriff wie dem der Rechtswidrigkeit als dem des „Widerspruchs zu den Normen des Rechts“ wesentliche Verschiedenheiten verbergen können, denen dann Verschiedenheiten anderer Grundbegriffe notwendig entsprechen. Gibt es überhaupt einen einheitlichen eindeutigen Begriff der Rechtswidrigkeit oder ist nicht auch dieser Begriff in dem Sinn „relativ“, daß er auf ein bestimmtes Rechtsgebiet (Privatrecht, Strafrecht, Verwaltungsrecht) bezogen ist dergestalt, daß wir von vornherein ziviles Unrecht, strafbares Unrecht, Verwaltungsunrecht usw. zu unterscheiden hätten? (Vgl. zu Ansichten dieser Art meine „Idee der Konkretisierung in Recht und Rechtswissenschaft unserer Zeit“, 1953, S. 150.) Müßten wir dann aber nicht auch zivilrechtliche, strafrechtliche, verwaltungsrechtliche Rechtsnormen unterscheiden? Denn man kann ja schwerlich einen Grundbegriff relativieren, ohne die anderen mit zu relativieren. Das Problem der Einheitlichkeit des Begriffs der Rechtswidrigkeit ist alt und viel diskutiert. Eine tüchtige Gießener Dissertation von *W. Seib* mit dem Titel „Die Bedeutung der rechtlichen Bewertung eines Verhaltens durch ein Rechtsgebiet für seine rechtliche Beurteilung im allgemeinen“ (1933) gewährt tiefere Einblicke in die Frage, die hier nicht näher behandelt werden kann, da sie weitläufige Erörterungen erfordern würde. Nur meinen eigenen Standpunkt, wie ich ihn schon in meiner „Einheit der Rechtsordnung“, 1935, dargelegt habe, will ich mitteilen: Wir bedürfen absoluter, wenn auch vielleicht nur „formaler“ Grundbegriffe. Und auch wenn er nicht rein formal sein sollte, benötigen wir einen *einheitlichen* Begriff der Rechtswidrigkeit. Es würde unerträgliche Widersprüche ergeben, wenn wir ein Verhalten unter dem Blickwinkel des einen Rechtsgebiets als rechtmäßig und unter dem eines anderen Rechtsgebiets als rechtswidrig zu beurteilen hätten. Die heute in Deutschland herrschende Ansicht geht mit Recht dahin, daß ein Verhalten, das verboten ist, schlechthin verboten ist und daß ein Verhalten, das für gerechtfertigt zu erachten ist, schlechthin gerechtfertigt ist. Ob ein Verhalten verboten ist oder nicht, ob ein Rechtfertigungsgrund Platz greift oder nicht, das ist von Fall zu Fall an Hand der gesamten Rechtsordnung unter Abwägung aller einschlägigen Interessen und unter Berücksichtigung aller in den verschiedenen Rechtsgebieten zutage tretenden Wertungen einheitlich zu entscheiden. Unbenommen bleibt es dem einzelnen Rechtsteil nur, spezifische Rechtsfolgen bzw. Unrechtsfolgen für sich allein vorzusehen. Nur insoweit besteht eine gewisse

Relativität. So kann die Züchtigung eines Kindes durch einen Lehrer wegen Verstoßes gegen die Anordnungen der vorgesetzten Behörde disziplinwidrig sein und mit Disziplinarmitteln geahndet werden, sie braucht aber keine strafbare Körperverletzung i. S. des § 223 StGB zu sein. Ihre Rechtswidrigkeit liegt in ihrer Disziplinwidrigkeit. Nicht darf man sagen: Weil sie nicht strafbar ist, ist sie erlaubt (siehe dazu BGHSt Bd. 6, S. 263ff.; über prozessual zulässiges aber standeswidriges Verhalten siehe jetzt auch BGHSt Bd. 7, S. 162ff.). Wenn dagegen die §§ 228, 229 BGB gewisse Notstands- und Selbsthilfehandlungen ausdrücklich für nicht widerrechtlich erklären, so besagt dies, daß sie schlechthin erlaubt sind, sie können dann nicht im Sinne des Strafrechts verboten und strafbar sein.

Es bleibt noch ein Wort zu sagen über die rechtsphilosophischen, rechtssoziologischen, rechtsideologischen, rechtspolitischen Begriffe, deren sich der Jurist bedient. Wir wollen sie zusammenfassen unter dem Terminus „metajuristische Begriffe". Bei diesen Begriffen gilt es, einer weiteren Art von Relativität inne zu werden und eingedenk zu bleiben. Es treten hier nicht selten Begriffe auf, die mit besonderer Entschiedenheit absolute Geltung beanspruchen und doch nur relative Bedeutung nachweisen können, und zwar in dem doppelten Sinn, daß der Begriffsgehalt mehrdeutig ist und der Geltungsanspruch begrenzt ist. Begriffe wie „Freiheit", „soziale Gerechtigkeit", „Demokratie" besagen innerhalb verschiedener politischer Systeme, Ideologien und Weltanschauungen sehr Unterschiedliches. Der Anspruch jedes Systems, im Besitz des wahren und rechten Begriffs der Freiheit oder der Gerechtigkeit usw. zu sein, erweist sich dem nüchternen Blick als nur relativ gültig. Ob dieser Relativismus überwindbar ist, ist ein zentrales philosophisches Problem, auf das wir nur hinweisen, das wir aber hier nicht behandeln können. Wir müssen jedoch beachten, daß die Handhabung dieser mehrdeutigen und möglicherweise nur relativ gültigen metajuristischen Begriffe die Anwendung der eigentlichen Rechtsbegriffe in Mitleidenschaft zieht. Denn die teleologische Rechtsfindung gebietet immer wieder ein Zurückgreifen auf die die gesamte Rechtsordnung tragende „Grundnorm" *(Kelsen)* und auf die alle Rechtsnormen in ihrem Gehalt durchdringende „Rechtsidee". Damit wird die hier zur Diskussion gestellte Relativität der metajuristischen Begriffe von schicksalhafter Bedeutung für jede konkrete Rechtsordnung und unter Umständen für jeden einzelnen Rechtssatz. Gelingt es nicht, den Relativismus im Bereich der Rechtspolitik, der Rechtsideologie und der Rechtsphilosophie zu bannen, so wird es auch bei der hierdurch bedingten Relativität der Rechtsbegriffe in den konkreten Rechtskreisen und Rechtsordnungen bleiben.

Zweiter Teil

BÜRGERLICHES RECHT

LANDWIRTSCHAFTSRECHT

BÜRGERLICHES RECHT

DIE KONTROLLE DER GERICHTS- UND VERWALTUNGS-BEHÖRDEN IN DER ABWICKLUNG DER NACHLÄSSE

Von Dr. KARL FIRSCHING

Amtsgerichtsrat in München

Literatur: Denkschrift zu dem Entwurfe des BGB (1896). Motive zu dem Entwurfe eines BGB Bd. V (1888). Protokolle der Kommission für die 2. Lesung des Entwurfes des BGB Bd. V (1899), VI (1899).

Palandt, BGB Erbrecht, 16. A. 1957, bearbeitet von *Rechenmacher* — *Planck*, BGB Bd. V, 4. A. 1930, bearbeitet von *Flad*, *Ebbecke*, *Strecker*, *Greiff* — Reichsgerichtsrätekommentar zum BGB Bd. V, 10. A. 1956, bearbeitet von *Johannsen-Kregel* — *Soergel*, BGB Erbrecht, 8. A. 1953, bearbeitet von *Ehard-Eder* — *Staudinger*, Kommentar zum BGB Bd V, 1. Teil, 11. A. 1956, bearbeitet von *Boehmer*, *Lehmann*, *Seybold*.

Keidel, Freiwillige Gerichtsbarkeit, 6. A. 1954 — *Schlegelberger*, Gesetz über die Angelegenheiten der freiwilligen Gerichtsbarkeit, Bd. I, 7. A. 1956.

Weissler, Das Deutsche Nachlaßverfahren, 2. A. 1920 — *Pape-Nadler-Fechner*, Nachlaßwesen, 2. A. 1928 — *Brand-Kleeff*, Die Nachlaßsachen in der gerichtlichen Praxis, 1934 — *Boschan*, Der Nachlaßrichter und seine Abteilung, 2. A. 1941 — *Haberstumpf-Barthelmess-Schäler-Firsching*, Nachlaßwesen in Bayern, 4. A. 1952 — *Firsching*, Nachlaßrecht, Handbuch der amtsgerichtlichen Praxis, Bd. VI 1953.

Boehmer, Erbfolge und Erbenhaftung, 1927 — *Siber*, Haftung für Nachlaßschulden nach geltendem und künftigem Recht, 1937 — *Bartolomeyczik*, Erbrecht, Kurzlehrbuch, 1954 — *Kipp*, Das Erbrecht, 10. A. bearbeitet von *Coing*, 1955 — *Wüst*, Die Gemeinschaftsteilung als methodisches Problem, Freiburger Rechts- und Staatswissenschaftliche Abhandlungen, Bd. 6, 1956.

Lange, Die Regelung der Erbenhaftung, 3. Denkschrift des Erbrechtsausschusses der Akademie für Deutsches Recht, Tübingen 1939 (Breslauer Entwurf) — *Lange*, Erwerb, Sicherung und Abwicklung der Erbschaft, 4. Denkschrift des Erbrechtsausschusses der Ak. f. DR, Tübingen 1940.

I.

Das deutsche Recht[1], so wie es durch das Bürgerliche Gesetzbuch v. 18. 8. 1896 und das Gesetz über die Angelegenheiten der freiwilligen Gerichtsbarkeit v. 17. 5. 1898 (FGG) gestaltet ist, kennt grundsätzlich keine amtliche Nachlaßabhandlung, es überläßt die Nachlaßabwicklung

---

[1] Zum ausländischen Recht siehe: von *Caemmerer*, Zur Nachlaßabwicklung in ausländischen Rechten, DFG 1936, 119.

im Regelfall den Beteiligten. Die Denkschrift zum Entwurf eines Bürgerlichen Gesetzbuchs (D)[2] sagt: „In wesentlicher Übereinstimmung mit dem Gemeinen Rechte, dem Preußischen und dem Sächsischen Rechte geht der Entwurf von dem Grundsatz aus, daß die Verlassenschaftsbehandlung Sache der Beteiligten ist und ein amtliches Einschreiten des Nachlaßgerichts nur in besonderen Fällen stattfindet.“ BGB und FGG sehen dieses amtliche Einschreiten in folgenden Ausnahmefällen vor:

bei a) Nachlaßpflegschaft, §§ 1960, 1961 BGB;

b) Testamentseröffnung, §§ 2260, 2261 BGB; Erteilung eines Erbscheins bzw. Testamentsvollstreckerzeugnisses, §§ 2353ff. BGB;

c) Nachlaßverwaltung, §§ 1975ff. BGB;

d) Nachlaßkonkurs, §§ 1975ff. BGB, §§ 214ff. KO; Nachlaßvergleichsverfahren, § 113 VerglO;

e) Vermittlung der Nachlaßauseinandersetzung, falls mehrere Erben vorhanden sind, §§ 86ff. FGG.

Eine *selbständige* Gestaltung der Erbauseinandersetzung gegen den Willen der Beteiligten steht dem Nachlaßgericht überhaupt nie zu. Der Richter ist hier, wie *Müller-Freienfels*[3] richtig bemerkt, auf eine etwaige Streitentscheidung im ordentlichen Zivilprozeß beschränkt.

II.

Dieser unter I geschilderte Rechtszustand, der im schroffen Gegensatz insbesondere zu den Rechten des anglo-amerikanischen Rechtskreises steht, findet seine Erklärung wohl in zweierlei Tatsachen: Dem Gesetzgeber erschien es, wie aus der oben erwähnten Denkschrift zum Entwurf eines BGB hervorgeht[4], nicht ratsam, entgegen der historischen Entwicklung in den überwiegenden Teilen des Reichsgebietes eine zu starke Einschaltung der Behörden in der Nachlaßabhandlung zuzulassen. Man verkannte zwar nicht die Vorteile[5], wie sie die amtliche Behandlung sämtlicher Verlassenschaften nach der Mehrzahl der in Bayern geltenden Rechte sowie nach dem Württembergischen Rechte[6] bot. Zur Ablehnung dieser Art der Nachlaßabwicklung führte jedoch die Befürchtung, daß eine solche Einmischung des Nachlaßgerichts in den Gebieten, wo sie damals unbekannt war, insbesondere bei Zahlungsfähigkeit des Nachlasses, von den Beteiligten als ungerechtfertigte Bevormundung und Be-

[2] S. 262.

[3] JZ 1957, 690.

[4] Dazu D S. 262.

[5] Verhinderung der Beiseiteschaffung von Nachlaßgegenständen; Berichtigung der Nachlaßverbindlichkeiten in einer den Kräften des Nachlasses entsprechenden Weise; Sicherung der Durchführung der testamentarischen Anordnungen des Erblassers.

[6] Siehe auch §§ 101, 102 der Badischen Geschäftsordnung für die Notare vom 19. 7. 1879.

lästigung empfunden und zudem für die Gerichte eine unnötige Vermehrung der Geschäfte mit sich bringen werde.

Ein zweiter Grund, der übrigens auch die historische Entwicklung beeinflußt haben dürfte, mag unausgesprochen die Ansicht des Gesetzgebers bestärkt haben: Römischen Rechte folgend, sieht § 1922 BGB ohne Scheidung zwischen beweglichem und unbeweglichem Vermögen eine umfassende Gesamtrechtsnachfolge des oder der Erben in den Nachlaß des Verstorbenen vor. Dieser Rechtsvorgang vollzieht sich unmittelbar mit dem Tode kraft Gesetzes (deutsch-rechtliches „Anfallprinzip“), nicht erst mit der Annahme der Erbschaft durch den Erben. Dieser hat allerdings das Recht, die Erbschaft mit rückwirkender Kraft auszuschlagen. Ist dem aber so, dann kann es weitgehend den Erben überlassen werden, ihre Rechte selbst zu wahren, insbesondere sich ohne Zutun des Gerichts auch auseinanderzusetzen. Ohne Einweisung unter Übertragung von Erbschaftsgegenständen kommen diese ja in Eigentum und Besitz[7] derselben. Für die Nachlaßschulden haften die Erben grundsätzlich zunächst unbeschränkt[8], und zwar als Gesamtschuldner[9]. Die Rechte der Nachlaßgläubiger sind damit hinreichend gewahrt.

III.

Sachlich zuständig für die zu unter I a—c, e genannten Tätigkeiten ist in der Bundesrepublik Deutschland das *Nachlaßgericht*[10]. Nachlaßgericht ist das Amtsgericht[11]. Gemäß Art. 147 EGBGB können landesgesetzliche Vorschriften andere als gerichtliche Behörden für die dem Nachlaßgerichte obliegenden Verrichtungen für zuständig erklären. Von diesem Vorbehalt haben Württemberg (Bezirksnotar, Art. 73ff. AGBGB) und Baden (Notar, § 33 LFGG) Gebrauch gemacht. Einzelne Verrichtungen des Nachlaßgerichts sind jedoch auch in anderen Ländern nichtgerichtlichen Behörden übertragen worden[12]. Im übrigen haben die Länder auf Grund des § 200 FGG Ergänzungs- und Ausführungsvorschriften erlassen, die fast überall die Pflicht der Ortspolizei und Gemeindebehörden sowie der Standesbeamten zur Anzeige von Todesfällen und Hilfe bei der Nachlaßsicherung vorsehen[13].

Sonderheiten bestehen auf *höferechtlichem* Gebiete. Gehört zur Nachlaßmasse ein land- oder forstwirtschaftliches Grundstück, so können in einigen Ländern dem Landwirtschafts- oder Bauerngericht gewisse nachlaßgerichtliche Funktionen (so z. B. die Nachlaßauseinandersetzung nach §§ 86ff. FGG) übertragen sein. Bemerkenswert ist die in der früheren

---

[7] § 857 BGB.
[8] § 1967 BGB.
[9] § 2058ff. BGB.
[10] §§ 1960; 1961, 2353; 2368; 1981 BGB. § 86 FGG.
[11] § 72 FGG (örtliche Zuständigkeit: § 73 FGG).
[12] Siehe *Firsching*, Nachlaßrecht 1953 S. 1.
[13] Einzelheiten gibt *Schlegelberger* FGG[7] Bem 3 vor § 72.

britischen Zone dem LWG zugebilligte Möglichkeit, eine einer Erbengemeinschaft gehörende Besitzung ungeteilt einem Miterben auf seinen Antrag zuzuweisen[14].

Sachlich zuständig für Nachlaßkonkurs und Nachlaßvergleichsverfahren ist das Amtsgericht (§ 214 KO, § 2 VerglO). Auf das Verfahren finden neben den Vorschriften der KO bzw. VerglO die Vorschriften der ZPO Anwendung (§ 72 KO, § 115 VerglO).

In der Deutschen Demokratischen Republik sind die Staatlichen Notariate zuständig für alle Angelegenheiten, deren Besorgung vorher dem Nachlaßgericht übertragen war (Nachlaß- und Nachlaßteilungssachen einschließlich Testamentseröffnung[15].

IV.

Die Kontrolle im einzelnen:

a) *Nachlaßpflegschaft.* Wird dem Nachlaßgericht der Tod einer Person durch die Anzeige des Standesbeamten oder sonst in zuverlässiger Weise bekannt, so hat das Gericht zu prüfen, ob zu einer amtlichen Fürsorge nach Maßgabe der §§ 1960—1962 BGB Anlaß besteht. Nach § 1960 hat das Nachlaßgericht bis zur Annahme der Erbschaft durch die Erben für die Sicherung des Nachlasses zu sorgen, soweit ein Bedürfnis besteht. Das gleiche gilt, wenn der Erbe unbekannt oder wenn ungewiß ist, ob er die Erbschaft angenommen hat. Das Nachlaßgericht[16] ist in der Auswahl der Sicherungsmittel frei. Das für die Praxis bedeutsamste Sicherungsmittel stellt die Nachlaßpflegschaft (sog. Sicherungspflegschaft) nach § 1960 BGB dar. Den noch unbekannten endgültigen Erben wird ein Vertreter bestellt. Seine Aufgabe ist, den Nachlaß zu sichern, zu erhalten und zu verwalten. Das Nachlaßgericht ist in der Auswahl der Person des Pflegers frei, eine bevorzugte gesetzliche Berufung zum Pflegeramte wie etwa bei der Vormundschaft gibt es nicht. Die Tätigkeit des Pflegers steht unter der Aufsicht des Nachlaßgerichts[17], gegen Pflichtwidrigkeiten hat dasselbe durch geeignete Gebote und Verbote einzuschreiten[18]. Der Pfleger hat über seine Verwaltung grundsätzlich jährlich Rechnung zu legen[19], bei Aufhebung der Pflegschaft Schlußrechnung zu erstatten[20]. In reinen Zweckmäßigkeitsfragen darf das Gericht keine Anweisungen geben, sie binden den Pfleger, der selbständig zu entscheiden hat, nicht, sie ent-

[14] Art. VI Nr. 17 brit. MRVO Nr. 84 vom 24. 4. 1947. Dazu siehe später unter V.

[15] § 2 VO vom 15. 10. 1952, GBl d. DDR 1055 i. V.m. § 3 der VO vom 15. 10. 1952 GBl. 1057.

[16] Nach § 74 FGG ist erweiternd jedes Amtsgericht, in dessen Bezirk das Bedürfnis der Fürsorge hervortritt, zur Anordnung solcher Sicherungsmaßnahmen zuständig.

[17] §§ 1962, 1915ff. BGB, § 75 FGG.

[18] § 1837.

[19] § 1840 BGB.

[20] § 1890.

lasten ihn auch nicht gegenüber den Erben. Für gewisse schwerwiegendere Rechtsgeschäfte, wie z. B. Grundstücksveräußerungen und -belastungen bedarf der Pfleger einer nachlaßgerichtlichen Genehmigung.

Ihrer Natur nach dient die Nachlaßpflegschaft in erster Linie der Erhaltung und Verwaltung des Nachlasses, solange die Erben unbekannt sind und noch nicht angenommen haben. Das Gericht hat gemäß § 1960 BGB die Pflegschaft so lange aufrechtzuerhalten, als ein Bedürfnis besteht. Dieses Bedürfnis besteht so lange, bis die Erben ermittelt sind und angenommen haben. Obwohl das BGB eine amtliche Erbenermittlung dem Grundsatz nach nicht kennt, erwächst dem Nachlaßgericht hier die Pflicht, von Amts wegen die Erben zu ermitteln. Das Gericht kann sich dabei (wie dies die Regel bildet) der Hilfe des Nachlaßpflegers bedienen. Im Normalfall nimmt die Erbenermittlung einen mehr oder minder erheblichen Zeitraum in Anspruch. Während dieses Zeitraums ist die Vertretungsvollmacht des Pflegers im Rahmen des durch die Verpflichtungsverhandlung festgelegten Wirkungskreises nach außen unumschränkt. Für gewisse Rechtsgeschäfte ist jedoch, wie schon erwähnt, eine Genehmigung des Nachlaßgerichtes erforderlich. Im Innenverhältnis zum Erben und Nachlaßgericht ist der Pfleger nur zu Rechtsgeschäften befugt, die die ordnungsgemäße Sicherung, Erhaltung und Verwaltung des Nachlasses im Auge haben. Der Gesichtspunkt des Erhaltung des Nachlasses kann die Veräußerung von Nachlaßwerten zweckmäßig erscheinen lassen. So ist z. B. der Pfleger zum Verkauf der Nachlaßgegenstände befugt, falls diese nur geringen Wert haben, länger dauernde Erbenermittlungen zu erwarten sind und unverhältnismäßig hohe Aufbewahrungskosten anzufallen drohen. Drohen Wertminderungen, so kann daraus ebenfalls ein Veräußerungsrecht des Pflegers erwachsen.

Die Befriedigung der Ansprüche der Nachlaßgläubiger ist nicht eigentliche Aufgabe des Nachlaßpflegers. Dennoch kann die Erhaltung des Nachlasses ihre Befriedigung fordern. Um unnötigen Schaden und Kosten zu verhindern, kann daher der Nachlaßpfleger berechtigt sein, dringende Nachlaßverbindlichkeiten zu erfüllen. Dies kann bis zu einer restlosen Versilberung und Liquidation des Nachlasses führen[21].

Der Nachlaßpfleger ist aktiv und passiv zur Führung der den Nachlaß betreffenden Rechtsstreitigkeiten legitimiert. Die Nachlaßgläubiger können also ihre Ansprüche auch im Klageweg gegen ihn bzw. den Nachlaß geltend machen[22]. Dem Pfleger steht die Möglichkeit der drei Monatseinrede nach §§ 2014, 2017 BGB sowie die Einrede des Aufgebotsverfahrens nach §§ 2015, 2017 zur Seite. Ist der Nachlaß überschuldet, so

---

[21] Siehe z. B. RGRK[10] § 1960 Bem. 4.

[22] Beachte hier auch § 1961 BGB, der die Bestellung eines sog. Klagepflegers ermöglicht, falls ein Nachlaßgläubiger seinen Anspruch gerichtlich geltend machen will, die Erben jedoch noch nicht feststehen und auch keine Nachlaßpflegschaft nach § 1960 besteht.

hat der Pfleger Nachlaßkonkurs, in geeigneten Fällen die Eröffnung des Vergleichsverfahrens zur Abwendung des Nachlaßkonkurses gemäß §§ 2, 113 Abs. 1 VerglO zu beantragen. Jedoch wird der Pfleger immer erwägen, ob keine außergerichtliche Einigung der Gläubiger möglich ist, um eine Verschleuderung von Nachlaßwerten, wie sie insbesondere im Konkurs droht, zu verhindern. — Dem Nachlaßpfleger obliegt grundsätzlich nicht die Ausführung der Verfügungen von Todes wegen. Bei lange sich hinziehenden Pflegschaften hält ihn die Praxis jedoch für berechtigt, bei klarer Rechts- und Sachlage Vermächtnisse und Auflagen zu erfüllen.

Zur Auseinandersetzung des Nachlasses ist der Nachlaßpfleger im allgemeinen nicht befugt. Die Erfordernisse des Rechtsverkehrs haben jedoch auch diesen Grundsatz durchlöchert. Bei vielen Nachlässen kommen als Erben Kriegsvermißte in Frage, für die keine Lebensvermutung[23] mehr besteht. Eine Todeserklärung wird von den Beteiligten aus Pietätsgründen nicht beantragt. Ein gemeinschaftlicher Erbschein kann nicht erteilt werden. Hier erheben die Gerichte in dringenden Fällen keine Einwendungen, wenn ein Teilnachlaßpfleger, der für die teilweise noch unbekannten Erben bestellt ist, im Zusammenwirken mit den übrigen Erben den Nachlaß liquidiert, verteilt und die auf die noch nicht festgestellten Erben treffenden Werte sicherstellt. Die Abwicklung des Nachlasses findet dabei unter der Kontrolle des Nachlaßgerichtes statt. Zur Zeit spielt diese Art der Abwicklung insbesondere in Entschädigungssachen eine bedeutsame Rolle.

Betrachtet man unter diesen Gesichtspunkten das Institut der Nachlaßpflegschaft, so ergibt sich: die Nachlaßpflegschaft führt, ohne das dies vom Gesetzgeber bewußt vorgesehen worden ist, im praktischen Rechtsverkehr vielfach, insbesondere bei kleineren Hinterlassenschaften, zu einer tatsächlichen Nachlaßabwicklung. Statistische Angaben über die Zahl der Fälle lassen sich nicht geben, doch dürfte sie immerhin beachtlich sein.

b) Hat der Erblasser eine Verfügung von Todes wegen hinterlassen, so ist diese nach dem Erbfall an das Nachlaßgericht abzuliefern, das sie von Amts wegen *eröffnet*; auf Antrag eines Erben erteilt das Nachlaßgericht sowohl bei gesetzlicher wie testamentarischer Erbfolge ein amtliches Zeugnis über das Erbrecht *(Erbschein)*. Hat der Erblasser in einer Verfügung von Todes wegen einen Testamentsvollstrecker ernannt, so erteilt das Nachlaßgericht diesem auf Antrag ein Zeugnis über seine Ernennung *(Testamentsvollstreckerzeugnis)*. Auf diese Maßnahmen beschränkt sich im allgemeinen die amtliche Tätigkeit des Nachlaßgerichts, falls nicht eine Verrichtung nach a, c—e in Frage kommt oder eine Erbausschlagung[24] entgegenzunehmen ist. Eine Pflicht zur Ermittlung der Erben besteht nach dem BGB nur im begrenzten Umfang. Ab-

---

[23] Siehe dazu § 10 VerschG vom 4. 7. 1939, RGBl I 1186.

[24] § 1945 BGB.

gesehen von der Pflicht, die Erben zu ermitteln, um angeordnete Sicherungsmaßregeln aufheben zu können, findet eine Erbenermittlung nur zu bestimmten Einzelzwecken statt, z. B. um eine Ladung zur Testamentseröffnung bzw. Mitteilung des Testamentsinhalts, die Mitteilung einer Ausschlagung, die Ausstellung eines Erbscheins oder die beantragte Vermittlung der Auseinandersetzung zu ermöglichen. Eine Vermittlung der Auseinandersetzung findet, wie unter e) dargelegt wird, nach dem FGG (Bundesrecht) nur auf Antrag statt. In Bayern[25], Württemberg[26] und Hessen[27] dagegen ist durch Landesrecht die amtliche Vermittlung der Auseinandersetzung vorgeschrieben. Um diese durchführen zu können, hat das Nachlaßgericht in diesen Ländern grundsätzlich bei jedem Erbfall die Erben von Amts wegen zu ermitteln.

Testamentseröffnung, Erteilung eines Erbscheins oder Testamentsvollstreckerzeugnisses stellen somit im Regelfall die Maßnahmen dar, die das Nachlaßgericht vornimmt, um den Beteiligten eine Abwicklung der Nachlässe zu ermöglichen. Die Testamentseröffnung ist Voraussetzung zur Erteilung eines Erbscheins oder Testamentsvollstreckerzeugnisses. Beide Zeugnisse, die keine materielle Rechtskraft haben, genießen in gewissem Umfang öffentlichen Glauben[28] und begründen die Vermutung der Richtigkeit des Inhalts[29]. Der Gesetzgeber erachtete nur insoweit, als die Voraussetzungen der Nachlaßabwicklung in Frage stehen, eine Kontrolle des Nachlaßgerichts für erforderlich, er hielt diese amtliche Tätigkeit andererseits für genügend. Die eigentliche Nachlaßabwicklung selbst ist Sache der Beteiligten.

c) Eine Unterart[30] der zu a) behandelten Nachlaßpflegschaft stellt die *Nachlaßverwaltung* (§§ 1975ff., 2013, 2062 BGB) dar. Hat erstere die Sicherung und Erhaltung des Nachlasses sowie die Ermittlung der Erben, nicht aber die Befriedigung der Nachlaßgläubiger im Auge, so ist Ziel der Nachlaßverwaltung lediglich die Befriedigung der Nachlaßgläubiger. Zur Folge hat sie zugleich die Beschränkung der Erbenhaftung auf den Nachlaß[31]. Die Nachlaßverwaltung dient durch die mit ihr herbeigeführten Absonderung des Nachlasses vom sonstigen Vermögen der Erben (separatio bonorum) den Interessen der Nachlaßgläubiger, durch die mit ihr erreichbaren Beschränkung der Erbenhaftung andererseits den Interessen der Erben.

---

[25] Bay. NachlG vom 9. 8. 1902 Art. 4—6, §§ 42—48 NachlO.

[26] Württ. AGBGB Art. 84—89.

[27] Hess. AGFGG Art. 48.

[28] §§ 2366, 2368 Abs. 3 BGB.

[29] §§ 2365, 2368 Abs. 3 BGB.

[30] Zum Unterschied zwischen Nachlaßpflegschaft und Nachlaßverwaltung siehe KG JFG 21, 213.

[31] § 1975 BGB.

Die Nachlaßverwaltung wird vom Nachlaßgericht *nur auf Antrag*[32] und nur dann angeordnet, wenn eine den Kosten entsprechende Masse[33] (gleich steht Leistung eines die Verfahrenskosten deckenden Vorschusses durch den Antragsteller[34]) vorhanden ist.

Antragsberechtigt sind: 1. Der *Alleinerbe*, sofern er nicht allen Nachlaßgläubigern unbeschränkbar haftet[35]. Miterben können den Antrag nur gemeinschaftlich stellen und nur bis zur Teilung des Nachlasses[36]. Das Antragsrecht geht verloren, wenn ein Miterbe allgemein unbeschränkt haftet[37].

Neben den Erben sind antragsberechtigt der Nacherbe, der Erbschaftskäufer, der verwaltende Testamentsvollstrecker, nicht der Nachlaßpfleger.

Der Antrag ist zeitlich unbefristet und auch dann zulässig, wenn der Erbe den Nachlaß mit seinem Vermögen schon vermischt oder ihn versilbert hat. Überschuldung des Nachlasses ist kein Hindernis. Der Nachlaßverwalter hat im letzteren Falle unverzüglich Konkurs anzumelden, falls keine andere Möglichkeit zur Abwendung des Konkurses besteht.

2. *Jeder Nachlaßgläubiger*, im Gegensatz zu 1 aber nur, falls seit Annahme der Erbschaft noch keine 2 Jahre verstrichen sind und Grund zu der Annahme besteht, daß die Befriedigung der Nachlaßgläubiger aus dem Nachlaß durch das Verhalten oder die Vermögenslage des Erben gefährdet ist. Zu den Nachlaßgläubigern zählen auch Pflichtteilsberechtigte und Vermächtnisnehmer. Keine Rolle spielt, ob der Erbe bereits unbeschränkbar haftet. Unzulässig ist dagegen die Nachlaßverwaltung bei einer Erbengemeinschaft nach Teilung des Nachlasses; eine Gefährdung der Befriedigung der Gläubiger aus dem Nachlasse scheidet hier aus. Die Gefährdung kann subjektiv im Verhalten des Erben oder objektiv in seiner schlechten Vermögenslage, die einen Zugriff der Gläubiger befürchten läßt, zu erblicken sein.

Überschuldung des Nachlasses macht den Antrag nicht unzulässig, rechtfertigt ihn allein jedoch nicht. Bei Einverständnis aller Nachlaßgläubiger läßt die herrschende Meinung[38] die Nachlaßverwaltung auch zur Abwendung des Nachlaßkonkurses zu, um eine Verschleuderung der Nachlaßwerte zu verhindern.

Auf das Verfahren der Nachlaßverwaltung finden im allgemeinen die Bestimmungen über die Pflegschaft, also Vormundschaftsrecht, Anwendung[39].

---

[32] § 1981 BGB.
[33] § 1982 BGB.
[34] Siehe *Jaeger* Konkursordnung 7. A. § 107 Bem. 6.
[35] §§ 1981, 2013 BGB.
[36] § 2062 BGB.
[37] Strittig.
[38] Dazu *Staudinger-Lehmann* Bem. 8 zu § 1975 mit Nachweisen.
[39] Dazu KG HRR 1932 Nr. 956.

Die Nachlaßverwaltung wird vom Nachlaßgericht angeordnet[40], die Anordnung wird öffentlich bekanntgemacht[41]. Die Verwaltung erfaßt den ganzen Nachlaß, eine Nachlaßverwaltung nur über einen Erbteil wäre unzulässig. Die Verwaltung tritt mit der Bekanntmachung an den oder die Erben bzw. den verwaltenden Testamentsvollstrecker in Wirksamkeit. Der Erbe (auch der Testamentsvollstrecker) verliert damit die Befugnis, den Nachlaß zu verwalten und über ihn zu verfügen, er verliert zugleich das Prozeßführungsrecht (Aktiv- und Passivlegitimation)[42]. Diese Befugnisse gehen auf den Nachlaßverwalter über[43], der vom Nachlaßgericht bestellt wird.

In der Auswahl der Person des Nachlaßverwalters ist das Nachlaßgericht frei. Eine gesetzliche Berufung zu dem Amte gibt es nicht, andererseits besteht keine Verpflichtung, das Amt zu übernehmen[44]. Ein Erbe kann nicht als Verwalter bestellt werden[45], wohl aber ein Testamentsvollstrecker. Nach Ansicht des früheren Reichsgerichts ist der Nachlaßverwalter nicht wie der Nachlaßpfleger gesetzlicher Vertreter der Erben, auch nicht der Nachlaßgläubiger oder beider zusammen. Er handelt als „amtlich bestelltes Organ zur Verwaltung einer fremden Vermögensmasse mit eigener Parteistellung im Rechtsstreit“[46]. Damit entspricht seine Stellung im deutschen Recht etwa der des Konkursverwalters. Im Gegensatz zum Konkurs bezweckt die Nachlaßverwaltung jedoch nicht verhältnismäßige, sondern volle Befriedigung der Gläubiger. Die Amtstheorie des RG ist in der Literatur[47] stark umstritten. Ihr stehen die sog. Vertretertheorien[48] gegenüber, wonach der Nachlaßverwalter bald als gesetzlicher Vertreter des Nachlasses im Sinne eines als juristische Person zu behandelnden Sondervermögens, bald des Erben, bald der Nachlaßgläubiger angesehen wird. Betrachtet man die Rechte der Staaten der USA, so entspricht seine Stellung etwa der eines administrator bzw. executor. Die Befugnis zur Verteilung des Nachlasses unter die Erben kommt ihm allerdings nicht zu, auch bleibt der Erbe, der nicht als Nachlaßverwalter bestellt werden kann, Träger der zum Nachlaß gehörenden Rechte und Verbindlichkeiten. Im schweizerischen Recht erfüllt seine Befugnisse der Erbschaftsverwalter bei der amtlichen Liquidation nach Art. 593—597 ZGB.

Mit dem Wirksamwerden der Nachlaßverwaltung tritt eine Trennung des Nachlasses vom sonstigen Vermögen des Erben ein (separatio bono-

---

[40] §§ 72, 73 FGG, § 1981 BGB.
[41] § 1983 BGB.
[42] § 1984 BGB.
[43] § 1985 BGB.
[44] § 1981 Abs. 3 BGB.
[45] 3. Denkschr. d. ErbR Aussch. d. Ak. f. DR S. 80 beanstandet dies.
[46] RGZ 135, 307.
[47] Einzelheiten geben *Staudinger-Lehmann*
[48] Bem. 7 zu § 1975.

rum)[49]. Die Nachlaßgläubiger können ihre Ansprüche nur aus dem Nachlaß befriedigen und nur gegen den Verwalter geltend machen. Andererseits sind Zwangsvollstreckungen und Arreste in den Nachlaß zugunsten eines Gläubigers, der nicht Nachlaßgläubiger ist, ausgeschlossen[50]. Die infolge des Erbfalls durch Vereinigung von Recht und Verbindlichkeit oder von Recht und Belastung erloschenen Rechtsverhältnisse gelten als nicht erloschen[51].

Der Nachlaßverwalter hat den Bestand des Nachlasses sowie die Nachlaßgläubiger festzustellen, diese Nachlaßgläubiger zu befriedigen und in der Zwischenzeit (bis Aufhebung oder Beendigung der Verwaltung) den Nachlaß zu verwalten[52]. Seine Tätigkeit untersteht dabei wie die eines Vormundes der Aufsicht des Gerichtes, das gegen Pflichtwidrigkeiten durch geeignete Gebote einzuschreiten, notfalls die Entlassung zu verfügen hat[53]. Andererseits hat das Gericht den Verwalter in seiner Tätigkeit zu unterstützen. So kann es z. B. auf Antrag einen Gerichtsvollzieher mit der Wegnahme der Gegenstände beauftragen, deren Herausgabe der Erbe verweigert. Der Nachlaßverwalter hat den Nachlaß zu verzeichnen und das Verzeichnis dem Nachlaßgericht einzureichen. Das Recht zur Verwaltung schließt die Verfügungsbefugnis über Nachlaßgegenstände, so auch Einziehung von Forderungen, ein, soweit dies zur Befriedigung der Gläubiger nötig ist. Der Verwalter hat jedoch jeweils zu prüfen, ob der Nachlaß zur Berichtigung aller Nachlaßverbindlichkeiten ausreicht. Das Erfordernis einer nachlaßgerichtlichen Genehmigung nach §§ 1812, 1813, 1821, 1822 BGB ohne Rücksicht auf das Alter der Erben ist zu beachten. Nachlaßgläubiger sind durch Anordnung der Nachlaßverwaltung nicht gehindert, die Zwangsvollstreckung in den Nachlaß zu betreiben. Der Verwalter kann ihnen zu Beginn seiner Tätigkeit mit der Einrede nach §§ 2014, 2015 BGB entgegentreten. Hat er Grund zur Annahme, daß noch weitere unbekannte Nachlaßverbindlichkeiten vorhanden sind, so wird er entweder eine öffentliche Aufforderung an die Nachlaßgläubiger richten, ihre Ansprüche an den Nachlaß anzumelden oder er wird Antrag auf Einleitung eines förmlichen Aufgebotsverfahrens nach §§ 1970ff. BGB stellen. Kommt der Verwalter zum Ergebnis, daß der Nachlaß überschuldet ist, so wird er in geeigneten Fällen, um einen Konkurs zu vermeiden, mit den Gläubigern ein Übereinkommen zu treffen versuchen, daß sie ohne Konkurs aus dem Nachlaß befriedigt werden. Besteht dazu keine Aussicht, so hat er in erster Linie ein Nachlaßvergleichsverfahren oder, wenn dies nicht sachdienlich ist, den Nachlaßkonkurs zu beantragen[54].

[49] Dazu Pr. V 822ff.
[50] § 1984 BGB.
[51] § 1976 BGB.
[52] § 1985 BGB.
[53] §§ 1962, 1837, 1886 BGB.
[54] § 113 Nr. 1 VerglO; § 217 KO.

Erst nach Berichtigung der bekannten Nachlaßverbindlichkeiten darf der Verwalter den Nachlaß den Erben ausantworten[55], die Verteilung des Nachlasses oder Erbauseinandersetzung steht ihm jedoch nicht zu[56]. Ist die Berichtigung einer Verbindlichkeit zur Zeit nicht ausführbar oder bestreitet der Verwalter die Verbindlichkeit, so darf die Ausantwortung des Nachlasses nur geschehen, wenn den Gläubigern Sicherheit geleistet ist. Für seine Tätigkeit ist der Nachlaßverwalter sowohl den Erben wie auch den Nachlaßgläubigern unmittelbar verantwortlich[57]. Der Nachlaßrichter seinerseits haftet den Erben wie den Nachlaßgläubigern wegen schuldhafter Amtspflichtverletzung bei Beaufsichtigung des Nachlaßverwalters.

Der Nachlaßverwalter kann für die Führung seines Amtes eine angemessene Vergütung verlangen, die der Höhe nach vom Nachlaßgericht festgesetzt wird[58]. Die Nachlaßverwaltung endigt durch gerichtliche Aufhebung oder mit Eröffnung des Nachlaßkonkurses[59]. Ob die haftungsbeschränkende Wirkung der Nachlaßverwaltung auf ihre Dauer beschränkt ist oder darüber hinaus weiter wirkt, ist strittig[60]. Die wohl überwiegende Meinung bejaht erstere Ansicht. Mit Recht hat die 3. Denkschrift des Erbrechtsausschusses der Akademie für Deutsches Recht[61] das Gesetz hier beanstandet und vorgeschlagen, bei einer Neuregelung im Sinne der zweiten Ansicht gesetzgeberisch vorzugehen, um die Wirkungen von Nachlaßverwaltung und Nachlaßkonkurs in diesem Punkte gleichzustellen.

Die Institution der Nachlaßverwaltung wurde erst im Entwurf II zum BGB vorgeschlagen, im Entwurf I war als einzige Form der amtlichen Liquidation eines Nachlasses der Nachlaßkonkurs vorgesehen. Zur Begründung der ergänzenden Einführung führt die Denkschrift[62] an, das Bedürfnis einer solchen Maßregel bestehe namentlich für die zahlreichen Fälle, in denen es zweifelhaft sei, ob eine Überschuldung des Nachlasses (hier: Nachlaßkonkurs) vorliege. Das gleiche gelte in solchen Fällen, wo zwar die gegenwärtige Zulänglichkeit des Nachlasses außer Zweifel stehe, die Verhältnisse desselben aber so verwickelt seien, daß man dem Erben nicht zumuten könne, die Nachlaßverbindlichkeiten zunächst aus dem eigenen Vermögen zu bezahlen und die Verwaltung des Nachlasses auf seine Gefahr zu übernehmen. — Soweit die Nachlaßverwaltung auf Antrag eines Nachlaßgläubigers zugelassen wird, schließt sich die Regelung des BGB den Vorschriften des Gemeinen, des Französischen und des

[55] § 1986 BGB.
[56] RGZ 72, 260.
[57] § 1985 Abs. 2 BGB.
[58] § 1987 BGB.
[59] § 1988 BGB.
[60] Dazu *Staudinger-Lehmann*[11] Bem. 4 zu § 1975 BGB.
[61] S. 79.
[62] S. 264.

Sächsischen Rechtes (Code Civil Art. 878; Sächs. Gesetzbuch § 2333) an, die den Nachlaßgläubigern das Recht gewähren, zum Zwecke ihrer Befriedigung aus der Erbschaft deren Absonderung von dem übrigen Vermögen des Erben zu verlangen, falls aus der Vermischung Nachteile für ihre Forderungen zu befürchten sind.

In der Praxis hat die Nachlaßverwaltung keine allzugroße Bedeutung zu erlangen vermocht. Die Fälle, in denen sie angeordnet wird, sind verschwindend gering. Die Erben scheuen sich, den Antrag zu stellen, da die Anordnung im Amtsblatt veröffentlicht wird. Sie ziehen in zweifelhaften Fällen meist eine Ausschlagung des Nachlasses vor, sofern die Frist dazu noch nicht verstrichen ist. Die Nachlaßgläubiger versprechen sich ihrerseits meist einen größeren Erfolg von unmittelbaren Verhandlungen mit den Erben. Sinnvoll ist eine Durchführung des Verfahrens nur, wenn größere Aktiven vorhanden sind. Die gesetzliche Ausgestaltung des Verfahrens hat sich im übrigen, wie die 4. Denkschrift des Erbrechtsausschusses[63] wohl mit Recht bemerkt, im wesentlichen bewährt. Sie ist, wie die 3. Denkschrift des Erbrechtsausschusses[64] sagt, das wirksamste und — rechtstechnisch — einfachste Beschränkungsmittel der Erbenhaftung im deutschen Recht.

d) Bezweckt die Nachlaßverwaltung in erster Linie volle Befriedigung der Nachlaßgläubiger, Sicherung der Verwaltung und Abwehr der Eigengläubiger des Erben, so dient der *Nachlaßkonkurs* dazu, eine gleichmäßige Verteilung des nicht ausreichenden Nachlaßbestandes herbeizuführen[65]. Rechtlich gesehen stellt er „einen Sonderkonkurs des Erben über eine Sondermasse seines Vermögens (nämlich über das ererbte)“ dar[66]. Er ist bei Überschuldung des Nachlasses das geeignete Mittel, die Beschränkung der Erbenhaftung zu erreichen, zur Nachlaßverwaltung wird man bei zweifelhaftem Stand der Nachlaßmasse schreiten. Wie schon bemerkt, führt der Nachlaßkonkurs im Gegensatz zur Nachlaßverwaltung zu einer endgültigen Haftungsbeschränkung. Er beendigt eine bereits bestehende Nachlaßverwaltung[67], das gleiche gilt für ein schwebendes Aufgebotsverfahren zum Zwecke der Ausschließung von Nachlaßgläubigern[68].

Die Regelung des Nachlaßkonkurses, der immer nur den ganzen, nicht einen Teil des Nachlasses erfassen kann, findet sich in der Konkursordnung vom 10. 2. 1877 i.d.F. vom 20. 5. 1898[69]. Dazu kommen einige im BGB enthaltene Rahmenbestimmungen[70].

[63] S. 332. Dazu auch *Höver* DJ 1935, 1700; *Klaus* DJ 1935, 1412.
[64] S. 79.
[65] 3. Denkschr. d. ErbR Aussch. d. Ak. f. DR S. 78.
[66] *Jaeger* a. a. O.
[67] § 1988 BGB.
[68] § 993 ZPO.
[69] §§ 214ff. Dazu Pr. V, 762 774; 820—827, 879; VI, 771—777. S. a. M, V 622ff. und E. I, §§ 2109—2129.
[70] §§ 1975ff. BGB.

Der Nachlaßkonkurs wird vom Konkursgericht, d. h. vom Amtsgericht, bei dem der Erblasser z. Z. seines Todes den allgemeinen Gerichtsstand gehabt hat[71], nur auf Antrag[72] und nur dann angeordnet, wenn der Nachlaß überschuldet ist[73] und eine den Kosten des Verfahrens entsprechende Masse[74] (gleich steht Leistung eines die Verfahrenskosten deckenden Vorschusses durch den Antragsteller) vorhanden ist.

Antragsberechtigt sind[75]:

1. *Jeder Erbe*, gleichgültig ob er die Erbschaft angenommen hat oder für die Nachlaßverbindlichkeiten unbeschränkt haftet oder ob der Nachlaß bereits geteilt ist; neben dem Erben der Nachlaßverwalter, Nachlaßpfleger, verwaltender Testamentsvollstrecker. Ein nicht allen Gläubigern gegenüber unbeschränkbar haftender Erbe sowie der Nachlaßverwalter sind bei Vermeidung persönlicher Haftbarkeit zur Antragstellung verpflichtet, jedoch können sie wahlweise auch ein Nachlaßvergleichsverfahren beantragen, falls dieses zulässig ist[76]. Eine Vereinbarung mit allen Gläubigern befreit von der Antragspflicht. Bei der Bemessung der Zulänglichkeit des Nachlasses bleiben die Verbindlichkeiten aus Vermächtnissen und Auflagen außer Betracht[77].

2. *Jeder Nachlaßgläubiger* in den ersten zwei Jahren seit Annahme der Erbschaft[78].

Der Nachlaßkonkurs wird mit dem Zeitpunkt, der im Eröffnungsbeschluß niedergelegt ist, wirksam[79]. Damit tritt die separatio bonorum ein[80]. Die Stellung des Konkursverwalters entspricht der des Nachlaßverwalters[81]. Im übrigen gelten für das Verfahren die allgemeinen Vorschriften der KO, soweit nicht die Sondervorschriften der §§ 214—235 KO eingreifen. Hervorzuheben ist: Konkursschuldner ist für die Zeit vor dem Erbfall der Erblasser, nachher der Erbe. Für den Fall der Erbschaftsveräußerung gelten die Sonderheiten der §§ 232, 233 KO. Konkursgläubiger sind alle Nachlaßgläubiger[82]. Für die Befriedigung der Forderungen ist eine bestimmte Rangordnung vorgesehen (bevorrechtigte — vollberechtigte — minderberechtigte Forderungen)[83]. Vollstreckungsmaßnahmen der Nachlaßgläubiger gewähren kein Absonderungsrecht[84].

[71] § 214 KO.
[72] § 103 KO.
[73] § 215 KO.
[74] §§ 215, 107 KO.
[75] §§ 216, 217 KO.
[76] §§ 1980, 1985 BGB.
[77] § 1980 Abs. 1 Satz 3 BGB. Dazu Pr. V 762.
[78] § 220 KO. Beachte dazu § 219 KO.
[79] § 108 KO.
[80] Zum beneficium separationis siehe Protokolle V 820ff.
[81] Siehe oben c .
[82] § 226 KO.
[83] wie 82.
[84] § 221 KO.

Masseschulden sind über § 59 KO hinaus insbesondere Beerdigungskosten, Verbindlichkeiten aus Rechtsgeschäften und Prozessen eines Nachlaßpflegers oder Testamentsvollstreckers sowie Ersatzansprüche des Erben auf Grund der §§ 1978, 1979 BGB[85]. Zur Nachlaßkonkursmasse zählen auch Anfechtungsansprüche wegen gläubigerbenachteiligenden Rechtshandlungen wie Zahlungen des Erben auf Pflichtteilsansprüche, Vermächtnisse oder Auflagen[86].

Der Nachlaßkonkurs endigt durch Aufhebung[87] oder Einstellung[88]. Zulässig ist ein Zwangsvergleich, der jedoch einen einheitlichen Vorschlag aller Erben voraussetzt[89]; minderberechtigte Gläubiger nehmen am Vergleich nicht teil[90]. Gläubiger, die am Nachlaßkonkurs nicht teilgenommen haben, werden wie Gläubiger behandelt, die ihre Ansprüche in einem Aufgebotsverfahren nicht rechtzeitig geltend gemacht haben[91].

Um die Zahl der Nachlaßkonkurse und die damit drohende Gefahr einer Werteverschleuderung zu vermindern, gestattet man seit 1930 dem Erben (und Nachlaßverwalter) im Falle der Überschuldung wahlweise das *Nachlaßvergleichsverfahren* zu beantragen, ohne sich ersatzpflichtig zu machen[92]. Heute ist das Verfahren in der VerglO v. 26. 2. 1935 geregelt[93]. Vergleichsgrund ist nur Überschuldung des Nachlasses[94]. Vergleichsgericht ist das für die Konkurseröffnung zuständige Gericht[95]. Das Verfahren wird nur auf Antrag eröffnet[96]. Antragsberechtigt ist, wer die Eröffnung des Nachlaßkonkurses beantragen kann, nicht jedoch ein Nachlaßgläubiger[97]. Der Antrag kann vor der Annahme der Erbschaft gestellt werden; er kann nicht mehr gestellt werden, wenn der Erbe oder einer der Erben für die Nachlaßverbindlichkeiten allen oder einzelnen Nachlaßgläubigern gegenüber unbeschränkt haftet oder wenn der Nachlaß geteilt ist; mehrere Erben können den Antrag nur gemeinschaftlich stellen[98].

Der Antrag kann aus den in §§ 17, 18 VerglO aufgezählten Gründen abgelehnt werden, wobei weitgehend auf das Verhalten des Schuldners[99] abgestellt wird.

---

[85] § 224 KO.
[86] § 222 KO.
[87] §§ 163, 190 KO.
[88] §§ 202, 204 KO.
[89] § 230 KO.
[90] Wie 89.
[91] § 1989 BGB.
[92] Siehe § 1980 BGB. Dazu *Ullmann* JW 1930, 1344.
[93] Siehe § 113 VerglO.
[94] § 2 VerglO, § 215 KO.
[95] § 2 Abs. 1 VerglO.
[96] § 2 VerglO.
[97] § 113 VerglO.
[98] § 113 VerglO.
[99] Dazu auch § 113 Abs. 1 Z. 5 VerglO.

Der Kreis der am Verfahren beteiligten Gläubiger ist gegenüber dem Konkursverfahren eingeschränkt[100].

Ein geschlossener Vergleich beschränkt die Haftung der Erben endgültig auf den Nachlaß[101].

Man hat die Zulassung des Nachlaßvergleichsverfahrens gegenüber den Schattenseiten des Nachlaßkonkurses als einen unleugbaren Fortschritt bezeichnet[102]. Tatsache ist, daß sich das Nachlaßvergleichsverfahren in der deutschen Praxis nicht durchzusetzen vermocht hat. Was sind die Gründe? Nachlaßverwaltung und Nachlaßkonkurs, die beideu Säulen der amtlichen Nachlaßliquidation, stellen ein überaus schwerfälliges und kostspieliges Verfahren dar. Das Vergleichsverfahren andererseits führt, wenn man überhaupt eine Nachlaßsonderungswirkung bejaht[103], jedenfalls zu keiner scharf durchgeführten Vermögenssonderung. Inwieweit das Gericht Verfügungsbeschränkungen des Erben anordnet, steht in seinem Ermessen[104]. Der Erbe behält Besitz und Verwaltung des Nachlasses sowie Prozeßführungsmacht, dem vom Gericht bestellten und überwachten Vergleichsverwalter kommen nur Aufsichtsfunktionen zu[105]. Dies alles müßte für die Erben einen Anreiz bilden, zu diesem Verfahren zu greifen. Daß sie dies dennoch in der Regel nicht tun, liegt, wie *Staudinger-Böhmer*[106] zutreffend hervorheben, in den Erschwerungen und Beschränkungen begründet, die § 113 in Verbindung mit §§ 17, 18, 79, 100 VerglO vorsieht (Erben sind nur gemeinschaftlich antragsberechtigt; kein Miterbe darf unbeschränkbar haften; Eröffnung oder Weiterführung des Verfahrens kann abgelehnt werden, falls bei einem Miterben einer der Unzuverlässigkeitsgründe oder ein Fall verfahrenswidrigen Verhaltens der §§ 17, 18, 79, 100 vorliegt). Den Nachlaßgläubigern ist das Verfahren verschlossen[107]. Es soll nur eine Vergünstigung für den Schuldner darstellen. Man denke z. B. an den Fall, daß ein Unternehmen als eine wirtschaftliche Einheit gerettet werden soll.

Als *Ergebnis* wird man festhalten: Einigen sich im Falle der Nachlaßüberschuldung die Erben nicht außergerichtlich mit den Nachlaßgläubigern, so führt bei hinreichender Nachlaßmasse im Normalfall der Nachlaßkonkurs zu einer amtlichen Liquidation des Nachlasses. Trotz erheblicher Mängel liegt das Verfahren im Interesse der Erben und Nachlaßgläubiger, die Praxis kann es nicht entbehren. So hat denn auch die 3. Denkschrift des Erbrechtsausschusses[108] die Beibehaltung des Ver-

---

[100] § 113 Abs. 1 Z 6, 7 VerglO.
[101] § 113 Nr. 4 VerglO, §§ 1989, 1973 BGB.
[102] *Jaeger*, Lehrbuch des deutschen Konkursrechts, § 36 Fn. 1.
[103] Dazu und zu folgendem *Staudinger-Boehmer*[11] Bem. 141 zu § 1922.
[104] §§ 58ff. VerglO.
[105] §§ 39, 40 VerglO.
[106] Bem. 249 zu § 1922.
[107] *Staudinger-Boehmer*[11] Bem. 245 zu § 1922 bezeichnen dies als „doktrinär".
[108] S. 78.

fahrens in der bisherigen Ausgestaltung befürwortet, an eine Änderung wird zur Zeit nicht gedacht.

e) Das Problem der *Nachlaßauseinandersetzung*, d. h. der Teilung des Nachlasses unter den Erben taucht nur bei Miterben auf. Sie bilden eine Erbengemeinschaft (§ 2033 BGB), die nach deutschem Recht eine Gemeinschaft zur gesamten Hand darstellt. Der Nachlaß eines Alleinerben kann nicht auseinandergesetzt werden, auch eine Auseinandersetzung zwischen Vor- und Nacherben ist nicht denkbar. Keine Erbengemeinschaft besteht schließlich zwischen Erben- und Vermächtnisnehmer.

Die Miterbengemeinschaft endigt mit der Auseinandersetzung. Diese begründet Einzelrechte eines oder mehrerer Miterben an den Nachlaßgegenständen. Bis zur Auseinandersetzung kann der Miterbe über seinen Anteil oder einen Bruchteil des Anteils am ganzen Nachlaß, nicht jedoch über den Anteil an den einzelnen Gegenständen dinglich verfügen. Über einzelne Nachlaßgegenstände können die Miterben nur gemeinschaftlich verfügen[109].

Die Auseinandersetzung des Nachlasses kann jeder Miterbe jederzeit verlangen[110], soweit sie nicht durch Bestimmungen nach den §§ 2042 Abs. 2, 2043—2045 BGB zeitlich ausgeschlossen ist. Zulässig ist eine Teilauseinandersetzung, entweder nur bezüglich eines Teiles des Nachlasses — oder mit einzelnen Erben.

Die Auseinandersetzung zerfällt in zwei Akte.

a) Es wird ein Auseinandersetzungsvertrag (grundsätzlich formfrei) geschlossen, der die Verpflichtung zu einer bestimmten Art der Teilung enthält;

b) Die Vornahme des Erfüllungsgeschäftes geschieht durch Übertragung der einzelnen Erbschaftsgegenstände durch die Erbengemeinschaft auf den oder die übernehmenden Miterben.

Zur Durchführung der Erbauseinandersetzung stehen 4 Möglichkeiten zur Verfügung:

1. Hat der Erblasser eine Testamentsvollstreckung angeordnet, so obliegt dem Testamentsvollstrecker gemäß § 2204 BGB die Durchführung der Auseinandersetzung soweit der Erblasser nichts anderes bestimmt hat. Der Testamentsvollstrecker untersteht weder der Aufsicht des Gerichtes noch einer sonstigen Behörde.

2. Die Erben einigen sich, falls keine Testamentsvollstreckung besteht, ohne amtliche Hilfe freiwillig über die Teilung[111].

3. Einigen sich die Erben nicht freiwillig und ist auch keine Testamentsvollstreckung angeordnet, so kann jeder Erbe, ohne vorher die

---

[109] § 2040 BGB.
[110] § 2042 BGB.
[111] Siehe dazu die Richtlinien der §§ 2043—2056 BGB.

Vermittlung der Auseinandersetzung durch das Nachlaßgericht zu beantragen, Erbteilungsklage gegen alle Erben, die die Zustimmungserteilung verweigern, vor dem Prozeßgericht erheben. Dieses hat keine gestaltende Funktion, es hat nach festen Auseinandersetzungsregeln zu erkennen[112].

4. Es wird ein Vermittlungsverfahren vor dem Nachlaßgericht gemäß §§ 86ff. FGG beantragt bzw. nach Landesrecht von Amts wegen eingeleitet.

Zu 4: Zur Erleichterung der Nachlaßteilung hat das Gesetz eine behördliche Mitwirkung im Verfahren der freiwilligen Gerichtsbarkeit vorgesehen.

a) Nach dem FGG kann von den Beteiligten das Nachlaßgericht[113] zur Vermittlung der Auseinandersetzung angerufen werden. Nach Landesrecht können auch Notare an Stelle der Gerichte oder neben diesen zuständig sein[114].

Das Verfahren schließt sich im wesentlichen dem früheren preußischen Recht (AGO) an.

b) Neben diesem Verfahren nach §§ 86ff. FGG, das nur auf Antrag stattfindet, steht die auf dem Vorbehalt des § 192 FGG beruhende amtliche Vermittlung der Auseinandersetzung wie sie Bayern[115], Württemberg[116] und Hessen[117] vorgesehen haben, falls die Auseinandersetzung nicht binnen einer bestimmten Frist bewirkt ist. Dieses Verfahren unterscheidet sich von dem in den §§ 86ff. FGG vorgesehenen Vermittlungsverfahren grundsätzlich nur darin, daß das letztere einen Antrag voraussetzt, während im ersteren Falle die Vermittlung von Amts wegen in die Wege geleitet wird.

Das *Antragsverfahren* gemäß den §§ 86ff. FGG. Das Gesetz bietet den Erben, die sich nicht freiwillig einigen können, andererseits es ablehnen, den schwierigen Prozeßweg zu beschreiten, eine Hilfe, durch gemeinsame Besprechung unter sachverständiger Leitung des Nachlaßgerichts oder des Notars zu einer Auseinandersetzung zu kommen. Diese Tätigkeit des Gerichts ist nur vermittelnd, nicht gestaltend. Durch Vermittlung soll eine Einigung über solche Streitpunkte herbeigeführt werden, die durch den übereinstimmenden Willen aller Beteiligten aus der Welt geschafft

---

[112] Einzelheiten siehe 4. Denkschr. d. Ak. f. DR S. 221 sowie *Wüst* a. a. O. S. 22.

[113] In einigen Ländern das Landwirtschaftsgericht, falls eine land- oder forstwirtschaftliche Besitzung einer Erbengemeinschaft gehört.

[114] § 193 FGG.

[115] Art. 8ff. NachlG, §§ 100ff. NachlO.

[116] Art. 87 AGBGB, §§ 43ff. NachlVO.

[117] Art. 48 AG FGG.

werden können. Streitigkeiten zu entscheiden, ist das Gericht nicht befugt. Notfalls ist das Verfahren auszusetzen. Die Verwaltung des Nachlasses verbleibt den Erben, das Gericht nimmt auch nicht etwa die Befriedigung der Gläubiger selbst in die Hand. Entspricht die von den Beteiligten in Aussicht genommene Regelung nicht der Billigkeit oder Zweckmäßigkeit, so kann das Gericht die Beurkundung der Auseinandersetzung deshalb nicht ablehnen.

Das Verfahren im einzelnen ist sehr schwerfällig, es zerfällt in zwei Abschnitte: Verhandlung über vorbereitende Maßnahmen-Verhandlung über die Auseinandersetzung nebst Aufstellung eines Teilungsplanes und Beurkundung der Auseinandersetzung. Hervorzuheben ist das Versäumnisverfahren gemäß §§ 91—93 FGG: Das Einverständnis der trotz ordnungsmäßiger Ladung nicht zum Verhandlungstermin Erschienenen zu einer beurkundeten Vereinbarung wird angenommen. Dagegen kann neuer Terminsantrag gestellt werden. Die gerichtliche Bestätigung der beurkundeten Vereinbarungserklärungen schließt das Verfahren ab. Die rechtskräftig bestätigte Auseinandersetzung bildet einen Vollstreckungstitel[118].

Die geschilderte Vermittlung der Auseinandersetzung, sei es auf Antrag, sei es landesrechtlich von Amts wegen, kommt, wie die Justizstatistiken zeigen, in der Praxis so gut wie nicht vor. Bemerkenswerterweise legen die Gerichte bei der amtlichen Vermittlung der Auseinandersetzung den Erben nahe, auf die amtliche Vermittlung zu verzichten. Die Erben erklären dies fast in jedem Fall. Die Gründe[119] liegen auf der Hand. Das Verfahren ist zu schwerfällig, es ist zu kostspielig, jeder erschienene Erbe kann durch seinen Widerspruch die weitere Durchführung vereiteln, ohne daß die Gründe des Widerspruches geprüft und bewertet werden können.

V.

An eine Änderung der unter I—IV geschilderten Nachlaßabwicklung im deutschen Recht ist zur Zeit nicht gedacht[120]. Befriedigen kann die gefundene Regelung nicht. Gegen die unter IV a—d dargestellten Möglichkeiten und Einrichtungen wird man keine grundsätzlichen Bedenken erheben. Die Schwäche des Systems liegt in der Vermittlung der Nachlaßauseinandersetzung[121]. Hier siegt in der Praxis eindeutig der Stärkere über den Schwächeren. Verzweifelt wendet sich, um nur einen Fall her-

---

[118] § 98 FGG.

[119] Zur Kritik siehe 4. Denkschr. d. ErbR Aussch. d. Ak. f. DR S. 220.

[120] Ansätze zu einer rechtsgestaltenden Tätigkeit des Gerichts finden wir z. Z. nur auf höferechtlichem Gebiet im richterlichen Zuweisungsverfahren, wie wir es z. B. in der früheren brit. Zone haben. Art. VI Nr. 17 brit. MRVO Nr. 84 vom 24. 4. 1947. Vgl. dazu auch 17ff. des Entwurfs eines Grundstücksverkehrsgesetzes vom 14. 2. 1957 (BT Drucksache 3206).

[121] Siehe IV e.

auszugreifen, gar mancher überlebende Ehegatte um Hilfe an das Nachlaßgericht, da die Kinder oder sonstigen Verwandten zu keiner vernünftigen Lösung bereit sind. Das Nachlaßgericht ist hier machtlos. Wohl mit Recht ist die 4. Denkschrift des Erbrechtsausschusses der Akademie für Deutsches Recht[122] für eine rechtsgestaltende Nachlaßauseinandersetzung durch das Nachlaßgericht auf Antrag eines Miterben eingetreten[123]. Möge dieser Gedanke nicht völlig in Vergessenheit geraten.

[122] S. 224ff.

[123] Siehe dazu auch *Suchier* DFG 1936, 32 sowie die in der 4. Denkschr. S. 224 Fn. 1 zitierten Aufsätze.

LANDWIRTSCHAFTSRECHT

KREDITE FÜR DIE ERRICHTUNG LANDWIRTSCHAFTLICHER BETRIEBE UND IHRE SICHERUNG

Von Dr. HANS-DIETRICH von ARNSWALDT

Landgerichtsrat a. D., Mitglied des Vorstandes der Landwirtschaftlichen Rentenbank, Frankfurt (Main)

Literatur: *Baur*, Der landwirtschaftliche Betrieb als juristische Einheit nach deutschem Recht, in Atti del Primo Convegno internazionale di Diritto Agrario, 1954, S. 143ff. (mit umfangreichem Literaturnachweis auf S. 167f.). ders.: Die Erhaltung landwirtschaftlicher Betriebe in Deutschland, in „Deutsche Landesreferate zum IV. Internationalen Kongreß für Rechtsvergleichung in Paris 1954" — *Boyens*, Finanzierungsnöte der ländlichen Siedlung bei Durchführung des Reichssiedlungsgesetzes vom 11. 8. 1919, Heft 8 der Schriften der Gesellschaft zur Förderung der inneren Kolonisation (GFK) e. V. — Bonn, 1957. — Die Flurbereinigung in Westdeutschland, Bericht auf dem III. Internationalen Kongreß für Agrarkredit (CJCA), Paris 1957. — Die Neugestaltung des Dorfes, Heft 13 der Schriftenreihe für ländliche Sozialfragen, Hannover 1955, darin: S. 5ff.: *Noell*, Die kleinbäuerliche Frage in soziologischer und wirtschaftlicher Sicht, S. 23ff.: *Tröscher*, Die Neugestaltung des Dorfes, S. 49ff.: *Schapper*, Flüchtlingssiedlung und Agrarstruktur, S. 59ff.: *Krumm*, Dorfauflockerung und Betriebsaufstockung, S. 68ff.: *Becker*, Die Bildung neuer Dörfer im Siedlungsverfahren — *Ehrenforth*, Zur Eingliederung der Vertriebenen in die Landwirtschaft, Recht der Landwirtschaft 1957, S. 281ff. — *Flume*, Besitzloses Fahrnispfand im geltenden deutschen Recht, in „Deutsche Landesreferate zum IV. Internationalen Kongreß für Rechtsvergleichung in Paris 1954" — *Foag*, Die Agrarkreditsicherungen in der deutschen Gesetzgebung, abgedruckt in Probleme des Agrarkredits, deutsche Vorträge auf dem I. Internationalen Kongreß für Agrarkredit 1938, S. 214ff. — *Frhr. v. Gayl*, Die Siedlung in Deutschland, Veröffentlichungen der Friedrich-List-Gesellschaft, Band 5, Deutsche Agrarpolitik Berlin 1932, Teil II, S. 392ff. — Generalversammlung der Confédération Européenne de l'Agriculture (CEA), Veröffentlichungen Heft 11 — Paris 1955; Heft 12 — Scheveningen 1956; Heft 13 — Helsinki 1957 — *Haack*, Das Reichssiedlungsgesetz, Berlin 1935 — *Haack* und *v. Heusinger*, Die Finanzierung der ländlichen Siedlung in Preußen, Kommentar zur Preußischen Landesrentenbank-, Rentenguts- und Anerbenguts-Gesetzgebung, 1929. — Leitbilder für bäuerliche Familienbetriebe, ausgearbeitet vom Ausschuß zur Verbesserung der Agrarstruktur, veröffentlicht u. a. in Heft 9 der Schriftenreihe der Gesellschaft zur Förderung der inneren Kolonisation, S. 23 — *Müller*, Entwicklung des Hypothekenkredits in Europa, Bericht auf dem III. Internationalen Kongreß für Agrarkredit (CJCA) 1957 — *Schickele*, Verbesserung der Agrarstruktur in unterentwickelten Gebieten, Vortrag auf der Arbeitstagung der Forschungsgesellschaft für Agrarpolitik und Agrarsoziologie e. V., München 1957, abgedruckt in Berichte über Landwirtschaft, 168. Sonderheft, S. 39ff. — *Stiebens*, Änderung des Wiederkaufsrechts des Reichssiedlungsgesetzes? in Ztschr. Innere Kolonisation 1958 Heft 2 Seite 41.

A. Errichtung landwirtschaftlicher Betriebe

1. Die Aufgabe, unter rechtlichen Gesichtspunkten über Kredite zu referieren, die der Errichtung landwirtschaftlicher Betriebe dienen, erfordert es, klarzustellen, was in dem Referat als landwirtschaftliche Betriebe und was unter der Errichtung solcher Betriebe für den hier zu betrachtenden Kredit verstanden wird.

Landwirtschaftliche Betriebe im Sinne dieses Referats sind Wirtschaftseinheiten, in denen tierische und pflanzliche Erzeugnisse im Wege der Viehzucht und des Ackerbaues erstellt werden und die nach Größe, Lage, Einrichtung nnd Nutzungsart imstande sind, bei ordnungsmäßiger Bewirtschaftung dem Inhaber und seiner Familie ohne zusätzliches nichtlandwirtschaftliches Einkommen vollständige Lebens- und Erwerbsgrundlage zu sein. Dazu gehört eine Betriebsgröße, bei der zwei — regelmäßig familieneigene — Arbeitskräfte voll beschäftigt sind und keine weiteren familieneigene oder familienfremde Arbeitskräfte dauernd in dem Betrieb beschäftigt zu werden brauchen; diese Betriebe werden im agrarpolitischen Bereich gegenwärtig als *bäuerliche Familienbetriebe* bezeichnet. Für sie gibt es keine einheitlichen Mindest- und Höchstgrenzen der zu bewirtschaftenden landwirtschaftlichen Nutzfläche; diese sind vielmehr individuell von den klimatischen Verhältnissen, der Bodengüte, der Nutzungsart, der Größe und Lage der betriebszugehörigen Grundstücke, der Absatzverhältnisse, der inneren und äußeren Verkehrslage, dem Umfang und Zustand der Wirtschaftsgebäude und dem Grade der Mechanisierung der Hof- und Feldwirtschaft abhängig[1].

2. Eine der bedeutendsten Aufgaben der Agrarpolitik in fast allen europäischen und außereuropäischen Staaten ist es, die bäuerlichen Familienbetriebe zu erhalten[2]. Hinzu kommt aber die Notwendigkeit, den durch die Ausbreitung der Wohnsiedlungen und der Industriegebiete, durch den Bedarf an mehr und an größeren Truppenübungs- und Flug-

---

[1] Vgl. Leitbilder für bäuerliche Familienbetriebe. Ferner: Vorschläge zur Lösung des Kleinbauernproblems in Europa auf der Generalversammlung der Confédération Européenne de l'Agriculture (CEA) 1955, Heft 11, Seite 61 und Seite 254ff.; sowie über Mindest- und Höchstgrenzen des bäuerlichen Familienbetriebes, Heft 12, Seite 64, 95, 107.

[2] Vgl. *Baur*, Die Erhaltung landwirtschaftlicher Betriebe in Deutschland, S. 145ff., sowie „Erklärung zur Lage der Landwirtschaft in den Ländern Europas" auf der Generalversammlung der CEA 1957, Heft 13, S. 86ff., insbes. S. 89 unter III. *Kobler*, der Zweite Internationale Agrarrechtskongreß, Recht der Landwirtschaft 1957, S. 309ff. Für die außereuropäischen Länder vgl. *Schickele*, Verbesserung der Agrarstruktur in unterentwickelten Gebieten.

plätzen und durch den Bau von Verkehrsstraßen laufend eintretenden Verlust an bäuerlichen Betrieben auszugleichen und darüber hinaus die Zahl der lebensfähigen bäuerlichen Familienbetriebe zu vermehren; denn die Subvention der Landwirtschaft ist, wenn auch nicht ausschließlich, so doch zu einem erheblichen Teil nur deshalb erforderlich, weil eine große Gruppe von Betrieben infolge ihrer unwirtschaftlichen Größe und Lage nicht rentabel bewirtschaftet werden kann. Der Beseitigung dieses Mangels dient das seit Jahren angelaufene Programm zur Verbesserung der Agrarstruktur. Dieses Referat soll sich daher mit denjenigen Krediten befassen, die im Rahmen des vorbezeichneten Programms gefördert werden, und zwar sollen nur solche Kredite ausführlich behandelt werden, deren alleiniger Zweck es ist, neue bäuerliche Familienbetriebe zu schaffen oder bestehenden Landbesitz zu einem bäuerlichen Familienbetrieb zu entwickeln.

3. Darum soll nur kurz hingewiesen werden auf die im Programm zur Verbesserung der Agrarstruktur sehr bedeutsamen Beihilfe- und Kreditmittel, die zur Schaffung neuen besiedlungsfähigen Landes bereitgestellt werden (Landgewinnung durch Eindeichung oder Moorkulturen, Landverbesserung durch Regulierung der Wasserverhältnisse); diese *Meliorationskredite*, genauer: Kredite für die Wasserwirtschaft und Bodenkultur, schaffen vielfach erst die Voraussetzung für die Errichtung landwirtschaftlicher Betriebe, aber sie dienen einem größeren Raum und in ihm zugleich anderen Wirtschaftszweigen und Lebensbereichen. Gleiches gilt hinsichtlich der Kredite für die *Flurbereinigung*, obwohl gerade die Flurbereinigung (die Umlegung von verstreut liegenden Einzelgrundstücken, teilweise verbunden mit der Änderung oder Verbesserung der Entwässerung und der Anlage eines neuen Wegenetzes)[3] eine der wichtigsten Maßnahmen zur Verbesserung der Agrarstruktur und vielfach unerläßliche Voraussetzung für die Errichtung lebensfähiger landwirtschaftlicher Betriebe ist. Auch die Kredite für die *Wasserversorgung* und *Abwasserbeseitigung* in ländlichen Gemeinden und für den Bau ländlicher *Wirtschaftswege* sollen hier nicht eingehender behandelt werden. Denn auch diese Maßnahmen dienen ebenso wie die Meliorationen und die Flurbereinigung allen landwirtschaftlichen Betrieben des Gebietes, in welchem sie durchgeführt werden, also auch denjenigen Betrieben, die schon bäuerliche Familienbetriebe sind, und auch dem kleineren Landbesitz, der unterhalb der für einen „Betrieb" notwendigen Grenze liegt und dessen Inhaber auch nicht die Absicht hat, aus ihm einen selbständigen, für eine bäuerliche Familienwirtschaft ausreichenden Betrieb zu entwickeln.

[3] Vgl. den kurzen Hinweis bei *Baur*, Die Erhaltung landwirtschaftlicher Betriebe in Deutschland, S. 157 ff.; ferner: „Die Flurbereinigung in Westdeutschland", Bericht auf dem III. Internationalen Kongreß für Agrarkredit (CJCA), Paris 1957.

Den soeben aufgeführten Krediten ist vieles gemeinsam: die Maßnahmen setzen staatliche Planung und finanzielle Beihilfen aus staatlichen Mitteln voraus; Träger der Maßnahmen und Kreditnehmer sind öffentlich-rechtliche Körperschaften (Wasser- und Bodenverbände, Teilnehmergemeinschaften, Gemeinden), die das Recht haben, Steuern oder Umlagen zu erheben; deshalb bedürfen diese Kredite keiner Sicherung durch Grundpfandrechte; auf Grund der von den Kreditnehmern ausgestellten Schuldurkunden können Hypothekenbanken und öffentlichrechtliche Realkreditanstalten Schuldverschreibungen (Kommunalschuldverschreibungen) ausgeben.

B. Kredite für die Errichtung landwirtschaftlicher Betriebe im Wege der ländlichen Siedlung

1. Der Begriff der Siedlung ist umfassend und für ländliche wie städtische Verhältnisse gleicherweise verwendbar. Unter „ländlicher Siedlung" wird im heutigen Sprachgebrauch nur die „Schaffung neuer Ansiedlungen", die „*Neusiedlung*" im Sinne des Reichssiedlungsgesetzes v. 11. 8. 1919[4] verstanden. Das Gesetz nennt daneben als zweite Aufgabe die „Hebung bestehender Kleinbetriebe bis auf die Größe einer selbständigen Ackernahrung *(„Anliegersiedlung")*. Das Reichssiedlungsgesetz datiert vom gleichen Tage wie die Weimarer Reichsverfassung, und nach ihrem Artikel 10 konnte das Reich im Wege der Gesetzgebung nur Grundsätze für das Bodenrecht, die Bodenverteilung und das Ansiedlungswesen aufstellen, während die gesetzliche Regelung der Siedlungsverfahren und ihre Durchführung Sache der Länder blieb. Bis dahin hatte es praktisch nur in Preußen eine Siedlungsgesetzgebung und eine Siedlung gegeben, und auch von 1919—1945 ist es zu nennenswerten Neusiedlungen außerhalb Preußens nur in Mecklenburg, Oldenburg und Bayern gekommen. Im heutigen Bundesgebiet waren nur die zu den Bundesländern Bayern, Niedersachsen und Schleswig-Holstein gehörenden Gebiete an der Neusiedlung beteiligt, während in Baden-Württemberg, Hessen und Nordrhein-Westfalen nur die Anliegersiedlung Bedeutung gewonnen hatte. Nach Ermittlungen der Arbeitsgemeinschaft ländlicher Siedlungsträger entfielen aus der Siedlungsarbeit von 1919—1941 auf das Bundesgebiet 25,7% der Neusiedlungen mit 21,8% der Fläche und 31,2% der Anliegersiedlungen mit 22,7% der Fläche. Nun hat zwar das Bonner Grundgesetz v. 23. 5. 1949 — weitergehend als die Weimarer Reichsverfassung — dem Bund in Art. 74, 75 die konkurrierende Gesetzgebung über den Grundstücksverkehr, das Bodenrecht, das Siedlungswesen und die Bodenverteilung eingeräumt; die Durchführung der Siedlung aber ist Ländersache geblieben, und ehemaliges Landesrecht gilt teilweise noch weiter. Da in allen Bundesländern außer in Baden-Würt-

[4] RGBl. S. 1429; jetzt in der Fassung der Gesetze vom 7. 2. 1923 (RGBl. I S. 364) und vom 8. 7. 1926 (RGBl. I S. 398).

temberg[5] und Bayern ehemals zu Preußen gehörende Gebiete gelegen sind, wurde die Siedlungstätigkeit der meisten Länder nach 1945 auf den alten preußischen gesetzlichen Grundlagen begonnen und aufgebaut; daher verdient die preußische Siedlungsgesetzgebung auch für die heutige ländliche Siedlung im Bundesgebiet erhebliche Beachtung. Nicht zuletzt aus dieser historischen Entwicklung und, weil die Finanzierung niemals wirklich für längere Zeit im voraus sichergestellt werden konnte, sondern immer wieder improvisiert werden mußte, erklärt sich die Vielschichtigkeit und Unübersichtlichkeit der gesetzlichen und verwaltungsrechtlichen Grundlagen und dementsprechend auch der Finanzierungsquellen und Finanzierungsmethoden. Allenthalben erklingt daher auch der Ruf nach Vereinfachung und Konzentration der Siedlungsgesetzgebung und der Siedlungsfinanzierung[6], und der Bundestag hat in einer Entschließung v. 6. 7. 1957[7] die Bundesregierung verpflichtet, ein neues Siedlungsgesetz vorzulegen, das voraussichtlich zusammen mit einem neuen Gesetz über den Grundstücksverkehr beraten werden wird[8].

2. Will man die bestehende Vielfalt der für die Siedlung zur Anwendung kommenden Kreditarten und Sicherungsformen verstehen, so muß man sich in großen Zügen mit der preußischen Siedlungsgesetzgebung vertraut machen.

a) Die Preußische Rentengutsgesetzgebung von 1890, 1891 und 1896[9] führte das *Rentengut* im ganzen preußischen Staatsgebiet ein. Es entsteht durch Übertragung des Eigentums an einem landwirtschaftlichen Grundstück (Betrieb) gegen eine feste Geldrente. Diese *Rentengutsrente* stellt den Kaufpreis dar, und der Verkäufer (der Rentengutsausgeber) kann ihre Ablösung vom Käufer (Rentengutsbesitzer) nicht oder nicht vor Ablauf von dreißig Jahren verlangen, wohl aber ihre Übernahme auf eine der seit der Reallasten-Ablösung von 1850 bestehenden fünf provinziellen Rentenbanken fordern. Die *Rentenbank* zahlte an den Rentenberechtigten einen Kapitalbetrag in Höhe von nicht mehr

[5] Im ehemaligen preußischen Landesteil Hohenzollern galten die preußischen Siedlungsgesetze nicht.

[6] *Tröscher*, Die Neugestaltung des Dorfes, S. 40ff., 43 ff.; *Becker*, Die Bildung neuer Dörfer im Siedlungsverfahren, daselbst S. 73ff.

[7] Bundesrats-Drucksache 339/57.

[8] Empfehlung des Bundesrates (Bundestags-Drucksache 119/58) und entsprechender Beschluß des zuständigen Ausschusses des Bundestages.

[9] Gesetz über Rentengüter vom 26. 7. 1890 (Pr. Gesetzsammlung S. 209), Gesetz betr. die Beförderung der Errichtung von Rentengütern vom 7. 7. 1891 (Pr. Ges.Sammlung S. 279) und Gesetz betr. das Anerbenrecht bei Renten- und Ansiedlungsgütern vom 8. 6. 1896 (Pr. Ges.Sammlung S. 124). Das Gesetz von 1891 ist durch das Landesrentenbankgesetz von 1927 — siehe Fußnote 10 — aufgehoben worden. Das Gesetz von 1896 ist durch das Reichserbhofgesetz aufgehoben und durch Art. II KRG Nr. 45 nicht wieder in Kraft gesetzt worden, wie sich aus Art. I der brit. Mil.Reg.VO Nr. 84 nebst Anlage A ergibt (Amtsblatt der Militärregierung Deutschland, Britisches Kontrollgebiet, Nr. 18, S. 485 und 500).

als dem 25fachen Betrag der (Jahres-)Rente, und zwar fand sie den Rentenberechtigten in *Rentenbriefen* zum Nennwert ab; damit wurde die Rentengutsrente zur *Rentenbankrente*. Das Preußische Landesrentenbankgesetz v. 29. 12. 1927[10] setzte an die Stelle der — allmählich aufzulösenden — fünf provinziellen Rentenbanken die *Preußische Landesrentenbank*. Die Rentengutsrenten und die bei der Auflösung der Rentenbanken noch bestehenden Rentenbankrenten sollten auf die Preußische Landesrentenbank übergehen, ebenso die *Erbabfindungsrenten*, die auf Grund des Gesetzes v. 8. 6. 1896 in einem behördlichen Verfahren zugunsten der weichenden Erben festgesetzt werden konnten, um dem Anerben die Übernahme des ungeteilten Rentengutes zu ermöglichen. In der Hand der Preußischen Landesrentenbank wurden alle diese Renten zu *Landesrentenbankrenten*.

b) Die Landesrentenbankrente entsteht nicht nur bei der Übernahme (Ablösung) von Rentenguts-, Rentenbank- und Erbabfindungsrenten, sondern auch auf Grund von *Kreditgewährungen der Landesrentenbank an den Rentengutsbesitzer oder an den Rentengutsausgeber*. Das Gesetz nennt die Kredite an den Rentengutsbesitzer „*Einrichtungsdarlehen*“ (§ 17 des LRB-Gesetzes) und an den Rentengutsausgeber „*Besiedlungsdarlehen*“ (§ 18 a. a. O.). Obwohl es Sinn und Zweck der Rentengutsgesetzgebung der neunziger Jahre war, den Bauern, die durch die Ablösungsgesetzgebung von 1850 in die kapitalistische Wirtschaft hineingezogen worden waren, Kapitalschulden fernzuhalten und sie entsprechend der Bodennutzung nur gleichbleibende Renten zahlen und sie in Rente statt in Kapital denken zu lassen[11], geht das Gesetz von 1927 bei der Bemessung der *Sicherheitsgrenze* für die Landesrentenbankrente wieder den Weg über das Kapital: ein nach gesetzlichen Vorschriften (§ 15 a. a. O.) zu berechnender Kapitalwert der Landesrentenbankrente muß innerhalb von 90% der von der Siedlungsbehörde (Kulturamt) erstellten Beleihungstaxe *(Siedlungstaxe)* liegen.

c) Die Landesrentenbankrente ist eine öffentliche Grundstückslast; sie kann in Abt. II des Grundbuchs eingetragen werden, bedarf aber dieser Eintragung weder zu ihrer Begründung noch zur Wirksamkeit gegenüber dem öffentlichen Glauben des Grundbuchs; sie wird von staatlichen Kassen (Kreiskassen) in vierteljährlichen Teilbeträgen erhoben und im Verwaltungszwangsverfahren beigetrieben. Ihre Laufzeit kann bis zu $52^1/_3$ Jahren betragen, sie wird auf Grund des ihr zugrunde liegenden Zins- und Tilgungsplans in der Satzung festgesetzt. Der Rentenverpflichtete kann die Landesrentenbankrente mit sechsmonatiger Frist aufkündigen und im ganzen oder in Teilbeträgen vorzeitig tilgen; in den

[10] Pr. Gesetzsammlung S. 283. Neue Fassung vom 1. 8. 1931 (Ges.-Sammlung S. 154) mit Änderungen durch Gesetz vom 23. 6. 1933 (Ges.Sammlung S. 223), abgedruckt bei *Haack*, S. 216, — im folgenden zitiert als „LRB-Gesetz“.

[11] Vgl. *Haack*-v. *Heusinger*, S. 9.

ersten 10 Jahren bedarf er hierzu einer Genehmigung der Siedlungsbehörde (vgl. §§ 25—29 des LRB-Gesetzes und §§ 13, 14 des Gesetzes über die Deutsche Landesrentenbank v. 7. 12. 1939[12]. Soweit das LRB-Gesetz keine besonderen Bestimmungen trifft, gelten für sie die reichsrechtlichen Vorschriften über Reallasten (§§ 1105ff. BGB).

Die Landesrentenbank hat das Recht, von dem Rentengutsbesitzer Kapitaltilgung wie bei einer Hypothek zu verlangen, wenn eine die Sicherheit der Landesrentenbankrente gefährdende Verschlechterung des Rentengutes zu befürchten ist, wenn die Gebäude nicht ordnungsmäßig unterhalten oder versichert werden, wenn der Rentengutsbesitzer in finanziellen Verfall (Konkurs, Zwangsversteigerung usw.) gerät oder wenn das Eigentum am Rentengut auf einen anderen als den Ehegatten oder die Abkömmlinge des Siedlers übergeht (§ 30 des LRB-Gesetzes). Außerdem bedarf, solange eine Landesrentenbankrente besteht, die Aufhebung der wirtschaftlichen Selbständigkeit, die Teilung und die Veräußerung von Teilen eines Rentengutes der Genehmigung der Siedlungsbehörde (§ 32 des LRB-Gesetzes).

d) Entsprechend der mit der Rentengutsgesetzgebung hauptsächlich bezweckten Festigung des deutschen bäuerlichen Elementes in dem von jeher nationalpolitisch gefährdeten preußischen Ostraum, galten für Rentengüter weitere — von dem Bestande einer Landesrentenbankrente unabhängige — siedlungsrechtliche Beschränkungen (Beschränkung der Veräußerungsfreiheit, Anerbenfolge, Wiederkaufsrecht) auf Grund §§ 1, 6, 7, §§ 10ff. des Gesetzes v. 8. 6. 1896 und Art. 29 § 5 des pr. Ausführungsgesetzes zum BGB (dieses beruhend auf Art. 62 des Einführungsgesetzes zum BGB). Sie sind durch Art. III Abs. 2, Art. X des Kontrollratsgesetzes Nr. 45 v. 20. 2. 1947[13] außer Kraft gesetzt worden.

3. Zu den vorstehend geschilderten preußischen Rentengutsbestimmungen traten durch das Reichssiedlungsgesetz (RSG) v. 11. 8. 1919 reichsrechtliche Siedlungsvorschriften hinzu, die durch landesrechtliche Ausführungsgesetze ergänzt worden sind. Soweit sie für dies Referat Bedeutung haben, sollen sie nachstehend kurz dargestellt werden:

a) Durch § 1 RSG wurden die Länder verpflichtet, *gemeinnützige Siedlungsunternehmen* zu begründen. So wurden überall Siedlungsgesellschaften — regelmäßig in der Rechtsform der Gesellschaft mit beschränkter Haftung — errichtet, außerdem wurden vielfach auch die unteren Siedlungsbehörden als Siedlungsunternehmen im Sinne des RSG zugelassen. Die Siedlungsunternehmen haben — bezogen auf die vorstehende Darstellung — die Funktion des Rentengutsausgebers, ohne daß die von ihnen ausgelegten Siedlerstellen gegen eine Geldrente zu Eigentum übertragen und damit zu Rentengütern werden müssen.

[12] RGBl. I S. 2405.

[13] Fundstelle siehe Fußnote 9 am Ende.

b) Nach § 20 RSG haben die Siedlungsunternehmen an den von ihnen ausgelegten Siedlerstellen ein gesetzliches *Wiederkaufsrecht*, das ausgeübt werden kann, wenn der Siedler die Stelle ganz oder teilweise veräußert oder sie nicht dauernd bewohnt oder bewirtschaftet. Es darf nicht ausgeübt werden, wenn der Erwerber eine Körperschaft des öffentlichen Rechts oder Ehegatte oder naher Verwandter des Eigentümers ist. Die Dauer des Wiederkaufsrechts, der Wiederkaufspreis und die näheren Bedingungen sind in dem Vertrage festzusetzen, mit dem die Siedlerstelle dem Siedler überlassen wird (Ansiedlungsvertrag). Wird ein Betrieb im Wege der Anliegersiedlung durch Landzulage vergrößert, so erstreckt sich das Wiederkaufsrecht regelmäßig auch auf den Altbesitz. Die neuere Rechtsprechung verlangt, daß das Wiederkaufsrecht nicht unbefristet festgesetzt wird[14].

In § 35 des preußischen Ausführungsgesetzes zum RSG v. 15. 12. 1919[15] wurde die Veräußerung von Teilen und die Teilung eines nach den Vorschriften des RSG begründeten Ansiedlungsgutes unbefristet von der Genehmigung durch die Siedlungsbehörde abhängig gemacht. Dieses landesrechtliche *Teilungsverbot* wurde — ebenso wie das Wiederkaufsrecht des RSG — durch Art. III Abs. 2 des Kontrollratsgesetzes Nr. 45 nicht aufgehoben, obwohl Wiederkaufsrecht und Teilungsverbot dem dort ausgesprochenen Grundsatz, daß Ansiedlungsgüter freies, den allgemeinen Gesetzen unterworfenes Grundeigentum werden, zu widersprechen scheinen. Aber Art. II Abs. 2 der brit. Mil-Reg.-Verordnung Nr. 84[16] stellt klar, daß das RSG durch das Kontrollratsgesetz Nr. 45 nicht berührt wird; und was für das RSG selbst gilt, wird auch für die dazu ergangenen landesrechtlichen Ausführungsgesetze gelten müssen.

C. Kredite für die Eingliederung von Heimatvertriebenen und Flüchtlingen

Schon bevor das bis zur Währungsreform von 1948 völlig darniederliegende Siedlungswesen allmählich wieder in Gang kam, insbesondere bevor namhafte Siedlungsfinanzierungsmittel aus den Haushalten der Länder und — später — des Bundes zur Verfügung gestellt werden konnten, galt es, möglichst vielen aus der Landwirtschaft stammenden Flüchtlingsfamilien zu einer Existenz auf dem Lande zu verhelfen. „Auslaufende“ und „wüste Höfe“ boten sich zur Seßhaftmachung der Vertriebenen an. Unter „auslaufenden Höfen“ versteht man landwirtschaftliche Betriebe, deren Inhaber zur Übergabe des Hofes an einen

[14] Vgl. OLG Stuttgart vom 29. 1. 1954, Recht der Landwirtschaft, S. 125, OLG Hamm vom 11. 3. 1955, Recht der Landwirtschaft, S. 132; *Stiebens*, Änderung des Wiederkaufsrechts des RSG, Innere Kolonisation 1958 S. 41.

[15] Pr. Gesetzsammlung 1920, S. 31, abgedruckt bei *Haack*, S. 167.

[16] Fundstelle siehe Fußnote 9 am Ende.

Familienfremden bereit sind, weil sie den Hof nicht mehr selbst bewirtschaften wollen oder können und keine Erben haben, die hierzu bereit und in der Lage sind. „Wüste Höfe" dagegen sind Wohn- und Wirtschaftsgebäude, zu denen kein Land mehr gehört oder deren zugehöriges Land im ganzen oder in Teilen an andere Landwirte verpachtet ist; mit der Eingliederung eines Vertriebenen oder Flüchtlings durch Kauf oder Pacht einer solchen Hofstelle wird Kauf oder Pacht landwirtschaftlicher Grundstücke verbunden, so daß in der Hand des Vertriebenen oder Flüchtlings je nach der Größe der anfallenden landwirtschaftlichen Grundstücke und nach der Eignung der Wirtschaftsgebäude ein landwirtschaftlicher Nebenerwerbs- oder Teilbauernbetrieb oder ein bäuerlicher Familienbetrieb entsteht. Nebenerwerbsbetriebe sind Betriebe, deren Inhaber ihre Erwerbsgrundlage hauptsächlich in einem nichtlandwirtschaftlichen Beruf haben; Teilbauern nennt man solche Betriebsinhaber, die zwar Landwirte im Hauptberuf sind, deren landwirtschaftliche Nutzfläche und Viehbestände aber nicht ausreichen, ohne Zuhilfenahme nichtlandwirtschaftlicher Erwerbsquellen ein Familieneinkommen zu erzielen, das dem anderer vergleichbarer Berufstätiger entspricht. Zu dieser Eingliederung verhalf das Gesetz zur Förderung der Eingliederung von Heimatvertriebenen in der Landwirtschaft (Flüchtlingssiedlungsgesetz) v. 10. 8. 1949[17], dessen Inhalt im wesentlichen unverändert in die §§ 35—68 des Gesetzes über die Angelegenheiten der Vertriebenen und Flüchtlinge (Bundesvertriebenengesetz) v. 19. 5. 1953[18] übernommen worden ist. Neben die in Abschnitt B geschilderte Form der ländlichen Siedlung trat damit eine neue Methode; charakteristisch für diese Eingliederungsmaßnahmen ist, daß die Siedler die Grundstücke nicht von einem Siedlungsunternehmen erwerben, sondern von einem privaten Eigentümer durch Vertrag zu Eigentum oder Pacht übernehmen. Als Vermittler und Förderer dieser Eingliederungsmaßnahmen treten außer den Siedlungsunternehmen Landwirtschaftskammern, Flüchtlingsorganisationen und private Landmakler auf; die Siedlungsbehörden unterstützen diese Maßnahme durch gebührenfreie Beurkundung der Verträge, durch Ersuchen an die Grundbuchämter und durch Erteilung von Bescheinigungen, von denen die finanzielle Förderung beider Vertragsparteien abhängig ist. Den Verkäufern oder Verpächtern der Grundstücke bietet das Gesetz einen wirksamen Anreiz dadurch, daß sie von bestimmten Steuern (Einkommen- und Erbschaftssteuern) und von den Abgaben zum Lastenausgleich (bis August 1952: Soforthilfeabgabe)[19] weitgehend freigestellt werden. Den Flüchtlingen andererseits wird die Übernahme der Grundstücke dadurch ermöglicht,

---

[17] WiGBl. S. 231; vgl. *Schapper* in „Die Neugestaltung des Dorfes"; *Ehrenforth*, Zur Eingliederung der Vertriebenen in die Landwirtschaft; ferner Generalversammlung der CEA 1957, Heft 13, S. 53f.

[18] BGBl. I S. 201ff.; neue Fassung vom 14. 8. 1957, BGBl. I S. 1215ff.

daß sie *Eingliederungsdarlehen* aus Mitteln des Lastenausgleichsfonds (bis August 1952: aus Mitteln der Soforthilfe)[19] und regelmäßig zusätzliche Darlehen aus Landesmitteln erhalten.

Die Eingliederungsdarlehen werden durch Grundpfandrechte (Hypotheken, Grundschulden) auf dem von dem Flüchtling gekauften oder gepachteten Grundstück gesichert: ist bei Pachtgrundstücken die Bestellung eines Grundpfandrechts unmöglich, z. B. weil der Eigentümer (Verpächter) sein Grundstück nicht für die Belastung wegen fremder Schuld zur Verfügung stellt, so wird das Pächtereingliederungsdarlehen durch Pächterinventarpfandrecht oder durch Sicherungsübereignung der einzelnen Inventarstücke gesichert[20].

D. Die Finanzierung der Siedlung und der Eingliederung

1. Im Reichssiedlungsgesetz sind keine Vorschriften über die Finanzierung der Siedlung enthalten, und auch noch das Preußische Landesrentenbankgesetz ging von der in den preußischen Ostprovinzen eingespielten Finanzierung aus, wonach sich die Rentenbanken durch Ausgabe von Schuldverschreibungen (Rentenbriefen) langfristige Mittel vom Kapitalmarkt beschafft hatten. Das sollte nun die Preußische Landesrentenbank durch Ausgabe von Landesrentenbriefen tun, die von Preußen garantiert waren. Aus den so beschafften langfristigen Kapitalmarktmitteln sollten die Ankaufskredite für die Landbeschaffung, die Einrichtungsdarlehen und die Besiedlungsdarlehen finanziert werden; dieser *Dauerkredit* sollte durch *Zwischenkredite* (Ankaufs- und Besiedlungskredite) vorfinanziert werden, die seit 1916 die Preußische Staatsbank (Seehandlung) zur Verfügung gestellt hatte. Der Kapitalmarkt aber lag nach der Inflation von 1922/23 lange Jahre darnieder, und so kam die mit dem Reichssiedlungsgesetz und dem Preußischen Landesrentenbankgesetz bezweckte Siedlungstätigkeit des Weimarer Reiches nicht recht in Gang. Deshalb stellte das Reich seit 1926 Mittel für Zwischenkredite über die 1925 errichtete *Deutsche Rentenbank-Kreditanstalt* (Landwirtschaftliche Zentralbank) zur Verfügung. Da nun aber die Durchführung der Siedlung in den Händen der Länder und damit in dem größten und für die Siedlung hauptsächlich in Betracht kommenden Teil des Reichsgebietes in der Hand Preußens lag, andererseits das Reich Einfluß auf die Verwendung der von ihm zur Verfügung zu stellenden Gelder nehmen wollte, kam es mehrere Jahre hindurch zu heftigen Auseinandersetzungen zwischen dem Reich und Preußen[21]. Am

[19] Das Soforthilfegesetz vom 8. 8. 1949 (WiGBl. S. 205) wurde abgelöst durch das Lastenausgleichsgesetz vom 14. 8. 1952 (BGBl. I S. 446).

[20] *Flume*, Besitzloses Fahrnispfand im geltenden deutschen Recht, S. 67ff. insbes. S. 69f. (Pächterinventarpfandrecht nach dem Pachtkreditgesetz) und S. 70ff. (Sicherungsübereignung).

[21] Hierzu vgl. *Boyens*, Finanzierungsnöte der ländlichen Siedlung; Frhr. *v. Gayl*, Die Siedlung in Deutschland, S. 392ff., insbes. S. 405.

Ende dieser Kämpfe — im Jahre 1930 — gründeten das Reich und Preußen gemeinsam eine Bank für Siedlungs-Zwischenkredite: die *Deutsche Siedlungsbank*[22]. Auf sie wurde der bis dahin von der Deutschen Rentenbank-Kreditanstalt verwaltete, aus Reichsmitteln gespeiste Zwischenkreditfonds übergeführt. Die Preußische Landesrentenbank wurde durch Gesetz über die Deutsche Landesrentenbank v. 7. 12. 1939 unter dem Namen „*Deutsche Landesrentenbank*" zu einem Reichsinstitut für die Siedlungs-Dauerkredite. Die Garantie für die Landesrentenbriefe wurde vom Reich übernommen (§§ 1, 4 des Gesetzes).

Die von der Deutschen Siedlungsbank aus Reichsmitteln gewährten Zwischenkredite, deren Umschuldung auf dem Kapitalmarkt durch die Preußische Landesrentenbank nicht gelungen war, gingen als Dauerkredite auf die Deutsche Landesrentenbank über (§§ 10, 11 des Gesetzes). Diese zu Dauerkrediten gewordenen ehemaligen Zwischenkredite waren durch Hypotheken gesichert; seitdem hat die Deutsche Landesrentenbank, die hierzu schon auf Grund von § 40 des Gesetzes v. 29. 12. 1927 berechtigt war, außer den Landesrentenbankrenten auch und in nicht geringerem Umfange durch Hypotheken gesicherte Darlehnsforderungen im Bestande ihrer Dauerkredite. Dementsprechend und weil die Bank nunmehr auch außerhalb Preußens tätig werden sollte, ist für die Kreditgewährungen der Deutschen Landesrentenbank, die insbesondere der Ablösung der Zwischenkredite der Deutschen Siedlungsbank dienen sollte, nicht mehr Voraussetzung, daß die Siedlerstelle die Eigenschaft eines Rentengutes oder gar eines Anerbengutes hat oder erhält.

2. Nach dem Zusammenbruch von 1945 waren beide Banken zunächst nicht aktionsfähig. Daher wurden im Jahre 1950 die ersten Siedlungskredite aus ECA-Mitteln und die aus Bundesmitteln vorfinanzierten Arbeitsbeschaffungskredite für Flüchtlingssiedler über die im Jahre 1949 an Stelle der ebenfalls nicht mehr aktionsfähigen Deutschen Rentenbank-Kreditanstalt (Landwirtschaftliche Zentralbank) in Westdeutschland neu errichtete *Landwirtschaftliche Rentenbank* geleitet. Diese wiederum vergab die Kredite über die in den einzelnen Ländern des Vereinigten Wirtschaftsgebietes, später des Bundesgebietes, vorhandenen *regionalen Agrarkreditinstitute* — meist ebenfalls öffentlich-rechtliche Kreditanstalten —, die in enger Zusammenarbeit mit den Siedlungsbehörden der Länder und mit Unterstützung aus Landeshaushaltsmitteln die Aufgabe rasch und reibungslos durchgeführt haben. Diese Dezentralisation der Siedlungsfinanzierung entsprach zugleich der nach dem Untergang des „Dritten Reiches" wieder eingetretenen stärkeren Selbständigkeit der — vielfach neuen — Länder. Die Kredite wurden von vornherein als Dauerkredite ausgelegt; bis zur Verteilung der Kredite auf die einzelnen Siedlerstellen war die Siedlungsgesellschaft Kredit-

[22] Verordnung über die Deutsche Siedlungsbank vom 26. 9. 1930 in der Fassung des Gesetzes vom 18. 9. 1933 (RGBl. I S. 647).

nehmer. Die Kredite sind durch Grundpfandrechte (Hypotheken oder Grundschulden) zunächst an dem unaufgeteilten Grundstück, später an den einzelnen Siedlerstellen gesichert worden.

3. Im Jahre 1953 wurde die Finanzierung der Neusiedlung für Vertriebene, Flüchtlinge und für einheimische Siedlungsbewerber (insbesondere zweite Bauernsöhne, Pächter und Landarbeiter) und der Eingliederungsmaßnahmen für Vertriebene und Flüchtlinge neu geordnet. Im Bundesvertriebenengesetz v. 19. 5. 1953 wurde im Interesse der Kontinuierlichkeit der Siedlungs- und Eingliederungsmaßnahmen in § 46 bestimmt, daß der Bund bis zum Jahre 1957 je 100 Millionen DM für die Neusiedlung zusätzlich zu den von den Ländern aufzubringenden Siedlungsmitteln bereitzustellen hat und daß der Ausgleichsfonds außer den aus seinen Mitteln zu gewährenden Eingliederungsdarlehen den Ländern langfristige Darlehen für die von ihnen zu finanzierenden Eingliederungsmaßnahmen zur Verfügung stellt, und zwar ebenfalls bis 1957 jährlich in Höhe von 100 Millionen DM. Durch das zweite Änderungsgesetz zum Bundesvertriebenengesetz v. 27. 7. 1957[23] wurde die Verpflichtung des Bundes hinsichtlich der von ihm für die Neusiedlung bereitzustellenden jährlichen 100 Millionen DM bis zum Erlaß eines neuen Gesetzes verlängert und zugleich dahin erweitert, daß er ebenso lang weitere 100 Millionen DM jährlich für die Eingliederungsmaßnahmen zur Verfügung stellt, beides jedoch nur, soweit der Haushalt die Deckung dafür beschaffen kann. Die Darlehen an die Länder aus Lastenausgleichsmitteln fallen fort. Aufbaudarlehen für Landwirte, insbesondere für die Eingliederung, werden weiterhin bis 1965 aus Lastenausgleichsmitteln gewährt[24]. Die vorerwähnten Bundesmittel für Neusiedlung kommen — ebenso wie die entsprechenden Landesmittel — überwiegend den Vertriebenen und Flüchtlingen zugute, weil § 38 des Bundesvertriebenengesetzes bestimmt, daß mindestens die Hälfte des neu anfallenden Siedlungslandes bei der Neusiedlung an Vertriebene und Flüchtlinge zu vergeben ist.

Zur Finanzierung der Neusiedlung für einheimische Siedlungsbewerber stellt der Bund nach § 2 des Gesetzes zur Förderung der landwirtschaftlichen Siedlung v. 15. 5. 1953[25] jährlich 50 Millionen DM zur Verfügung, auch diese aber nur soweit es die Haushaltslage zuläßt. Gleichzeitig bestimmt § 4, daß die Mittel in ein bei der Deutschen Siedlungsbank gebildetes Zweckvermögen fließen; aus ihm können nicht nur Kredite gewährt, sondern auch auf dem Kapitalmarkt beschaffte Mittel zinsverbilligt und die Kosten der Kapitalbeschaffung getragen werden.

---

[23] BGBl. I S. 1207; vgl. *Ehrenforth*, Zur Eingliederung der Vertriebenen in die Landwirtschaft.

[24] § 323 Abs. 1 des Lastenausgleichsgesetzes in der Fassung des 8. Änderungsgesetzes vom 26. 7. 1957 (BGBl. I S. 809).

[25] BGBl. I S. 224.

Auf Grund des zweiten Änderungsgesetzes zum Bundesvertriebenengesetz fließen diesem Zweckvermögen seit 1958 auch die Mittel zu, die der Bund auf Grund des Bundesvertriebenengesetzes in den Jahren 1953 bis 1957 in Höhe von je 100 Millionen DM zur Verfügung gestellt hat und die er von 1958 an in Höhe von je 200 Millionen DM zur Verfügung stellen soll[26].

Seit 1953 hat der Bund an Stelle des Reiches die Garantie für die Inhaberschuldverschreibungen der Deutschen Landesrentenbank übernommen[27].

E. Kredite für die Aussiedlung und Aufstockung landwirtschaftlicher Betriebe

Die ländliche Siedlung befaßt sich mit der Neuschaffung von landwirtschaftlichen Betrieben auf neuem Kulturland, das dem Meere abgewonnen oder durch Kultivierung von Moor- und Ödland gewonnen ist, sowie auf solchem alten Kulturland, das durch die Aufteilung größerer Güter, durch Landabgabe aus größeren Gütern oder auf andere Weise angefallen und von den Siedlungsunternehmen erworben worden ist. Die zuerst genannten Landquellen sind in der Bundesrepublik in nicht mehr bedeutendem Umfange ergiebig; wohl aber fällt mehr und mehr Land aus dem freihändigen Verkauf landwirtschaftlicher Grundstücke in den Gebieten an, in denen die Industrialisierung fortschreitet und die Neigung auch der dörflichen Bevölkerung abstirbt, ihr Land noch selbst zu bewirtschaften. Die Siedlungsunternehmen sind bestrebt, dieses Land anzukaufen, um den so gewonnenen Landvorrat im Wege der Anliegersiedlung oder als Landzulagen in einem Flurbereinigungsverfahren zur Vergrößerung der zu kleinen Betriebe *(„Aufstockung")* verwenden zu können. Die Aufstockung oder die Flurbereinigung kann mit einer *Aussiedlung* verbunden werden, d. h. mit einer Verlegung der Wohn- und Wirtschaftsgebäude aus dem Ort in die Feldmark. In allen diesen Fällen richtete sich die Kreditgewährung, die Kreditsicherung und die Finanzierung bisher im wesentlichen nach den in den Abschnitten B und D geschilderten Formen.

Seit Mitte 1956 konnte nun aber im Interesse einer Beschleunigung der Verbesserung der Agrarstruktur auch ohne die Einleitung eines behördlichen Siedlungs- oder Flurbereinigungsverfahrens die Aufstockung und Aussiedlung mit Bundesmitteln aus dem Grünen Plan gefördert werden. Jeder Bauer, dessen landwirtschaftlicher Betrieb unterhalb der Größe einer bäuerlichen Familienwirtschaft liegt, kann bei dem örtlichen oder

---

[26] Vgl. § 46 Abs. 2 BVFG, eingefügt durch Art. I Nr. 20 des 2. Änderungsgesetzes vom 27. 7. 1957 (BGBl. I S. 1207).

[27] Durch Änderung des § 4 des Gesetzes über die Deutsche Landesrentenbank vom 7. 12. 1939 in § 5 des Gesetzes zur Förderung der landwirtschaftlichen Siedlung vom 15. 5. 1953 (BGBl. I S. 224).

regionalen Agrarkreditinstitut ein zinsgünstiges Darlehen aus Bundesmitteln (bis zu 75% des Kaufpreises, höchstens DM 15 000,—) beantragen, wenn er seinen Betrieb durch Erwerb von Land auf die Größe einer bäuerlichen Familienwirtschaft bringen („aufstocken") will und gerade Gelegenheit hat, ein dafür geeignetes Grundstück zu erwerben. Ebenso kann jeder Bauer ein Darlehen für die Aussiedlung (bis zu 60% der Kosten, höchstens DM 45 000,—, in bestimmten Ausnahmefällen DM 50 000,—) beantragen. Der Antrag muß von einem Siedlungsunternehmen oder der Landwirtschaftskammer (in Bayern: von einem Landwirtschaftsamt), gegebenenfalls statt dessen von einem Agrarkreditausschuß, befürwortet sein. Bei Aussiedlungen bedarf es zusätzlich einer Äußerung der Flurbereinigungsbehörde darüber, ob der von dem Antragsteller gewählte Standort für das neue Gehöft ein künftiges Flurbereinigungsverfahren erschweren wird. Ist das angesprochene Kreditinstitut zur Vermittlung des Bundesdarlehns bereit, so reicht es den Antrag an die *Landwirtschaftliche Rentenbank* weiter, die vom Bundesminister für Ernährung, Landwirtschaft und Forsten mit der Durchführung dieser Aktion beauftragt worden ist. Sie kann, wenn die in den Richtlinien hierfür aufgestellten Voraussetzungen vorliegen, die Aufstockungs- und Aussiedlungsdarlehen sowie bei Aussiedlungen auch Zuschüsse für die Erschließungskosten (Wege- und Fernsprechanschluß, Wasser- und Energieversorgung, Abwasserbeseitigung) bis zu DM 15 000,— im einzelnen Fall bewilligen. Als Hilfsdarlehen kommen neben dem Aufstockungsdarlehen Darlehen für die Erweiterung oder Vermehrung von Wirtschaftsgebäuden (höchstens DM 15 000,—) und neben den Aussiedlungsdarlehen Darlehen an den Erwerber der alten im Ort gelegenen Hofstelle (höchstens DM 10 000,—) in Betracht. Die Darlehen und Zuschüsse werden nach der Bewilligung durch die Landwirtschaftliche Rentenbank von dem regionalen oder örtlichen Agrarkreditinstitut unter dessen eigener Verantwortung zur alsbaldigen Verwendung ausgezahlt; die Darlehen werden durch Grundpfandrecht im Grundbuch gesichert. Sie werden bei Laufzeiten bis zu 10 Jahren, die regelmäßig nur bei Aufstockung, Gebäudeerweiterung und alten Hofstellen in Betracht kommen, als Abzahlungskredite mit vom zweiten Jahre an zu zahlenden gleichen Halbjahresraten ausgelegt, während bei Laufzeiten von mehr als 10, höchstens 30 Jahren die Form des Tilgungsdarlehens mit gleichbleibenden Jahresleistungen gewählt wird, in denen ein abnehmender Anteil Zinsen und ein zunehmender Anteil Tilgung enthalten ist. Diese beiden Tilgungsarten gelten bei fast allen Agrarkrediten. Hier aber kommt hinzu, daß die regelmäßig seitens der Bank unkündbaren Darlehen außer in Fällen größerer Leistungsrückstände oder eines Vermögensverfalls des Schuldners auch dann vorzeitig fällig werden, wenn etwa die gleichen Umstände eintreten, die zu vorzeitiger Kapitalfälligkeit der Landesrentenbankrente führen (s. oben B 2e).

Diese Aktion, die an die Eigeninitiative der Bauern appelliert und den Einsatz erheblicher eigener barer und unbarer Mittel der Bauern für die Verbesserung der Agrarstruktur mobilisiert, hat in den $1\frac{1}{2}$ Jahren, in denen sie bisher praktisch geworden ist, einen alle Erwartungen übersteigenden Umfang angenommen. Für behördliche und außerbehördliche Aussiedlungen und Aufstockungen hat der Bund im Grünen Plan 1956 60 Millionen DM und 1957 150 Millionen DM bereitgestellt; im Grünen Plan 1958 sind 250 Millionen DM dafür vorgesehen.

Aufstockungen, Aussiedlungen und landwirtschaftliche Um- und Neubauten aller Art werden — ebenso wie eine Reihe von anderen Maßnahmen zur Verbesserung der Agrarstruktur, der Rationalisierung landwirtschaftlicher Betriebe und der Förderung des Absatzes ihrer Erzeugnisse — außerdem dadurch staatlich gefördert, daß zu Darlehen, die die Bauern hierfür aus Kapitalmarktmitteln aufnehmen, eine Zinsverbilligung aus Bundesmitteln geleistet wird. Aufstockungen, die nicht im Zusammenhang mit einer Aussiedlung stehen, und die Erweiterung oder Vermehrung von Wirtschaftsgebäuden werden mit dem Ablauf des Haushaltsjahres 1957 allein auf diese zinsverbilligten Kredite aus Mitteln des nun wieder besser funktionierenden Kapitalmarktes verwiesen, um die verfügbaren zinsgünstigen Haushaltsmittel aus 1958 — verstärkt durch in besonderem Maße zinsverbilligte Kapitalmarktmittel — allein der wachsenden Zahl behördlicher und außerbehördlicher Aussiedlungen und mit ihnen verbundener Aufstockungen dienstbar machen zu können.

Dritter Teil

WIRTSCHAFTSRECHT

ARBEITSRECHT

LUFTRECHT

WIRTSCHAFTSRECHT

DIE BETEILIGUNG DER ARBEITNEHMER AN DER LEITUNG UND AM GEWINN DES UNTERNEHMENS

Von Dr. Rolf Dietz

Professor an der Universität Münster/Westfalen

I.

Neben dem Streben nach sozialer Sicherheit bestimmt die Forderung der Arbeitnehmer auf Mitbestimmung im Betrieb und Unternehmen die soziale Frage in der Mitte des 20. Jhs. Zwar ist auch dieses Verlangen aus dem Streben nach Besserung der sozialen Lage der Arbeitnehmer hervorgegangen. Aber es ist darüber hinaus gewachsen. Es ist Ausdruck der Forderung der Arbeitnehmer geworden, selbst Mitgestalter und Mitträger, Subjekt des wirtschaftlichen Geschehens zu sein.

Die Beteiligung der Arbeitnehmer an der Leitung des Betriebes und des Unternehmens ist in der Bundesrepublik Deutschland nach 1945 im Vergleich zur Gestaltung in anderen Rechtsordnungen sehr weit entwickelt, andererseits auch vielschichtig gestaltet worden. Ein Gesetz, das Betriebsverfassungsgesetz[1] (BetrVG) v. 11. 10. 1952 (Bundesgesetzblatt I S. 681), regelt die Beteiligung der Arbeitnehmer innerhalb der *Privatwirtschaft* einheitlich für das ganze Bundesgebiet. Daneben steht für den Bergbau und die Eisen und Stahl erzeugende Industrie eine Sonderregelung, die sich allerdings nur auf die Entsendung von Arbeitnehmern in den Aufsichtsrat und in den Vorstand der Gesellschaften beschränkt (Mitbestimmungsgesetz [MitbestG])[2], und — zum Teil etwas anders ausgeformt — für die Holdinggesellschaften dieser Industrie[3].

---

[1] Vgl. dazu die Kommentare: *Dietz*, 2. Aufl. 1954; *Fitting-Kraegeloh*, 3. Aufl. 1953; *Galperin-Siebert*, 3. Aufl. 1958; *Meissinger* 1952.

[2] Gesetz über die Mitbestimmung der Arbeitnehmer in den Aufsichtsräten und Vorständen der Unternehmen des Bergbaus und der Eisen und Stahl erzeugenden Industrie vom 21. 5. 1951 (Bundesgesetzblatt I S. 247). Vgl. dazu die Kommentare von *Boldt* 1952 und *Kötter* 1952.

[3] Gesetz zur Ergänzung des Gesetzes über die Mitbestimmung der Arbeitnehmer in den Aufsichtsräten und Vorständen der Unternehmen des Bergbaus und der Eisen und Stahl erzeugenden Industrie vom 7. 8. 1956 (Bundesgesetzblatt I S. 707). Vgl. die Kommentare von *Boldt* 1957 und *Kötter* 1958.

Für die Dienststellen des öffentlichen Dienstes gibt es eine Sonderregelung im Personalvertretungsgesetz (PersVG)[4]. Entsprechend dem föderalistischen Aufbau der Bundesrepublik gilt dieses Gesetz nur für die Dienststellen des Bundes, der bundesunmittelbaren Körperschaften, Anstalten und Stiftungen des öffentlichen Rechts. Für die einzelnen Länder sind zum Teil bereits Gesetze ergangen[5], zum Teil befinden sie sich in Vorbereitung. Die Abgrenzung zwischen der Regelung für die Privatwirtschaft und den öffentlichen Dienst ist rein formal danach getroffen, ob der Inhaber des Betriebes eine juristische Person des öffentlichen Rechtes ist. Für die Verkehrsbetriebe einer Stadt gilt also das Personalvertretungsrecht, wenn sie von der Stadt unmittelbar betrieben werden, dagegen das BetrVG, falls sie als Aktiengesellschaft organisiert sind, auch wenn die Stadt alle Anteile in der Hand hat.

Die Ausgestaltung des Mitspracherechtes der Arbeitnehmer einschließlich der Beamten im öffentlichen Dienst bringt im Grunde nur Modalitäten, die sich aus der Besonderheit dieses Bereichs ergeben. Es ist im folgenden von der Privatwirtschaft auszugehen.

Das Schwergewicht des Mitspracherechts der Arbeitnehmer liegt im einzelnen *Betrieb*; die Beteiligung an der Leitung des *Unternehmens* tritt demgegenüber zurück. Denn im Betrieb laufen die formenden Kräfte des Arbeitslebens zusammen. Dort verwirklicht sich das Leben der Arbeitnehmer, soweit es Tätigkeit, Arbeit und Beruf ist. Der Betrieb ist die organisatorische Einheit, innerhalb derer der Arbeitgeber zusammen mit den Arbeitnehmern mit Hilfe von materiellen und immateriellen Produktionsmitteln einen arbeitstechnischen Zweck unmittelbar verfolgt. Demgegenüber wird die Einheit des Unternehmens durch die Organisation zur Erreichung eines Zweckes bestimmt, der hinter dem arbeitstechnischen Zweck des Betriebes liegt und meistens ein wirtschaftlicher ist. Praktisch ist die Unterscheidung nur wesentlich, wenn das Unternehmen mehrere Betriebe umfaßt.

Ein Mitgestaltungsrecht führt notwendig zu einer Mitverantwortung und damit auch zu einer Überwindung des prinzipiellen Gegensatzes zwischen Arbeitnehmern und Arbeitgeber. Bei aller Anerkennung einer unterschiedlichen Interessenlage tritt die Gemeinsamkeit der Aufgabe in den Vordergrund. Die Pflicht zur vertrauensvollen Zusammenarbeit wird in den Gesetzen ausdrücklich hervorgehoben und dadurch unterstützt, daß innerhalb des Betriebes jeder Arbeitskampf verboten ist (§ 49 BetrVG, § 55 PersVG).

Die Betrachtung des Mitspracherechtes kann unter zwei Gesichtspunkten erfolgen: nach der *Intensität*, in der die Beteiligung der Arbeit-

[4] PersVG vom 5. 8. 1955 (Bundesgesetzblatt I S. 477). Vgl. die Kommentare von *Bochalli* 1955; *Dietz* 1956; *Fitting-Heyer* 1956; *Grabendorff-Winscheid* 1955; *Molitor* 1955, 2. Aufl. 1958.

[5] Berlin, Gesetz vom 21. 3. 1957; Hamburg, Gesetz v. 18. 10. 1957; Schleswig-Holstein, Gesetz v. 27. 11. 1957; Bremen, Gesetz vom 3. 12. 1957.

nehmerrepräsentanten an der Leitung des Betriebes bzw. des Unternehmens in Erscheinung tritt, und nach dem *Bereich*, in dem es zum Zuge kommt.

Von dem ersteren ist auszugehen, weil nur auf der Grundlage der Erkenntnis dessen, welcher Art die Beteiligung ist, ihre Bedeutung in den einzelnen sachlichen Bereichen hervortritt.

II.

1. a) Nach der *Intensität* steht auf der untersten Stufe das *Informationsrecht;* hier muß der Arbeitgeber den Arbeitnehmerrepräsentanten von einer geplanten oder vorgenommenen Maßnahme Mitteilung machen, oder sie sonst über eine Sachlage unterrichten. Dabei ergibt sich selbstverständlich aus der Stellung des Betriebsrates als Gesprächspartner und aus der Courtoisie der Zusammenarbeit, daß dieser nicht darauf beschränkt ist, die Erklärung entgegenzunehmen, sondern sich auch äußern und auf Bedenken hinweisen kann. Allerdings braucht der Arbeitgeber sich dort, wo er nur zur Information verpflichtet ist, nicht im einzelnen mit ihm auseinanderzusetzen. Auch das Informationsrecht ist Ausdruck dessen, daß es sich um eine Angelegenheit handelt, die nicht nur den Arbeitgeber, sondern auch die Arbeitnehmer angeht. Es ist durchaus nicht ohne Bedeutung, so, wenn der Unternehmer den Betriebsrat über Einstellung und personelle Veränderungen leitender Angestellter unterrichten muß (§ 65 BetrVG), oder wenn er dem Wirtschaftsausschuß vierteljährlich über die Lage des Unternehmens zu berichten (§ 69 Abs. 2, § 71 BetrVG) und vor allem ihm den Jahresabschluß zu erläutern hat (§ 69 Abs. 4 BetrVG).

b) Einen stärkeren Grad nimmt die Beteiligung an, wenn der Arbeitgeber den Betriebsrat *anhören* muß, wie etwa vor Ausspruch einer Kündigung (§ 66 Abs. 1 BetrVG). Dann hat der Betriebsrat ein *Recht*, Einwendungen geltend zu machen, und der Arbeitgeber ist verpflichtet, sich mit ihnen im einzelnen auseinanderzusetzen. Allerdings liegt die Initiative zur Einleitung einer Erörterung und Aussprache beim Betriebsrat.

c) Wieder intensiver ist es, wenn der Arbeitgeber eine Angelegenheit mit dem Betriebsrat *beraten* muß. Dann hat er die Gründe, die ihn bestimmen, mitzuteilen und den Betriebsrat aufzufordern, sich mit ihnen auseinanderzusetzen. *Er* hat die Aussprache zu suchen und um die Stellungnahme des Betriebsrats zu bitten. In gemeinsamer Diskussion sind die beiderseitigen Gesichtspunkte abzuwägen. Dabei *kann* es so sein, daß die vorausgehende Beratung Wirksamkeitsvoraussetzung für die Maßnahme ist, allerdings ist das im Bereich der Privatwirtschaft nicht vorgesehen, wohl aber im öffentlichen Dienst (§ 61 PersVG).

d) Aber bei diesen Rechten auf Information, Anhörung oder Beratung handelt es sich noch nicht um die eigentliche Mitbestimmung. Denn die Entscheidung trifft der Arbeitgeber allein. Er ist an die Meinung des

Betriebsrats nicht gebunden. Der Betriebsrat hat keinen Einfluß auf die Entscheidung, daß sie so und nicht anders getroffen werde. Er kann nur versuchen, den Entscheidenden, d. h. den Arbeitgeber, durch das Gewicht seiner Gründe zu beeinflussen.

Es ist üblich geworden, bei dieser Ausgestaltung des Mitspracherechts von *Mitwirkung* zu sprechen[6].

2. Eine *Mitbestimmung* liegt erst vor, wenn der Arbeitgeber an das Einverständnis des Betriebsrates gebunden ist. Denn nur dann bestimmt der Betriebsrat unmittelbar mit, was geschehen kann oder darf. Auch dieses Mitbestimmungsrecht ist sehr unterschiedlich ausgestaltet.

a) Es kann so sein, daß eine Maßnahme überhaupt nicht getroffen werden *kann* (oder darf), solange der Betriebsrat ihr nicht zugestimmt hat; man mag von einem *positiven Konsensprinzip* sprechen. Hier setzt die Maßnahme eine *vorhergehende* Vereinbarung mit dem Betriebsrat oder doch seine Einverständniserklärung voraus.

b) Es kann aber auch so sein, daß der Arbeitgeber die Maßnahme zwar allein vornehmen kann und soll, daß er sie aber *zurücknehmen* muß oder daß sie von Rechts wegen unwirksam wird, sobald der Betriebsrat Widerspruch erhebt. Man mag hier von einem *negativen Konsensprinzip* sprechen. Eine solche Gestaltung ist dort sinnvoll, wo die Entscheidung grundsätzlich dem Arbeitgeber obliegt und der Betriebsrat nur eingreifen soll, wenn ausnahmsweise die Interessen der Belegschaft verletzt werden.

Dabei kann gerade mit Rücksicht auf diese Funktion das Einspruchsrecht ins freie Ermessen des Betriebsrats gestellt sein, es kann ihm aber auch nur aus ganz bestimmten, im Gesetz aufgezählten Gründen zustehen.

c) Daneben steht als eine besondere Form der Mitbestimmung ein *Initiativrecht* des Betriebsrates — nicht in dem Sinne, daß er mit Anregungen an den Arbeitgeber herantreten kann, das ist nicht nur selbstverständlich, sondern wird im Gesetz auch noch ausdrücklich erwähnt (§ 54 BetrVG) —, sondern in dem Verstande, daß der Betriebsrat eine Maßnahme *verlangen* kann.

Ein solches Initiativrecht hat der Betriebsrat bei den sozialen Angelegenheiten, die seiner Mitbestimmung unterliegen (§ 56 Abs. 2 BetrVG). Außerdem kann er die Entlassung oder Versetzung eines Arbeitnehmers fordern, der durch unsoziales oder gesetzwidriges Verhalten den Betriebsfrieden stört.

d) Besonders bedeutungsvoll ist es, daß der Betriebsrat mit dem Arbeitgeber eine *Betriebsvereinbarung* schließen kann. Die Betriebsverein-

[6] *Dietz,* Kommentar zum BetrVG, Vorbem. vor § 49 Anm. 24ff.; derselbe, Recht der Arbeit 1952, S. 41; *Galperin-Siebert,* Kommentar zum BetrVG, Vorbem. vor § 49 Anm. 27ff.; *Siebert,* Betriebs-Berater 1952, S. 832; *Hueck,* Probleme des Mitbestimmungsrechts S. 5ff.

barung ist ein mehr von der Wissenschaft und von der Rechtsprechung als vom Gesetz entwickelter Kollektivvertrag auf der Ebene des einzelnen Betriebes. Sie hat weitgehend Ähnlichkeit mit dem Tarifvertrag. Durch sie können die Arbeitsverhältnisse der Arbeitnehmer unmittelbar gestaltet werden. Von ihren Bestimmungen kann nur zugunsten der Arbeitnehmer abgewichen werden.

Alle diese Formen der Mitbestimmung und Beteiligung der Arbeitnehmer an der Leitung des Betriebes und des Unternehmens sowie bei den Wohlfahrtseinrichtungen kennt das deutsche Recht.

3. a) Wie immer, so muß dort, wo ein wirkliches Mitbestimmungsrecht besteht, Sorge getragen werden, daß eine Entscheidung möglich ist, wenn eine Einigung zwischen Betriebsrat und Arbeitgeber nicht zustande kommt. Denn das betriebliche Geschehen kann nicht einfach stilliegen. Zu diesem Zweck sieht das Gesetz *Schlichtungsstellen* vor, die zum Teil Einigungsstellen (§ 50 BetrVG) heißen, zum Teil — nämlich im Bereich des wirtschaftlichen Mitbestimmungsrechts — Vermittlungsstellen (§ 72 Abs. 2 BetrVG). Sie sind paritätisch mit Beisitzern, die Arbeitgeber und Betriebsrat bestellen, unter einem unparteiischen Vorsitzenden besetzt. Der Unterschied besteht nur darin, daß — wenn sich Arbeitgeber und Betriebsrat auf den Vorsitzenden nicht einigen können — dieser bei den Einigungsstellen vom Vorsitzenden eines Arbeitsgerichts, bei den Vermittlungsstellen vom Präsidenten des Oberlandesgerichts bestellt wird.

Der Spruch dieser Stellen hat dort bindende Wirkung, wo ein Mitbestimmungsrecht besteht, der Arbeitgeber die Maßnahme ohne Zustimmung des Betriebsrats nicht vornehmen kann oder darf.

In anderen Fällen hat der Spruch der Einigungsstelle nur die Bedeutung eines — unverbindlichen — Vorschlags.

b) Soweit der Betriebsrat seine Zustimmung nur aus genau umschriebenen Gründen versagen kann, kommt eine solche Schlichtung nicht in Betracht. Denn es ist eine Rechtsfrage, ob ein solcher Grund vorliegt. Über sie haben die Gerichte zu entscheiden (§ 61 BetrVG); im öffentlichen Dienst überträgt allerdings das Gesetz die Entscheidung der Einigungsstelle (§ 63 PersVG), die hier — systemwidrig — die Funktion eines Schiedsgerichtes übernimmt.

III.

Betrachtet man das Mitspracherecht der Arbeitnehmer hinsichtlich seines *sachlichen* Bereichs, so unterscheidet das deutsche Recht *soziale* Angelegenheiten, *personelle* Angelegenheiten und *wirtschaftliche* Angelegenheiten.

1. a) Unter *sozialen Angelegenheiten* werden die *Arbeitsbedingungen* im weitesten Sinne des Wortes verstanden, nicht nur die materiellen, wie Lohn, Urlaub, Arbeitszeit, Kündigungsfrist, sondern auch die formellen

Bedingungen, d. h. alles, was mit der Ordnung im Betrieb und dem Verhalten der Arbeitnehmer dort zusammenhängt. Zu den sozialen Angelegenheiten gehören auch alle Wohlfahrtseinrichtungen, wie etwa eine Kantine, ein Lehrlingsheim, ein Erholungsheim, Pensionskassen, Sportplätze, Büchereien.

Im Bereich dieser sozialen Angelegenheiten liegt das *Schwergewicht* der Aufgaben des Betriebsrats. Das versteht sich aus der historischen Entwicklung; denn hier ging es zunächst um eine Mitwirkung bei der Verbesserung der Arbeitsbedingungen. Darüber hinaus ist die Gestaltung der Arbeitsbedingungen von entscheidender Wichtigkeit für die Arbeitnehmer, für das Betriebsklima, für die zwischenmenschlichen Beziehungen im Betrieb.

Die Beteiligung des Betriebsrats bei der Gestaltung dieser Angelegenheiten ist im einzelnen sehr unterschiedlich.

Bei bestimmten Angelegenheiten hat er ein *Mitbestimmungsrecht* in dem Sinn, daß ihre Gestaltung ohne sein Einverständnis nicht möglich ist. Bei anderen ist der Arbeitgeber nicht verpflichtet, mit dem Betriebsrat eine Betriebsvereinbarung zu schließen, aber er kann es tun, jedoch ohne daß der Betriebsrat ihn zwingen könnte. Daneben steht ein Bereich, in dem eine Betriebsvereinbarung ausgeschlossen ist.

b) α) Die Angelegenheiten, bei denen dem Betriebsrat ein eigentliches Mitbestimmungsrecht zusteht, sind katalogmäßig aufgeführt. Dabei besteht ein lebhafter Streit in der Literatur, ob das Recht auf Mitbestimmung des Betriebsrats dahin geht, daß über deren Regelung eine Betriebsvereinbarung geschlossen wird[7], oder ob er auch hinsichtlich der einzelnen Maßnahmen ein Mitbestimmungsrecht[8] hat. Zum Teil wird eine vermittelnde Meinung eingenommen, die bei den einzelnen Angelegenheiten unterscheiden will, ob der Anspruch auf Mitbestimmung bei der Aufstellung von Grundsätzen oder auch bei den einzelnen Maßnahmen besteht[9].

Eine weitere Frage ist noch umstritten, nämlich, ob die Zustimmung des Betriebsrats Voraussetzung für die Vornahme einer Einzelmaßnahme

---

[7] *Dietz*, Kommentar zum BetrVG, 2. Aufl. § 56 Anm. 1; derselbe, Festschrift für *Nipperdey*, S. 151; *Erdmann*, Kommentar zum BetrVG, 2. Aufl. § 56 Anm. 3; *Meissinger*, Kommentar zum BetrVG, § 56 Anm. 3; *Küchenhoff*, Kommentar zum BetrVG, § 56 Anm. 3; *G. Hueck*, Recht der Arbeit 1952 S. 367; *Vielhaber*, Betriebs-Berater 1953, S. 358; *Gumpert*, Betriebs-Berater 1952, S. 159; wohl auch grundsätzlich *Nikisch*, Betriebs-Berater 1953 S. 175; *Siebert*, Betriebs-Berater 1952 S. 832; Koch, Betriebs-Berater 1954 S. 566.

[8] *Fitting-Kraegeloh*, Kommentar zum BetrVG, 3. Aufl. § 56 Anm. 12; *Kraegeloh*, Betrieb 1952, S. 950; *Bührig*, Handbuch des BetrVG, § 56 Anm. 1; *Bovensiepen*, Arbeit und Recht 1954, S. 207.

[9] So etwa *Nipperdey* bei *Hueck-Nipperdey*, Lehrbuch des Arbeitsrechts, 6. Aufl. Bd. 2, S. 832.

ist oder ob nur ein Anspruch des Betriebsrats auf eine entsprechende Mitwirkung bei einer entsprechenden Gestaltung besteht.

β) Der Katalog der Angelegenheiten (§ 56 BetrVG), in denen ein Mitbestimmungsrecht des Betriebsrats besteht, schließt sich an Vorbilder früherer Gesetze an, so insbesondere an die Gewerbeordnung und das Betriebsrätegesetz von 1920.

Es handelt sich um Angelegenheiten, die aus der Natur der Sache in jedem Betrieb von einiger Größe einheitlich geregelt werden müssen.

Dabei macht das Gesetz eine allgemeine Einschränkung: das Mitbebestimmungsrecht ist nicht gegeben, wenn und soweit eine gesetzliche oder eine tarifliche Regelung besteht. Dann entfällt die Notwendigkeit einer zusätzlichen betrieblichen Regelung. Aber es ist nicht ausgeschlossen, daß freiwillig eine Betriebsvereinbarung geschlossen wird.

γ) Das Mitbestimmungsrecht besteht bei Festsetzung von Beginn und Ende der *täglichen Arbeitszeit* und der Pausen. Damit ist die Lage am Tage gemeint[10]. Allerdings wird zum Teil die Auffassung vertreten[11], daß das Mitbestimmungsrecht sich auch auf die Dauer beziehe. Das widerspricht aber der historischen Entwicklung und der Aufteilung der Aufgaben von Tarifvertrag und Betriebsvereinbarung in diesem Bereich.

Der Betriebsrat hat mitzubestimmen bei der Festsetzung von *Zeit und Ort* der Auszahlung des Arbeitsentgeltes, also über die Zeitabschnitte, nach denen bezahlt wird, ob monatlich oder wöchentlich, an welchem Wochentag. Dagegen fällt nicht hierunter die *Höhe* des Lohnes und die Art der Auszahlung, etwa ob bar oder durch Überweisung.

Die Aufstellung des *Urlaubsplanes* bedarf der Zustimmung des Betriebsrats, d. h. die Feststellung der Urlaubstermine der einzelnen Arbeitnehmer einschließlich der Regelung der gegenseitigen Vertretung. Die Dauer des Urlaubs ist nicht Gegenstand der Mitbestimmung, sie ist zum Teil durch Gesetz, darüber hinaus durch Tarifvertrag geregelt.

Der Betriebsrat hat mitzubestimmen bei der *Durchführung der Berufsausbildung*. Diese selbst ist weitgehend gesetzlich und durch Richtlinien der Industrie- und Handelskammern sowie der Handwerkskammern geregelt, die Vertragsmuster für die Lehrlinge aufgestellt haben. In Betracht kommt Mitbestimmung etwa bei der Festlegung der Betriebsabteilungen, die zu durchlaufen sind, bei der Auswahl des Lehrpersonals, bei der Einrichtung von Lehrlingswerkstätten und ähnlichem mehr.

Die *Ordnung des Betriebes* und das *Verhalten der Arbeitnehmer* im Betrieb unterfällt dem Mitbestimmungsrecht. Hierher rechnet alles, was zur äußeren Ordnung des Betriebes gehört und dem reibungslosen Ab-

---

[10] *Dietz*, Kommentar zum BetrVG, § 56 Anm. 15; *Galperin-Siebert*, a. a. O. § 56 BetrVG, Anm. 23ff.; *Erdmann*, a. a. O. § 56 Anm. 10; *Meissinger*, a. a. O. § 56 Anm. 10; *Hessel*, Betrieb 1953 S. 801.

[11] *Fitting-Kraegeloh*, a. a. O. § 56 Anm. 6; *Küchenhoff*, a. a. O. § 56 Anm. 4; *Bührig*, a. a. O. § 56 Anm. 6; *Nipperdey*, a. a. O. S. 825.

lauf des betrieblichen Geschehens dient, etwa das Kontrollsystem über die Anwesenheit der Arbeitnehmer, die Regelung der Krankmeldung, die Frage der Ablegung der Kleider, die Unterbringung von Fahrzeugen, ein Rauchverbot, aber auch die allgemeine Organisation des Arbeitsvorganges, die Ausgabe der Werkzeuge, die Abnahme des Werkstückes, die Einführung von Torkontrollen. Vor allem rechnet hierher auch die Einführung von Bußen; das sind Disziplinarmaßnahmen wegen Verstoßes gegen die betriebliche Ordnung. Das können Geldbußen sein, aber auch Warnung oder Verweis.

Der Betriebsrat hat mitzubestimmen bei der Regelung von *Akkord- und Stücklohnsätzen*, d. h. bei der Bestimmung, wie der Akkord zu berechnen ist, z. B. beim Zeitakkord, nach welchem System die Vorgabezeiten bestimmt werden, über die Berechnungsgrundlagen eines Stückakkordes und ähnliches mehr. Wenn auch Einigkeit darüber besteht, daß der Betriebsrat nicht beim Abschluß jedes einzelnen Akkordvertrages mitzuwirken hat, besteht doch gerade hier eine erhebliche Meinungsverschiedenheit, ob das Mitwirkungsrecht sich auf die Regelung, d. h. auf die Aufstellung von Grundsätzen bezieht, nach denen im einzelnen der Akkord festzusetzen ist, oder ob der Betriebsrat auch bei der Akkordfestsetzung im einzelnen Fall mitzubestimmen hat[12].

Der Betriebsrat hat weiter mitzubestimmen bei der Aufstellung von *Entlohnungsgrundsätzen* und der Einführung neuer *Entlohnungsmethoden*, d. h. bei der Festlegung des Systems, nach dem der Lohn bezahlt werden soll, Einführung von Zeitlohn oder Prämienlohn, Anrechnung von Naturallohn auf den Barlohn, Behandlung von Abschlagszahlungen als Vorschüsse oder als Darlehen und ähnliches mehr.

Eine besondere Gestalt nimmt die Beteiligung des Betriebsrats bei *Wohlfahrtseinrichtungen* an. Hier hat er ein Mitbestimmungsrecht bei der *Verwaltung*, dagegen nicht bei ihrer *Errichtung*. Über die Errichtung bestimmt der Arbeitgeber allein. Er *kann* darüber eine Betriebsvereinbarung schließen, aber er kann dazu nicht gezwungen werden. Denn bei der Errichtung handelt es sich um die Disposition über das Vermögen des Arbeitgebers. Dazu soll er, da es sich um zusätzliche, uneigennützige Leistungen handelt, nicht gezwungen werden können. Zur Errichtung gehört nicht nur die Aufstellung der Organisation, sondern auch die Bestimmungen über die Leistung, was geleistet werden soll, unter welchen Voraussetzungen, in welcher Höhe, und die Aufbringung der Mittel. Ist aber die Wohlfahrtseinrichtung einmal errichtet, dann hat der Betriebsrat gleichberechtigt mitzubestimmen bei der Verwirklichung der vom Arbeitgeber gesetzten Aufgabe. Allerdings verlangt das Gesetz eine Wohlfahrts*einrichtung*. Das setzt ein sachliches Substrat, einen Inbegriff von Gegenständen voraus, die nicht nur eine rechtliche, sondern auch

[12] Vgl. neuestens *Siebert-Hilger* bei *Hilger*, Probleme des Akkordrechts 1957, S. 93ff.

eine tatsächliche Verwaltung verlangen und nur durch beides benutzt werden können. Es muß eine besondere, eigene Organisation da sein, etwa ein Erholungsheim, ein Krankenheim, ein Altersheim, ein Sportheim, Sportanlagen, auch Werkswohnungen, vorausgesetzt, daß sie nicht nur dazu dienen, den Einsatz von Arbeitnehmern am Betriebsort zu ermöglichen, sondern um den Arbeitnehmern eine billige Wohnung zu verschaffen. Auch Pensionskassen und Unterstützungskassen gehören hierher. Bilanzposten und Rückstellung sind keine Einrichtungen, die verwaltet werden können. Dabei braucht der Betriebsrat nicht bei jeder einzelnen Geschäftsführungsmaßnahme mitzuwirken, etwa dem Einkauf der Lebensmittel für eine Kantine. Aber er hat gleichberechtigt bei der Aufstellung der Grundsätze der Verwaltung mitzuwirken, wie die Geschäfte zu führen sind, wie zu entscheiden ist, ob eine Unterstützung gewährt wird, ob jemand in ein Erholungsheim eingewiesen wird, wer die Werkwohnung bekommen soll usw. In aller Regel ist darüber eine Betriebsvereinbarung zu schließen. Es kann in ihr auch vorgesehen werden, daß der Betriebsrat die Verwaltung allein durchführt. In der Literatur stehen sich auch hier die Meinungen gegenüber, die das Mitbestimmungsrecht auf die Aufstellung einer Regelung oder auch auf einzelne Maßnahmen beziehen.

Das Mitbestimmungsrecht bei Wohlfahrtseinrichtungen ist nur gegeben, wenn sich deren Wirkungsbereich auf den Betrieb oder das Unternehmen beschränkt. Überschreitet der Aufgabenbereich der Einrichtung diese Grenze, so entfällt jedes Mitbestimmungsrecht. Das gilt selbst dann, wenn es sich um mehrere Unternehmen eines Konzerns handelt. Andererseits ist es gleichgültig, wenn die Wohlfahrtseinrichtung als selbständige juristische Person, etwa als Gesellschaft mit beschränkter Haftung, als Verein oder Stiftung organisiert ist. Hier ist die Mitbestimmung so zu gestalten, daß der Betriebsrat entweder innerhalb der Organisation der juristischen Person gleichberechtigt eingeschaltet wird oder daß die Vertreter dieser juristischen Person mit ihm zusammen arbeiten.

c) Besteht in diesen Fällen ein Mitbestimmungsrecht nach dem Gesetz, so *kann* darüber hinaus über alle sozialen Angelegenheiten in dem oben umschriebenen Sinn (vgl. oben III 1 a) eine Betriebsvereinbarung abgeschlossen und damit der Betriebsrat an der Entscheidung beteiligt werden (§ 57 BetrVG).

d) Andererseits ist der Abschluß einer Betriebsvereinbarung über materielle Arbeitsbedingungen *ausgeschlossen*, wenn ihre Regelung üblicherweise in dem Bereich, dem der Betrieb angehört, durch Tarifvertrag erfolgt. Diese gleichsam überbetriebliche Ordnung soll nicht durch Sonderordnungen in den einzelnen Betrieben ausgehöhlt werden. Damit wird praktisch weitgehend die Gestaltung der Lohnhöhe, der Arbeitsdauer, der Urlaubslänge innerhalb des Betriebes ausgeschlossen und den Gewerkschaften und Arbeitgeberverbänden vorbehalten.

e) Neben diesen Formen der Mitbestimmung kommt auch bei den sozialen Angelegenheiten eine *Mitwirkung* allgemeiner Art in Betracht, so ist dem Betriebsrat insbesondere die Beteiligung an der Bekämpfung von Unfallgefahren zur Pflicht gemacht; er ist bei der Einführung neuer Arbeitsschutzmaßnahmen und bei Unfalluntersuchungen hinzuzuziehen.

2. Die Beteiligung des Betriebsrates bei *personellen Angelegenheiten* ist grundsätzlich anders gestaltet. Unter personeller Angelegenheit versteht das Gesetz *Einstellung*, *Versetzung*, *Umgruppierung* und *Entlassung* von Arbeitnehmern. Während bei den sozialen Angelegenheiten die Mitbestimmung des Betriebsrats sich der Natur der Sache nach auf die Ordnung des Betriebes bezieht, also generelle Gestaltungen im Vordergrund stehen, handelt es sich bei den personellen Angelegenheiten vor allem um *individuelle* Maßnahmen, die Einstellung, die Versetzung, die Entlassung eines bestimmten Arbeitnehmers.

Die Beteiligung des Betriebsrats ist hier zum Teil *Mitbestimmung*, zum Teil *Mitwirkung*. Sie kommt nur in Betracht bei Betrieben mit mehr als zwanzig wahlberechtigten Arbeitnehmern.

a) Bei der *Einstellung*, der *Versetzung*, d. h. der Zuweisung eines anderen Arbeitsplatzes, und bei der *Umgruppierung*, d. h. bei der Einordnung des Arbeitnehmers in eine andere Gruppe — etwa eines Tarifvertrages — hat der Betriebsrat ein *Mitbestimmungsrecht*. Dieses ist als Vetorecht ausgestaltet. Der Arbeitgeber kann die Maßnahme vornehmen, aber der Betriebsrat kann dagegen Widerspruch einlegen. Der Widerspruch ist nur aus ganz *bestimmten*, im Gesetz beschriebenen *Gründen* zulässig, nämlich 1. wenn die Einstellung usw. gegen ein Gesetz, eine Verordnung, einen Tarifvertrag, eine Betriebsvereinbarung oder eine gerichtliche Entscheidung oder behördliche Anordnung verstößt (z. B. Einstellung von Frauen an einem Arbeitsplatz, an dem ihre Beschäftigung verboten ist); oder 2. wenn ein durch bestimmte Tatsachen begündeter Verdacht vorliegt, daß die Einstellung eines für den Arbeitsplatz nicht geeigneten Bewerbers nur mit Rücksicht auf persönliche Beziehungen erfolgen soll; oder 3. wenn ein ebenso begründeter Verdacht vorliegt, daß die Maßnahme erfolgt, um andere geeignete Arbeitnehmer oder Bewerber aus Gründen der Abstammung, Religion, Nationalität, des Geschlechts, politischer oder gewerkschaftlicher Betätigung oder Einstellung zu benachteiligen; schließlich 4. wenn eine durch bestimmte Tatsachen begründete Besorgnis gegeben ist, daß der Bewerber den Betriebsfrieden durch unsoziales oder gesetzwidriges Verhalten stören werde.

Um dem Betriebsrat die Möglichkeit zu geben, Widerspruch einzulegen, hat der Arbeitgeber ihm die geplante Maßnahme mitzuteilen, in eiligen Fällen — etwa bei der Einstellung von Aushilfskräften in großen Betrieben — wird die Mitteilung manchmal erst nachträglich möglich sein. Innerhalb einer Frist von einer Woche seit Erhalt der Mitteilung kann der Betriebsrat schriftlich unter Angabe der Gründe remonstrieren.

Wenn sich Arbeitgeber und Betriebsrat nicht einigen, hat der Betriebsrat innerhalb einer Frist von zwei Monaten die Möglichkeit, das Arbeitsgericht anzurufen. Gibt dieses dem Betriebsrat recht, so endet vierzehn Tage nach Rechtskraft des Beschlusses die Einstellung bzw. die Versetzung oder Umgruppierung wird hinfällig.

b) Bedeutungsvoller in der Praxis ist die Einschaltung des Betriebsrates bei der *Kündigung*, obwohl er hier kein Mitbestimmungs-, sondern nur ein Mitwirkungsrecht hat. Der Arbeitgeber hat vor dem Ausspruch einer Kündigung den Betriebsrat zu hören. Dabei ist weder eine eigentliche Beratung verlangt noch vor allem eine Zustimmung des Betriebsrates erforderlich. Das versteht sich aus dem besonderen Kündigungsschutzrecht Deutschlands, das eine sozial ungerechtfertigte Kündigung als unwirksam erklärt; die Unwirksamkeit muß allerdings durch eine besondere Klage geltend gemacht werden.

Zwar besteht eine Pflicht des Arbeitgebers zur Anhörung des Betriebsrats, aber die überwiegende Ansicht der Literatur verneint, daß es sich dabei um eine Wirksamkeitsvoraussetzung handelt. Das Bundesarbeitsgericht nimmt eine vermittelnde Stellung ein: es hält zwar die Anhörung nicht für eine Wirksamkeitsvoraussetzung, aber wenn der Gekündigte auf Feststellung klagt, daß die Kündigung wegen Sozialwidrigkeit unwirksam sei, wird dem Arbeitgeber — falls er die Anhörung des Betriebsrats schuldhaft, vorsätzlich und widerrechtlich unterlassen hat — der Nachweis versagt, daß sie sozial gerechtfertigt war.

Bei fristlosen Entlassungen bleibt die Nichtanhörung ohne unmittelbaren Einfluß. Das versteht sich daraus, daß eine fristlose Entlassung nur wirksam ist, wenn dem Arbeitgeber die Fortsetzung des Arbeitsverhältnisses nach Treu und Glauben nicht zugemutet werden kann.

c) Handelt es sich um *Massenentlassungen*, d. h. wird eine Mindestzahl oder ein Mindestprozentsatz von Arbeitnehmern voraussichtlich entlassen werden müssen, so ist diese Angelegenheit mit dem Betriebsrat zu *beraten*.

Ein gleiches Beratungsrecht, wenn auch von wesentlich geringerer Bedeutung, besteht, wenn voraussichtlich eine gleiche Zahl von Arbeitnehmern eingestellt werden soll.

d) Schließlich kann der Betriebsrat, wie schon erwähnt, die *Entlassung* oder Versetzung eines *Arbeitnehmers verlangen*, der durch unsoziales oder strafbares Verhalten wiederholt den Betriebsfrieden gestört hat. Kommt der Arbeitgeber dem Verlangen nicht nach, so kann der Betriebsrat das Arbeitsgericht anrufen. Erkennt dieses das Verlangen des Betriebsrats als berechtigt an, so hat der Arbeitgeber die Kündigung auszusprechen bzw. die Versetzung vorzunehmen.

3. Besonders bedeutungsvoll ist die Beteiligung der Repräsentanten der Arbeitnehmer in *wirtschaftlichen Fragen*. Dabei ist es wesentlich, daß die eigentlichen wirtschaftlichen Entscheidungen auf der Ebene der

Unternehmensleitung, und nicht auf der der Betriebsführung fallen, wenn das praktisch auch nur bei einem Unternehmen mit mehreren Betrieben in Erscheinung tritt. Den Betriebsleitungen bleibt dann nur, die unternehmerliche Entscheidung im Betrieb zu realisieren.

Die Beteiligung der Arbeitnehmer in wirtschaftlichen Fragen ist *dreistufig* gestaltet. Das ist einerseits bezeichnend für die Kompliziertheit des Problems, ergibt sich andererseits daraus, daß es sich hier sowohl um die Leitung des Unternehmens wie des Betriebes handelt.

a) Bei allen größeren und mittleren Unternehmen, d. h. solchen mit mehr als 100 ständigen Arbeitnehmern, ist ein *Wirtschaftsausschuß* zu bilden (§ 67 BetrVG). Er wird für das *Unternehmen* und nicht für den Betrieb errichtet, allerdings auch, wenn das Unternehmen nur einen Betrieb hat.

Dieser Wirtschaftsausschuß besteht — anders als der Betriebsrat — nicht nur aus Arbeitnehmervertretern, sondern je zur Hälfte aus Vertretern des Arbeitgebers und solchen der Arbeitnehmer, und zwar höchstens aus 8 Personen. Er hat keine Entscheidungsbefugnis, sondern ist ausschließlich ein Beratungsgremium. In ihm sollen alle für das Unternehmen wesentlichen Fragen, soweit sie die Interessen der Arbeitnehmer berühren, erörtert werden. Das Gesetz weist ihm zu: die Beratung über Fabrikations- und Arbeitsmethoden, das Produktionsprogramm, die wirtschaftliche Lage des Unternehmens, die Produktions- und Absatzlage, und, gleichsam als Generalklausel abschließend, alle Vorgänge, die die Interessen der Arbeitnehmer des Unternehmens wesentlich berühren. Dem Wirtschaftsausschuß können nur Angehörige des Unternehmens angehören. Die Beratung dient in erster Linie der Unterrichtung der Arbeitnehmer. Die Hälfte der Mitglieder kann vom Unternehmer Auskunft in allen in seine Zuständigkeit fallenden Angelegenheiten verlangen. Nur über Betriebs- und Geschäftsgeheimnisse braucht der Unternehmer nicht Auskunft zu geben. Insbesondere hat der Unternehmer dem Wirtschaftsausschuß den Jahresabschluß zu erläutern, dabei sind auch die Betriebsräte zuzuziehen.

b) Liegt die Bedeutung des Wirtschaftsausschusses in der gegenseitigen Unterrichtung, so ist das eigentliche *Mitbestimmungsrecht* auch in wirtschaftlichen Angelegenheiten in die Betriebe verlegt und den *Betriebsräten* übertragen. Auch dieses Mitbestimmungsrecht gibt es nur in Betrieben mit mehr als zwanzig wahlberechtigten Arbeitnehmern. Der Betriebsrat hat also mitzubestimmen, wenn die unternehmerliche Entscheidung innerhalb der Organisation des einzelnen Betriebes realisiert wird. Auch hier sind die Maßnahmen, bei denen dem Betriebsrat ein Mitbestimmungsrecht zusteht, in einem Katalog erschöpfend aufgezählt (§ 72 BetrVG). Es handelt sich um Änderungen des Betriebes oder der betrieblichen Organisation, und zwar: a) um Einschränkung oder Stilllegung des Betriebes oder wesentlicher Betriebsteile; b) um Verlegung des Betriebes oder wesentlicher Betriebsteile; c) um Zusammenschluß des Betriebes mit anderen Betrieben; d) um grundlegende Änderung des Betriebszweckes und der betrieblichen Anlagen, soweit diese nicht offensichtlich auf einer Veränderung der Marktlage beruhen; e) um die Einführung grundlegender neuer Arbeitsmethoden, soweit diese nicht offensichtlich dem technischen Fortschritt dienen oder ihm entsprechen.

Zu diesen Maßnahmen bedarf der Unternehmer der Zustimmung des Betriebsrats, allerdings unter der Voraussetzung, daß mit der geplanten Maßnahme voraussichtlich wesentliche Nachteile für die Belegschaft oder erhebliche Teile von ihr verbunden sind. Die Mitbestimmung ist hier wie bei den sozialen Angelegenheiten im Sinne des positiven Konsensprinzips gestaltet.

Kommt es zu keiner Einigung, so kann der Unternehmer oder der Betriebsrat jede Behörde um Vermittlung bitten. Einen Spruch kann nur eine paritätisch zusammengesetzte Vermittlungsstelle (vgl. oben II 3a) fällen (§ 72 Abs. 2 BetrVG). Der Spruch ist bindend. Aber — und das ist für das wirtschaftliche Mitbestimmungsrecht charakteristisch — diese Bindung an ihn und ebenso an eine Abrede mit dem Betriebsrat ist keine absolute. Der Unternehmer darf von ihr abweichen, wenn zwingende Gründe vorliegen. Zwingende Gründe sind solche, bei denen jeder vernünftige Unternehmer nicht anders handeln würde, so, wenn etwa der Spruch der Vermittlungsstelle von unrichtigen Voraussetzungen ausgegangen ist oder wenn sich die Umstände völlig geändert haben.

Darüber hinaus handelt es sich bei dieser Bindung nur um eine obligatorische. Die Zustimmung des Betriebsrats ist *keine Wirksamkeitsvoraussetzung*. Liegen keine zwingenden Gründe vor, *darf* der Unternehmer nicht von dem Spruch der Vermittlungsstelle oder der Abrede mit dem Betriebsrat abweichen; er darf auch nicht, ohne den Betriebsrat zu hören, die Maßnahme ergreifen. Die Maßnahme ist aber nicht deshalb unwirksam, weil er sich mit ihr darüber hinwegsetzt. Das versteht sich daraus, daß die Einschaltung der Arbeitnahmer keinesfalls die unternehmerliche Initiative lahmlegen soll. Erfahrungsgemäß sind die bedeutendsten unternehmerlichen Entscheidungen besonders riskant. Viele große Unternehmungen verdanken ihr Dasein Entscheidungen, die im Widerspruch zur allgemeinen Meinung gestanden haben. Wollte man solche Entscheidungen schlechthin unterbinden, so bestände die Gefahr des Abschneidens einer gesunden Entwicklung. Dazu kommt, daß die wirtschaftlichen Maßnahmen häufig den Bereich des Unternehmens überschreiten und außen stehende Dritte in ihrer Rechtsstellung unmittelbar berühren. Der Verkauf einer Maschine kann in seiner Wirksamkeit nicht davon abhängig sein, daß er im Zusammenhang mit der Stillegung eines Betriebes steht und nicht die Zustimmung des Betriebsrats gefunden hat. Der Dritte kann nicht übersehen, ob die Zustimmung notwendig war, ob sie gegeben ist, ob sie unter einer Bedingung gegeben war, ob die Bedingung eingetreten ist oder nicht. Wollte man hier dem Dritten etwa eine Erkundigungspflicht auferlegen, so würde das der Abwicklung eines glatten Geschäftsverkehrs entgegenstehen.

Auf der anderen Seite handelt es sich aber um eine wirkliche Bindung. Deshalb muß der Unternehmer, wenn er sich über den Spruch der Vermittlungsstelle oder die Abrede mit dem Betriebsrat hinwegsetzt, aber auch, wenn er die Maßnahme ohne jede Fühlungsnahme mit dem Betriebsrat vornimmt, die sozialen Auswirkungen in besonders weitem Maße tragen. Werden im Zusammenhang mit der selbstherrlichen Maßnahme Entlassungen notwendig, so hat er den betroffenen Arbeitnehmern eine Abfindung zu leisten.

c) In der *dritten* Stufe tritt das wirtschaftliche Mitbestimmungsrecht in der Entsendung von Repräsentanten der *Arbeitnehmer* in die *Aufsichtsräte* der Handelsgesellllschaften in Erscheinung.

Dabei besteht ein wesentlicher Unterschied zwischen den Unternehmen des *Bergbaus* und der *Eisen* und *Stahl erzeugenden Industrie* und den übrigen Unternehmen.

α) Um mit den letzteren zu beginnen: Bei diesen besteht der Aufsichtsrat zu einem Drittel aus Vertretern der Arbeitnehmer, zu zwei Drittel aus solchen der Anteilseigner.

Bei *Aktiengesellschaften* und *Kommanditgesellschaften auf Aktien* spielt die Größe des Unternehmens keine Rolle. Eine Ausnahme gilt nur für Familiengesellschaften, d. h. Gesellschaften, bei denen sämtliche Anteile in der Hand einer natürlichen Person oder in der von Personen sich befinden, die in einem genau beschriebenen nahen Verwandtschaftsverhältnis zueinander stehen. Bei ihnen besteht ein Entsendungsrecht der Arbeitnehmer erst, wenn das Unternehmen mindestens 500 Arbeitnehmer beschäftigt.

Bei den *Gesellschaften mit beschränkter Haftung*, den *Genossenschaften*, den *bergrechtlichen Gewerkschaften* mit eigener Rechtspersönlichkeit und den *Versicherungsvereinen auf Gegenseitigkeit* sind die Arbeitnehmer im Aufsichtsrat nur bei Unternehmen mit mehr als 500 Beschäftigten beteiligt.

Die Arbeitnehmerrepräsentanten werden von den Arbeitnehmern des Unternehmens gewählt. Diese sind auch allein berechtigt, Wahlvorschläge zu machen. Hat der Aufsichtsrat drei Mitglieder, muß also eines von ihnen ein Arbeitnehmervertreter sein, oder hat er sechs Mitglieder, müssen also zwei seiner Mitglieder Arbeitnehmer sein, so müssen diese beide Arbeitnehmer des Unternehmens sein, im letzteren Falle der eine Arbeiter, der andere Angestellter. Werden mehr Arbeitnehmer gewählt, hat also der Aufsichtsrat mehr als sechs Mitglieder, so kann das dritte und folgende von den Arbeitnehmern zu bestellende Mitglied auch ein Außenstehender sein, etwa ein Gewerkschaftsvertreter.

Handelt es sich um einen *Konzern* dergestalt, daß von einem Unternehmen andere abhängig sind, so sind auch die Arbeitnehmer der abhängigen Unternehmen zum Aufsichtsrat des herrschenden Unternehmens wahlberechtigt. Denn bei solcher Verschachtelung werden die entscheidenden Beschlüsse im Aufsichtsrat des herrschenden Unternehmens auch für die abhängigen Unternehmen getroffen.

Die Stellung des Aufsichtsrats, seine Aufgaben und seine Funktion sind durch die Entsendung von Arbeitnehmern nicht geändert worden. Es gilt dafür jeweils die Regelung, die nach der Form der Gesellschaft maßgeblich ist.

β, aa) Gerade bei der Besetzung des Aufsichtsrats liegt die Besonderheit für die Unternehmen des *Bergbaus* und der *Eisen* und *Stahl erzeugenden Industrie*. Wenn das Gesetz dabei die Einschränkung macht, daß es nur für Unternehmungen gilt, die mindestens 1000 Arbeitnehmer beschäftigen, so ist das nicht sehr bedeutungsvoll, da kleinere Unternehmungen dort keine Rolle spielen.

Auch bei diesen Unternehmen ist die Stellung des Betriebsrats und des Wirtschaftsausschusses die gleiche wie sonst auch. Der Unterschied bezieht sich allein auf den Aufsichtsrat und zum Teil auf den Vorstand.

Der *Aufsichtsrat* dieser Unternehmen ist nach dem Grundsatz der Parität zwischen den Vertretern der Anteilseigner und der Arbeitnehmer besetzt. Er besteht in der Regel aus fünf Vertretern der Anteilseigner und fünf Vertretern der Arbeitnehmer, dazu kommt ein elfter Mann. Bei größeren Unternehmen kann der Aufsichtsrat aus fünfzehn und einundzwanzig Mann bestehen (§ 9 MitbestG). Die fünf Repräsentanten der Anteilseigner werden gewählt wie sonst auch. Von den fünf Vertretern der Arbeitnehmer werden drei von den Spitzenverbänden der im Betrieb vertretenen Gewerkschaft bestellt, zwei von den Betriebsräten der Betriebe des Unternehmens. Von letzteren muß einer ein Arbeiter, der andere ein Angestellter sein. Formal werden diese fünf Personen dem Wahlorgan vorgeschlagen, das aber an den Vorschlag gebunden ist. Der elfte Mann wird auf Vorschlag der übrigen Aufsichtsratsmitglieder vom Wahlorgan gewählt (§ 8 des MitbestG). Der Vorschlag muß die Zustimmung je der Mehrheit beider Gruppen haben. Wenn es zu keinem Vorschlag kommt oder das Wahlorgan aus berechtigtem Grund die Bestätigung ablehnt, so ist ein umständliches Verfahren vorgesehen, letztlich geht das Wahlrecht auf das Wahlorgan über. Bisher ist kein Fall bekannt geworden, bei dem die Bestellung dieses elften Mannes auf Schwierigkeiten gestoßen ist.

Die Zuständigkeit des Aufsichtsrats richtet sich bei allen Gesellschaften ohne Rücksicht auf ihre Form, also auch bei den Gesellschaften mit beschränkter Haftung, den bergrechtlichen Gesellschaften, nach *Aktienrecht*. Das bedeutet vor allem, daß der Aufsichtsrat den Vorstand bestellt oder abberuft.

bb) Das ist deswegen wesentlich, weil bei den Unternehmen des Bergbaus und der Eisen und Stahl erzeugenden Industrie die Arbeitnehmer auch bei der Besetzung des *Vorstandes* wesentlich beteiligt sind. Das Gesetz führt den *Arbeitsdirektor* ein (§ 13 MitbestG). Dieser ist ein gleichberechtigtes Mitglied des Vorstands. Er ist mit den sozialen Aufgaben innerhalb der Unternehmensleitung betraut. Das Besondere in seiner Stellung ist, daß er nicht durch einfachen Mehrheitsbeschluß des Aufsichtsrats gewählt und abberufen werden kann, sondern daß sich für seine Wahl und Abberufung auch die Mehrheit der Arbeitnehmervertreter entscheiden muß. Der Arbeitsdirektor ist also Vertrauensmann der Arbeitnehmer, Repräsentant der Arbeitnehmer im Vorstand des Unternehmens. Damit gewinnt das Mitbestimmungsrecht der Arbeitnehmer ein völlig anderes Gesicht. Der Repräsentant der Arbeitnehmer wird Repräsentant des Arbeitgebers, und zwar, da es der Arbeitsdirektor mit sozialen Fragen zu tun hat, gerade gegenüber den Arbeitnehmern. Er übt das die Stellung des Arbeitgebers charakterisierende Weisungsrecht aus. Das Mitbestimmungsrecht schlägt in ein Mitdirektionsrecht um. Daß sich daraus Spannungen ergeben können, liegt auf der Hand.

cc) 1956 sind die Grundsätze des Mitbestimmungsrechtes für den Bergbau und die Eisen und Stahl erzeugende Industrie auch auf die *Holding-Gesellschaften* dieser Branche erstreckt worden, allerdings mit gewissen Abweichungen. Soweit die Holding-Gesellschaft schon für sich betrachtet unter das Gesetz über die Mitbestimmung im Bergbau und der Eisen und Stahl erzeugenden Industrie fällt, hat es dabei sein Bewenden. Bei den eigentlichen Holding-Gesellschaften, bei denen das herrschende Unternehmen nicht selbst im Bergbau oder in der Eisen und Stahl erzeugenden Industrie tätig ist, wird darauf abgestellt, ob dieser Produktionszweig im Konzern überwiegt. Die Frage wird nach dem Umsatz entschieden. Überwiegt der des Bergbaus und der Eisen und Stahl erzeugenden Industrie, so unterfällt die Holding-Gesellschaft dem besonderen Holding-Mitbestimmungsgesetz, sonst dem BetrVG. Die Regelung dieses Holding-Gesetzes bringt gewisse Modifikationen gegenüber dem Mitbestimmungsgesetz. Von geringem Gewicht ist, daß der Aufsichtsrat hier grundsätzlich nicht elf, sondern fünfzehn Mann beträgt, und bei größeren Unternehmen auf einundzwanzig verstärkt werden kann. Sieben dieser Mitglieder werden von den Anteilseignern, sieben von den Arbeitnehmern bestimmt. Für die sieben Vertreter der Anteilseigner gilt nichts Besonderes. Bei den Vertretern der Arbeitnehmer ist aber das Schwergewicht von den Gewerkschaften auf die Betriebsangehörigen verlagert. Von ihnen werden drei von den Spitzenverbänden der Gewerkschaften, aber vier von den Arbeitnehmern des Konzerns gewählt, und zwar nicht wie nach dem Mitbestimmungsgesetz von den Betriebsräten, sondern von den Arbeitnehmern selbst, allerdings unter Einschaltung von Wahlmännern. Von diesen von den Arbeitnehmern gewählten Vertretern müssen drei Arbeiter und einer Angestellter des Unternehmens sein.

Die Bestellung ist nicht mehr in die Form eines Vorschlages an das Wahlorgan gekleidet, sondern die Arbeitnehmervertreter werden mit der Bestellung durch die Wahl Mitglieder des Aufsichtsrates. Für die Bestellung des fünfzehnten Mitgliedes gelten die gleichen Grundsätze wie für den elften Mann beim ersten Mitbestimmungsgesetz.

Auch das Holding-Gesetz kennt einen *Arbeitsdirektor*. Aber er hat eine grundsätzlich andere Stellung als bei den Unternehmen des Bergbaus und der Eisen und Stahl erzeugenden Industrie selbst. Auch er ist mit der Betreuung der sozialen Angelegenheiten beauftragt. Aber — und das ist entscheidend — für seine Wahl und seine Abberufung gilt nichts Besonderes. Er wird wie die anderen Vorstandsmitglieder durch die Mehrheit des Aufsichtsrats bestellt und abberufen. Den Arbeitnehmerrepräsentanten steht kein bevorzugtes Recht zu. Damit handelt es sich aber nur noch um eine Geschäftsverteilung im Vorstand, nicht mehr darum, daß ein Arbeitnehmervertreter Arbeitgeberrepräsentant wird.

KERNENERGIE UND VERSICHERUNGSRECHT

Von Dr. Reimer Schmidt

Professor an der Universität Hamburg

A. Einleitung:

I. Besonderheit der Kernenergiegefahr im Rahmen der Lehre von der Versicherungsgefahr.

Gefahr, *Bedarf*, *Schaden* und *Interesse* sind die Grundbegriffe des Privatversicherungsrechts. Die Kernenergie hebt sich von den bisher bekannten Versicherungs*gefahren* grundsätzlich ab[1]. Über die zu erwartenden *Schäden* und den zu deckenden *Bedarf* läßt sich noch recht wenig sagen.

In den mitteleuropäischen Versicherungsrechten wird unter der *Gefahr* die „Möglichkeit der Entstehung eines Bedarfs", des „Eintritts eines schädigenden Ereignisses" oder der „Entstehung eines Vermögensschadens bei dem Versicherungsnehmer" verstanden[2]. Hierbei beurteilt sich die Gefahrenlage nach dem Zeitpunkt des Abschlusses des die Gefahrtragung des Versicherers begründenden Versicherungsvertrages. Die Gefahrenlage in diesem Zeitpunkt bestimmt sich nach allgemeinen und besonderen Umständen, wobei die allgemeinen vom Versicherer auf Grund gewonnener Erfahrungen über Entstehung und Ausmaß des im Versicherungsfall zu deckenden Bedarfs ermittelt werden. Die besonderen, individuellen Umstände erfährt der Versicherer vor allem durch die vorvertragliche Anzeigepflicht. Aus dem Versicherungsvertrag schließlich muß sich ergeben, durch welches Ereignis der Bedarf verursacht sein muß, also wann der Versicherungsfall gegeben und damit die Leistungspflicht des Versicherers begründet ist[3].

---

[1] Auf den Nachweis naturwissenschaftlich-technischen Schrifttums ist absichtlich verzichtet.

[2] *Bruck-Möller*, VVG 8. Aufl., 1953, § 1 Anm. 5; *Riebesell*, Handb. d. Versicherung (1933) Sp. 114; *Bruck*, Das PrivatVR 1930, S. 55, 365; s. auch *Kisch* in *Manes* Vers.-Lexikon, 1930, Sp. 612ff.; *Koenig*, Schweizer PrivatVR, 1951, S. 131; Ehrenzweig, Dtsch. (Österr.) VV-Recht, 1952, S. 74, 200; vgl. zu alledem auch *Reimer Schmidt* in *Finke*, Handwörterbuch d. Versicherungswesens, 1958, Sp. 758ff.

[3] s. auch hierzu *Bruck*, a. zul. a. O., zu dem Prinzip der Spezialität und dem der Universalität der Gefahr.

Bei der Kernenergiegefahr handelt es sich um ein *Elementarrisiko sui generis*, das sich durch seine *Neuheit*, welche die auf statistischer Extrapolation beruhenden Erfahrungswerte der Versicherungswirtschaft unanwendbar macht, durch seinen Charakter als *Katastrophenrisiko*, welches an den Kapitaleinsatz der Versicherer außergewöhnliche Anforderungen stellt und die Bildung von Gefahrengemeinschaften erschwert und durch die *Eigentümlichkeit, Folgeschäden*, wohl vor allem Strahlungsfolgeschäden, zu verursachen, grundlegend von den herkömmlichen Versicherungsgefahren unterscheidet. Dazu kommt, daß für den Fall der Verwirklichung dieser Gefahr die *Höhe der Schäden* besonders groß sein dürfte[4]. Der Umstand indessen, daß es sich hier um eine neu aufgetretene Versicherungsgefahr handelt, schließt zugleich die Möglichkeit nicht aus, daß die Bedeutung des Risikos der friedensmäßig genutzten Kernenergie zur Zeit überbewertet wird.

Es müssen von den Versicherern jedenfalls vorsorglich alle denkbaren Wege beschritten werden, das mit der Verwendung von Kernenergie verbundene Risiko zu decken. Das macht für die *deutsche Versicherungswirtschaft erhebliche Vorarbeiten* notwendig; denn während in den USA, in England, Frankreich, UdSSR und anderen Staaten die Atomforschung seit gut einem Jahrzehnt mit Energie und teilweise unter Einsatz hoher Geldmittel betrieben wurde, so daß bereits Erfahrungen gesammelt werden konnten, waren den in Deutschland verbliebenen Gelehrten Forschungen in dieser Richtung untersagt. Bis zur Erlangung der Souveränität der Bundesrepublik Deutschland am 5. 5. 1955 stand nämlich das Gesetz Nr. 22 der Alliierten Hohen Kommission jeglicher Forschung auf diesem Gebiete entgegen[5]. Da in der Bundesrepublik infolgedessen die kernphysikalischen und chemischen Erfahrungen geringer sind als in manchen anderen Ländern, macht die versicherungstechnisch zutreffende Erfassung der Kernenergiegefahren größere Schwierigkeiten.

Die Konsequenzen, die sich für die Versicherungswirtschaft ergeben, liegen ersichtlich vor allem auf wirtschaftlich-versicherungstechnischem[6] Gebiet. Hier sei die Bereitstellung besonders *hoher Haftpflicht-Deckungssummen* und das Problem der *sachgerechten Tarifierung* hervorgehoben. Es sind aber auch eine Reihe von versicherungsrechtlichen Fragen aufzuwerfen, von denen die erste zu einem grundsätzlichen Interpretationsproblem führt. Es geht dabei um das später zu erörtende Phänomen, das durch das Auftreten eines *bislang unbekannten Elementarrisikos für die laufenden Verträge*, insbesondere der Haftpflicht- und Feuerversicherung, gegeben ist.

[4] Vgl. hier auch *Gerling-Gruse*, Das unerforschte Risiko, in Atomwirtschaft 1956, S. 73ff.

[5] Vgl. auch *Balke*, Atomwirtschaft 1957, 391ff. (u. A.).

[6] In diesem Beitrag ist das naturwissenschaftlich-technische Schrifttum nicht genannt; vgl. zum folgenden *Goudefroy* in Atomwirtschaft 1957, S. 112f.; *Pohl* in Versicherungswirtschaft 1955, S. 548ff.

II. Systematik der Versicherungsnotwendigkeiten

Es ergibt sich der nachstehende Überblick über die etwa entstehenden Schäden und die daher zu versichernden Risiken[7]:

1. *Feuer-, Maschinen- und Sturmversicherung* der Reaktoren in weitestem Sinne einschließlich der Kosten für Entseuchung und Aufräumung, und zwar Versicherung der

a) *Vorbetriebe*, nämlich der

Bergwerke zur Gewinnung von uranhaltigem Gestein,
die Gewinnung von natürlichem Uran,
die Verarbeitung zu Uranmetall und Uranverbindungen,
die Verarbeitung zu Heizstoffelementen,
die Anreicherung,
die Lagerung und Vorratshaltung.

b) *Kernreaktoren*, nämlich

die Kernspaltung zur Wärmeerzeugung,
die Kernverschmelzung zur Wärmeerzeugung,
die Umwandlung von U 238 in Plutonium U 239 (Zucht bzw. Brütung).

c) *Nebenbetriebe*, nämlich die

Aufbereitung ausgebrauchter (bestrahlter) Spaltstoffelemente,
die Beseitigung und Lagerung der Spaltprodukte (Kerntrümmer),
die Isolierung der durch Bestrahlung gewonnenen neuen Spaltstoffe,
die Verwahrung und Beseitigung aktiv gewordener Anlageteile,
die Behandlung aktiv gewordener Abgase und Abwässer.

2. *Haftpflichtversicherung*, nämlich Tragung der gesetzlichen Haftpflichtgefahren aus der Errichtung und dem Betrieb der genannten Einrichtungen zu a) bis c) einschließlich der Haftung aus der Abfallbeseitigung.

3. *Betriebsunterbrechungsversicherung von Einrichtungen* zu a) bis c).

4. *Haftpflichtversicherung*, nämlich Tragung der gesetzlichen Haftpflichtgefahren aus dem Betrieb von Radio-Isotopen. Hier kommen in Frage:

a) *Vorbetriebe*, nämlich die Überführung des aktiven Stoffes in die für die Verwendung gewünschte chemische Verbindung bzw. physikalische Form (Proportionieren, Verpacken, Transportieren, Kennzeichnen).

b) *Verwendung* als medizinisches Therapeutikum, in der Diagnostik, als Indikatoren, zur Durchleuchtung oder Durchstrahlung, zu Meß-, Regel- und Steuerzwecken, zur Härtung und Polymerisation, zur Kondensation, Alterung, Vergütung und Sterilisierung.

---

[7] *Reimer Schmidt*, in Mitteilung der Vereinigung kantonal-schweizerischer Feuerversicherungsanstalten 1956, S. 179—194 (182f.); ferner: *Pohl* in VW 1955, 548; VW 1956, 576; *Raiser* in Atomwirtschaft 1956, 213—216; *Nebelung* in ZfV 1956, 185.

c) *Nebenbetriebe,* Abscheidung radioaktiver Bestandteile aus Abgasen und Abwässern, Verwahrung und Lagerung.

5. Ein Sonderproblem werden die „*anonymen Strahlenschäden*" darstellen, die bildlich mit den Fällen der Fahrerflucht in der Kraftfahr-Haftpflichtversicherung vergleichbar sind. Sie können auch schon vor Errichtung deutscher Reaktoren vom Ausland her eintreten. Die Auswirkungen für die *Personenversicherung* werden besonders sorgfältige Untersuchungen erfordern. Die neu entstandene Disziplin der Atommedizin befaßt sich mit diesen Dingen.

6. Sonderfragen werden auch für die *Transportversicherung* insbesondere in dem Augenblick aufgeworfen, in dem die Kernenergie als Kraftquelle für den Fahrzeugantrieb — man denkt hier zunächst nur an Schiffe — verwendet wird. Wegen der besonderen rechtlichen Konstruktion der Transportversicherung (Grundsatz der Totalität der Gefahren) sind hier spezielle Überlegungen erforderlich.

III. Beschränkung der Erörterung auf Gefahren aus friedensmäßig genutzter Kernenergie

Diese Darlegungen sind selbstverständlich auf die versicherungswirtschaftlichen Aspekte aus friedlicher Nutzung der Kernenergie beschränkt, wie auch die deutsche Atomgesetzgebung[8] ausschließlich die friedensmäßige Seite betrifft. Daß sich eine hoffentlich niemals erfolgende kriegerische Anwendung der Kernenergie allen Versicherungsmöglichkeiten entzieht, bedarf keiner Begründung[9].

B. Gesetzgeberische Behandlung

I. Der gescheiterte Entwurf eines Bundes-Atomgesetzes

1. Ein „*Bundesgesetz* über die Erzeugung und Nutzung der Kernenergie und den Schutz gegen ihre Gefahren" *(Atomgesetz)* soll die *rechtliche Grundlage für die Errichtung von Kernreaktoren* in der Bundesrepublik bilden und zugleich Vorschriften enthalten über die *Überwachung* von strahlenaussendenden Anlagen und Stoffen und den *Schutz* von Personen und Sachen, die radioaktiver Strahlung ausgesetzt sein könnten[10]. Das Gesetz ist zunächst in der 2. Legislaturperiode des Deutschen Bundestages an der zugleich erforderlichen Zweidrittelmehrheit gescheitert. Der Regierungsentwurf wird aber für die künftige bundesgesetzliche Regelung Anhaltspunkt und Diskussionsgrundlage sein.

---

[8] Vgl. dazu *Erler-Kruse,* Deutsches Atomenergierecht, Loseblattausgabe, Göttingen (Verlag Otto Schwarz & Co.).

[9] Vgl. auch hierzu: *Gerling-Gruse,* Das unerforschte Risiko, in Atomwirtschaft 1956, S. 73.

[10] Vgl. BT-Drucks. 3026; über die enge Verzahnung der Deutschen Gesetzgebung mit dem Euratom-Vertrag vgl. hier nur *Costa* in Versicherungswirtschaft 1957, S. 407ff.; *Hausschild* in Versicherungswirtschaft 1957, S. 465ff.

Seine Grundgedanken sind für die *versicherungsrechtliche und -technische Beurteilung* wichtig, obwohl das Gesetz selbstverständlich keine versicherungsrechtlichen Spezialvorschriften enthalten wird.

Ebenso wie im Ausland kann die Bundesrepublik auf eine strenge staatliche Überwachung der Erzeugung und Nutzung der Kernenergie nicht verzichten. Man will vor allem sicherstellen, daß durch Verwendung von Kernenergie keine Gefährdung von Leben, Gesundheit und Sachgütern sowie der inneren wie äußeren Sicherheit der Bundesrepublik eintritt[11]. Gleichwohl ist nicht an eine Überführung des Eigentums an Kernbrennstoffen auf den Staat gedacht, es soll vielmehr der Privatinitiative freier Raum gelassen werden, wenn und soweit sie sich im Rahmen der durch das Atomgesetz gezogenen rechtlichen Schranken bewegt. Der *Zweck des Gesetzes* wird in § 1 dahin umrissen,

„eine möglichst freie und ungehinderte Entwicklung der Erforschung und der friedlichen Nutzung der Kernenergie zu ermöglichen und zu fördern, . . .

Leben, Gesundheit und Sachgüter vor den Gefahren der Kernenergie zu schützen und zu verhindern, daß die innere und äußere Sicherheit der Bundesrepublik durch Anwendung der Kernenergie gefährdet wird,

die Erfüllung internationaler Verpflichtungen der Bundesrepublik auf dem Gebiet der Kernenergie zu gewährleisten".

Dieser Zweckbestimmung des Gesetzes folgen *Begriffsbestimmungen, Überwachungsvorschriften* über Ein- und Ausfuhr, Beförderung und Verwahrung von Kernbrennstoffen, über die *Genehmigungspflicht* von Anlagen zur Erzeugung oder zur Spaltung von Kernbrennstoffen, über die Voraussetzungen einer solchen Genehmigung und über die *staatliche Aufsicht.* An die Regelung der *Verwaltungszuständigkeiten* schließen sich *Haftungs-, Straf- und Schlußbestimmungen.* Der Entwurf bringt die Delegation zum Erlaß einer sogenannten *Strahlungsschutz-Verordnung,* die im einzelnen bestimmen soll, auf welche Weise der Schutz von Leben, Gesundheit und Sachgütern vor der Strahleneinwirkung radioaktiver Stoffe zu gewährleisten ist.

2. *Die Haftungstatbestände für den Reaktorbetrieb* haben naturgemäß für die Haftpflichtversicherung der Reaktorunternehmen besondere Bedeutung. Nach § 20 (= § 21 des Entwurfs des Bundestagsausschusses für Atomfragen [BT-Drucks. 3502]) ist dem Inhaber einer zur Erzeugung, Spaltung oder Aufarbeitung von Kernbrennstoffen dienenden Anlage eine Haftung für Körper- und Sachschäden auferlegt, die durch die Wirkung eines Kernspaltungsvorgangs oder von Strahlen eines radioaktiven Stoffes verursacht sind, sofern diese Wirkung ihrerseits in ursächlichem Zusammenhang mit der Anlage oder einer dem Betrieb, der Anlage zugehörigen Einrichtung oder Handlung einschließlich der

[11] Vgl. BT-Drucks. 3026, unter III (S. 17).

Abfallbeseitigung steht. Dabei ist man dem *Prinzip der Gefährdungshaftung* gefolgt, wie sie z. B. auch im Reichshaftpflichtgesetz und im Straßenverkehrsgesetz vorgesehen ist. Die Haftung findet ihre Grenze an dem Entstehen des Schadens durch höhere Gewalt[12]. Der Verletzte braucht also lediglich zu behaupten und gegebenenfalls zu beweisen, daß die Verletzung des Körpers oder die Beschädigung einer Sache in dem in dieser Vorschrift geforderten ursächlichen Zusammenhang steht. Dem Inhaber der Anlage obliegt dann der problematische Beweis dafür, daß der Schaden durch höhere Gewalt verursacht ist. Der Beschädigung einer Sache steht es gleich, wenn sie durch die Wirkung radioaktiver Strahlen in ihrer Brauchbarkeit beeinträchtigt wird.

3. Die *Haftung aus dem Besitz radioaktiver oder von einer Kernspaltung oder Kernvereinigung betroffener Stoffe* ist in § 21 des Entwurfs geregelt. An die bei der Verwendung von Isotopen etwa eintretende Folge — die Tötung von Menschen, die Verletzung von Körper oder Gesundheit eines Menschen oder die Beschädigung von Sachen — knüpft das Gesetz die Ersatzpflicht. Diese entfällt aber hier dann, wenn sowohl der Besitzer als auch die für ihn im Zusammenhang mit dem Besitz tätigen Personen *jede zur Vermeidung einer Gefahr nach den Umständen des Falles gebotene Sorgfalt beobachtet haben oder wenn der Schaden auch bei Beobachtung dieser Sorgfalt entstanden wäre*[13]. Es wird also keine Gefährdungshaftung, sondern eine Haftung *für vermutetes Verschulden* begründet, so daß der Schädiger sich exkulpieren muß, ähnlich gewissen Regelungen des deutschen Deliktsrechts. Interessant ist ein weiterer Haftungstatbestand,der nicht nur den Besitzer, sondern auch denjenigen zum Schadensersatz für aus radioaktiver Strahlung entstehende Schäden verpflichtet, der den Besitz des Stoffes unfreiwillig verloren hat (§ 21 Abs. 3 des Entwurfs). Nach allgemeinen Regeln entfällt die Haftung des Besitzers, wenn der Verletzte durch Vereinbarung mit dem Besitzer die „vom

---

[12] Der Bundesrat hat beantragt, den Ausschluß der Haftung für höhere Gewalt zu streichen, weil auch im Luftverkehrsgesetz und (in bestimmtem Umfang) im Reichshaftpflichtgesetz höhere Gewalt nicht ausgenommen sei (BT-Drucks. 3026 Anlage 2 b S. 53).

[13] Der Entwurf des Ausschusses für Atomfragen hat folgenden Wortlaut (BT-Drucks. 3502 § 22 I 2): „Die Ersatzpflicht tritt nicht ein, wenn der Schaden durch ein Ereignis verursacht wird, das der Besitzer und die für ihn im Zusammenhang mit dem Besitz tätigen Personen auch bei Anwendung jeder nach den Umständen gebotenen Sorgfalt nicht vermeiden konnten und das weder auf einem Fehler in der Beschaffenheit der Schutzeinrichtungen noch auf einem Versagen ihrer Vorrichtungen beruht“. Zudem hat der Bundesrat beantragt, die in § 21 Abs. 1 geregelten Schadenfälle in die Gefährdungshaftung des § 20 Abs. 1 des Entwurfs einzubeziehen, da die in § 21 Abs. 1 erfaßten Schadenfälle sich nicht so weitgehend von den in § 20 geregelten unterschieden, daß es gerechtfertigt erscheine, die Geschädigten auf eine Verschuldenshaftung mit umgekehrter Beweislast zu verweisen und ihnen insoweit die mit der Verwendung radioaktiver Stoffe verbundenen Betriebsgefahren aufzubürden (vgl. BT-Drucks. 3026 Anl. 2 b, S. 53).

Stoff ausgehende Gefahr in Kauf genommen hat" (§ 21 Abs. 4). Die Bestimmung des § 254 BGB über das mitwirkende Verschulden des Verletzten und die dadurch bedingte Minderung seiner Ersatzansprüche gegen den Schädiger findet auch hier Anwendung (§ 22).

Die *Haftung umfaßt* neben dem Ersatz des unmittelbaren Schadens nach den Grundsätzen des deutschen Deliktsrechts vor allem den Ersatz der Kosten der versuchten Heilung, der durch Aufhebung oder Minderung der Erwerbsfähigkeit bedingten Vermögensnachteile, der Beerdigungskosten im Falle des Todes, den Schadensersatz wegen Verlusts des Unterhaltsanspruchs (vgl. §§ 23ff. Entwurf). Der im Gesetz vorgesehene Umfang der Ersatzpflicht kann wegen der mit dem möglichen „Durchgehen" von Reaktoren und der radioaktiven Emanation in Anbetracht der Unzulänglichkeit der Menschen gegebenen Gefahren zu Ersatzleistungen sehr großen Ausmaßes führen.

Aus diesem Grunde hat der Gesetzentwurf eine *summenmäßige Beschränkung* der Haftung vorgesehen; sie ist im Falle der Tötung oder Verletzung eines Menschen begrenzt durch einen Kapitalbetrag von 100 000 DM oder durch eine jährliche Rente von 6000 DM. Bei einer Sachbeschädigung wird nur bis zur Höhe des gemeinen Werts zuzüglich der für die Sicherung gegen die von ihr ausgehende Strahlungsgefahr aufgewendeten Kosten Ersatz geleistet (§ 26 Abs. 1 des Entwurfs). Für Personen- und Sachschäden aus demselben Ereignis haftet der Ersatzpflichtige nur bis zu einem Höchstbetrag von 25 Millionen DM, wobei zwei Drittel dieser Höchstsumme für die Regulierung der Personenschäden und das restliche Drittel für den Ersatz der Sachschäden vorgesehen ist (§ 26 Abs. 2). Bei einem Großschaden kann ein über die Höchstbeträge hinausgehender Verlust von Personen und Sachen eintreten; in diesem Falle verringern sich die einzelnen Entschädigungen in dem Verhältnis, in dem ihr Gesamtbetrag zu dem Höchstbetrag steht (§ 26 Abs. 3). Die Gestaltung und Begrenzung der Haftung hat eine umfangreiche Diskussion ausgelöst[14, 15].

---

[14] Dazu insbes. *Friedrich* in Atomkern-Energie 1956, 278ff.; ders. in Versicherungswirtschaft 1956, 505ff.; *Kruse* in Atompraxis 1956, 358ff.; *Fonk* in Atompraxis 1957, 99ff.; *Fischerhof* in Elektrizitätswirtschaft 1957, 35ff.

[15] Hinsichtlich dieser Höchstbeträge hat der Bundesrat vorgeschlagen, in § 26 Abs. 1 Ziff. 1 statt einer Kapitalabfindung von 100000 DM bzw. einer jährlichen Rente von 6000 DM die Sätze auf 250000 DM bzw. 15000 DM heraufzusetzen. Es sei zu prüfen, in welchem Umfang die in Abs. 2 bis 4 des § 26 vorgesehenen Begrenzungen der Haftung zu erhöhen seien oder ob sie nicht entfallen sollten (BT-Drucks. 3026 Anl. 2 b, S. 54). Zur Begründung weist der Bundesrat auf die Schwere der möglichen Gesundheitsschädigungen hin; im Hinblick hierauf seien die im Entwurf vorgesehenen Höchstbeträge von 100000 DM bzw. 6000 DM zu gering. Auch die Begrenzung des Gesamtschadensbetrages aus demselben Ereignis auf einen Höchstbetrag von 25 Mill. DM erscheine unbillig. Angesichts der außerordentlichen Gefahren, die mit dem Betrieb einer Kernumwandlungsanlage verbunden seien, erscheine es gerechtfertigt, den Haftungshöchstbetrag erheblich höher festzu-

4. Nach *Ansicht der Versicherer*, deren Sachverständige in den Beratungen der Deutschen Atomkommission[16] und ihrer Fachausschüsse mitwirkten und die bei der Erörterung im Bundestagsausschuß für Atomfragen gehört wurden, soll die Gefährdungshaftung nur dem Unternehmer eines Reaktorbetriebes auferlegt werden; hinsichtlich des Isotopenrisikos hingegen soll es bei der Verschuldenshaftung verbleiben. Den Beweis soll auch insofern der Verletzte führen; eine Umkehrung der Beweislast ist nicht angezeigt. — Diese Anregung hat keinen Eingang in die gesetzgeberischen Arbeiten gefunden. Im übrigen erscheint den Sachverständigen der Versicherungswirtschaft eine Haftung bis zu 25 Millionen DM zu hoch; die Höhe der bei einer derartigen Regelung zu zahlenden Versicherungsprämien wirke auf Wissenschaft und Volkswirtschaft hemmend. Gewisse Risiken müsse im modernen Wirtschaftsleben jeder tragen; damit müsse sich auch der vom Schaden Betroffene abfinden[17].

---

setzen; es sei auch zu prüfen, ob nicht nach dem Vorbild des schweizerischen Rechts ein solcher Höchstbetrag überhaupt entfallen solle, da das Ausmaß möglicher Schäden nicht übersehbar sei und eine auch noch so hoch angesetzte Begrenzung der Gesamthaftung zu einer unbilligen Beschränkung des Schadensersatzes für die einzelnen Betroffenen führen könne (BT-Drucks. 3026 S. 54). — Demgegenüber vertritt der Ausschuß für Atomfragen des Bundestages in dem von ihm abgeänderten Entwurf der Bundesregierung die Auffassung, daß es bei den Sätzen von 100000 DM bzw. 6000 DM bleiben müsse, andererseits erscheine der im Regierungsentwurf vorgesehene Höchstbetrag von 25 Mill. DM als zu hoch, soweit es um die Eigenverantwortlichkeit des Unternehmens gehe. Dieser Betrag müsse auf 15 Mill. DM reduziert werden; für die darüber hinausgehenden Schäden (auch über 25 Mill. DM hinaus) müsse der Bund aufkommen; denn er — so begründet dies der Ausschuß — habe an der Überwindung des volkswirtschaftlichen und wissenschaftlichen Rückstandes das stärkste Interesse (BT-Drucks. 3502, Ziff. 19a). Die Formulierung des § 26 Abs. 2 Reg.-Entwurf = § 27 Abs. 2 Ausschuß-Entwurf lautet:

> „Für Personen- und Sachschäden aus demselben Ereignis, für die der nach § 21 (= § 20 Reg.-Entwurf) Ersatzpflichtige und sein Versicherer keinen anderweitigen Ausgleich zu erlangen vermögen, hat der Bund den nach § 21 Ersatzpflichtigen von denjenigen Verpflichtungen zu befreien, die dieser auf Grund seiner Verantwortlichkeit nach § 21 über 15 Mill. DM hinaus zu erfüllen hat.“ (BT-Drucks. 3502, S. 10).

Während der Reg.-Entwurf die Begrenzung der Haftung für beide Haftungstatbestände (§ 20 [Reaktorbetrieb] und § 21 [Verwendung radioaktiver Stoffe]) für geboten hielt, meint der Ausschuß für Atomfragen, in dem von ihm abgeänderten Entwurf diese Begrenzung nur bei § 20 (= § 21 Ausschuß-Entwurf) vornehmen zu müssen, da bei dem Umgang mit radioaktiven Stoffen Massenschäden nicht auftreten könnten (BT-Drucks. 3502 Ziff. 19b).

[16] Ihre diesbezüglichen Arbeiten wurden von Prof. Dr. *v. Caemmerer* (Freiburg) geleitet; vgl. auch *Seydel-Salger*, in Neue Juristische Wochenschrift 1956, S. 1537 ff.

[17] Geschäftsbericht des Gesamtverbandes der Versicherungswirtschaft e. V. 1956/57 S. 39.

II. Ländergesetzgebung

Nachdem die Verabschiedung des Bundesatomgesetzes zunächst gescheitert war, sahen sich einzelne Länder vor die Notwendigkeit gestellt, eigene Atomgesetze zu schaffen. Hierzu waren sie in der Lage, weil das Grundgesetz auf dem Gebiete der Kernenergie eine Gesetzgebungskompetenz nicht vorsieht; solange dies nicht geschehen ist, haben die Bundesländer nach Art. 70 Abs. 1 des Grundgesetzes die rechtliche Möglichkeit, selbst entsprechende Gesetze zu erlassen. Die Notwendigkeit zur eigenen Gesetzgebung ergab sich daraus, daß von den geplanten sechs Forschungsreaktoren der Bundesrepublik[18] bereits zwei — die in München und Frankfurt — schon im Herbst 1957 in Betrieb genommen werden sollten. Spezialgesetze sind in Bayern, Hessen, Hamburg und Nordrhein-Westfalen erlassen worden.

1. Als erstes Land verabschiedete *Bayern* ein Atomgesetz und bezeichnete es (zu Recht, weil die bundesgesetzliche Regelung noch kommen wird) als vorläufig. Dieses Gesetz v. 13. 7. 1957[19] — in Kraft getreten am 1. 8. 1957 — enthält nur 4 Artikel, deren erster bestimmt, daß die Vorschriften des Gesetzes Nr. 22 der Alliierten Hohen Kommission (AHK) auf in Bayern belegene Kernreaktoren und Anlagen zur Erzeugung und Nutzung der Kernenergie zu friedlichen Zwecken keine Anwendung finde.

In Art. 2 wird die Staatsregierung ermächtigt, zum Schutz von Leben, Gesundheit und Sachgütern vor Strahleneinwirkung radioaktiver Stoffe Bestimmungen zu treffen über

a) die bei der Gewinnung, Erzeugung, Aufbewahrung, Verwendung, Beförderung und Beseitigung radioaktiver Stoffe sowie bei jedem anderen Umgang mit diesen Stoffen erforderlichen Schutzmaßnahmen für Leben, Gesundheit und Sachgüter;

b) die sachgemäße Leitung und Beaufsichtigung des Umgangs mit radioaktiven Stoffen;

c) den Schutz von Kernbrennstoffen und Anlagen gegen Störmaßnahmen und sonstige Einwirkungen Dritter.

Nach Art. 3 endlich obliegt dem Innenministerium die sicherheitstechnische Überwachung des Betriebs der Kernreaktoren; es ist auch für den Erlaß der Sicherheitsverordnung zuständig.

2. Alsdann hat das Land *Hessen* sein Atomgesetz v. 1. 10. 1957[20] verabschiedet; die §§ 1 und 2 dieses Gesetzes entsprechen den Artikeln 1

[18] In München-Garching, Karlsruhe, Frankfurt/Main, Düren b. Köln, Geesthacht b. Hamburg, Berlin.

[19] „Gesetz zur vorläufigen Regelung der Errichtung und des Betriebes von Kernreaktoren und der Anwendung radioaktiver Isotope" vom 13. 10. 1957, BayGVBl. 1957 S. 147 = SaBl. S. 1090; vgl. auch die hierzu erlassene 1. Atom-VO v. 29. 8. 1957 in SaBl. 1957 S. 1664.

[20] „Gesetz zur vorläufigen Regelung der Errichtung und des Betriebes von Kernreaktoren für Forschungszwecke und des Strahlenschutzes" vom 1. 10. 1957, HessGVBl. 1957 S. 141 = SaBl. S. 1855.

und 2 des bayerischen Gesetzes. In § 3 sind Strafvorschriften für Zuwiderhandlung gegen die nach § 2 noch zu erlassende Strahlenschutz-Rechtsverordnung enthalten. Ebensowenig wie in Bayern ist in Hessen eine Haftungsregelung getroffen worden.

3. In dem in *Hamburg* erlassenen Gesetz v. 18. 10. 1957[21] sind Bestimmungen über die einzuholende Genehmigung „zur Errichtung und zum Betrieb von Kernreaktoren, die der Forschung und Lehre für friedliche Zwecke dienen", enthalten (§ 1); die zuständigen Behörden haben Überwachungsfunktionen zu erfüllen und insbesondere darauf zu achten, daß bei der Errichtung etwa mit der Genehmigung verbundene Bedingungen und Auflagen erfüllt und die Bestimmungen der noch zu erlassenden Strahlenschutz-Rechtsverordnung (§ 3) beachtet werden (§ 2). Auch in diesem Gesetz, das nur die erwähnten drei Vorschriften enthält, ist nichts über die Haftung gesagt.

4. Ausführlicher als die übrigen Landesgesetze ist das des Landes *Nordrhein-Westfalen* v. 4. 2. 1958[22]. Es umfaßt nicht nur die Befreiung vom Verbot des Gesetzes Nr. 22 der AHK (§ 1) und das damit verbundene Verfahren (§ 2), die staatliche Aufsicht (§ 3) und Zuständigkeiten (§ 4), sondern in den Bestimmungen §§ 5—10 des Gesetzes eine ins einzelne gehende *Regelung der Haftung*. Die Grundnorm (§ 5) entspricht im wesentlichen dem § 20 des Regierungsentwurfs für ein Bundesatomgesetz. Auch hier wird die reine Gefährdungshaftung statuiert, wenn „durch die Wirkung eines Kernspaltungsvorgangs oder der Strahlung eines radioaktiven Stoffes, die von einem Kernreaktor oder einer dem Betrieb dieses Reaktors zugehörigen Einrichtung oder Handlung einschließlich der Abfallbeseitigung ausgeht, ein Mensch getötet oder Körper oder Gesundheit eines Menschen verletzt, oder eine Sache beschädigt" wird. Wie in dem bereits behandelten Gesetzentwurf findet die Haftung auch hier ihre Grenze, wenn der Schaden durch höhere Gewalt verursacht worden ist (§ 5 Abs. 1 S. 2). Das mitwirkende Verschulden des Verletzten (§ 254 BGB) ist zu berücksichtigen (§ 6). Die Bestimmung über den Umfang des Schadensersatzes bei Tötung (§ 7) und bei Körperverletzung (§ 8) schließt sich eng an den Entwurf des Bundesatomgesetzes (§ 23) an. Hinsichtlich der Höchstbeträge (Kapitalbetrag von 100 000 DM bzw. Jahresrente von 6000 DM) hat sich das Landesgesetz ebenfalls an den Reg.-Entwurf gehalten; lediglich in dem Gesamthöchstbetrag, der nach dem Regierungsentwurf bei 25 Millionen DM liegen sollte, ist der Landesgesetzgeber diesem Vorbild nicht gefolgt, sondern hat sich die vom Bundestagsausschuß für Atomfragen vorgeschlagene Fassung (bis 15 Millionen DM eigenverantwortliche Haftung, darüber hinaus der Bund [hier:

[21] „Gesetz zur vorläufigen Regelung der Anwendung der Kernenergie", Hamb/GVBl. 1957 S. 465 = SaBl S. 1985.

[22] „Gesetz zur vorläufigen Errichtung und des Betriebes von Atomanlagen", GV-NW 1958, S. 39 = SaBl. S. 275.

das Land])[23] für die landesgesetzliche Regelung zu eigen gemacht (§ 9), Ebenso wie für den Bund in Aussicht genommen war (§ 29 Reg.-Entw. § 30 Ausschuß-Entw.), ist auch hier die weitergehende Haftung nach anderen gesetzlichen Vorschriften ausdrücklich vorbehalten worden (§ 10). Das Gesetz enthält seinem Zweck gemäß keine Vorschriften über die Haftung aus der Verwendung radioaktiver Stoffe.

C. Versicherungsrechtliche und -technische Auswirkungen

I. Die „Deutsche Kernreaktor-Versicherungsgemeinschaft“

Ein *Zusammenschluß* der deutschen Versicherer *zur Deckung von Reaktorrisiken* war erforderlich, weil die zu erwartenden hohen Versicherungssummen die Leistungskraft einzelner Versicherer überschreiten und ihre Deckung im üblichen Wege der Mitversicherung nicht unter allen Umständen gewährleistet ist. Am 14. 5. 1957 wurde daher in Frankfurt/Main die „*Deutsche Kernreaktor-Versicherungsgemeinschaft*“ (DKVG) mit dem Sitz in Köln gegründet[24]. Dabei wurden die mit der Deutschen Kriegs-Versicherungs-Gemeinschaft und mit dem Deutschen Luftpool gemachten Erfahrungen ausgewertet. Die einzelnen an dieser Gemeinschaft beteiligten Versicherer gewähren in Form einer offenen Mitversicherung Versicherungsschutz gegen Sachschäden an Anlagen zur Spaltung von Kernbrennstoffen und an Einrichtungen und Vorräten einschließlich der Ausgangs- und Kernbrennstoffe, die zu solchen Anlagen gehören. Darüber hinaus gewährt die Gemeinschaft Versicherungsschutz gegen die gesetzliche Haftpflicht aus der Errichtung und aus dem Betrieb von Kernreaktoren einschließlich der Verwahrung und Beseitigung aktiv gewordener Abfälle, Anlageteile, Abgase und Abwässer[25]. Ihr gehören bisher 86 Versicherungsunternehmen (auch in Deutschland arbeitende ausländische) an. Die Zeichnungskraft lag im Frühjahr 1958 bei etwa 23,3 Millionen DM, wovon 12,4 Millionen DM auf die Sachversicherung und die restlichen 10,9 Millionen DM auf die Haftpflichtversicherung entfallen[26]. Die DKVG wird *zu ausländischen Atom-Versicherungspools Rückversicherungsbeziehungen* unterhalten, weil die Abdeckung des Kernreaktor-Risikos nicht auf nationaler, auch nicht auf europäischer, sondern auf internationaler Basis angestrebt werden muß[27].

[23] Vgl. BT-Drucks. 3502 S. 10 (= § 27 Ausschuß-Entwurf), s. hierzu Reg.-Entwurf in BT-Drucks. 3026 S. 10 (§ 26).

[24] Geschäftsbericht des Gesamtverbandes 1956/57 S. 41; Atomwirtschaft 1956, S. 431.

[25] Geschäftsbericht des Gesamtverbandes a. a. O.

[26] Vgl. Deutsche Zeitung und Wirtschafts-Zeitung 1958 Nr. 19 vom 8. 3. 1958 (S. 11); siehe auch Geschäftsbericht des Gesamtverbandes 1956/57 S. 42.

[27] Vgl. hierzu auch Geschäftsbericht des Gesamtverbandes 1956/57 S. 46f.; siehe ferner: Atomwirtschaft 1957, S. 105; *Costa*, OEEC-Vorhaben werden Wirklichkeit, in Atomwirtschaft 1958 S. 72 (Ziff. 6); *Belser*, Die Versicherung der Atomrisiken in Europa, in Atomwirtschaft 1958, S. 77ff. (81f.).

II. Sachversicherung

Für die Sachversicherungszweige ist durch eine vom Bundesaufsichtsamt für das Versicherungs- und Bausparwesen genehmigte *Gefahrumstandsausschlußklausel* (Risikobeschränkung) *für das Neugeschäft* klargestellt worden, daß Risiken aus Erzeugung, Besitz und Verwendung von Kernenergie nicht durch den Versicherungsvertrag gedeckt sind. Diese wichtige, wohl von allen Privatversicherern bei Neuabschlüssen und dokumentierten Verlängerungen verwendete Klausel hat folgenden Wortlaut[28]:

„Der Versicherer haftet nicht für Schäden, die durch Krieg, innere Unruhen, Erdbeben oder Atomenergie verursacht wurde. Ist nicht feststellbar, ob eine dieser Ursachen vorliegt, so entscheidet die überwiegende Wahrscheinlichlichkeit (§ 287 ZPO)."

Damit ist aber zu der Frage, ob *durch die laufenden Sachversicherungsverträge* Kernenergierisiken gedeckt sind, noch nicht Stellung genommen. Mit unterschiedlichen Begründungen ist die Ansicht vertreten worden, auch insoweit sei eine Deckung nicht gegeben[29]. Bei Abschluß dieser Verträge habe sich nämlich die naturwissenschaftliche *Entwicklung nicht übersehen lassen*; sie habe mithin *nicht im Vorstellungsbereich der Vertragschließenden* gelegen. Dies sei deshalb wichtig, weil gerade in der Sachversicherung das bekannte, *individuell bestimmte Risiko* Gegenstand des Vertrages sei. Gegenseitig ausgewogene *Leistungen* von Versicherungsnehmer (Prämienzahlung) und Versicherer (Gefahrtragung) würden das *Gleichgewicht verlieren*, wollte man das Kernenergie-Risiko bei gleicher Prämie in laufende Verträge einbeziehen. Demgegenüber hat *Esser*[30] die Auffassung vertreten, die „*Vorhersehbarkeit*" einer Gefahr habe keine eigenständige Rechtsbedeutung. Die allgemeine Lehre vom *Wegfall der Geschäftsgrundlage*, die nach deutschem Recht zu einem Lösungsrecht des Versicherers führen könnte, greife hier nicht ein, weil das Versicherungsvertragsrecht mit den *Vorschriften über die Gefahrerhöhung* (§§ 23ff. VVG) eine Spezialregelung bereitstelle, die allerdings u. U. den Versicherer zur Kündigung des Vertrages zwinge. *Esser* beleuchtet dann das so wichtige Problem der *Folgeschäden*, wobei er solche Folgeschäden vom Versicherungsschutz ausnehmen will, die durch den Versicherungsfall „Feuer" nur freigestellt sind, aber auf der „*spezifischen Eigengefahr*" des Zwischenträgers beruhen. Die Diskussion ist noch im Fluß.

---

28 Sie gilt für die Maschinen-, Montage- und Bauwesenversicherung, ferner für die Feuer-, Einbruchdiebstahl-, verbundene Hausrat-, Glas-, Sturm- und Leitungswasser-Versicherung; vgl. zu § 1 Ziff. 7 AFB auch *Reimer Schmidt* in Mitteilung der kantonal-schweiz. Feuer-V-Anstalten 1956, 179ff. (189).

29 Vgl. *Knoerrich*, Atomrisiko, in *Finke* HdV (1958) Sp. 141; *Raiser*, Die Versicherung der Atomrisiken, in Atomwirtschaft 1956, S. 213ff. (215); Geschäftsbericht des Gesamtverbandes 1955/56, S. 39.

30 *Esser* in Versicherungswirtschaft 1958, Heft 1, Sonderbeilage m. w. Nachw.

Für die Zukunft ist vorgesehen, Kernenergiewagnisse auf Grund zusätzlicher vertraglicher Vereinbarung gegen Prämienzuschlag in den Versicherungsschutz schrittweise einzubeziehen. Vorarbeiten für die Tarifierung sind im Gange.

III. Personenversicherung

1. Die ausdrücklich vorgesehenen Ausnahmen des *Lebensversicherungsschutzes* — die Kriegs- und die Selbstmordklausel — zeigen, daß im übrigen *alle Todesursachen gleich bewertet* werden. Da in diesem Versicherungszweig ein großer *ausgleichsfähiger Versicherungsbestand* vorhanden ist, haben auch die Lebensversicherer bei der heutigen Situation die Ansicht vertreten, daß bei durch Kernenergie verursachten Sterbefällen Versicherungsschutz gegeben sei[31]. In gewissen Fällen (Arbeit im Reaktorenbetrieb, Laboratorien usw.) wird eine Gefahrerhöhung gegeben sein, die dazu führt, daß Prämienzuschläge ausbedungen werden.

2. In der *Krankenversicherung* liegen die Dinge ähnlich wie für die Lebensversicherung; Pläne über Ausschlußklauseln sind bisher nicht bekannt geworden[32]. Das „normale“ Risiko aus der Tatsache, daß Kernenergie nutzbar gemacht wird, wird als vom Krankenversicherungsvertrage umfaßt angesehen, nicht aber das sog. Katastrophenrisiko, das gegenwärtig noch gänzlich ungeklärt ist. Für den Katastrophenfall könnten die privaten Krankenversicherer mit Zustimmung der Aufsichtsbehörde gemäß § 6 Abs. 6 der Grundbedingungen für die Krankheitskostenversicherung (in Verbindung mit § 41 Abs. 3 VAG) eine Erhöhung der Beiträge auch für bestehende Verträge herbeiführen[33].

3. In der *Unfallversicherung* sind nach § 2 Abs. 2 Ziff. 2c der AVB für Unfallversicherung „Gesundheitsschädigungen durch Röntgen-, Radium-, Finsen-, Höhensonnen- und ähnliche Strahlen“ von der Versicherung ausgeschlossen. Die hier durch Kernenergie in Betracht kommenden Strahlen müssen als „ähnliche“ i. S. der AVB jedenfalls angesehen werden, so daß insoweit kein Versicherungsschutz besteht[34].

---

[31] Geschäftsbericht des Gesamtverbandes 1955/56, S. 38; *Knoerrich*, a. a. O, Sp. 134f.; *Raiser*, a. a. O. S. 214; *Geiler*, Atomrisiko und Lebensversicherung. Zeitschrift für Versicherungswesen 1955, S. 758ff.

[32] *Raiser*, Die Versicherung von Atomrisiken, in Atomwirtschaft 1956, S. 215; *Knoerrich*, Atomrisiko, in HdV (1958), Sp. 135; Geschäftsbericht des Gesamtverbandes 1955/56, S. 38.

[33] *Reimer Schmidt*, a. a. O. S. 189f.; *Knoerrich*, a. a. O. Sp. 135; *Raiser*, a. a. O. S. 215.

[34] Geschäftsbericht des Gesamtverbandes 1955/56, S. 39; *Raiser*, a. a. O. S. 215; *Knoerrich* a. a. O. Sp. 135f.; *Reimer Schmidt* a. a. O. S. 190.

IV. Haftpflichtversicherung

Hier ist zunächst die im Jahre 1955 *vom Bundesaufsichtsamt* für das Versicherungs- und Bausparwesen *genehmigte Klausel* wichtig[35], nach welcher auf „Besitz oder Verwendung von radioaktiven Stoffen sowie von Apparaten, die durch Beschleunigung geladener Teilchen Strahlen erzeugen", weder die Bestimmungen über die *automatische Mitversicherung* von Erhöhungen oder Erweiterungen des versicherten Risikos (§ 1 Ziff. 2b der Allgemeinen Haftpflicht-Versicherungs-Bedingungen — AHB) noch auch diejenigen über die *Vorsorgeversicherung* (§ 1 Ziff. 2c, § 2 AHB) Anwendung finden. Auch sind Haftpflichtansprüche von Personen ausgeschlossen, die als Beschäftigte des Versicherungsnehmers oder sonst aus beruflichem oder wissenschaftlichem Anlaß den Wirkungen dieser Stoffe oder Strahlen ausgesetzt sind[36]. Zweifelhaft könnte sein, ob dies nur für *Neuabschlüsse* eben zu diesen vom Bundesaufsichtsamt genehmigten Bedingungen gilt oder auch für die *laufenden Versicherungsverträge*. Da jedoch — anders als im Bereich der Sachversicherung — eine Erweiterung des vom Versicherer übernommenen Wagnisses nicht vorliegen dürfte, vielmehr etwas gänzlich anderes, bei Vertragsabschluß nicht Vorhersehbares, wird die Erweiterungsvorschrift des § 1 Ziff. 2b AHB auch im laufenden Geschäft nicht anzuwenden sein. Insoweit ist die vom BAV genehmigte Klausel lediglich eine Klarstellung. Auch auf die Vorsorgeversicherung wird sich der Versicherungsnehmer mit der Behauptung, er genieße Versicherungsschutz auch bei Isotopenrisiko, nicht berufen können. Denn die hieraus resultierende Haftung ist ausdrücklich ausgeschlossen für die mit der Verwendung von Röntgenapparaten verbundenen Gefahren[37]. Wegen der unübersehbaren Gefahren aber ist die Haftung des weiteren ausgeschlossen bei der Verwendung von Sprengstoffen, soweit dazu eine behördliche Genehmigung erforderlich ist[38]. Beides aber ist im Prinzip des übernommenen Risikos wie auch im strukturellen Bild der Allgemeinen Versicherungs-Bedingungen miteinander vergleichbar[39], so daß im Ergebnis auch die bereits bestehenden Haftpflichtversicherungsverträge hinsichtlich etwaiger Kernenergieschäden keinen Versicherungsschutz bieten[40].

Wenn auch aus den bestehenden Versicherungsverträgen — wie aufgezeigt — für die Versicherer eine Inanspruchnahme nicht zu erwarten sein dürfte, so ist künftig, nach Errichtung der ersten Reaktoren, die Haftpflichtversicherung einer Aufgabe gegenübergestellt, die versiche-

---

[35] Vgl. Veröffentlichung BAV 1955, S. 184; siehe auch *Reimer Schmidt* a. a. O., S. 189.

[36] Siehe hierzu *Raiser*, in Atomwirtschaft 1956, S. 216.

[37] Vgl. § 2 Ziff. 3b AHB.

[38] § 2 Ziff. 3c AHB.

[39] Siehe *Raiser*, a. a. O. S. 216.

[40] Geschäftsbericht des Gesamtverbandes 1955/56 S. 39f.

rungstechnisch und kalkulatorisch ungewöhnliche Anforderungen an diesen Versicherungszweig stellt[41]. Durch kleinste menschliche Unzulänglichkeiten können Schäden unvorstellbaren Ausmaßes eintreten. Zusätzliche Belastungen für die Haftpflichtversicherer ergeben sich auch aus jenen latenten Schäden, die gerade bei Strahleneinwirkung als *Spätschäden* auftreten können[41]; schließlich sehen sich die Haftpflichtversicherer *Regreßansprüchen* aus § 67 VVG und Ersatzansprüchen, die auf die Sozialversicherungsträger übergegangen sind (§§ 903, 1542 RVO), gegenübergestellt. Wie bereits oben dargestellt, ermöglicht es erst eine *gesetzliche Haftungsbegrenzung*, die Fragen der *Verteilung* des Reaktorrisikos und der *Tarifierung* zu beantworten.

Die Schäden aus der *Verwendung von Isotopen* können nach den Erkenntnissen der Naturwissenschaft und den praktischen Erfahrungen der Versicherer kein so großes Ausmaß annehmen wie die aus der Errichtung und dem Betrieb von Kernreaktoren resultierenden. Hier konnten bereits gewisse Erfahrungen gesammelt werden; etwa 550 Institute, Krankenhäuser, Behörden und Industriebetriebe mit etwa 80000 Beschäftigten wenden in der Bundesrepublik Radio-Isotopen an[42], so daß sich schon ein gewisser versicherungstechnischer Ausgleich ergibt. Gleichwohl dürfte nach dem oben Ausgeführten auch dieses Risiko nicht in die bestehenden Verträge eingeschlossen, sondern im Einzelfall durch ergänzende Vereinbarung zu decken sein.

V. Sozialversicherung

Die Untersuchungen zur Bedeutung der Kernenergie für die Sozialversicherung stecken leider noch in den Anfängen[43].

---

[41] *Knoerrich*, a. a. O. Sp. 137.

[42] *Knoerrich*, Atomrisiko, a. a. O. Sp. 139f.

[43] Vgl. *Hug*, in Bundesarbeitsblatt 1955, S. 826ff.; *Krieweth*, in Bundesarbeitsblatt 1954, S. 583ff.; *Langendorff*, *Wachsmann*, in Bundesarbeitsblatt 1953, S. 665ff. *Lossen* in Bundesarbeitsblatt 1955, S. 918ff.

ARBEITSRECHT

DIE SICHERUNG DES ARBEITSPLATZES NACH DEUTSCHEM RECHT

Von Dr. Dr. Gerhard Boldt

Bundesrichter am Bundesarbeitsgericht
Honorarprofessor an der Universität Münster

I.

Die Auffassung, daß der Arbeitsvertrag ein rein schuldrechtliches Verhältnis ähnlich dem Miet- und Pachtvertrag sei, hatte in Deutschland bis in die beide ersten Jahrzehnte dieses Jahrhunderts Geltung. In der Gesetzessprache des Allgemeinen Landrechts wurde der Arbeitsvertrag als „Dienstmietvertrag" bezeichnet, und auch das am 1. 1. 1900 in Kraft getretene Bürgerliche Gesetzbuch sieht den Arbeitsvertrag noch als ein rein schuldrechtliches Rechtsverhältnis an. Der auf diesen Gedankengängen beruhende Begriff „Arbeitsmarkt" hat sich bis in die jetzige Zeit erhalten. Demgegenüber geht die moderne Rechtsauffassung, wie sie sich nach dem ersten Weltkrieg entwickelt hat, davon aus, daß es sich bei dem Arbeitsverhältnis um ein *personenrechtliches Gemeinschaftsverhältnis* handelt, das von dem Grundsatz der beiderseitigen Treuepflicht beherrscht wird. *Kaskel*[1], *Nikisch*[2], *Oertmann*[3], *Titze*[4] und andere[5] haben diese Rechtsauffassung geformt und gefördert. In § 2 des Gesetzentwurfs zur Ordnung der nationalen Arbeit von 1934[6] wurde der Gedanke der Treuepflicht ausdrücklich niedergelegt. Die geltenden Gesetze enthalten

---

1 *Kaskel*, Arbeitsrecht, 1. Aufl. Berlin 1925, S. 78, siehe auch *Kaskel-Dersch*, Arbeitsrecht, 5. Aufl. Berlin-Göttingen-Heidelberg 1957, S. 18f.

2 *Nikisch*, Arbeitsrecht, 1. Aufl. Tübingen 1951, S. 80f., 2. Aufl. S. 148f.

3 *Oertmann*, Deutsches Arbeitsvertragsrecht, Berlin 1923.

4 *Titze*, Das Recht des Kaufmännischen Personals, Leipzig 1918.

5 Reichsarbeitsgericht, Arbeitsrechtssammlung 37 S. 230; 40 S. 288; Bundesarbeitsgericht, Arbeitsrechtliche Praxis Nr. 2 zu § 616 Bürgerliches Gesetzbuch; *Hueck-Nipperdey*, Lehrbuch des Arbeitsrechts, 6. Aufl. Berlin-Frankfurt 1955, S. 115f.; *Denecke*, Reichsgerichtsräte-Kommentar, Vorbemerkung I vor § 611; abweichend *Schnorr von Carolsfeld*, Arbeitsrecht S. 161ff.

6 Vgl. *Hueck-Nipperdey-Dietz*, Kommentar 2. Aufl. München 1937; *Mansfeld-Pohl*, Kommentar 1934.

allerdings eine entsprechende ausdrückliche Bestimmung nicht. Es wäre aber falsch zu glauben, daß dieser Gedanke nach 1945 beseitigt worden wäre; er ist vielmehr nach wie vor dem Arbeitsverhältnis immanent[7].

Auf der Treuepflicht beruht auch der Gedanke des *Kündigungsschutzes*. Entsprechend seiner Grundkonzeption steht das Bürgerliche Gesetzbuch hinsichtlich des Dienstvertrages auf dem Standpunkt der *Kündigungsfreiheit*. Ebenso wie das Arbeitsverhältnis durch freie Vereinbarung zwischen dem Arbeitgeber und dem Arbeitnehmer zustande kommt, ebenso sollen die Parteien des Arbeitsvertrages auch frei darüber bestimmen können, in welchem Umfang sie sich binden wollen, d. h. wann und unter welchen Voraussetzungen die einseitige Aufhebung des Arbeitsverhältnisses, also die Kündigung, zulässig sein soll. Nur in wenigen Fällen war von vornherein oder durch später erlassene Gesetze der Grundsatz der Kündigungsfreiheit durch Sondervorschriften beschränkt. So wurde für gewerbliche und kaufmännische Angestellte bestimmt, daß die Mindestkündigungsfrist einen Monat zum Schluß des Kalendermonats zu betragen habe (§§ 67 Handelsgesetzbuch, 133a Gewerbeordnung); für diese Angestellten sowie für gewerbliche Arbeiter galt ferner bereits seit Erlaß der Gewerbeordnung die Bestimmung, daß die Kündigungsfrist für beide Teile gleich sein muß (§ 122 Satz 2 und 3 Gewerbeordnung).

Dieser Rechtszustand hat sich nach dem ersten Weltkrieg grundlegend geändert. Einmal wurden durch ein Gesetz v. 9. 7. 1926[8], das auch heute noch gilt, erstmalig *verlängerte gesetzliche Kündigungsfristen für ältere Angestellte* eingeführt. Im Laufe der Entwicklung sind ferner in zahlreichen *Tarifverträgen* an Stelle der gesetzlichen Kündigungsfristen zu Gunsten der Arbeitnehmer verlängerte Fristen vereinbart worden.

Darüber hinaus aber hat sich ein besonderer *Kündigungsschutz* entwickelt. Schon das Betriebsrätegesetz von 1920[9] sah vor, daß Arbeitnehmer im Falle der Kündigung seitens des Arbeitgebers binnen bestimmter Frist Einspruch beim Arbeiter- und Angestelltenrat erheben konnten. Ein solcher Einspruch war zulässig, wenn der begründete Verdacht vorlag, daß die Kündigung wegen der Zugehörigkeit zu einem bestimmten Geschlecht, wegen politischer, militärischer, konfessioneller oder gewerkschaftlicher Betätigung oder wegen Zugehörigkeit oder Nichtzugehörigkeit zu einem politischen, konfessionellen oder beruflichen Verein oder einem militärischen Verband erfolgt war. Ferner war der Einspruch zulässig, wenn die Kündigung ohne Angabe von Gründen

[7] Vgl. hierzu *Kaskel-Dersch* a. a. O. S. 147; *Nikisch*, Arbeitsrecht, 2. Aufl., Bd. 1, Tübingen 1955 S. 382; *Hueck-Nipperdey*, a. a. O., S. 220; *Hueck*, Der Treuegedanke im modernen Privatrecht, München 1947; *Meissinger*, Treuepflicht im Arbeitsrecht, in Arbeitsrechtsblattei Stuttgart (laufend); *Schnorr von Carolsfeld*, Arbeitsrecht 2. Aufl. Göttingen 1954, S. 333.

[8] Reichsgesetzblatt I S. 399, berichtigt S. 412.

[9] §§ 84ff. Gesetz vom 4. 2. 1920, Reichsgesetzblatt I S. 147.

erfolgt war oder deshalb, weil der Arbeitnehmer sich weigerte, dauernd andere Arbeit als die bei der Einstellung vereinbarte zu verrichten, oder wenn die Kündigung sich als eine unbillige, nicht durch das Verhalten des Arbeitnehmers oder durch die Verhältnisse des Betriebs bedingte Härte darstellte. Gelang dem Arbeiter- oder Angestelltenrat eine Verständigung nicht, so konnte dieser oder der betroffene Arbeitnehmer das Arbeitsgericht anrufen, das über die Berechtigung der Kündigung zu entscheiden hatte.

Das *Gesetz zur Ordnung der nationalen Arbeit v.* 20. 1. 1934[10], das an die Stelle des Betriebsrätegesetzes von 1920 trat, sah vor, daß ein Arbeiter mit dem Antrag auf Widerruf der Kündigung vor dem Arbeitsgericht klagen konnte, wenn diese unbillig hart und nicht durch die Verhältnisse des Betriebs bedingt war. Dieses Gesetz setzte also an die Stelle der im Betriebsrätegesetz einzeln aufgeführten Fälle eine *Generalklausel.*

Die Lücke, die durch die nach 1945 erfolgte Aufhebung des Gesetzes zur Ordnung der nationalen Arbeit entstanden war, ist durch das *Kündigungsschutzgesetz* v. 10. 8. 1951[11] geschlossen worden. Dieses hat über das bisherige Recht hinaus den Begriff der *sozialwidrigen Kündigung* eingeführt.

II.

Das deutsche Recht geht, wie sich aus § 620 Bürgerliches Gesetzbuch ergibt, davon aus, daß ein Arbeitsvertrag auf *bestimmte oder unbestimmte Zeit* abgeschlossen werden kann. Im ersteren Falle endet das Arbeitsverhältnis durch Zeitablauf, Eintritt des Ereignisses, von dem das Ende abhängig sein soll oder Erreichung des vereinbarten Zwecks von selbst. Im letzteren Falle bedarf es in der Regel der *Kündigung*, falls der Vertrag nicht aus besonderen Gründen, z. B. dem Tod des Arbeitnehmers, automatisch ein Ende findet. Wenn auch nach dem Gesetz beide Vertragstypen gleichberechtigt nebeneinander stehen, so stellt doch der *Vertrag auf unbestimmte Zeit die Regel dar.*

1. Unter *Kündigung* versteht man die Aufhebung des Arbeitsvertrages durch einseitige Erklärung des Arbeitgebers oder des Arbeitnehmers. Sie ist eine *empfangsbedürftige Willenserklärung* im Sinne des § 130 Bürgerliches Gesetzbuch, d. h. sie wird wirksam, wenn sie dem Vertragsgegner zugeht. Sie braucht von diesem also nicht „angenommen“ zu werden. *Zugegangen* ist die Kündigungserklärung dann, wenn sie derart in den Machtbereich des Empfängers gelangt ist, daß dieser sich unter normalen Umständen von dem Inhalt Kenntnis verschaffen konnte, und wenn die Kenntnisnahme nach den Gepflogenheiten des Verkehrs von

---

[10] Reichsgesetzblatt I S. 45.
[11] Bundesgesetzblatt I S. 499.

ihm erwartet werden mußte[12]. Verhindert der andere Vertragsteil das Zugehen der Kündigung, z. B. dadurch, daß er die Annahme des Kündigungsschreibens verweigert, so ist sie trotzdem wirksam. Geht die Kündigung dem anderen Teil durch sein Verschulden verspätet zu, so gilt sie als rechtzeitig zugegangen. Die einmal ausgesprochene Kündigung ist bindend; sie kann ohne Zustimmung des anderen Teiles nicht zurückgenommen werden.

Einer besonderen *Form* bedarf die Kündigung nur, wenn dies zwischen den Parteien ausdrücklich vereinbart ist[13]. Das Wort „kündigen" oder „Kündigung" braucht die Erklärung nicht ausdrücklich zu verwenden[14]. Es genügt vielmehr jedes Verhalten, durch das der eine Teil dem anderen seinen Willen kundgibt, das Arbeitsverhältnis zu *lösen*. Hierbei kommt es darauf an, wie der Empfänger unter Berücksichtigung der Verkehrssitte die Erklärung auffassen konnte. Der *Wille* zur Kündigung und der *Termin*, zu dem die Kündigung erfolgt, müssen jedenfalls *klar und eindeutig* zum Ausdruck kommen.

Der Kündigende muß dem Gekündigten also *Gewißheit* über die Auflösung des Arbeitsverhältnisses verschaffen; insofern spricht man davon, daß die Kündigung „unbedingt" erfolgen müsse. Eine Kündigung zum Zwecke der *Vertragsänderung* stellt nach ständiger Rechtsprechung[15] keine bedingte und daher unzulässige Kündigung dar, sondern eine unbedingte Kündigung, verbunden mit dem Angebot auf Eingehung eines neuen Arbeitsvertrages auf der Grundlage neuer Arbeitsbedingungen (sog. Änderungskündigung)[16]. Dagegen liegt in der Zuteilung einer anderen Arbeit, die in gleicher Weise wie die bisher geleistete entlohnt wird und in dem gleichen Rahmen des mit dem Arbeitnehmer eingegangenen Arbeitsvertrages fällt, keine Änderung des Vertrages, die eine Kündigung des Arbeitsvertrages voraussetzt, sondern lediglich die Ausübung des dem Arbeitgeber zustehenden *Direktionsrechts*.

Die Kündigung *einzelner Vertragsbestimmungen* ist grundsätzlich nicht zulässig[16a], sondern nur eine Kündigung des *ganzen Vertrages*. Z. B. enthält

[12] Vgl. Reichsgericht in Zivilsachen (RGZ) 50 S. 194; *Palandt*, Kommentar Bürgerliches Gesetzbuch, 15. Aufl., § 130 Anm. 1; *Nikisch*, a. a. O., S. 563; Bundesarbeitsgericht, AP Nr. 3 zu § 56 Betriebsverfassungsgesetz.

[13] Eine Ausnahme bilden gewisse Lehrverträge, vgl. § 78 I Handelsgesetzbuch, § 127c Gewerbeordnung, § 26 Handwerksordnung, siehe auch *Molitor*, Die Form der Kündigung, Betrieb 1954 S. 930.

[14] *Molitor*, Die Kündigung, 2. Aufl. Mannheim 1951 S. 98; *Hueck-Nipperdey*, a. a. O., 1. Bd. S. 493.

[15] Reichsarbeitsgericht, Arbeitsrechtssammlung, Bd. 3 S. 26; 5 S. 52; 6 S. 612; 38 S. 88.

[16] Bundesarbeitsgericht, Arbeitsrechtliche Praxis Nr. 2 zu § 611 Abs. 1 Bürgerliches Gesetzbuch (Beschäftigungspflicht); *Hueck-Nipperdey*, a. a. O., Band 1, S. 496; *Nikisch*, a. a. O., S. 524, *Molitor*, a. a. O., S. 112.

[16a] vgl. zum Problem der sog. „Teilkündigung" Bundesarbeitsgericht 8. 11. 1957 1 AZR 123/56, AR-Blattei „Kündigung" Entsch. I (mit Anm. v. *Molitor*) = AP Nr. 2

die einseitige Herabsetzung des Gehaltes eines außertariflichen Angestellten die Kündigung des gesamten Arbeitsverhältnisses mit dem gleichzeitigen Angebot, den Arbeitsvertrag zu veränderten Bedingungen fortzusetzen.

Die Angabe einer *Begründung* bei Ausspruch der Kündigung eines Arbeitsverhältnisses ist gesetzlich nicht vorgeschrieben. Neuerdings wird allerdings im Schrifttum[17] vereinzelt die Meinung vertreten, aus dem Gesichtspunkt der Treuepflicht und anderen Rechtsgründen ergäbe sich, daß jede Kündigung eine Begründung enthalten müsse. In dieser Allgemeinheit ist das jedoch sicherlich nicht richtig. Kündigt der *Arbeitnehmer*, so bedarf es der Angabe eines Grundes schon deshalb nicht, weil der Grund der Kündigung für deren Rechtswirksamkeit rechtlich ohne Bedeutung ist. Das gleiche muß aber gelten, wenn der *Arbeitgeber* kündigt und der Arbeitnehmer nicht unter die Kündigungsschutzbestimmungen fällt, z. B. weil er leitender Angestellter im Sinne des § 12 KSchG ist. Anders könnte es vielleicht sein, wenn der gekündigte Arbeitnehmer dem Kündigungsschutzgesetz unterliegt. Nach § 1 Kündigungsschutzgesetz ist die Kündigung rechtsunwirksam, wenn sie sozial ungerechtfertigt ist. Man könnte daher sagen, daß die Angabe des Kündigungsgrundes notwendig wäre, um dem Gekündigten die Prüfung zu ermöglichen, ob er die Kündigung für sozial ungerechtfertigt hält und ob er daher gegebenenfalls gegen die Kündigung vorgehen soll. In diesem Falle könnte somit die Nichtangabe des Kündigungsgrundes gegen Treu und Glauben verstoßen. Besteht hingegen über den Kündigungsgrund kein Zweifel, oder ist der Grund gerade im Interesse des Gekündigten nicht oder nicht vollständig oder nicht richtig angegeben worden, so bedarf es der Angabe eines Kündigungsgrundes sicherlich nicht. Das wäre z. B. der Fall, wenn die Kündigung wegen einer strafbaren Handlung des Arbeitnehmers erfolgt, der Arbeitgeber dies aber in der Kündigungserklärung nicht zum Ausdruck bringen will, um dem Arbeitnehmer nicht das Fortkommen zu erschweren[18].

2. Den Schutz des Arbeitnehmers, mit dem ein Vertrag auf *unbestimmte Zeit* abgeschlossen ist, gegen die Auflösung dieses Vertrages seitens des

---

zu § 242 BGB — Betriebliche Übung — (mit Anm. v. *Denecke*); Bundesarbeitsgericht 4.2.1958 3 AZR 110/55 — noch nicht veröffentlicht —; ferner *Frey*, Zwei Probleme der Teilkündigung, Arbeit und Recht 1958 S. 97; *Herschel*, Zur Frage der Teilkündigung, Betriebs-Berater 1958 S. 160; *Joachim*, Kann die Änderung des Arbeitsvertrages auch durch eine Teilkündigung erfolgen? Recht der Arbeit 1957 S. 326; *Molitor*, Die Kündigung, 2. Aufl. S. 45; *Müller*, Zum Problem der Teilkündigung beim Arbeitsverhältnis, Die Betriebsverfassung 1958 S. 21.

[17] *Frey*, Begründungszwang oder Nachschieben von Kündigungsgründen, Betriesb-Berater 1953 S. 1070; *Lent*, Die Notwendigkeit einer Begründung der Ausübung von Gestaltungsrechten, Archiv für zivilistische Praxis 152 S. 401; vgl. dazu Bundesarbeitsgericht 27. 2. 1958 2 AZR 445/55.

[18] Vgl. *Nikisch*, a. a. O. S. 567f.; *Molitor*, a. a. O. S. 103f.

Arbeitgebers hat sich die Gesetzgebung der neueren Zeit besonders angelegen sein lassen. Dieser Schutz wird auf verschiedene Art und Weise erreicht: Einmal durch das *Verbot* der Kündigung in bestimmten Fällen überhaupt, außerdem durch die Abhängigmachung der Wirksamkeit der Kündigung von der *Zustimmung* bestimmter Stellen, ferner durch Einführung ausgedehnter *Mindestkündigungsfristen* und schließlich durch den *eigentlichen Kündigungsschutz* auf Grund des Kündigungsschutzgesetzes.

a) Ein *absolutes Kündigungsverbot* enthält z. B. § 9 des Mutterschutzgesetzes v. 24. 1. 1952[19]. Danach ist die Kündigung gegenüber einer Frau während ihrer Schwangerschaft und bis zum Ablauf von vier Monaten nach der Niederkunft unzulässig, wenn dem Arbeitgeber zur Zeit der Kündigung die Schwangerschaft oder die Niederkunft bekannt war oder innerhalb einer Woche nach Zugang der Kündigung mitgeteilt wird. Dies gilt übrigens selbst für eine Kündigung aus wichtigem Grund[20]. Der Kündigungsschutz gilt jedoch nicht für Hausgehilfinnen und Tagesmädchen nach Ablauf des fünften Monats der Schwangerschaft.

Unzulässig ist ferner im allgemeinen die Kündigung eines *Betriebsratsmitglieds*. Die Tätigkeit des Betriebsrats bringt es mit sich, daß er leicht in einen Gegensatz zum Arbeitgeber geraten kann und daher einer Kündigung eher ausgesetzt ist als andere Arbeitnehmer. Aus diesem Grunde erklärt § 13 Kündigungsschutzgesetz grundsätzlich die Kündigung eines Betriebsratsmitglieds für unzulässig. Eine Kündigung ist jedoch zulässig im Falle der endgültigen Stillegung eines Betriebes. Ferner ist sie zulässig, wenn ein Grund vorliegt, der den Arbeitgeber zur fristlosen Kündigung berechtigt. Ein grober Verstoß gegen die Amtspflichten als Betriebsratsmitglied rechtfertigt jedoch nicht ohne weiteres auch die fristlose Kündigung. In diesen Fällen kann vielmehr nur der Ausschluß aus dem Betriebsrat gemäß § 23 Betriebsverfassungsgesetz betrieben werden. Nur dann, wenn das Verhalten nicht nur eine Amtspflichtverletzung, sondern zugleich und daneben einen schweren Verstoß gegen die Pflichten aus dem Arbeitsverhältnis enthält, ist auch ein Grund zu einer fristlosen Entlassung gegeben[21]. Das Betriebsratsmitglied steht also hinsichtlich der Frage, ob sein Verhalten einen Grund zur fristlosen Entlassung bildet, jedem anderen Arbeitnehmer gleich, soweit es sich nicht um einen Vorgang handelt, der mit seiner Tätigkeit als Betriebsratsmitglied zusammenhängt.

Ein besonderes Kündigungsverbot besteht auch gegenüber *Abgeordneten*. Gemäß Artikel 48 Absatz 2 Grundgesetz darf niemand gehindert werden, das Amt eines Abgeordneten zu übernehmen und auszuüben.

---

[19] Bundesgesetzblatt I S. 69, vgl. *Bulla*, Mutterschutzgesetz und Frauenarbeitsrecht, München 1954, Anm. 8 zu § 9 Mutterschutzgesetz.

[20] siehe auch Bundesarbeitsgericht 3 S. 66.

[21] Bundesarbeitsgericht 1 S. 185; 2 S. 266.

Eine Kündigung oder Entlassung aus diesem Grund ist unzulässig. Die meisten Länderverfassungen enthalten ähnliche Bestimmungen.

Verboten ist ferner die Kündigung eines Arbeitnehmers im Falle der Einberufung zum *Wehrdienst*. Bereits § 3 Freiwilligengesetz v. 23. 7. 1955[22] und § 1 Eignungsübungsgesetz v. 20. 1. 1956[23] hatten zugunsten derjenigen, die als Freiwillige beim Aufbau der Bundeswehr mitwirken wollten, für gewisse Zeit ein Kündigungsverbot eingeführt. § 2 Gesetz über den Schutz des Arbeitsplatzes bei Einberufung zum Wehrdienst (Arbeitsplatzschutzgesetz) v. 30. 3. 1957[24] bestimmt darüber hinaus, daß der Arbeitgeber während des Grundwehrdienstes oder während einer Wehrübung des Arbeitnehmers das Arbeitsverhältnis nicht kündigen darf. Auch vor und nach dem Wehrdienst darf der Arbeitgeber das Arbeitsverhältnis aus Anlaß des Wehrdienstes nicht kündigen. Das Recht zur Kündigung aus wichtigem Grund bleibt allerdings unberührt. Aus der Abwesenheit, die durch den Wehrdienst veranlaßt war, darf dem Arbeitnehmer gemäß § 6 in beruflicher und betrieblicher Hinsicht kein Nachteil entstehen.

Schließlich besteht ein Kündigungsverbot in gewissem Umfang auch gegenüber *Heimkehrern*. Während der nächsten sechs Monate nach Beginn des ersten Arbeitsverhältnisses seit der Entlassung oder nach Wiedereintritt in das frühere Arbeitsverhältnis und während sechs Monaten nach der Aufnahme einer ständigen Beschäftigung in ihrem bisherigen oder angestrebten Beruf dürfen sie gemäß § 8 des Heimkehrergesetzes[25] nicht wegen einer durch Kriegsgefangenschaft oder Internierung verursachten minderen Leistungsfähigkeit gekündigt werden. Diese Schutzbestimmung erlischt jedoch drei Jahre nach der Heimkehr.

b) Im Gegensatz zu der Regelung, wie sie aus kriegsbedingten Gründen durch die Arbeitsplatzwechsel-Verordnung v. 1. 9. 1939[26] eingeführt worden war, macht das deutsche Recht die Wirksamkeit der Kündigung generell *nicht* von der Zustimmung *bestimmter Behörden* abhängig. Insbesondere bedarf es grundsätzlich nicht der Zustimmung der *Arbeitsämter*. Von diesem Grundsatz bestehen aber einige wichtige *Ausnahmen*.

aa) Zu erwähnen in diesem Zusammenhang ist zunächst der Fall der *Massenentlassungen*. Gemäß § 15 Kündigungsschutzgesetz ist der Arbeitgeber verpflichtet, dem *Arbeitsamt* unter Beifügung der Stellungnahme des Betriebsrats schriftlich Anzeige zu erstatten, wenn er eine bestimmte Anzahl von Arbeitnehmern entlassen will. Diese Anzeige löst eine *Sperrfrist* von einem Monat aus. In diesem Zeitraum sind die anzuzeigenden

---

[22] Bundesgesetzblatt I S. 449.

[23] Bundesgesetzblatt I S. 13.

[24] Bundesgesetzblatt I S. 293.

[25] Gesetz vom 19. 6. 1950, Bundesgesetzblatt I S. 221, in der Fassung des Gesetzes vom 17. 8. 1953, Bundesgesetzblatt I S. 931.

[26] Reichsgesetzblatt I S. 1685.

Entlassungen nur mit Zustimmung des *Landesarbeitsamtes* wirksam. Die Sperrfrist kann im Einzelfall bis auf zwei Monate verlängert werden. Mit dem Zeitpunkt des Ablaufs der Sperrfrist beginnt eine einmonatige *Freifrist*, innerhalb welcher die Entlassungen auf Grund der ausgesprochenen Kündigungen vorgenommen werden können. Erfolgen die Entlassungen nicht innerhalb dieser Frist, so kann sich der Arbeitgeber auf die Anzeige an das Arbeitsamt nicht mehr berufen, und es bedarf einer neuen Anzeige, die wiederum eine Sperrfrist in Lauf setzt. Diese Regelung soll verhindern, daß sich der Arbeitgeber für unbegrenzte Zeit die Möglichkeit zu Massenentlassungen verschafft.

Gemäß § 17 Kündigungsschutzgesetz kann das *Landesarbeitsamt* gestatten, daß der Arbeitgeber für die Dauer der Sperrfrist *Kurzarbeit* einführt, wenn er nicht in der Lage ist, die Arbeitnehmer während dieser Zeit voll zu beschäftigen. Eine solche, mit entsprechend herabgesetzter Entlohnung verbundene Arbeitsstreckung ist jedoch erst von dem Zeitpunkt an wirksam, an dem das Arbeitsverhältnis enden würde, wenn die Sperrfrist nicht bestünde. Abweichende tarifliche Bestimmungen über die Einführung, das Ausmaß und die Bezahlung von Kurzarbeit werden durch diese Bestimmungen nicht berührt.

Der Zustimmung einer besonderen Stelle bedarf es ferner bei der Kündigung von *Schwerbeschädigten*. Gemäß § 14 des Schwerbeschädigtengesetzes v. 16. 6. 1953[27] ist nicht nur die Kündigungsfrist verlängert, vielmehr bedarf die Kündigung auch der Zustimmung der *Hauptfürsorgestelle*; sie ist nichtig, wenn die Zustimmung nicht vorliegt. Die Zustimmung muß bei der Hauptfürsorgestelle schriftlich beantragt werden.

Eine ähnliche Bestimmung gilt zugunsten der Inhaber eines *Bergmannsversorgungsscheines*[28]. Einem solchen kann erst dann gekündigt werden, wenn die *Zentralstelle* für den Bergmannsversorgungsschein ihre Zustimmung zur Kündigung erteilt hat.

bb) Eine *Zustimmung des Betriebsrats* bei der Entlassung eines Arbeitnehmers ist im Betriebsverfassungsgesetz *nicht* vorgesehen. Gemäß § 66 Absatz 1 Betriebsverfassungsgesetz ist der Arbeitgeber jedoch verpflichtet, bei Ausspruch einer Kündigung eines unter das Betriebsverfassungsgesetz fallenden Arbeitnehmers den Betriebsrat zu *hören*. Die Anhörungspflicht umfaßt die Verpflichtung zur Mitteilung von der bevorstehenden Kündigung einschließlich des Kündigungsgrundes und die Verpflichtung, etwa vom Betriebsrat vorgetragene Bedenken entgegenzunehmen. Der Arbeitgeber braucht sich aber nicht zu diesen Bedenken zu äußern und ist auch nicht verpflichtet, die Gegengründe des

---

[27] Bundesgesetzblatt I S. 389.

[28] Gesetz über einen Bergmannsversorgungsschein im Land Nordrhein-Westfalen vom 10. 7. 1948 in der Fassung vom 14. 6. 1954, Gesetz- und Verordnungsblatt Nordrhein-Westfalen S. 215, und vom 9. 1. 1958. Gesetz- und Verordnungsblatt Nordrhein-Westfalen S. 13.

Betriebsrats zu prüfen. Er kann vielmehr trotz einer ablehnenden Stellungnahme des Betriebsrats und ohne mit dem Betriebsrat darüber zu beraten, die Kündigung aussprechen. Der Betriebsrat seinerseits ist nicht verpflichtet, zu einer Kündigungsmitteilung des Arbeitgebers Stellung zu nehmen. Macht er von seinem Recht Gebrauch, so muß die Stellungnahme mit möglichster Beschleunigung erfolgen. An seine etwaige Stellungnahme ist der Betriebsrat für das Einspruchsverfahren auf Grund des Kündigungsschutzgesetzes nicht gebunden.

Die Bestimmung des § 66 Absatz 1 Betriebsverfassungsgesetz hat zwingenden Charakter. Daraus folgt, daß auf die Anhörung des Betriebsrats nicht im voraus verzichtet werden kann. Die Vorschrift besagt aber nicht, daß eine Kündigung, der eine Anhörung nicht vorausgegangen ist, nichtig ist. Die Anhörung des Betriebsrats vor der Kündigung ist also keine Voraussetzung für die zivilrechtliche Wirksamkeit der Kündigung. Die Kündigung als solche ist vielmehr auch bei Unterlassung der Anhörung des Betriebsrats gültig. Hat jedoch der Arbeitgeber rechtswidrig, vorsätzlich und schuldhaft die vorherige Anhörung unterlassen, so hat er das Recht verwirkt, sich darauf zu berufen, daß die Kündigung nach § 1 Kündigungsschutzgesetz sozial gerechtfertigt sei[29].

Sehr umstritten ist die Frage, ob die Anhörungspflicht durch Tarifvertrag über den Bereich des Betriebsverfassungsgesetzes hinaus (z. B. bezüglich der Entlassung leitender Angestellter) *erweitert* oder ob der Anhörungspflicht eine stärkere Bedeutung beigelegt werden kann. Die Streitfrage hängt mit der schon zur Zeit der Geltung des Betriebsrätegesetzes von 1920 behandelten Problematik zusammen, ob die Betriebsverfassung Gegenstand des öffentlichen oder des privaten Rechts ist. Hier steht Ansicht gegen Ansicht[30], und man wird abwarten müssen, wie die Rechtsprechung sich zu dieser grundsätzlichen Frage einstellen wird.

c) Auf die Einführung von *Mindestkündigungsfristen* in einer ganzen Reihe von Gesetzen wurde eingangs bereits hingewiesen. Sie gelten nicht, wenn es sich um eine sogenannte außerordentliche Kündigung, insbesondere um eine solche aus *wichtigem Grund* handelt.

d) Der Schwerpunkt der Sicherung des Arbeitsplatzes liegt für die Masse der Arbeitnehmer in den Bestimmungen des *Kündigungsschutzgesetzes* (KSchG) v. 10. 8. 1951[31].

---

[29] Bundesarbeitsgericht 1 S. 69; 2 S. 87.

[30] *Gegen* eine Erweiterung der Mitwirkungsrechte des Betriebsrates insbesondere *Erdmann*, Betriebsverfassungsgesetz, 2. Auflage Neuwied 1954, § 66 Anmerkung 7; *Dietz*, Betriebsverfassungsgesetz, 2. Auflage München-Berlin 1955, § 66 Anmerkung 12. *Dafür* sprechen sich aus *Fitting-Kraegeloh*, Betriebsverfassungsgesetz, 3. Auflage Berlin-Frankfurt 1953, § 66 Anmerkung 3; Bührig, Handbuch der Betriebsverfassung Köln 1953, § 66 Anmerkung 5.

[31] Bundesgesetzblatt I S. 499.

Den durch dieses Gesetz statuierten Kündigungsschutz können alle Arbeitnehmer in Anspruch nehmen, die länger als sechs Monate ohne Unterbrechung in demselben Betrieb oder Unternehmen beschäftigt sind und im Zeitpunkt des Zugehens der Kündigung das 20. Lebensjahr vollendet haben[32]. Er gilt aber gemäß § 12 Kündigungsschutzgesetz nicht für Angestellte in leitender Stellung (wobei dieser Begriff vom Gesetz hier enger definiert wird als z. B. im Betriebsverfassungsgesetz). Der Kündigungsschutz findet ferner keine Anwendung in Betrieben und Verwaltungen, in denen in der Regel fünf oder weniger Arbeiter ausschließlich der Lehrlinge beschäftigt werden.

Das Kündigungsschutzgesetz erklärt in § 1 Absatz 1 eine sozial nicht gerechtfertigte Kündigung seitens des Arbeitgebers für von vornherein rechtswidrig. *Sozial ungerechtfertigt* ist gemäß § 1 Absatz 2 Kündigungsschutzgesetz eine Kündigung dann, wenn sie nicht durch Gründe, die in der Person oder in dem Verhalten des Arbeitnehmers liegen, oder durch dringende betriebliche Erfordernisse, die einer Weiterbeschäftigung des Arbeitnehmers in diesem Betrieb entgegenstehen, bedingt ist. Zum gesetzlichen Tatbestand des § 1 Absatz 2 Kündigungsschutzgesetz gehört also auch das Merkmal der *Abwägung der Interessen* des Arbeitnehmers an der Aufrechterhaltung und des Arbeitgebers an der Auflösung des Arbeitsverhältnisses[33]. Der Gesetzeswortlaut hebt hervor, daß bei Entlassungen, die aus betrieblichen Gründen unvermeidlich sind, die Sozialwidrigkeit auch in der Auswahl der zu Entlassenden liegen kann (§ 1 Absatz 2 und 3 Kündigungsschutzgesetz)[34].

Das *Verhalten des Arbeitnehmers* rechtfertigt die Kündigung, wenn dem Arbeitgeber bei gerechter Abwägung aller Umstände und der beiderseitigen Interessen die Weiterbeschäftigung nicht zugemutet werden kann, mag auch eine fristlose Kündigung nicht zu begründen sein. Als Beispiele sind anzuführen: Nachlässigkeit im Dienst, wiederholte Unpünktlichkeit trotz Abmahnung, schlechte Führung, Widersetzlichkeit und Unverträglichkeit, die den Frieden im Betrieb stören[35].

In der *Person des Arbeitnehmers* liegende Gründe sind vor allem: Unzulängliche Arbeitsleistung, mangelnde Vorbildung und häufige Krankheit, die auf die Dauer die Verwendbarkeit des Arbeitnehmers stark herabsetzt, wobei aber die in der Vergangenheit geleisteten Dienste zu berücksichtigen sind. Auch der bloße Verdacht einer strafbaren Handlung kann genügen, wenn der Arbeitnehmer den Verdacht durch sein Verhalten selbst hervorgerufen hat oder wenn er nicht alles tut, um ihn zu beseitigen. Die Gründe müssen bei Abwägung der Interessen beider

---

[32] *Hueck*, Kündigungsschutzgesetz, 3. Auflage 1954, § 1, Anmerkung 21.

[33] Bundesarbeitsgericht 1 S. 117.

[34] *Nikisch*, a. a. O., S. 620ff.; *Hueck*, a. a. O., § 1, Anm. 36; Bundesarbeitsgericht 28. 3. 57, Arbeitsrechtliche Praxis Nr. 25 zu § 1 Kündigungsschutzgesetz.

[35] Vergleiche *Hueck*, a. a. O., § 1, Anmerkung 35.

Parteien von solchem Gewicht sein, daß sie die Kündigung als gerecht erscheinen lassen[36]. In jedem Falle verlangt das Gesetz einen *Grund*, der die Kündigung *bedingt*, d. h. aus betrieblichen Gründen als *notwendig* erscheinen läßt. Daraus ergibt sich, daß das Kündigungsschutzgesetz die Betriebszugehörigkeit als ein *geschütztes Rechtsgut* anerkannt hat, in das nur aus zwingenden Gründen eingegriffen werden kann[37]. Der Grund muß die Kündigung zu einer *Notwendigkeit* machen. Es werden also z. B. bei Verstößen gegen die Pflichten aus dem Arbeitsverhältnis in der Regel nicht einmalige Verstöße genügen, gegenüber denen zunächst eine Verwarnung als ausreichend erscheint; bei Arbeitnehmern in Vertrauensstellungen werden erhöhte Anforderungen des Arbeitgebers gerechtfertigt sein[38].

Auch ein *dringendes betriebliches Erfordernis*, das einer Weiterbeschäftigung in diesem Betrieb im Zeitpunkt der Entlassung zwingend entgegensteht, kann eine Kündigung rechtfertigen, z. B. Ausfall von Maschinen, Mangel an Rohstoffen und Material, Schwierigkeiten in der Kreditbeschaffung, Produktionsrückgang, Absatzmangel. Ein dringendes betriebliches Erfordernis ist zu bejahen, wenn für den gekündigten Arbeitnehmer keine weitere Verwendungsmöglichkeit besteht bzw. für seine Arbeit im Betrieb kein Bedürfnis mehr vorhanden ist. Das ist z. B. der Fall bei auch nur vorübergehendem Arbeitsmangel, dem wegen der Eigenart des Betriebes nicht durch Arbeitsstreckung (Kurzarbeit) oder durch Umbesetzung des von der Entlassung betroffenen Arbeitnehmers auf einen anderen geeigneten Arbeitsplatz desselben Betriebes begegnet werden kann. Auch Rationalisierungsmaßnahmen können ein dringendes betriebliches Interesse darstellen[39]. Bei der Prüfung dieser Voraussetzungen im Kündigungsschutzprozeß kann es nicht Sache des Gerichts sein, die Notwendigkeit und Zweckmäßigkeit der getroffenen organisatorischen und technischen Maßnahmen zu beurteilen und damit indirekt in die Leitung des Betriebes einzugreifen. Dagegen ist das Gericht verpflichtet festzustellen, ob der Arbeitsplatz überflüssig geworden ist und ob das Direktionsrecht des Arbeitgebers unter beiderseitiger Interessenabwägung richtig gehandhabt worden ist[40].

Auch bei vorliegenden dringenden betrieblichen Erfordernissen kann die Kündigung sozial ungerechtfertigt sein, wenn der Arbeitgeber bei der *Auswahl* der zu Entlassenden soziale Gesichtspunkte (wirtschaftliche Lage, Familienstand, Lebens- und Dienstalter, Eigenschaft als Heim-

---

[36] Bundesarbeitsgericht 1 S. 117.

[37] *Hueck-Nipperdey*, a. a. O., Band 2, S. 637; *Herschel-Steinmann*, Kommentar zum Kündigungsschutzgesetz, 3. Aufl. Heidelberg 1955, § 1 Anm. 45.

[38] Landesarbeitsgericht Bremen 25.2.1953, Arbeitsrechtliche Praxis 1954 Nr. 90.

[39] Siehe *Herschel-Steinmann*, a. a. O., § 1, Anm. 41; *Hueck*, a. a. O., § 1, Anm. 37.

[40] *Hueck*, a. a. O., § 1, Anmerkung 38; *Herschel-Steinmann*, a. a. O., § 1, Anmerkung 42a.

kehrer, Verfolgter, Flüchtling) nicht oder nicht ausreichend berücksichtigt hat (§ 1 Absatz 3 Kündigungsschutzgesetz)[41]. Wenn jedoch *betriebstechnische*, *wirtschaftliche* oder sonstige berechtigte *betriebliche* Bedürfnisse die Weiterbeschäftigung eines oder mehrerer bestimmter Arbeitnehmer *bedingen* und damit der Auswahl nach sozialen Gesichtspunkten entgegenstehen, müssen letztere gemäß § 1 Absatz 3 Satz 2 Kündigungsschutzgesetz gegenüber den betrieblichen Bedürfnissen endgültig zurücktreten. Liegen diese Voraussetzungen vor, so ist die ausgesprochene Kündigung also nicht sozialwidrig.

Aus diesen Bestimmungen ergibt sich somit, daß zwar grundsätzlich die sozialen und wirtschaftlichen Gesichtspunkte sorgfältig gegeneinander abgewogen werden müssen, daß aber andererseits bei dieser Abwägung letzten Endes die *betrieblichen Bedürfnisse* das größere Gewicht als die sozialen Gesichtspunkte dann haben, wenn sie aus betrieblichen Gründen die Weiterbeschäftigung von bestimmten Arbeitnehmern bedingen; in diesem Fall kommt es nicht mehr darauf an, ob die sozialen Verhältnisse der für den Betrieb unentbehrlichen Arbeitnehmer günstiger sind als die des gekündigten Arbeitnehmers. Maßgebend für diese Regelung war der Gesichtspunkt, daß es durch die betrieblichen Bedürfnisse gerechtfertigt sei, wenn der Arbeitgeber den Hilfsarbeiter vor dem Facharbeiter, unter den Facharbeitern zunächst denjenigen, der für den Produktionsprozeß am ehesten entbehrlich sei, und bei erheblichen Leistungsunterschieden zunächst den Leistungsschwächsten entlasse. Liegen derartige Voraussetzungen vor, so kann der gekündigte Arbeitnehmer nicht mehr mit dem Einwand gehört werden, daß die Kündigung im Ergebnis für ihn doch eine unbillige Härte darstelle[42].

Im Streitfall hat der *Arbeitgeber* die Tatsachen zu behaupten und zu beweisen, aus denen sich die Berechtigung der Kündigung ergeben soll. Steht aber die gerechte Auswahl in Frage, so trägt der *Arbeitnehmer* die Beweislast dafür, daß der Arbeitgeber soziale Gesichtspunkte nicht ausreichend berücksichtigt hat, während der *Arbeitgeber* die Umstände zu beweisen hat, die ihm erlauben, die sozialen Rücksichten zurückzustellen[43].

3. Die Bestimmungen des Kündigungsschutzgesetzes finden gemäß § 11 keine Anwendung im Falle einer *außerordentlichen Kündigung.* Im Falle des *Konkurses des Arbeitgebers* können beide Teile gemäß § 22 Konkursordnung mit der *gesetzlichen* Frist kündigen, auch wenn vertraglich eine längere Kündigungsfrist vereinbart ist. Für den Fall des *Konkurses des Arbeitnehmers* gilt diese Bestimmung jedoch nicht. Das in § 1358 BGB vorgesehene außerordentliche Kündigungsrecht des Ehe-

[41] Bundesarbeitsgericht 28. 3. 1957, Arbeitsrechtliche Praxis Nr. 25 zu § 1 Kündigungsschutzgesetz.

[42] So richtig *Herschel-Steinmann,* a. a. O., § 1, Anmerkung 46.

[43] *Hueck,* a. a. O., § 1, Anmerkung 42.

mannes bei Verträgen, in denen sich die Ehefrau einem Dritten gegenüber zu einer von ihr in Person zu bewirkenden Leistung verpflichtet hat, besteht in Auswirkung des Artikels 3 Grundgesetz, der die Gleichberechtigung von Mann und Frau statuiert, nicht mehr.

Der häufigste Fall der außerordentlichen Kündigung ist die *fristlose Kündigung aus wichtigem Grund*[44]. Ein „wichtiger Grund" ist dann gegeben, wenn Umstände eingetreten sind, die nach verständigem Ermessen unter Berücksichtigung aller Umstände dem einen oder anderen Teil die Fortsetzung des Arbeitsverhältnisses nicht mehr nach Treu und Glauben — auch nicht für die Dauer der vorgesehenen Kündigungsfrist — zumutbar erscheinen lassen, da sonst das Interesse eines Teiles in unbilliger Weise geschädigt werden würde[45]. Solche Umstände können auch ohne ein Verschulden der Parteien eintreten[46]. Ob ein wichtiger Grund vorliegt, muß unter Berücksichtigung aller in Frage kommenden Gesichtspunkte von Fall zu Fall geprüft werden; alle Begleitumstände sind abzuwägen[47]. Dabei ist die Fürsorgepflicht des Arbeitgebers zu berücksichtigen. Es kommt nicht darauf an, ob jeder einzelne Vorwurf die fristlose Entlassung rechtfertigt, sondern es muß eine *Gesamtwürdigung* des Verhaltens desjenigen, der Anlaß zur fristlosen Entlassung gegeben hat, vorgenommen werden[48].

Eine Kündigung aus wichtigem Grund kommt insbesondere in Frage, wenn der Vertragsgegner seine Pflicht *schuldhaft* verletzt hat. So berechtigt eine Zuwiderhandlung gegen ein Gebot des Arbeitgebers diesen zur sofortigen Kündigung nur dann, wenn die Anweisung schuldhaft nicht befolgt worden ist und der Verstoß nicht auf Grund der besonderen Umstände entschuldbar erscheint[49]. Ein fahrlässiges Verhalten des Arbeitnehmers kann zur fristlosen Entlassung aus dem Arbeitsverhältnis im allgemeinen nur dann berechtigen, wenn es entweder der Ausdruck einer auch sonst lässigen Gesamthaltung oder in seiner Art besonders grob, in seinen Folgen besonders schwerwiegend ist, oder das im Anstellungsvertrag selbst übernommene Vertrauen so groß ist, daß es schon durch einmaliges Versehen unheilbar zerstört wird. Eine fristlose Kündigung kann unter Umständen auch zulässig sein, wenn der wichtige Grund in der Person des Kündigenden selbst liegt, z. B. der Arbeitnehmer kündigt, weil er gesundheitlich die Arbeit nicht mehr leisten kann, oder wenn sich der Kündigungsgrund aus den objektiven Verhältnissen ergibt. In den zuletzt genannten Fällen darf eine außerordentliche Kündigung aber nicht dazu führen, das Risiko, das der Arbeitgeber zu tragen hat, auf den

---

[44] *Molitor,* a. a. O., S. 294ff.

[45] Bundesarbeitsgericht 2 S. 139.

[46] Bundesarbeitsgericht 2 S. 214.

[47] Bundesarbeitsgericht 2 S. 208.

[48] Bundesarbeitsgericht, Arbeitsrechtliche Praxis Nr. 3 zu § 626, Bürgerliches. Gesetzbuch (Verdacht strafbarer Handlung); Bundesarbeitsgericht 2 S. 245

[49] Landesarbeitsgericht Hamm 7. 10. 1952, Bundesarbeitsblatt 53/4/9.

Arbeitnehmer abzuwälzen[50]. Daher gewährt die Einschränkung des Betriebes dem Arbeitgeber grundsätzlich ebensowenig ein Recht zur *fristlosen* Lösung des Arbeitsverhältnisses wie die Eröffnung des Konkurses über sein Vermögen[51].

Gemäß § 11 Absatz 2 Satz 1 Kündigungsschutzgesetz ist eine unwirksame fristlose Kündigung im Zweifel nicht als Kündigung für den nächstzulässigen Zeitpunkt aufzufassen. Diese Bestimmung stellt aber nur eine Vermutung auf, die durch die Führung des Gegenbeweises entkräftet werden kann[52]. Eine solche *Umdeutung* ist jedoch nur dann statthaft, wenn aus dem Sachverhalt hervorgeht, daß der Kündigende das Vertragsverhältnis unter allen Umständen lösen wollte[53].

4. Von der sozialwidrigen Kündigung ist die *sittenwidrige Kündigung* zu unterscheiden. Gemäß § 138 Bürgerliches Gesetzbuch kann eine Kündigung wegen *Verstoßes gegen die guten Sitten nichtig* sein. Die Abgrenzung der Nichtigkeit von der Sozialwidrigkeit ist schwierig, um so mehr, als das Gesetz auch in Fällen, in denen die Kündigung offensichtlich willkürlich oder aus nichtigen Gründen unter Mißbrauch der Machtstellung des Arbeitgebers erfolgt, nur Sozialwidrigkeit annimmt (vgl. § 7 Absatz 1 Satz 3 Kündigungsschutzgesetz). Um die Grenze gegenüber der Sozialwidrigkeit nicht zu verwischen, muß man einen *scharfen Maßstab* anlegen und das Anwendungsgebiet des § 138 Bürgerliches Gesetzbuch auf eng zu begrenzende und besondere Tatbestände von erheblichem Gewicht einschränken. Um Sittenwidrigkeit anzunehmen, muß also zur Sozialwidrigkeit noch ein *weiteres* entscheidendes Moment hinzutreten. Solange ein Zweifel besteht, ob der Arbeitgeber fristlos kündigen kann oder ob nur eine fristgerechte Kündigung in Frage kommt, kann von einer Sittenwidrigkeit der Kündigungsmaßnahme keine Rede sein[54].

Die Sittenwidrigkeit einer Kündigung kann der Arbeitnehmer *unabhängig* von den Vorschriften des Kündigungsschutzgesetzes geltend machen (§ 11 Absatz 3 Satz 1). Er braucht sich also nicht an die Frist von drei Wochen zu halten, innerhalb derer bei einer sozialwidrigen Kündigung das Arbeitsgericht angerufen werden muß. Das Gesetz gibt jedoch dadurch einen Anreiz, die Sittenwidrigkeit innerhalb dieser Dreiwochenfrist geltend zu machen, indem es in diesem Fall gewisse, für die sozialwidrige Kündigung geltende Vorschriften zugunsten des Arbeitnehmers für anwendbar erklärt (§ 11 Absatz 3 Satz 2). Der Arbeitnehmer ist in diesem Fall nämlich insbesondere berechtigt, Auflösung des Arbeits-

---

[50] Reichsarbeitsgericht, Arbeitsrechtssammlung, Bd. 42 S. 185.

[51] Arbeitsgericht Bonn 16. 11. 1935, Arbeitsrechtssammlung, Bd. 27 S. 91.

[52] Bundesarbeitsgericht 1 S. 99.

[53] Bundesarbeitsgericht, Arbeitsrechtliche Praxis Nr. 9 zu § 11 Kündigungsschutzgesetz; *Nikisch*, a. a. O., S. 609, 649.

[54] Landesarbeitsgericht Hannover vom 2. 10. 1952, Betriebs-Berater 1953 S. 60; Landesarbeitsgericht Bremen, Arbeitsrechtliche Praxis 53 Nr. 49.

verhältnisses und Zahlung einer Abfindung zu verlangen und, falls er inzwischen ein anderes Arbeitsverhältnis eingegangen ist, die Fortsetzung des früheren abzulehnen.

III.

Es wurde schon eingangs gesagt, daß zwischen unbefristeten und befristeten Arbeitsverträgen zu unterscheiden ist. Die vorstehenden Ausführungen bezogen sich auf den unbefristeten Arbeitsvertrag. Aber auch bei dem *befristeten Arbeitsvertrag*, der also von vornherein auf bestimmte Zeit abgeschlossen ist, läßt sich die Tendenz erkennen, dem Arbeitnehmer nach Möglichkeit den Arbeitsplatz zu sichern. Werden nämlich derartige befristete Arbeitsverträge mehrfach hintereinander abgeschlossen — sogenannte *Kettenverträge* — so sind sie unwirksam, wenn sie dem Arbeitnehmer den Kündigungsschutz nehmen und ein verständiger Arbeitgeber in einem solchen Fall einen Arbeitsvertrag auf unbestimmte Zeit abgeschlossen hätte. Die Nichtigkeit der Befristungsabrede ergreift jedoch in diesem Fall nicht das gesamte übrige Dienstverhältnis, da sonst der Gedanke des Kündigungsschutzes in sein Gegenteil verkehrt würde. Vielmehr gilt in einem solchen Fall der Arbeitsvertrag als auf *unbestimmte Zeit* abgeschlossen, so daß er regelmäßig nur durch eine fristgemäße Kündigung endet, gegen die die Kündigungsschutzklage gegeben ist[55].

IV.

Die *Durchsetzung der Ansprüche*, die dem Arbeitnehmer im Falle einer sozialwidrigen Kündigung zustehen, erfolgt im Wege der *Kündigungsschutzklage* gemäß § 3 Arbeitsgerichtsgesetz (ArbGG). Will ein Arbeitnehmer geltend machen, daß eine Kündigung sozial ungerechtfertigt ist, so muß er innerhalb von drei Wochen nach Zugang der Kündigung *Klage* beim Arbeitsgericht auf *Feststellung* erheben, daß das Arbeitsverhältnis durch die Kündigung nicht aufgelöst sei. Die Frist ist eine *Ausschlußfrist*. Sie wird nach § 5 Kündigungsschutzgesetz auch dadurch gewahrt, daß der Arbeitnehmer aus anderen Gründen die Rechtswirksamkeit der Kündigung, z. B. wegen Sittenwidrigkeit oder wegen sonstiger Mängel, in einer Leistungs- oder Feststellungsklage geltend macht, wenn er nur bis zum Schluß der mündlichen Verhandlung erster Instanz damit die Klage nach dem Kündigungsschutzgesetz verbindet[56]. Der Klageschrift soll die Stellungnahme des Betriebsrats beigefügt werden für den Fall, daß der Betriebsrat angerufen worden ist (§ 3 Kündigungsschutzgesetz).

Zur Vermeidung von Härten ist eine *verspätete Klage* noch zuzulassen, wenn der Arbeitnehmer trotz Anwendung aller ihm nach Lage der Sache

---

[55] Vergleiche Bundesarbeitsgericht 1 S. 128, ferner Arbeitsrechtliche Praxis Nr. 7, 8, 14 zu § 1 Kündigungsschutzgesetz, Nr. 3, 5 zu § 620 Bürgerliches Gesetzbuch, (befristeter Arbeitsvertrag).

[56] *Hueck*, a. a. O. § 3 Anmerkung 4.

zuzumutenden Sorgfalt die Frist nicht einhalten konnte (§ 4 Kündigungsschutzgesetz). Ein entsprechender Antrag muß innerhalb von zwei Wochen nach Behebung des Hindernisses gestellt werden. Gegen eine Versäumung dieser Frist ist eine Wiedereinsetzung in den vorigen Stand nicht möglich. Nach Ablauf von sechs Monaten, vom Ende der versäumten Frist an gerechnet, kann der Antrag überhaupt nicht mehr gestellt werden. Sinn dieser Befristung ist sicherzustellen, daß nach fruchtlosem Ablauf der Frist endgültig die Wirksamkeit der Kündigung feststeht.

Unabhängig von der notwendigen Klageerhebung kann der Arbeitnehmer, wenn er die Kündigung für sozial ungerechtfertigt hält, binnen einer Woche *Einspruch* beim Betriebsrat einlegen; er braucht dies aber nicht zu tun. Der Betriebsrat hat den Einspruch zu prüfen, und, wenn er ihn für gerechtfertigt hält, zu versuchen, durch Verhandlung mit dem Arbeitgeber eine Verständigung herbeizuführen (§ 2 Kündigungsschutzgesetz). Die Anrufung des Betriebsrats ist jedoch auf die Wirksamkeit der Kündigung und den Lauf der Klagefrist ohne Einfluß.

Hält das Arbeitsgericht die Kündigung für sozial nicht gerechtfertigt, so stellt es fest, daß das Arbeitsverhältnis durch die Kündigung *nicht aufgelöst* ist. Ist das Gericht in diesem Fall der Meinung, daß dem *Arbeitnehmer* die Fortsetzung des Arbeitsverhältnisses *nicht zuzumuten* ist, so hat es auf seinen Antrag das Arbeitsverhältnis *aufzulösen* und den Arbeitgeber auf Zahlung einer *Abfindung* zu verurteilen.

Auf Antrag des *Arbeitgebers* ist auf *Auflösung* gegen Zahlung einer Abfindung zu erkennen, wenn dieser Gründe anführen kann, die eine den Betriebszwecken dienliche weitere Zusammenarbeit mit dem Arbeitnehmer nicht erwarten lassen. Die Tatsache, daß der Arbeitgeber inzwischen einen anderen Arbeitnehmer eingestellt hat, genügt dazu nicht. Der Antrag ist abzulehnen, wenn der Arbeitnehmer die vom Arbeitgeber angeführten Gründe im wesentlichen widerlegt, oder wenn die Kündigung offensichtlich willkürlich oder aus nichtigen Gründen unter Mißbrauch der Machtstellung des Arbeitgebers im Betrieb erfolgt ist (§ 7 Absatz 1 Kündigungsschutzgesetz).

Wird das Arbeitsverhältnis in dem vorstehenden Fall gelöst, so kann das Gericht den hierfür maßgebenden *Zeitpunkt* festsetzen, in dem das Arbeitsverhältnis im Falle der Rechtswirksamkeit der Kündigung geendet hätte (§ 7 Absatz 2 Kündigungsschutzgesetz).

Bei der Festsetzung der *Höhe der Abfindung* hat das Gericht einerseits die Dauer der Betriebszugehörigkeit des Arbeitnehmers und andererseits die wirtschaftliche Lage sowohl des Arbeitnehmers als auch des Arbeitgebers angemessen zu berücksichtigen. Der *Höchstbetrag* ist auf zwölf Monatsverdienste festgelegt (§ 8 Kündigungsschutzgesetz). Innerhalb dieser Höchstgrenze ist das Gericht frei. Es kann bei noch nicht zwölfmonatiger Beschäftigung bis zur Höchstgrenze gehen, es kann aber auch bei langjähriger Tätigkeit unter der Höchstgrenze bleiben. Es ist dem Gericht auch nicht verwehrt, bei der Festsetzung andere als die im Gesetz aufgeführten Gründe, z.B. das Alter des Arbeitnehmers, den Familienstand und die voraussichtlichen wirtschaftlichen Folgen der Auflösung des Arbeitsverhältnisses, angemessen zu berücksichtigen.

Es liegt nahe, daß der gekündigte Arbeitnehmer, der die Kündigungsschutzklage erhoben hat, sich vorsorglich nach einem *anderen Arbeitsplatz* umsieht, um sich vor der Unsicherheit des Prozeßausganges zu schützen. Geht er während des Prozesses ein *neues Arbeitsverhältnis* ein, so kommt er im Falle eines für ihn günstigen Ausgangs des Prozesses in einen unangenehmen Konflikt, da er sowohl seinem früheren als auch dem neuen Arbeitgeber gegenüber zur Arbeit verpflichtet wäre. Das Gesetz räumt ihm daher ein, binnen einer Woche nach Rechtskraft des Urteils durch Erklärung gegenüber dem *alten* Arbeitgeber die Fortsetzung des Arbeitsverhältnisses bei diesem zu verweigern. Mit dem Zugang der Erklärung erlischt das Arbeitsverhältnis (§ 10 Kündigungsschutzgesetz). Eine Abfindung erhält der Arbeitnehmer in diesem Falle nicht, sondern nur den ihm in der Zeit zwischen der Entlassung und dem Dienstbeginn des neuen Arbeitsverhältnisses entgangenen Verdienst aus dem bisherigen Arbeitsverhältnis. Wegen eines geringeren Verdienstes im neuen Arbeitsverhältnis kann er Ansprüche gegen den alten Arbeitgeber nicht geltend machen.

V.

Schließlich ist im Rahmen dieses Referats noch das *Ruhen* des Arbeitsverhältnisses zu behandeln. Hiervon spricht man, wenn die Hauptpflichten der Vertragsparteien — auf der einen Seite die Pflicht zur Leistung der vereinbarten Arbeit, auf der anderen Seite die Pflicht zur Zahlung des vereinbarten Lohnes — für eine längere, meistens unbestimmte Zeit suspendiert werden, der Arbeitsvertrag aber aufrechterhalten und die Betriebszugehörigkeit als fortbestehend angesehen wird. In einem solchen Fall wird das Arbeitsverhältnis rechtlich nicht aufgelöst, so daß die Parteien während des Ruhens einander weiterhin zur Treue und Fürsorge — wenn auch nur in einem der veränderten Sachlage entsprechenden Umfang — verpflichtet sind[57]. Das Ruhen des Arbeitsverhältnisses kann sich einmal aus einer *Vereinbarung* der Parteien ergeben. Der wichtigste Fall dieser Art ist die sogenannte *Werksbeurlaubung*. Für eine Reihe besonderer Fälle ordnen aber auch *gesetzliche* Bestimmungen das Ruhen des Arbeitsverhältnisses an. So bestimmt das *Heimkehrergesetz* v. 19. 6. 1950[58], daß das Arbeitsverhältnis eines Heimkehrers (Kriegsgefangenen, entlassenen Zivilarbeiters oder Internierten), das durch die Zeitumstände erloschen war, rückwirkend wieder auflebt,

[57] *Nikisch*, a. a. O., S. 599; *Kaskel-Dersch*, a. a. O., S. 213.

[58] Vergleiche oben Anmerkung 25.

wenn er sich nach seiner Rückkehr ohne schuldhaftes Zögern bei dem Arbeitgeber zur Wiederaufnahme der Arbeit zurückmeldet. Ferner bestimmt § 1 des Gesetzes über den Schutz des Arbeitsplatzes bei Einberufung zum *Wehrdienst* v. 30. 3. 1957[59], daß das Arbeitsverhältnis eines Arbeitnehmers während des Wehrdienstes ruht, wenn er zum Grundwehrdienst oder zu einer Wehrübung einberufen wird. Ein befristetes Arbeitsverhältnis wird jedoch durch die Einberufung zum Grundwehrdienst oder zu einer Wehrübung nicht verlängert. Ebenso tritt eine Verlängerung nicht ein, wenn ein Arbeitsverhältnis aus anderen Gründen während des Wehrdienstes geendet hätte. Eine gleiche Bestimmung gilt zugunsten von Arbeitnehmern, die sich einer sogenannten „*Eignungsprüfung*" zwecks ständiger Übernahme in die Bundeswehr unterziehen (§ 1 Eignungsübungsgesetz v. 20. 1. 1956; vgl. auch § 3 Freiwilligengesetz v. 23. 7. 1955[60].

VI.

Zusammenfassend ist somit folgendes festzustellen:

1. Das deutsche Recht unterscheidet zwischen befristeten und unbefristeten Arbeitsverhältnissen.

2. *Unbefristete Arbeitsverhältnisse* enden grundsätzlich durch Kündigung. Sie werden im Interesse des Arbeitnehmers je nach ihrer Art in ihrem Bestand geschützt

a) durch *Kündigungsverbote* (Beispiele: werdende Mütter, Betriebsratsmitglieder, Abgeordnete, Wehrpflichtige, Heimkehrer);

b) durch Vorbehalt der *Zustimmung* bestimmter Stellen (bei Massenentlassungen und Einführung von Kurzarbeit: Landesarbeitsamt; bei Schwerbeschädigten: Hauptfürsorgestelle; bei Inhabern eines Bergmannsversorgungsscheins: Zentralstelle);

c) durch Festsetzung von *Mindestkündigungsfristen* (insbesondere bei älteren Angestellten);

d) durch die Möglichkeit, die *Sozialwidrigkeit* der Kündigung geltend zu machen.

Die vorgenannten Schutzbestimmungen gelten nicht im Falle der außerordentlichen Kündigung, insbesondere der Kündigung aus wichtigem Grund (Ausnahme: Mutterschutzgesetz).

3. *Befristete Arbeitsverträge* enden grundsätzlich mit Ablauf der Frist bzw. Erreichung des Zwecks; sie werden wie unbefristete behandelt, wenn es sich um sogenannte *Kettenverträge* handelt.

4. In bestimmten Fällen tritt ein *Ruhen* des Arbeitsvertrages ein (auf vertraglicher Grundlage insbesondere im Falle der Werksbeurlaubung, auf gesetzlicher Grundlage im Falle von Heimkehrern und Wehrdienst).

---

[59] Vergleiche oben Anmerkung 24.

[60] Vergleiche oben Anmerkung 22.

DAS RECHT DES ERHOLUNGSURLAUBS IN DER BUNDESREPUBLIK DEUTSCHLAND UND WEST-BERLIN

Stand: 1. 3. 1958

Von Dr. Marie Luise Hilger, Heidelberg

I. Rechtsgrundlagen

1. Gesetz

a) Das Urlaubsrecht beruht in der Bundesrepublik auf Ländergesetzen und ist infolgedessen stark zersplittert; die sehr erwünschte bundeseinheitliche Regelung wurde zwar schon mehrfach erörtert, ist aber bis jetzt nicht ergangen. Der Haupthinderungsgrund ist wohl der, daß man sich noch nicht darüber geeinigt hat, in welchem Umfang der Gesetzgeber in diesem Bereich eingreifen sollte. Starke Strömungen, insbesondere unter den Verbänden, möchten das Urlaubsrecht der tariflichen Praxis überlassen.

Heute gelten folgende Ländergesetze:

Hessen: Gesetz v. 29. 5. 1947/26. 8. 1950 (GVBl. 1947 S. 33/1950 S. 165);

Bremen: Gesetz v. 4. 5. 1948/25. 4. 1949/21. 1. 1950 (GBl. 1948 S. 67/ 1949 S. 71/1950 S. 23) mit Durchführungsbestimmung v. 19. 7. 1949 (GBl. 1949 S. 153);

Rheinland-Pfalz: Gesetz v. 8. 10. 1948 (GVBl. 1948 S. 370);

Niedersachsen: Gesetz v. 10. 12. 1948 (GVBl. 1948 S. 179) mit Durchführungsverordnung v. 26. 7. 1949 (GVBl. 1949 S. 180);

Schleswig-Holstein: Gesetz v. 29. 11. 1949 (GVBl. 1950 S. 1);

Bayern: Gesetz v. 11. 5. 1950 / 8. 11. 1954 (GVBl. 1950 S. 81/1954 S. 291) mit Durchführungsvorschriften v. 15. 6. 1950/15. 10. 1955 (GVBl. 1950 S. 91/1955 S. 260);

Hamburg: Gesetz v. 27. 1. 1951 (GVBl. 1951 S. 11);

Berlin: Gesetz v. 24. 4. 1952/22. 12. 1952 (GVBl. 1952 S. 297/1953 S. 1);

Nordrhein-Westfalen: Gesetz v. 27. 11. 1956 (GVBl. 1956 S. 325) mit Durchführungsverordnung v. 7. 5. 1957 (GVBl. 1957 S. 105).

In *Baden-Württemberg* (Zusammenschluß der früheren drei Länder Baden, Württemberg-Baden und Württemberg-Hohenzollern) ist für das Urlaubsrecht die Rechtslage geblieben, wie sie vor dem Zusammenschluß war. Infolgedessen gelten im Gebiet des ehemaligen Landes Baden das badische Landesgesetz v. 13. 7. 1949 (GVBl. 1949 S. 289) mit Durchführungsverordnung v. 16. 9. 1949 (GVBl. 1949 S. 448) und im Gebiet des ehemaligen Landes Württemberg-Baden dessen Landesgesetz Nr. 711 v. 6. 8. 1947/6. 4. 1949/3. 4. 1950 (RegBl. 1947 S. 78/1949 S. 57/ 1950 S. 30) mit Durchführungsverordnungen Nr. 727 v. 26. 5. 1948/14. 6. 1949 (RegBl 1948 S. 76/1949 S. 154) und Nr. 738 v. 14. 6. 1949 (RegBl. 1949 S. 154). Das ehemalige Land Württemberg-Hohenzollern hatte niemals ein Urlaubsgesetz erlassen, so daß es in diesem Teil des heutigen Landes Baden-Württemberg als einzigem Gebiet der Bundesrepublik bis heute keine gesetzliche Urlaubsregelung gibt.

Aus verfassungsrechtlichen Gründen ist streitig geworden, ob die Länder nach Inkrafttreten des Grundgesetzes (23. 5. 1949 — nach manchen auch der 7. 9. 1949, der Tag, an dem der erste Bundestag zusammengetreten ist) noch die Zuständigkeit zum Erlaß von Urlaubsgesetzen besaßen. Das Bundesarbeitsgericht hat die Zuständigkeit der Länder nach dem 23. 5. 1949 verneint und die Frage dem Bundesverfassungsgericht vorgelegt; dessen Entscheidung steht noch aus[1].

Falls das Bundesverfassungsgericht ebenfalls die Länderzuständigkeit verneint, so wären die nachkonstitutionellen Gesetze der Länder Schleswig-Holstein, Bayern, Hamburg, Nordrhein-Westfalen, ehem. Württemberg-Baden (das früher befristet war und das Änderungsgesetz von 1950 abgelaufen wäre) und wohl auch ehem. Baden (nach dem 23. 5. aber vor dem 7. 9. 1949) unwirksam; eine Neuregelung auf gesetzlichem Wege und eine Vereinheitlichung des Urlaubsrechts wären ausschließlich durch den Bund möglich. (Zur Rechtslage bei Fehlen einer gesetzlichen Regelung siehe sogleich zu 3.) Bejaht das Bundesverfassungsgericht die Zuständigkeit der Länder, so bliebe es bei dem jetzigen uneinheitlichen Bild und es wäre abzuwarten, ob der Bund die ihm in jedem Fall neben den Ländern zustehende Kompetenz ausnützt und das Urlaubsrecht bundeseinheitlich regelt.

b) Für bestimmte *Sondergruppen* von Arbeitnehmern (Jugendliche, Schwerbeschädigte) bestehen Sondergesetze; darüber siehe unten zu IV 1 b und c.

c) Vor 1945 gab es in Deutschland keine allgemeine gesetzliche Urlaubsregelung. Gesetzlich war nur der Urlaub der *Jugendlichen* normiert (§ 21 des Jugendschutzgesetzes von 1938, das auch heute noch gilt); der Urlaub der Erwachsenen blieb der tariflichen Regelung überlassen.

---

[1] Vgl. zu dieser Streitfrage etwa *Hueck-Nipperdey*, Lehrbuch I, S. 396ff.

2. *Tarifvertrag, Betriebsvereinbarung, Einzelvertrag*

Vielfach enthalten auch *Tarifverträge* Urlaubsregelungen. Das ist neben den gesetzlichen Vorschriften in drei Fällen möglich, nämlich: 1. soweit die Tarifverträge für die Arbeitnehmer günstigere Bedingungen festlegen, 2. soweit sie das Gesetz ergänzen und 3. soweit das Gesetz in Einzelfragen nur eine dispositive Regel gibt und dem Tarifvertrag ohne Rücksicht auf die Günstigkeit den Vorrang einräumt, wie es z. B. hinsichtlich des Urlaubsjahres, der Wartezeit oder auch der Berechnung der Urlaubsvergütung in einigen Ländergesetzen geschehen ist.

In Ausnahmefällen kommt auch eine *Betriebsvereinbarung* als Rechtsgrundlage eines Urlaubsanspruchs in Frage, insbesondere zur Ergänzung von Gesetz oder Tarifvertrag, z. B. Zusatzurlaub bei langer Betriebszugehörigkeit. Schließlich kann der Urlaub auch durch *Einzelvertrag* geregelt werden, was bei gehobenen Angestellten die Regel, sonst selten der Fall ist.

3. *Urlaubsanspruch ohne ausdrückliche Rechtsgrundlage*

Lange Zeit war streitig, ob ein Arbeitnehmer auch dann einen Rechtsanspruch auf Urlaub hat, wenn es an jeder ausdrücklichen Rechtsgrundlage fehlt, wenn also weder ein Gesetz, noch eine Kollektivvereinbarung, noch ein Einzelvertrag vorhanden ist[2]. Dieser Streit spielte eine besondere Rolle, solange es noch keine Urlaubsgesetze gab (heute noch in dem ehemaligen Land Württemberg-Hohenzollern). Im Ergebnis ist man sich heute, nachdem auch das Bundesarbeitsgericht so entschieden hat[3], einig darüber, daß jedem Arbeitnehmer ein Urlaubsanspruch zusteht. Die Begründungen variieren: die einen berufen sich auf die jedem Arbeitgeber obliegende arbeitsvertragliche Fürsorgepflicht und auf das Verfassungsprinzip des sozialen Rechtsstaats[4], die anderen auf das Gewohnheitsrecht; im Schrifttum[5] wird zu Recht darauf hingewiesen, daß kein Gegensatz zwischen beiden Begründungen bestehe, weil der Fürsorgegedanke das Gewohnheitsrecht hat entstehen lassen.

Es wird also ein allgemeiner Anspruch auf Erholungsurlaub auch dann anerkannt werden, wenn das Bundesverfassungsgericht die nachkonstitutionellen Urlaubsgesetze der Länder für unwirksam erklären sollte (oben zu 1a). Die Einzelheiten — Urlaubsdauer, Voraussetzungen des Anspruchs auf Urlaubsvergütung — würden sich dann danach zu richten haben, was sich inzwischen durch die gesetzliche, tarifliche und betriebliche Praxis als üblich herausgebildet hat.

---

[2] Nachweise bei *Dersch*, Kommentar, Anm. 76ff.; *Nikisch*, Lehrbuch I, S. 444; *Hueck-Nipperdey*, Lehrbuch I, S. 395.

[3] Urteile vom 20. 4. 1956 1 AZR 476/54 und vom 7. 2. 1957, 2 AZR 440/54, AP Nr. 6 und 18 zu § 611 BGB „Urlaubsrecht"; beides Fälle aus Nordrhein-Westfalen vor Erlaß des Urlaubsgesetzes.

[4] So insbesondere das Bundesarbeitsgericht, a. a. O.

[5] Besonders von *Dersch* und *Hueck*, a. a. O. (Fußnote 2).

4. Schrifttum und Rechtsprechung

a) Lehrbücher:

Hueck-Nipperdey, 6. Aufl., Band I (1957) S. 393—416; *Kaskel-Dersch*, 5. Aufl. (1957) S. 195—199; *Nikisch*, 2. Aufl., Band I (1955) S. 442—463; *Schnorr von Carolsfeld*, 2. Aufl. (1954) S. 246—259.

b) Kommentare:

Dersch, Die Urlaubsgesetze (1954); *Maus*, Urlaubsgesetz und Hausarbeitstaggesetz für Niedersachsen (1950); *Thumser*, Das bayerische Urlaubsgesetz (1951).

c) Einzeldarstellungen:

Plassmann, Der Urlaub (1956); ferner die Darstellungen von *Gros* in Arbeitsrechts-Blattei, herausgegeben von *Sitzler*, unter „Urlaub" und von *Maus* in seinem Handbuch des Arbeitsrechts, Teil Va, unter „Urlaubsrecht und Hausarbeitstagrecht".

d) Rechtsprechung:

Die Rechtsprechung ist in dem angeführten Schrifttum jeweils nachgewiesen.

Eine Zusammenstellung der wichtigsten Entscheidungen des Bundesarbeitsgerichts und der Landesarbeitsgerichte (seit 1954) findet man im „Nachschlagewerk des Bundesarbeitsgerichts — Arbeitsrechtliche Praxis", herausgegeben von *Hueck-Nipperdey-Dietz*, unter „§ 611 BGB — Urlaubsrecht".

II. Begriff und Rechtsnatur

Unter Erholungsurlaub versteht man *bezahlte Freizeit* des Arbeitnehmers zum Zwecke der *Erholung*. Nur von diesem Urlaub handelt der folgende Bericht; sonstiger Urlaub, insbesondere vereinbarte bezahlte oder unbezahlte Beurlaubung für irgendwelche anderen Zwecke, wird nicht erörtert.

1. Urlaub als soziales Grundrecht des Arbeitnehmers

Das Recht auf Urlaub gehört zu den Grundrechten jedes Arbeitnehmers; es ist zum Teil durch die Verfassung geschützt. Das Grundgesetz des Bundes, das mit Rücksicht auf seinen vorläufigen Charakter davon abgesehen hat, soziale Grundrechte zu normieren, sagt zwar nichts über den Urlaub. Die Verfassungen der Länder aber schützen, soweit sie überhaupt den Schutz des Bürgers im Bereich der Arbeit erfassen, durchweg auch das Recht des Arbeitnehmers auf Urlaub; so die Verfassungen von Bayern (Art. 174), Bremen (Art. 56), Hessen (Art. 34), Nordrhein-Westfalen (Art. 24), Rheinland-Pfalz (Art. 57).

Dem Charakter des Rechts auf Urlaub als soziales Grundrecht entspricht dessen *Unabdingbarkeit*; der Arbeitnehmer kann auf seinen Urlaubsanspruch nicht rechtswirksam verzichten, und zwar ohne Rücksicht auf die Rechtsgrundlage dieses Anspruchs. Vereinbarungen, die den Urlaubsanspruch beeinträchtigen, sind nichtig.

Ferner entspricht dem Grundrechtscharakter des Urlaubsanspruchs, daß ein Recht auf Urlaub auch da anzuerkennen ist, wo eine positive Rechtsgrundlage fehlt (oben zu I 3).

2. *Zweckbindung des Urlaubs*

Das Recht auf Urlaub ist wesentlich bestimmt durch seinen Zweck: der Urlaub soll dem Arbeitnehmer die für dessen Gesundheit erforderliche *Erholung* ermöglichen. Dieser Zweck des Urlaubs bestimmt die Rechtsnatur des Urlaubsanspruchs.

Früher faßte man den Urlaub als eine Form des Arbeitsentgelts auf; von dieser Entgeltauffassung ist man heute allgemein abgerückt. Seit einer grundsätzlichen Entscheidung des Reichsarbeitsgerichts aus dem Jahr 1938[6] sehen Rechtsprechung und Lehre im Urlaub eine *Leistung* der *Fürsorge* des Arbeitgebers[7], die dieser für die Gesundheit seines Arbeitnehmers zu erbringen verpflichtet ist.

Aus der Zweckbindung des Urlaubsanspruchs und aus der Abkehr von der Entgeltauffassung ergeben sich eine Reihe praktischer Folgerungen:

a) Der Urlaub muß als bezahlte Freizeit gewährt werden; die *Abgeltung,* d. h. Bezahlung ohne daß Freizeit gegeben wird, ist grundsätzlich *unzulässig* (näheres siehe unten zu V 3).

b) Der Urlaub soll, damit er dem Erholungszweck wirklich dienen kann, nach Möglichkeit *zusammenhängend* gewährt und genommen, er soll also nicht geteilt werden. Der Urlaub soll auch im Urlaubsjahr genommen und *nicht* auf spätere Urlaubsjahre *übertragen* (gespart) werden. Der erste dieser Grundsätze ist in den meisten, der zweite in etwa der Hälfte der Ländergesetze ausdrücklich niedergelegt. Beide Grundsätze gelten aber, da sie durch den Urlaubszweck bedingt sind, schlechthin.

c) Aus dem Erholungszweck ergibt sich weiter, daß es dem Arbeitnehmer nicht erlaubt ist, während des Urlaubs *anderweitig Erwerbsarbeit* zu leisten. Auch dieser Grundsatz gilt allgemein, wenngleich er nur in einigen der Ländergesetze Ausdruck gefunden hat, allerdings auch in zahlreichen Tarifverträgen. Das Problem liegt hier in den praktischen Schwierigkeiten einer Kontrolle und einer Sanktion. So ist auch eine Sanktion in den Gesetzen in der Regeln nicht vorgesehen; nur in Schleswig-Holstein verlieren Arbeitnehmer, die während des Urlaubs anderweitig gegen Entgelt arbeiten, insoweit ihren Anspruch auf die Ur-

---

[6] Arbeitsrechtssammlung, Bd. 32 S. 316.

[7] Herrschende Meinung. So auch das Bundesarbeitsgericht; vgl. die oben in Fußnote 3 angeführten Urteile.

laubsbezüge (§ 8 des Urlaubsgesetzes). Im Schrifttum wird teilweise eine derartige Verwirkung des Urlaubsgeldes wegen anderweitiger Erwerbsarbeit auch ohne ausdrückliche Bestimmung als geltendes Recht angesehen[8]; soweit wird man indessen kaum gehen können.

d) Wenn die Rechtsnatur des Urlaubs durch den Erholungszweck bestimmt ist, so kann der Anspruch auf Urlaub nur dem Arbeitnehmer persönlich zustehen. Infolgedessen ist er nach allgemein herrschender Ansicht *nicht vererblich* und *nicht übertragbar*, kann also auch nicht verpfändet werden. Als nicht übertragbarer Anspruch kann der Urlaubsanspruch auch nicht gepfändet werden[9].

e) Früher hatte das Reichsarbeitsgericht unter der Herrschaft der Entgeltauffassung angenommen, daß der wegen *eigenen Verschuldens fristlos entlassene* Arbeitnehmer seinen bis zum Ausscheiden bereits erworbenen Urlaubsanspruch nicht einbüße[10]; diese Folgerung ist in der Tat nicht zu umgehen, wenn man den Urlaub für eine Form des Arbeitslohnes hält. Später hat das Reichsarbeitsgericht diese Rechtsprechung aufgegeben[11], und auch heute wird vielfach geltend gemacht, wenn der Urlaub eine Leistung der Fürsorge des Arbeitgebers sei, so werde der Urlaubsanspruch verwirkt, wenn der Arbeitnehmer wegen einer treuwidrigen Verletzung seiner vertraglichen Pflichten fristlos entlassen werde oder wenn er unter Vertragsbruch seinen Arbeitsplatz verlasse[12]. In einem solchen Fall könne man dem Arbeitgeber nicht zumuten, auch noch Urlaub zu geben. Diese zunächst berechtigt erscheinende These verliert an Überzeugungskraft, wenn man von dem Erholungszweck des Urlaubs ausgeht. Die Erholungsbedürftigkeit wird durch das pflichtwidrige Verhalten des Arbeitnehmers nicht beeinflußt; ist dann aber der Verlust des Urlaubsanspruchs bei verschuldeter fristloser Entlassung oder bei Ausscheiden unter Vertragsbruch eine angemessene Sanktion? Dagegen ist wiederum zu bedenken, daß nach einer Beendigung des Arbeitsverhältnisses Freizeit ohnehin nicht mehr gewährt werden kann, so daß es sich nur noch um das Urlaubsgeld handelt.

---

[8] So: *Nikisch*, Lehrbuch I, S. 457; zustimmend *Köst*, Betriebs-Berater 1956' S. 565.

[9] Zu dem Streit darüber, ob sich die Unpfändbarkeit auch auf das Urlaubsgeld bezieht oder ob hier eine Pfändung nach den Vorschriften über die Lohnpfändung zulässig ist, vgl. *Hueck-Nipperdey*, Lehrbuch I, S. 410, Fußnote 84; ferner das Urteil des Landesarbeitsgerichts Bremen vom 3. 10. 1956, AP Nr. 17 zu § 611 BGB „Urlaubsrecht" mit weiteren Nachweisen.

[10] So noch in dem Urteil vom 20. 10. 1937, Arbeitsrechtssammlung Bd. 31 S. 181.

[11] Vgl. Urteil vom 15. 11. 1939, Arbeitsrechtssammlung, Bd. 37 S. 304; seither ständige Rechtsprechung.

[12] Vgl. z. B. *Hueck-Nipperdey*, Lehrbuch I, S. 413; *Nikisch*, Lehrbuch I, S. 458; *Maus*, Handbuch V a, S. 54; anderer Ansicht: *Frey*, Recht der Arbeit 1951 S. 377; *Köst*, Betriebs-Berater 1956 S. 566. Die Rechtsprechung ist geteilter Meinung; das Bundesarbeitsgericht hat die Frage noch nicht entschieden.

Auch die Gesetzgebung ist in dieser Frage uneinheitlich: das Jugendschutzgesetz von 1938, RGBl. I S. 437, läßt den Urlaubsanspruch des Jugendlichen unter den genannten Voraussetzungen entfallen (§ 21 Abs. 1, Satz 3), von den Ländergesetzen ebenso Hamburg (§ 5 Abs. 4); dagegen geben die älteren Ländergesetze zum Teil den Urlaubsanspruch auch bei verschuldeter fristloser Entlassung, so Bremen (§ 9 Abs. 2) und Hessen (§ 6, sogar auch bei Vertragsbruch des Arbeitnehmers). Die Gesetzgeber von Bayern und Niedersachsen waren, wie die Entstehungsgeschichte der Gesetze zeigt, der gleichen Auffassung; die beiden Gesetze enthalten aber keine ausdrückliche Regelung. Die anderen Ländergesetze haben die Frage — sicherlich bewußt — offen gelassen, sich also ihren älteren Vorbildern insoweit nicht angeschlossen. Wo der Gesetzgeber schweigt, wird man mit der heute überwiegenden Meinung wohl eine Verwirkung in Fällen des Vertragsbruchs und schwerer treuwidriger Pflichtverletzung annehmen dürfen[13].

III. Voraussetzungen des Urlaubsanspruchs

1. Der berechtigte Personenkreis

a) Die Ländergesetze ziehen den Kreis derjenigen, die Anspruch auf Urlaub haben, weit; Lehrlinge und zum Teil auch sonstige in der Berufsausbildung stehende Personen (Volontäre, Praktikanten u. a.) sind oft ausdrücklich einbezogen. Heimarbeiter sind durchweg ausdrücklich genannt. Die Frage hat an praktischer Bedeutung verloren, seitdem der Urlaubsanspruch für jeden Arbeitnehmer einschließlich der Lehrlinge auch ohne positive Rechtsgrundlage anerkannt ist[14] (siehe oben zu I 3). Auch bei Halbtags- und anderen Teilzeitbeschäftigten wird ein Urlaubsanspruch bejaht.

b) Die meisten Ländergesetze geben auch den sogenannten „arbeitnehmerähnlichen Personen“ einen Anspruch auf Urlaub; dazu gehören insbesondere neben den Heimarbeitern Hausgewerbetreibende und bestimmte wirtschaftlich abhängige Handelsvertreter[15]. Nicht ganz geklärt ist, ob für diesen Personenkreis ebenfalls ein Urlaubsanspruch auch ohne ausdrückliche Rechtsgrundlage anzuerkennen ist. Für die Heimarbeiter hat das Bundesarbeitsgericht[16] die Frage bejaht; ich möchte annehmen, daß die Rechtsprechung für die übrigen Angehörigen dieser Gruppe ebenso entscheiden wird[17].

---

[13] So auch *Dersch*, Kommentar, Anm. 131 ff.; Landesarbeitsgericht Kiel vom 16. 7. 1954, AP Nr. 3 zu § 611 BGB „Urlaubsrecht“.

[14] Hinsichtlich des Volontärs bestritten, vgl. z. B. *Dersch*, Kommentar, Anm. 206.

[15] Art. 3 des Handelsvertretergesetzes vom 6. 8. 1953 (BGBl. I S. 771) und § 92a HGB. — Zum Urlaubsanspruch der arbeitnehmerähnlichen Personen vgl. insbesondere *Dersch*, Kommentar, Anm. 207 ff.

[16] Siehe Fußnote 3, oben zu I 3.

[17] Anderer Ansicht *Köst*, Betriebs-Berater 1956 S. 565.

2. *Wartezeit, Sperrfrist, Stichtag*

a) An besonderen Voraussetzungen des Urlaubsanspruchs kennen die modernen Gesetze und Tarifverträge eigentlich nur noch die *Wartezeit*, die einmalig bei Beginn eines jeden Arbeitsverhältnisses zurückgelegt werden muß, bevor ein Urlaubsanspruch entsteht. Die Wartezeit beträgt nach den Ländergesetzen regelmäßig 6 Monate ununterbrochener Beschäftigung in demselben Betrieb; nur Bremen begnügt sich mit 3 Monaten. In Rheinland-Pfalz ist eine Wartezeit nicht ausdrücklich vorgesehen, wird aber als allgemeingültiger Grundsatz des Urlaubsrechts dennoch zu verlangen sein. Bei einer noch kürzeren Beschäftigung kann eine durch die Arbeit bedingte Erholungsbedürftigkeit kaum vorkommen und deshalb dem Arbeitgeber die Last des Urlaubs nicht zugemutet werden. (Vgl. zur Wartezeit auch unten zu IV 2.)

b) Das frühere Urlaubsrecht kannte darüber hinaus auch *Sperrfristen*; d. h. der Arbeitnehmer mußte in jedem Urlaubsjahr erneut eine bestimmte Zeit gearbeitet haben, bevor der Urlaubsanspruch entstand. Eine solche Sperrfrist von 3 Monaten enthält für den Urlaub der Jugendlichen das heute noch geltende Jugendschutzgesetz vom 30. 4. 1938 (RGBl. I S. 437) und manche älteren Tarifordnungen. Durch diese Sperrfristen wurde Doppelurlaub vermieden; es konnte aber geschehen, daß der Arbeitnehmer bei Wechsel des Arbeitsplatzes innerhalb des Urlaubsjahres überhaupt keinen Urlaub bekam. Auch für die Betriebe haben sich die Sperrfristen nicht bewährt, weil sich bei diesem System der Urlaub nicht über das ganze Jahr verteilen läßt. Heute kennt man, vor allem auch in der Tarifpraxis, soweit ich sie übersehe, kaum noch Sperrfristen; der Urlaubsanspruch entsteht, wenn die Wartezeit einmal erfüllt ist, in den folgenden Jahren sogleich mit Beginn des Urlaubsjahres.

c) Die frühere Tarifpraxis kannte bisweilen auch einen *Stichtag*. Voraussetzung des Urlaubsanspruchs war dann, daß der Arbeitnehmer an dem Stichtag (z. B. dem 1. 5. eines jeden Jahres) noch dem Betrieb angehörte. Von dem Stichtagsprinzip ist man ebenso wie von den Sperrfristen abgekommen.

IV. Dauer des Urlaubs

1. *Gesetzlicher Mindesturlaub*

a) Die Mindestdauer des *normalen Jahresurlaubs* für Erwachsene beträgt nach allen Ländergesetzen übereinstimmend 12 Arbeitstage. Wegen der Unabdingbarkeit dieses Anspruchs (siehe oben zu II 1) sind Vereinbarungen über einen kürzeren Urlaub unwirksam; längere Urlaubsdauer ist vielfach kollektiv oder individuell vereinbart, bei Angestellten regelmäßig.

b) Bestimmte Gruppen von Arbeitnehmern haben Anspruch auf *längeren Urlaub*, nämlich die *Schwerbeschädigten* im ganzen Bundesgebiet und in Berlin in Höhe von 6 zusätzlichen Arbeitstagen im Jahr (§ 33 des Schwerbeschädigtengesetzes vom 16.6.1953, BGBl. I S. 389); ferner Arbeitnehmer, die besonders *gefährliche Arbeiten* ausführen, aber nur in Bayern in Höhe von 6 zusätzlichen Arbeitstagen im Jahr und in Schleswig-Holstein nach Anordnung des Arbeitsministers; schließlich *Verfolgte des Nationalsozialismus* in den Ländern Bayern, Bremen, Niedersachsen, Rheinland-Pfalz sowie in den ehemaligen Ländern Baden und Württemberg-Baden in Höhe von 3 bis 6 zusätzlichen Arbeitstagen.

c) *Jugendliche* haben durchweg einen *längeren* Mindesturlaub. Der Urlaub der Jugendlichen war bereits vor 1945 gesetzlich geregelt, und zwar durch das auch heute noch geltende Jugendschutzgesetz vom 30.4. 1938 (RGBl. I S. 437). Nach § 21 dieses Gesetzes stehen Jugendlichen unter 16 Jahren mindestens 15 Arbeitstage und Jugendlichen von 16 und 17 Jahren mindestens 12 Arbeitstage zu. Die nach Inkrafttreten des Grundgesetzes erlassenen Ländergesetze: Schleswig-Holstein, Hamburg, Nordrhein-Westfalen konnten das frühere Reichsrecht aus verfassungsrechtlichen Gründen nicht mehr ändern (siehe auch oben zu I 1) und haben es daher für die Jugendlichen bei der Regelung von 1938 belassen müssen; Bayern hat sich über die verfassungsrechtlichen Bindungen hinweggesetzt. Doch ist auch in diesen Ländern in der Regel durch Tarifverträge ein längerer Jugendlichen-Urlaub festgesetzt.

Die früheren Ländergesetze haben den Jugendlichen-Urlaub ausgedehnt, und zwar meist auf mindestens 24 Arbeitstage im Jahr für alle Jugendlichen unter 18 Jahren. Bayern und das frühere Land Baden gewähren allerdings den Mindesturlaub von 24 Arbeitstagen nur bis zur Vollendung des 16. Lebensjahres; im 17. und 18. Lebensjahr beträgt der gesetzliche Mindesturlaub dort 18 Arbeitstage.

2. *Anteiliger Urlaub bei Wechsel des Arbeitsplatzes*

Gewisse Schwierigkeiten macht die Urlaubsberechnung, wenn der Arbeitnehmer nicht während des ganzen Urlaubsjahres auf demselben Arbeitsplatz tätig ist. Da es heute im allgemeinen keine Sperrfristen und keinen Stichtag mehr gibt (oben zu III 2b, c) kann ein Arbeitnehmer seinen Urlaub schon in den ersten Monaten des Urlaubsjahres nehmen, um dann alsbald auszuscheiden. Auf der anderen Seite kann es vorkommen, daß ein Arbeitnehmer in der zweiten Hälfte des Jahres ausscheidet, ohne Urlaub genommen zu haben und daß er dann an seinem nächsten Arbeitsplatz innerhalb des Urlaubsjahres die Wartezeit nicht mehr erfüllen kann.

Eine gewisse Korrektur bringt das System der Zwölftelung, das in den meisten Urlaubsgesetzen und neueren Tarifverträgen zu finden ist. Dieses Prinzip gibt es allerdings in sehr unterschiedlichen Erscheinungsformen; Grundgedanke ist, daß ein Arbeitnehmer, dessen Arbeitsverhältnis nicht das volle Urlaubsjahr hindurch besteht, nur *anteiligen Urlaub* oder Teilurlaub ($^1/_{12}$ je Arbeitsmonat) erhält.

a) Teilweise soll lediglich ein Ausgleich für solche Fälle gegeben werden, in denen der Arbeitnehmer ausscheidet, noch bevor er die Wartezeit zurückgelegt hat, so daß er eigentlich gar keinen Urlaub zu beanspruchen hätte; einige Urlaubsgesetze geben in diesen Fällen $^1/_{12}$ des Jahresurlaubs je Monat (Bremen, Hamburg, Berlin und das ehemalige Land Baden). Ist die Wartezeit erfüllt, so besteht nach diesem System der Urlaubsanspruch in voller Höhe.

b) Den entgegengesetzten Weg geht das Urlaubsgesetz des ehemaligen Landes Württemberg-Baden: danach hat keinen Urlaubsanspruch, wer vor Ablauf der Wartezeit auscheidet; wer zwar die Wartezeit zurückgelegt hat, aber nicht das volle Jahr im Arbeitsverhältnis gestanden hat, muß sich eine Zwölftelung gefallen lassen.

c) Das Gesetz von Schleswig-Holstein schließlich beschränkt den Arbeitnehmer nur dann auf anteiligen Urlaub, wenn er erst nach Beginn des Urlaubsjahres die Arbeit aufnimmt, gibt ihm dagegen vollen Urlaub, wenn er vorzeitig ausscheidet.

d) Einige neuere Urlaubsgesetze (Niedersachsen, Bayern, Nordrhein-Westfalen) haben die *Zwölftelung schlechthin* eingeführt; sie geben $^1/_{12}$ des Jahresurlaubs je Monat in jedem Fall, in dem das Arbeitsverhältnis nicht das ganze Jahr hindurch andauert. Dieses System mag zwar das gerechteste sein, hat aber den großen Nachteil, daß der Urlaub zersplittert und damit seinem eigentlichen Zweck entfremdet wird.

Dem Prinzip der reinen Zwölftelung scheint auch die neuere *Tarifpraxis* zuzuneigen, der gerade hier besondere praktische Bedeutung zukommt. Hessen und Rheinland-Pfalz haben die Regelung des anteiligen Urlaubs ausschließlich den Tarifverträgen überlassen; Bayern, Nordrhein-Westfalen und das ehemalige Baden räumen einer bestehenden Tarifregelung den Vorrang vor dem nur dispositiv geltenden Gesetz ein. Günstigere Tarifbestimmungen verdrängen das Gesetz in jedem Fall.

Das Bundesarbeitsgericht[18] hat in einem Fall, in dem schon zu Beginn des Urlaubsjahres bekannt war, daß der schwerbeschädigte Arbeitnehmer nur einen Teil des Jahres im Arbeitsverhältnis stehen würde, den Zusatzurlaub des Schwerbeschädigten nur anteilig, $^1/_{12}$ je Arbeitsmonat, zugesprochen, obgleich es an einer Rechtsgrundlage für die Zwölftelung fehlte. Das läßt vermuten, das Bundesarbeitsgericht halte die Zwölftelung für einen ungeschriebenen allgemeingültigen Satz unseres Urlaubsrechtes. Ob man bei der geschilderten Uneinheitlichkeit in den Gesetzen so weit gehen kann, ist freilich wohl zweifelhaft.

e) In jedem Fall gilt, daß der Arbeitnehmer nur einmal im Jahr Urlaub beanspruchen kann. *Doppelurlaub* soll es nicht geben. Hat der Arbeit-

[18] Urteil vom 18. 10. 1957, Betriebs-Berater 1957 S. 1221.

nehmer in einem ersten Arbeitsverhältnis Urlaub erhalten, so ist der zweite Arbeitgeber für dieses Urlaubsjahr insoweit frei. Deshalb muß der Arbeitgeber nach einigen Urlaubsgesetzen und Tarifverträgen dem ausscheidenden Arbeitnehmer bescheinigen, wieviel Urlaub er bereits erhalten hat.

f) Hat ein ausscheidender Arbeitnehmer mehr Urlaub erhalten, als ihm zustand, so ist er *nicht* verpflichtet, das zuviel erhaltene Urlaubsgeld *zurückzuzahlen*. Das kommt besonders dann vor, wenn der Arbeitnehmer seinen vollen Jahresurlaub erhalten hat und doch vor Ablauf des Urlaubsjahres ausscheidet, so daß er an sich nach dem Prinzip der Zwölftelung nur anteiligen Urlaub hätte beanspruchen können. — Dieser Grundsatz gilt allgemein; teilweise ist er in den Gesetzen und Tarifverträgen bestätigt.

3. *Urlaubsdauer bei 5-Tage-Woche*

Schwierigkeiten haben sich in den Fällen ergeben, in denen infolge einer Verkürzung der regelmäßigen Arbeitszeit ein Tag in der Woche arbeitsfrei ist. Da der Urlaub durchweg nach Arbeitstagen bemessen wird, liegt es nahe, den arbeitsfreien Wochentag nicht als Urlaubstag zu zählen. Das würde aber dazu führen, daß der Arbeitnehmer bei verkürzter Arbeitszeit einen längeren Urlaub zu beanspruchen hätte als sein Kollege, der 6 Tage in der Woche arbeitet und folglich erholungsbedürftiger ist: je geringer die Arbeitszeit, desto länger der Urlaub. Deshalb neigt man heute dazu, soweit nichts anderes tariflich bestimmt ist, den arbeitsfreien Wochentag auf den Urlaub anzurechnen[19].

Noch nicht geklärt ist, wie in diesen Fällen das Urlaubsgeld zu berechnen ist[20]; es ist anzunehmen, daß die Tarifverträge Regelungen hierüber aufnehmen, wenn sich jetzt die 5-Tage-Woche mehr und mehr durchsetzt.

5. *Urlaubsdauer bei Krankheit des Arbeitnehmers*[21]

a) Tage innerhalb des Urlaubs, an denen der Arbeitnehmer arbeitsunfähig krank war, sind auf den Urlaub nicht anzurechnen. Einige Ländergesetze ordnen das ausdrücklich an (Bremen, Schleswig-Holstein, Hamburg und Berlin). Der Grundsatz gilt darüber hinaus allgemein, wenigstens für ernsthafte Erkrankungen, die den Erholungszweck zunichte machen. Der Arbeitnehmer kann dann entsprechenden Nachurlaub verlangen.

---

[19] Bundesarbeitsgericht, Urteil vom 26. 10. 1956, Betriebs-Berater 1957 S. 222.

[20] Eingehend hierzu: *Trieschmann*, *Gumpert* und *Walter*, Betriebs-Berater 1956 S. 372ff. und 1957 S. 442.

[21] Näheres hierzu bei *Hessel*, Krankheit im Arbeitsrecht, 2. Aufl., Heidelberg 1957 S. 55ff.

b) In der Rechtsprechung der jüngsten Zeit ist die Frage akut geworden, ob ein Arbeitnehmer auch dann Urlaub beanspruchen könne, wenn er wegen Krankheit während eines erheblichen Teils des Urlaubsjahres nicht gearbeitet hat. Das Bundesarbeitsgericht[22] hat entschieden, daß Krankheit im allgemeinen den Urlaubsanspruch nicht beeinträchtigt, daß aber doch im Regelfall der Urlaub innerhalb eines Arbeitsjahres in einem gesunden Verhältnis zu der Arbeitsleistung stehen muß. Bei der Beurteilung dieses „gesunden Verhältnisses" hat sich das Bundesarbeitsgericht allerdings sehr milde gezeigt und es dem Arbeitnehmer lediglich als rechtsmißbräuchlich verwehrt, mehr Urlaubstage zu fordern als er Arbeitstage in dem betreffenden Urlaubsjahr aufzuweisen hat.

V. Urlaubsgeld und Abgeltungsverbot

1. Berechnung des Urlaubsgeldes

Urlaub ist bezahlte Freizeit. Infolgedessen ist dem Arbeitnehmer der Arbeitslohn während des Urlaubs weiter zu zahlen. Er ist so zu stellen, wie wenn er während des Urlaubsjahres gearbeitet hätte. Das bedeutet, daß der Arbeitnehmer während des Urlaubs als Urlaubsgeld (Urlaubsvergütung) seinen vollen Lohn einschließlich aller Zulagen (Sozialzuschläge, aber auch Gefahren-, Schmutz- und Erschwerniszulagen) erhalten muß. Dagegen braucht ein etwaiger Aufwendungsersatz dann während des Urlaubs nicht gezahlt zu werden, wenn die Aufwendungen während des Urlaubs entfallen.

Zur praktischen Durchführung dieses Grundsatzes sind in den Gesetzen und in der Tarifpraxis *zwei Methoden* gebräuchlich:

a) Entweder bemißt man das Urlaubsgeld nach dem tatsächlichen Verdienst des Arbeitnehmers während einer bestimmten Zeit, z. B. während der letzten drei Monate vor seinem Urlaub (so die Ländergesetze von Niedersachen, Schleswig-Holstein und Hamburg sowie zahlreiche Tarifverträge); außergewöhnliche Verdiensteinbußen, z. B. wegen Krankheit, werden dabei nicht eingerechnet. Nach dieser Methode wirkt sich Mehrarbeit — allerdings auch Kurzarbeit — in der Stichzeit zugunsten, aber auch zu Lasten des Arbeitnehmers aus.

b) Die andere Methode nimmt einen fiktiven Arbeitsverdienst als Grundlage, und zwar den Verdienst, den der Arbeitnehmer während des Urlaubs bei normaler Arbeitszeit gehabt hätte (so die Urlaubsgesetze von Hessen, Bremen, Rheinland-Pfalz und Berlin und andere Tarifverträge). Diese Methode will durch zufällige Umstände bedingte Schwankungen der Urlaubsvergütung ausschalten. Ihr erheblicher Nachteil liegt darin, daß oft sehr zweifelhaft ist, was man unter „voller Arbeitszeit" zu verstehen hat; die dadurch hervorgerufenen häufigen Streitigkeiten

---

[22] Urteile vom 22. 6. 1956, AP Nr. 9, 10 und 13 zu § 611 BGB „Urlaubsrecht". — Eingehend dazu *Hessel*, a. a. O. S. 59ff. und Betriebs-Berater 1956 S. 893ff.

haben wohl auch verhindert, daß diese zunächst gerechter scheinende Methode sich durchsetzte.

c) Bei *Akkordarbeit* ist nur die Berechnung nach dem Arbeitsverdienst einer vorausgegangenen Stichzeit durchführbar; deshalb sieht beispielsweise auch das Berliner Urlaubsgesetz für alle Fälle von Leistungslohn diese Methode vor, während danach sonst das Urlaubsgeld nach dem Verdienst bei regelmäßiger betrieblicher Arbeitszeit zu berechnen ist.

2. *Urlaubszuschuß*

In manchen Betrieben ist es üblich, daß die Arbeitnehmer zu ihrem Urlaub über die reguläre Urlaubsvergütung hinaus noch einen Zuschuß erhalten; doch sind dies bisher Ausnahmefälle. Gesetzlich ist ein solcher Zuschuß nirgends vorgesehen; es hat sich auch noch keine Tarifpraxis dieser Art herausgebildet.

3. *Abgeltungsverbot*

a) Wegen der Bindung des Urlaubs an den Erholungszweck (oben zu II 2a) darf der Urlaub nicht (durch die Zahlung des geschuldeten Urlaubsgeldes ohne Freizeitgewährung) abgegolten werden, und zwar auch dann nicht, wenn der Arbeitnehmer eine Abgeltung vorziehen sollte. Dieser Grundsatz ist in fast allen Urlaubsgesetzen und in vielen Tarifverträgen ausdrücklich niedergelegt, gilt aber als allgemeiner Grundsatz des Urlaubsrechts schlechthin. Durch eine Abgeltungszahlung wird daher der Urlaubsanspruch im allgemeinen nicht erfüllt und der Arbeitnehmer kann seinen Urlaub in voller Höhe verlangen. Der Arbeitgeber kann nicht einmal die zuviel gezahlte Urlaubsabgeltung wegen ungerechtfertigter Bereicherung zurückfordern, weil er mit der Zahlung gegen ein gesetzliches oder tarifliches Verbot verstoßen hat[23] (§ 817 Satz 2 BGB)

b) Eine Abgeltung ist nur dann zulässig, wenn der Urlaub wegen Beendigung des Arbeitsverhältnisses nicht mehr als bezahlte Freizeit gewährt werden kann. Das Urlaubsgesetz Bremen (§ 6) hat versucht, das Abgeltungsverbot auch in solchen Fällen noch durchzusetzen; es bestimmt nämlich, daß jedes Arbeitsverhältnis sich automatisch um die restlichen Urlaubstage verlängert, falls der Urlaub vor der normalen Beendigung des Arbeitsverhältnisses nicht mehr gegeben werden kann. Das Beispiel hat aber nicht Schule gemacht, weil sich die Regelung als praktisch undurchführbar erwiesen hat.

Hat der Arbeitnehmer seinen Arbeitsplatz im Laufe des Urlaubsjahres gewechselt, so kann ein Abgeltungsanspruch gegen den ersten Arbeitgeber in Konkurrenz mit einem Anspruch auf Gewährung bezahlter

---

[23] So das Bundesarbeitsgericht in einem Urteil vom 7. 12. 1956, AP Nr. 1 zu § 817 BGB.

Freizeit gegen den zweiten Arbeitgeber bestehen. In einem solchen Fall geht der Anspruch auf bezahlte Freizeit vor[24].

VI. Urlaubsmarkenregelung im Baugewerbe

In Wirtschaftszweigen mit besonders starker Fluktuation, insbesondere im Baugewerbe und in verwandten Wirtschaftszweigen, ist der Urlaub der Arbeitnehmer unter Umständen deshalb gefährdet, weil der Arbeitnehmer häufig nicht einmal die vorgeschriebene Wartezeit erfüllt; auch sonst können sich hier leicht Unzuträglichkeiten ergeben. Die Tarifpraxis hat für diese Wirtschaftszweige deshalb ein Urlaubsmarkensystem eingeführt[25]: der Arbeitgeber muß für jeden Arbeitnehmer und für jede Woche der Beschäftigung bei einer besonders hierfür eingerichteten gemeinnützigen Urlaubskasse in der Rechtsform eines eingetragenen Vereins eine Urlaubsmarke kaufen, sie entwerten und in eine auf den Namen des Arbeitnehmers ausgestellte Urlaubskarte einkleben. Wechselt der Arbeitnehmer den Arbeitsplatz, so nimmt er die Urlaubskarte mit. Nach einer Wartezeit von 6 Monaten hat der Arbeitnehmer 24 Urlaubsmarken, die er bei der betreffenden Kasse einlösen kann. Er enthält dafür das seinem Arbeitslohn entsprechende Urlaubsgeld bemessen für die Dauer seines gesetzlichen oder tariflichen Urlaubs; der jeweilige Arbeitgeber ist verpflichtet, die entsprechende Freizeit zu gewähren. Die von den Arbeitgebern an die Urlaubskasse eingezahlten Urlaubsgelder werden mit Hilfe der Sparkassen treuhänderisch verwaltet; aus den Zinsen werden soziale Maßnahmen finanziert.

---

[24] Bundesarbeitsgericht, Urteil vom 5. 12. 1957, Betriebs-Berater 1958 S. 157.

[25] Näheres z. B. bei *Gros*, Arbeitsrechts-Blattei unter „Baugewerbe IV“.

LUFTRECHT

HAFTUNGSSYSTEM UND HAFTUNGSGRENZEN IM NATIONALEN UND INTERNATIONALEN LUFTRECHT

Von Dr. Gerd Rinck

Honorarprofessor an der Universität Mainz
Ministerialrat im Bundesjustizministerium, Bonn

I. Das Risiko der Luftfahrt
II. Schäden auf der Erdoberfläche
  1. Gefährdungshaftung
  2. Höchstbeträge
III. Schäden an Fluggästen und befördertem Gut
  1. Übernahme des Warschauer Haftungssystems
  2. Abweichungen vom Warschauer Abkommen
IV. Ist das Risiko richtig bewertet?

Für die Luftfahrt gelten besondere Rechtsnormen, weil die Beförderung auf dem Luftwege stärkeren Gefahren als auf anderen Wegen ausgesetzt ist und weil der Luftverkehr gleichzeitig für Unbeteiligte eine Gefahrenquelle bedeutet. Dieses Risiko ist die einzige Rechtfertigung für die Schaffung eines Luftrechts im privatrechtlichen Bereich. Nur sie rechtfertigt Abweichungen vom allgemeinen Haftungssystem oder vom allgemeinen Recht des Beförderungsvertrages.

Im folgenden soll zunächst untersucht werden, wieweit ein besonderes Risiko der Luftfahrt tatsächlich besteht und statistisch nachgewiesen werden kann. Sodann wird die Schadensersatzpflicht gegenüber den Benutzern und den am Luftverkehr nicht Teilnehmenden, den sogenannten Dritten, dargestellt. Abschließend soll untersucht werden, ob die Regelung des deutschen Rechts folgerichtig ist und dem Risiko der Luftfahrt gerecht wird.

I. Das Risiko der Luftfahrt

Läßt sich die gefühlsmäßig von jedermann anerkannte Gefährdung im Luftverkehr exakt nachweisen? Ändert sie sich im Laufe der Jahre? Nur die Statistik kann dem Gesetzgeber einen sicheren Ausgangspunkt bieten.

Im planmäßigen Linienverkehr der 70 Vertragsstaaten der Internationalen Zivilluftfahrt-Organisation (also ohne die UdSSR, die Volksrepublik China u. a.) ist die Sicherheit der Fluggäste außerordentlich gestiegen:

Tödliche Unfälle von Fluggästen auf 100 Mio Passagier-km[1]

1925/1929	28.00
1935/1939	9.00
1945	3.09
1950	1.97
1955	0.66
1956	0.78

Stellt man dem die Unfallstatistik der 41 Eisenbahnunternehmen gegenüber, die in der Union Internationale des Chemins de Fer zusammengeschlossen sind (wiederum ohne UdSSR, die Volksrepublik China u. a.), so ergibt sich, daß die Quote der tödlichen Unfälle für das Jahr 1956 im Luftverkehr 0,78 und im Eisenbahnverkehr[2] 0,24 betrug. Im Jahre 1951 waren tödliche Unfälle häufiger, die Relation zwischen Luftverkehr (1,27) und Eisenbahn (0,43) blieb aber die gleiche. Der Passagier ist also im Luftverkehr etwa dreimal so gefährdet wie im Eisenbahnverkehr.

Ein Vergleich mit noch anderen Verkehrsmitteln kann nur Annäherungswerte ergeben, weil die Zahl der Passagierkilometer unter Verwendung von Schätzungen errechnet werden muß. Eine Statistik liegt nur für die Vereinigten Staaten vor[3]:

Tödliche Unfälle von Passagieren je 100 Mio Passagier-*Meilen* in den Vereinigten Staaten

	Personenkraftwagen und Taxen	Omnibusse	Eisenbahn	Fluglinien
1945	2,9	0,17	0,16	2,2
1950	2,9	0,17	0,58	1,1
1955	2,7	0,19	0,07	0,8

Die Eisenbahn-Unfälle haben im Jahre 1950 weit über dem Durchschnitt gelegen. Sieht man von dieser Zahl ab, so ergibt sich, daß die Eisenbahn das sicherste und der Kraftwagen das gefährlichste Verkehrsmittel ist. Die Gefährdung im Personenkraftwagen ist etwa dreimal so

[1] ICAO Circular 50-AN/45 Nr. 7, S. 225.

[2] Errechnet auf Grund der „Statistique Internationale, Union Internationale des Chemins de Fer, année 1956", S. 75, 126, année 1951, S. 72, 130.

[3] Statistical Handbook of Civil Aviation, US Department of Commerce, C. A. A. 1956, S. 123.

groß wie im Luftfahrzeug. Bei allen Verkehrsmitteln nimmt die Gefährdung ab, am günstigsten ist die Entwicklung im Luftverkehr.

Für Personen auf dem Erdboden ist die Luftgefahr erheblich gestiegen. Obwohl die technische Sicherheit größer wird, steigt doch die absolute Zahl der Unfälle, weil sehr viel mehr Luftfahrzeuge betrieben werden. Allerdings wächst die Zahl der Todesopfer nicht in gleichem Maße wie die Zahl der Unfälle:

Unfälle Dritter im Luftverkehr

	Zahl der Unfälle	Zahl der Getöteten und Schwerverletzten auf der Erdoberfläche[4]
1952	161	34
1953	197	13
1954	229	6
1955	266	12

Ein Vergleich mit der Schädigung Dritter im Eisenbahnverkehr hat nur geringen Aussagewert, weil die Eisenbahn durch ihr größeres Verkehrsnetz und vor allem durch ihre schienengleichen Übergänge eine viel größere Gefahrenquelle sein muß als der Luftverkehr. Immerhin seien gegenübergestellt:

	Zahl der Unfälle		Zahl der Getöteten (ohne Passagiere und Personal)	
	Luftverkehr[5]	Eisenbahnverkehr[6]	Luftverkehr	Eisenbahnverkehr
1952	161	27.433	23	6.283
1955	266	19.475	9	6.220

Für den Dritten auf der Erdoberfläche bedeutet also die Eisenbahn eine unvergleichlich größere Gefährdung als der Luftverkehr.

Insgesamt zeigt die Statistik, daß ein typisches Risiko in der Luftfahrt besteht. Es verringert sich im Laufe der Jahre für Fluggäste und vergrößert sich gegenüber Dritten auf dem Erdboden. Trotzdem sind Schäden Dritter noch sehr selten. Der Passagier ist am wenigsten gefährdet in der Eisenbahn, mehr im Luftfahrzeug und am stärksten im Personenkraftwagen. Dagegen ist der Dritte durch die Eisenbahn sehr viel mehr gefährdet als durch Luftfahrzeuge.

---

[4] ICAO Circular 50-AN/45, Nr. 6, S. 228, 226, Nr. 7 S. 227.

[5] ICAO Circular 50-AN/45, S. 227 und 47-AN/42, S. 226.

[6] Errechnet auf Grund der Statistique Internationale, année 1955, S. 134ff., année 1952, S. 130ff.

II. Schäden auf der Erdoberfläche

Die Schutzwürdigkeit der Geschädigten und ihre Ansprüche nach deutschem Recht sind grundverschieden je nachdem, ob sie das Risiko der Luftfahrt auf sich genommen haben oder nicht.

1. Gefährdungshaftung

Der Dritte auf der Erdoberfläche, der sich nicht bewußt und freiwillig in den Gefahrenbereich der Luftfahrt begeben hat, verdient einen besonderen Schutz. Er hat nach deutschem Recht einen Anspruch aus Gefährdungshaftung, also einen Schadensersatzanspruch, auch wenn den Halter des Luftfahrzeugs und seine Leute kein Verschulden trifft (§ 19 Luftverkehrsgesetz — LVG). Die Ersatzpflicht des Luftfahrzeughalters besteht auch dann, wenn der Schaden durch höhere Gewalt herbeigeführt wurde. Dieser strenge Grundsatz des deutschen Rechts steht im Einklang mit den Römer Haftungsabkommen von 1933[7] und 1952[8], obgleich Deutschland keines dieser Abkommen ratifiziert hat. Der geschädigte Dritte wird damit im Luftverkehr besser gestellt als im Eisenbahnverkehr[9] und Kraftverkehr[10], denn in diesen beiden Verkehrsbereichen ist der Halter im Falle höherer Gewalt frei.

Der Halter haftet nur, wenn der Schaden durch einen „Unfall" verursacht wurde. Das ist eine Eigentümlichkeit des deutschen Rechts[11], die nur für den Luftverkehr ausdrücklich vorgeschrieben ist (§ 19 Luftverkehrsgesetz), aber im Ergebnis meist auch für die Haftung im Eisenbahn- und Kraftverkehr verlangt wird[12]. Ein Unfall ist ein plötzlich von außen einwirkendes Ereignis[13]. Eine Schädigung durch Dauereinwirkung, vor allem allmähliche Entwertung von Sachen, berechtigt nicht zum Ersatz. Die Praxis hat sich vor allem mit der Frage beschäftigen müssen, ob ein Unfall vorliegt, wenn Tiere durch überfliegende Luftfahrzeuge erschreckt werden oder ein Haus infolge des Fluglärms an Verkaufswert verliert.

Die letzte Frage ist unbedenklich zu verneinen. Ein Haus büßt Anziehungskraft und Marktwert nur allmählich und bei häufigem Überfliegen ein. Liegt ein solches Haus in der Nähe eines Flughafens, so scheidet die Haftung des Luftfahrzeughalters auch noch deshalb aus,

---

[7] Art. 2 Abs. 1, Art. 3, *Alex Meyer*, Internationale Luftfahrtabkommen, Band I (1953) S. 277f.

[8] Art. 1 Abs. 1 Satz 1, Art. 6, *Alex Meyer*, Band II (1955), S. 82.

[9] § 1 des Reichshaftpflichtgesetzes, § 2 des Eisenbahnhaftpflichtgesetzes.

[10] § 7 Abs. II des Straßenverkehrsgesetzes.

[11] *Riese*, Luftrecht 1949, S. 338.

[12] *Geigel*, Haftpflichtprozeß 1957, Kap. 18 Nr. 20, Kap. 19 Nr. 12.

[13] Entscheidung des Reichsgerichts, RGZ 158, 34 (37), *Koffka-Bodenstein*, Luftverkehrsgesetz 1937, § 19 II, 2, S. 90; ebenso die gesetzliche Definition in § 135 Abs. 1 des Bundesbeamtengesetzes und § 79 Abs. 2 des Beamtenrechtsrahmengesetzes.

weil nicht er, sondern der Flughafenbetrieb der Störer ist[14]. Eine Wertminderung durch die Nachbarschaft des Flughafens muß dem Grundeigentümer nach § 10 Luftverkehrsgesetz vom Flughafenunternehmer ersetzt werden[15]. Ohne Ersatzansprüche muß der Grundeigentümer den Lärm von Luftfahrzeugen dulden, die außerhalb von Start- oder Landemanöver die gesetzlich vorgeschriebenen Mindesthöhen einhalten. Diese Duldungspflicht folgt aus der sozialen Bindung des Eigentums (Art. 14 Abs. 1 und 2 des Grundgesetzes, § 1 Luftverkehrsgesetz). Insoweit steht das deutsche Recht im Einklang mit Art. 1 Abs. 1 Satz 2 des Römer Abkommens von 1952.

Im übrigen steht der Halter nach dem Römer Abkommen günstiger als nach deutschem Recht, denn Art. 1 des Abkommens schließt jede Haftung aus, „wenn der Schaden allein auf die Tatsache des Durchflugs des Luftfahrzeugs durch den Luftraum in Übereinstimmung mit den geltenden Luftverkehrsvorschriften zurückzuführen ist". Werden überflogene Tiere, etwa Silberfüchse, erschreckt und geschädigt, so haftet der Halter nach dem Römer Abkommen nicht, aber nach deutschem Recht hängt die Schadensersatzpflicht davon ab, ob der Schaden der Tiere als „Unfall" anzusehen ist. Das Gesetz verlangt einen Unfall des Geschädigten, nicht des Luftfahrzeugs, die Ersatzpflicht kann also entstehen, obwohl das Luftfahrzeug planmäßig seinen Weg verfolgt[16]. Das Reichsgericht hat einen Unfall der Silberfüchse angenommen, jedoch die Ersatzpflicht mangels adäquater Kausalität verneint. Die (nicht einheimischen) Silberfüchse seien ungewöhnlich empfindlich[17]. Das Ergebnis wird im deutschen Schrifttum überwiegend gebilligt, jedoch mit der Begründung, es habe kein Unfall vorgelegen[18].

Im einzelnen weist der Schadensersatzanspruch des Dritten nach deutschem Recht keine auffallenden Besonderheiten auf: Mitwirkendes Verschulden ist zu berücksichtigen (§ 20 Luftverkehrsgesetz), der Halter haftet auch für Schwarzflüge (§ 19 Abs. 2 Luftverkehrsgesetz). Im Todesfall haben die unterhaltsberechtigten Angehörigen kraft ausdrücklicher Vorschrift einen Schadensersatzanspruch gegen den Halter (§ 21 Abs. 2 Luftverkehrsgesetz)[19].

---

[14] *Riese*, ZLR 1952, S. 11, *Westermann*, ZLR 1957, S. 269, *Rinck*, ZLR 1954, S. 88. Einschränkend: *Koffka-Bodenstein*, LVG § 10 Anm. I, 2, S. 56.

[15] *Westermann*, ZLR 1957, S. 269.

[16] *von der Mühll*, Lufthaftpflicht gegenüber Drittpersonen, 1950, S. 92, 149.

[17] RGZ 158, 34 (37). Weitere Nachweise aus der Rechtsprechung außerhalb des Luftrechts: *Fischbach*, Bundesbeamtengesetz 1956, § 135, I, 3, S. 956.

[18] *Riese*, Luftrecht 1949, S. 338, *Bärmann*, Archiv für Luftrecht 1940, S. 178, 230.

[19] Dazu *Sieg*, RabelsZ 22 (1957), S. 638.

2. *Höchstbeträge*

Die Gefährdungshaftung kommt den Interessen des geschädigten Dritten weit entgegen und belastet den Halter. Als Ausgleich hat das deutsche Recht die Haftung auf Höchstbeträge beschränkt. Ein solcher Ausgleich, Gefährdungshaftung einerseits und Höchstsummen andererseits, findet sich in allen Fällen der Gefährdungshaftung; nur der Tierhalter und die Jagdgenossenschaft haften summenmäßig unbeschränkt (§ 833 Bürgerliches Gesetzbuch, § 29 Bundesjagdgesetz).

Deutschland hat keines der beiden Römer Haftungsabkommen ratifiziert, trotzdem hat der Gesetzgeber sich an die Höchstbeträge des Römer Abkommens von 1933[20] gehalten. Im Jahre 1957 hat der Gesetzgeber diesen Entschluß noch einmal bekräftigt, indem er die Haftungssummen in DM an den Goldwert der Franken (Poincaré-Franken) angeglichen hat[21]. Die Haftungssummen betragen bei Luftfahrzeugen

a) unter 1000 kg Fluggewicht:
100 000 DM (= 360 000 Franken)[22]

b) von 1000 bis 2500 kg Fluggewicht:
175 000 DM (= 600 000 Franken)

c) mit höherem Fluggewicht:
70 DM (= 250 Franken) je kg Fluggewicht, höchstens jedoch 550 000 DM (= 2 Mio Franken).

Ein Drittel dieser Beträge dient dem Ersatz von Sachschäden, zwei Drittel dienen dem Ersatz von Personenschäden. Hier übernimmt das deutsche Recht eine zusätzliche Regelung aus Art. 14, Buchst. b, Satz 3 des Römer Abkommens von 1952, indem es anordnet, daß der für Sachschäden vorgesehene, aber dort nicht verbrauchte Teilbetrag noch zum Ersatz für Personenschäden zu verwenden ist.

Daneben besteht aber noch die individuelle Höchstgrenze für jede getötete oder verletzte Person mit 55 000 DM (200 000 Franken). Die Höchstsummen für Drittschäden sind also genau die gleichen wie im alten Römer Abkommen von 1933.

Diese Anpassung an ein Abkommen, das nie in Kraft getreten ist, erklärt sich daraus, daß Deutschland das Römer Abkommen von 1933 gezeichnet und seine Ratifizierung vorbereitet hatte. Als sich nach dem Krieg herausstellte, daß jenes erste Römer Abkommen nie in Kraft treten würde und daß an seine Stelle das Römer Abkommen von 1952 treten

---

[20] Art. 8, *Alex Meyer*, Band I, S. 279.

[21] Art. 4 Nr. 2 des Gesetzes vom 16. 7. 1957, Bundesgesetzbl. I, S. 710.

[22] Nach Art. 8, Abs. 2 des Römer Abkommens von 1933 müßte diese Summe 175000 DM (600000 Franken) betragen. Um die Sportfliegerei zu begünstigen, hat das deutsche Gesetz eine geringere Haftungssumme bestimmt. Regierungsvorlage vom 15. 3. 1955, Bundestagsdrucksache 1955, Nr. 1265, S. 14.

sollte, da konnte der deutsche Gesetzgeber sich (einstweilen) nicht entschließen, das neue Abkommen in das deutsche Recht zu überführen[23]. Dieses Zögern erklärt sich wahrscheinlich daraus, daß nach dem Römer Abkommen von 1952 der Halter nur in seltensten Fällen unbeschränkt haftet.

Nach geltendem deutschen Recht kann der geschädigte Dritte über die Höchstsummen hinaus den Halter unbeschränkt in Anspruch nehmen, sobald er ihm Fahrlässigkeit, sei es auch nur leichte Fahrlässigkeit, nachweist (§28 Luftverkehrsgesetz, §823 Abs. 1 Bürgerliches Gesetzbuch). Hat einer der Leute des Halters den Schaden des Dritten verursacht, so haftet der Halter unbeschränkt, selbst wenn nicht einmal eine Fahrlässigkeit der Leute nachgewiesen ist; der Halter kann sich allerdings von dieser Haftung befreien, indem er nachweist, daß er seine Leute sorgfältig ausgesucht und überwacht hatte und daß auch das Luftfahrzeug in ordnungsmäßigem Zustand war oder daß der Schaden auch bei Erfüllung dieser Sorgfaltspflichten eingetreten wäre (§ 28 Luftverkehrsgesetz, § 831 Abs. 1 Bürgerliches Gesetzbuch). Ein wenig vereinfachend kann man also sagen, daß der Dritte bereits bei leichter Fahrlässigkeit des Halters unbeschränkten Schadensersatz fordern kann. Seine Stellung ist nach deutschem Recht also günstig.

Nach Art. 12 des Römer Abkommens von 1952 haftet der Halter aber nur unbeschränkt, wenn der Dritte nachweist, daß sein Schaden „durch eine mit Überlegung vorgenommene Handlung ... verursacht worden ist, in der Absicht, einen Schaden herbeizuführen". Der Halter haftet also beschränkt trotz

leichter Fahrlässigkeit oder
grober Fahrlässigkeit oder
bewußter Fahrlässigkeit oder
dolus eventualis.

Es kann sogar zweifelhaft sein, ob der Halter bei vorsätzlicher Schädigung unbeschränkt haftet. Vorsatz liegt vor, wenn das schadenstiftende Ereignis vorausgesehen und gebilligt ist, Absicht erst, wenn der Schaden das Motiv des Handelns war[24]. Das Abkommen verlangt nach seinem Wortlaut Absicht (a deliberate act ... done with intent to cause damage; — un acte ... delibéré ... avec l'intention de provoquer un dommage), läßt also theoretisch auch dann beschränkt haften, wenn dem Halter oder seinen Leuten Vorsatz nachgewiesen ist. Diese Unterscheidung mag aber als zu theoretisch außer Betracht bleiben. In der Praxis wird ein Gericht, wenn unbedingter Vorsatz, also das Wollen des Erfolges, nachgewiesen ist, möglicherweise auch die Schädigungsabsicht im Sinne des Abkommens feststellen.

---

[23] So ausdrücklich die Begründung zur Regierungsvorlage vom 15. 3. 1955, Bundestagsdrucksache 1955, Nr. 1265, S. 14.

[24] RGZ 143, 51, *Enneccerus-Nipperdey*, Allgemeiner Teil 1955, § 214, 2, b, S. 934.

Jedenfalls kann nach angelsächsischem Recht auf Grund eines Beweises des ersten Anscheins auch die Schädigungsabsicht festgestellt werden[25]. Von dieser angelsächsischen Auffassung geht das Abkommen aus, es liegt also im Sinne seiner Bestimmungen, wenn alle Gerichte hier den Beweis des ersten Anscheins zulassen. Anderenfalls würde das Abkommen im angelsächsischen Rechtskreis anders angewandt werden als etwa von deutschen Gerichten mit dem Ergebnis, daß eine Verurteilung auf unbeschränkte Haftung im angelsächsischen Rechtskreis leichter zu erreichen wäre als vor deutschen Gerichten[26]. Bei Anwendung des Römer Abkommens müßten sich die deutschen Gerichte also von dem seit langem befolgten Grundsatz frei machen, daß ein Beweis des ersten Anscheins nur bei typischen Geschehensabläufen möglich ist[27].

Selbst wenn die Rechtsprechung so weit gehen sollte, wenn sie also bei nachgewiesenem Vorsatz auch die Absicht (bis zum Beweise des Gegenteils) unterstellt, bleibt eine erhebliche Diskrepanz zwischen Römer Abkommen und deutschem Recht. Praktisch bedeutsam ist allein, daß selbst bei bewußter Fahrlässigkeit und dolus eventualis nur eine beschränkte Haftung eintritt. Unbeschränkte Haftung ist nur noch bei Aktionen von Saboteuren und Selbstmördern denkbar.

Das Römer Abkommen steht auch nicht in Einklang mit dem Haager Protokoll von 1955. Es ist inkonsequent, daß der Dritte seltener unbeschränkten Schadensersatz erhält als der Fluggast, indem der Dritte Schädigungsabsicht nachweisen muß, der Fluggast aber nur bewußte Fahrlässigkeit[28]. Die Interessenlage wird verkannt, wenn der Fluggast, der bewußt ein Risiko auf sich genommen hat, besser gestellt wird als ein außenstehender Dritter.

Einen gewissen Ausgleich bietet das Römer Abkommen von 1952 durch die starke Erhöhung der Haftungssummen. Für Tod oder Körperverletzung einer Person soll bis zum Betrage von 140 000 DM (500 000 Franken) gehaftet werden gegenüber einer derzeitigen Haftungssumme von 55 000 DM (200 000 Franken). Diese Summe wird nahezu alle Schadensfälle voll decken und zum mindesten bei unaufgeklärten Unfällen den Geschädigten günstiger als nach derzeitigem deutschen Recht stellen. Diese praktischen Erwägungen werden mit zu berücksichtigen sein, wenn der deutsche Gesetzgeber einmal die Frage entscheiden muß, ob das Römer Abkommen ratifiziert werden soll und ob dabei wesentliche Grundsätze des deutschen Rechts im Interesse der Rechtsvereinheitlichung eingeschränkt werden können.

[25] *N. E. Hesse*, The Aircraft operator's liability, Institute of International Air Law, Montreal 1954, chapter II, Art. 12 (1) Nr. 2, S. 119.

[26] *Rinck*, Journal of Air Law & C. 1956, S. 487.

[27] BGH, Urteil vom 10.1.1951, NJW 1951, S. 360; *Baumbach*, ZPO 1958, § 282 Anhang, Anm. 3 B.

[28] Art. XIII des Haager Protokolls, Art. 25 des Warschauer Abkommens, *Alex Meyer*, Band III, 1957, S. 259.

III. Schäden an Fluggästen und befördertem Gut

Deutschland hat das Warschauer Abkommen von 1929 ratifiziert[29]. Für Flüge zwischen Vertragsstaaten[30] gelten die Vorschriften des Abkommens, auf deren Darstellung hier verzichtet werden soll. Die Bundesrepublik hat auch das Haager Protokoll vom 28. 9. 1955 zur Änderung des Warschauer Abkommens gezeichnet. Der Entwurf eines Ratifizierungsgesetzes liegt seit dem 23. 1. 1958 den gesetzgebenden Körperschaften vor[31].

1. Übernahme des Warschauer Haftungssystems

Deutsches Recht gilt nur für innerdeutsche Flüge und für solche internationalen Flüge, die nicht unter das Warschauer Abkommen fallen. Im Jahre 1943 hat der deutsche Gesetzgeber jedoch auch diese Flüge dem Haftungssystem des Warschauer Abkommens unterstellt[32]. Der Luftfrachtführer haftet für jeden Schaden an Personen, Gepäck und Fracht, wenn er nicht sich und seine Leute exkulpieren kann[33]. Diese „Umkehr der Beweislast" ist für den Schuldner günstiger als das allgemeine Vertragsrecht. Zum Ausgleich wird der Luftfrachtführer dadurch begünstigt, daß er nur bis zu den gleichen Höchstbeträgen wie nach dem Warschauer Abkommen haftet[34]. Unbeschränkte Haftung des Luftfrachtführers tritt unter den gleichen Voraussetzungen wie nach dem Warschauer Abkommen ein. Die vielumstrittene[35] Klausel in Art. 25 des Warschauer Abkommens, wonach der Luftfrachtführer unbeschränkt haftet, wenn der Schaden „durch eine Fahrlässigkeit herbeigeführt" ist, „die nach dem Recht des angerufenen Gerichts dem Vorsatz gleichsteht", hat der deutsche Gesetzgeber aus diesem Anlaß schlicht aber folgerichtig in § 29e Abs. 1 Satz 2 mit „grobfahrlässig" übersetzt.

2. Abweichungen vom Warschauer Abkommen

Das innerdeutsche Recht hat aber nicht alle Regeln des Warschauer Abkommens übernommen. Die Haftung für Fluggäste und befördertes Gut weicht in vier Punkten von den Warschauer Bestimmungen ab:

---

[29] Reichsgesetzblatt 1933, II, S. 1039; § 29 h Luftverkehrsgesetz.

[30] Nähere Abgrenzung in Art. 1 Abs. 2 des Warschauer Abkommens.

[31] Bundestagsdrucksache 1958, Nr. 220.

[32] §§ 29a—29f Luftverkehrsgesetz in der Fassung des Gesetzes vom 26. 1. 1943, Reichsgesetzbl. I, S. 89.

[33] § 29 b Luftverkehrsgesetz in Übereinstimmung mit Art. 20 Abs. 1 des Warschauer Abkommens.

[34] § 29 c Luftverkehrsgesetz in Übereinstimmung mit Art. 22 des Warschauer Abkommens. Durch Art. 4 Nr. 3 des Gesetzes vom 16. 7. 1957 — Bundesgesetzbl. I. S. 710 — sind die DM-Beträge dem Goldwert des Poincaré-Franken angepaßt worden. Begründung der Regierungsvorlage, Bundestagsdrucksache II/1265, S. 14,

[35] Generalreferat von *Moeller* zum IV. Kongreß der Akademie für Rechtsvergleichung 1954, ZLR 1955, S. 249, Deutscher Landesbericht von *Abraham*, ZLR 1955, S. 259.

a) *Beförderungsdokumente.* Das deutsche Recht verlangt keine Beförderungsdokumente. Das ist eine große Erleichterung für den Luftfrachtführer und mildert außerdem seine Haftung. Nimmt ein Luftfrachtführer Fluggäste, Reisegepäck oder Fracht an, ohne Beförderungspapiere auszustellen, so verliert er nach dem Warschauer Abkommen das Recht auf summenmäßige Haftungsbegrenzung[36]. Diesem Rechtsverlust ist der Luftfrachtführer nach deutschem Recht nicht ausgesetzt.

b) *Verspätungsschaden.* Das deutsche Recht enthält keine Vorschrift über die Haftung für Verspätung. Diese Abweichung von Art. 19 des Warschauer Abkommens gibt dem Luftfrachtführer die Freiheit, jede Haftung für Verspätungsschaden auszuschließen, was ihm nach Art. 23 des Warschauer Abkommens versagt wäre.

Die Luftfrachtführer zeichnen sich von Verspätungshaftung frei, indem sie kurzerhand ihre Flugpläne und sonstigen Daten als „ungefähre Zeitangaben ohne Gewähr" bezeichnen. Sie bilden „keinen Bestandteil des Beförderungsvertrages"[37]. Das Urteil des Landgerichts Hamburg v. 6. 4. 1955 versagt deshalb den Ersatz eines Verspätungsschadens[38], ohne die Frage zu prüfen, ob dieser Punkt der IATA-Bedingungen mit Art. 19, 23 des Warschauer Abkommens vereinbar ist[39]. Angesichts der technischen und meteorologischen Einflüsse auf die Luftfahrt muß man den Luftfrachtführern wohl eine gewisse Elastizität in der Flugplangestaltung einräumen, eine völlige Ausschließung jeder Verspätungshaftung verstieße aber gegen Art. 19 des Warschauer Abkommens. Der Luftfrachtführer haftet deshalb unabdingbar für Eintreffen — nicht laut Flugplan, sondern — innerhalb angemessener Zeit[40]. Im innerdeutschen Luftrecht taucht diese Problematik nicht auf, weil der Luftfrachtführer sich von allen Verspätungsschäden freizeichnen kann. Die IATA-Bedingungen sind hier voll wirksam.

c) *Freizeichnung.* Eine Freizeichnung für Personen- und Sachschäden gestattet das deutsche Recht in anderem Ausmaße als das Warschauer Abkommen[41]. Luftverkehrsunternehmen können nach deutschem Recht ihre Haftung gar nicht ausschließen, während das Warschauer Abkommen den Ausschluß wenigstens für außergewöhnliche Flüge gestattet (Art. 34). Andere Luftfahrzeughalter haften unabdingbar, wenn sie „jemand gegen Entgelt[42] oder im Zusammenhang mit ihrem Beruf oder

---

[36] Art. 3 Abs. 2 Satz 2; Art. 4 Abs. 4 Satz 2, Art. 9 des Warschauer Abkommens.

[37] Allgemeine Beförderungsbedingungen der IATA, Art. 10 § 1 der Fassung vom 18. 11. 1953, Abdruck bei *Alex Meyer*, Band 2, S. 27.

[38] ZLR 1955, S. 231, zustimmend *Alex Meyer* ebenda S. 236.

[39] *Heim*, Juristische Rundschau 1957, S. 375, hält die IATA-Bedingung für unwirksam.

[40] *Riese*, Lehrbuch 1949, S. 450.

[41] § 29f Luftverkehrsgesetz gegenüber Art. 23, 32 des Warschauer Abkommens.

[42] Ebenso Art. 1 Abs. 1 des Warschauer Abkommens.

Gewerbe im Luftfahrzeug befördern". Von der Haftung für Reisegepäck oder Fracht können sie sich offenbar freizeichnen[43]. Andererseits könnte der Wortlaut der deutschen Bestimmung zu der Auffassung verleiten, daß ein nicht-gewerblicher Luftfrachtführer seinem Bordpersonal und sonstigen Angestellten auf Dienstflügen unabdingbar haftet. Das kann aber nicht zutreffen, da diese Personen nicht auf Grund eines Beförderungsvertrages fliegen, sondern in Erfüllung ihrer dienstvertraglichen Pflichten[44]. Für Flüge der eigenen Angestellten gilt also weder das Warschauer Abkommen noch das Luftverkehrsgesetz. Der Schadensersatz bestimmt sich nach Dienstvertrag und Sozialversicherung.

Im Ergebnis gestattet das deutsche Recht eine Freizeichnung, die teilweise geringer ist als nach dem Warschauer Abkommen (außergewöhnliche Flüge) und teilweise weitergehen kann (Gepäck und Fracht im nicht-gewerblichen Verkehr). Praktische Bedeutung werden diese Unterschiede kaum erlangen.

d) *Halter oder Luftfrachtführer?* Die letzte Abweichung des innerdeutschen Rechts vom Warschauer Abkommen wird in Kürze durch Änderung des Luftverkehrsgesetzes beseitigt werden. Das Gesetz regelt die „Haftung aus dem Luftbeförderungsvertrag", wie die Überschrift vor § 29a ausdrücklich feststellt, trotzdem erklärt es nicht den Vertragspartner[45], also den Luftfrachtführer[46], haftbar, sondern den Halter[47]. Dies beruht nicht auf einem Versehen des Gesetzgebers, es geschah vielmehr mit Rücksicht auf die Kriegsverhältnisse. Damals gab es in Deutschland nur einen Luftfrachtführer, der gleichzeitig der einzige Halter ziviler Luftfahrzeuge war. In dieser Eigenschaft übernahm die Lufthansa im „Regierungsdienst" Beförderungen, ohne einen zivilrechtlichen Beförderungsvertrag abzuschließen. Gleichwohl sollte sie auch zivilrechtlich haften. Aus diesen Erwägungen erklärt sich die Benennung des Halters statt des Luftfrachtführers[48]. Der Zweck dieser Vorschrift ist entfallen. Sie würde zu unbilligen und systemwidrigen Ergebnissen führen, besonders dem Frachtführer jede Freizeichnung gestatten, wenn er mit gecharterten Flugzeugen seine Vertragspflichten erfüllt[49]. Daher

---

[43] *Schleicher*, ZLR 1943, S. 13, meint allerdings, daß § 29f Luftverkehrsgesetz mit Art. 23 des Warschauer Abkommens übereinstimme.

[44] *Riese*, Luftrecht 1949, S. 406, *Achtnich*, ZLR 1952, S. 344, ZLR 1953, S. 313 a. M. *Drion*, ZLR 1953, S. 308.

[45] *Grönfors*, Air Charter and the Warsaw Convention 1956, S. 64, 78, 120.

[46] *Geigel*, Haftpflichtprozeß 1957, Kap. 23 Nr. 9, S. 474, hält Luftfrachtführer und Halter für identisch.

[47] Folgerungen daraus stellt der Landesbericht von Abraham zum IV. Kongreß für Rechtsvergleichung dar: ZLR 1955 S. 258 und Deutsche Landesreferate, S. 251.

[48] *Schleicher*, ALR 1943, S. 5, 9, *Bülow*, RabelsZ 1955, S. 557.

[49] *Abraham*, Luftbeförderungsvertrag 1956, S. 27, Landesbericht, S. 252, ZLR 1955, S. 258.

sind alle Äußerungen im Schrifttum nunmehr dahin einig, die §§ 29a bis 29e anzuwenden, als ob dort nicht der Halter, sondern der Luftfrachtführer genannt wäre[50]. Die Bundesregierung hat am 20. 12. 1957 den gesetzgebenden Körperschaften einen Entwurf zur Änderung des Luftverkehrsgesetzes vorgelegt, der in den genannten Bestimmungen den Ausdruck „Halter" durch den Ausdruck „Luftfrachtführer" ersetzt[51].

Der Inhalt der Schadensersatzpflicht weist keine luftrechtlichen Besonderheiten auf. Mitverschulden ist zu berücksichtigen[52], der Verletzte kann Heilungskosten und Rente beanspruchen[53], seine unterhaltsberechtigten Hinterbliebenen können vom Luftfrachtführer Unterhalt im Rahmen der Höchstsummen verlangen[54].

IV. Ist das Risiko richtig bewertet?

Fluggäste und Absender von Luftfracht nehmen bewußt ein Risiko auf sich, während der Dritte auf der Erde als Außenstehender einer Gefährdung ausgesetzt ist. Der Dritte verdient also stärkeren Schutz durch das Gesetz. Auf diesen Unterschied in der Schutzwürdigkeit reagiert das deutsche Recht durch folgendes Haftungssystem:

	Dritter	Benutzer
Haftungsgrund:	ohne Verschulden auch bei höherer Gewalt	Exkulpation
Höchstsumme je verletzte Person:	55 000 DM	35 000 DM
Unbeschränkte Haftung bei:	leichter Fahrlässigkeit	grober Fahrlässigkeit

Der Dritte ist also in den drei Grundfragen des Haftungsrechts günstiger gestellt als der Benutzer.

Der Dritte erhält aber seinen Schaden nicht voll ersetzt. Neben der Höchstsumme je Person besteht noch die Höchstsumme für alle Personenschäden aus dem gleichen Unfall (366 000 DM). Werden also sieben Personen verletzt, so kann nicht jeder mit 55 000 DM entschädigt werden. Die Haftung für Sachschäden ist begrenzt auf 183 000 DM. Dies entspricht dem Wert von allenfalls zwei Wohnhäusern mittleren Umfanges.

---

[50] *Abraham* a. a. O.; *Bülow*, RabelsZ 1955, S. 558; *Meyer*, ZLR 1955, S. 160; *Rinck*, Journal of Air Law & C. 1956, S. 484.

[51] Bundestagsdrucksache 1958, Nr. 100, Art. 1 Nr. 28—32, S. 9, 18.

[52] § 29d, § 20 Luftverkehrsgesetz.

[53] § 29d, § 22, § 24 Luftverkehrsgesetz.

[54] § 29 d, § 21 II Luftverkehrsgesetz. Das Warschauer Abkommen läßt diese Frage offen (*Riese*, Lehrbuch, S. 469). Das deutsche Ausführungsgesetz vom 15. 12. 1933, Reichsgesetzbl. I S. 1079, gibt auch den Hinterbliebenen Ansprüche.

Der Dritte kann also nicht darauf vertrauen, daß ihm jeder Schaden aus einem Unfall voll ersetzt wird.

Die Statistik hat ergeben, daß Dritte selten geschädigt werden, die Luftgefahr ist für sie sehr viel geringer als die Eisenbahngefahr (Anm. 4 und 6). Das darf aber die Höhe der Entschädigung nicht beeinflussen, denn es kommt darauf an, daß der einzelne Fall angemessen entschädigt wird.

Die möglicherweise unvollständige Entschädigung des Dritten verletzt aber keinen Grundsatz des deutschen Rechts. Die frühgermanische und die römische Rechtsordnung ließen allerdings jeden Schaden ersetzen, den ein anderer verursacht hatte[55]. Das Zeitalter des Liberalismus empfand es dagegen als gerecht, nur den schuldhaft verursachten Schaden ersetzen zu lassen. Das ist auch noch die Grundanschauung des deutschen bürgerlichen Rechts. Seit dem Ausgang des 19. Jhs. erkannte man, daß bestimmte rechtmäßige Handlungen und Betriebe die Umwelt gefährden, und man empfand es nun wieder als gerecht[56], für diese gefährlichen Akte eine Schadensersatzpflicht auch ohne Verschulden zu statuieren[57]. Dies gilt nicht für jedes gefährliche Verhalten, sondern nur für bestimmte, vom Gesetz bezeichnete Unternehmen oder Verhaltensweisen (Eisenbahn, Tierhaltung, Luftfahrt). Der Gesetzgeber sah es als eine Ausnahme an, Schadensersatz bei schuldlosem Verhalten anzuordnen. Er schuf ein Gegengewicht, indem er in den meisten Fällen die Haftung summenmäßig begrenzte.

Sobald aber der Schaden verschuldet ist, fehlt die innere Berechtigung für die summenmäßige Begrenzung. Es ist also folgerichtig und angemessen, wenn das deutsche Recht schon bei leichter Fahrlässigkeit des Halters dem Dritten einen unbeschränkten Schadensersatz zuerkennt. Umgekehrt ist es unbillig und inkonsequent, wenn das Römer Haftungsabkommen bei jeder Fahrlässigkeit und sogar bei dolus eventualis dem Dritten nur summenmäßig begrenzte Schadensersatzansprüche gewährt.

Das Römer Abkommen stört das Gleichgewicht im Haftungssystem noch in einem anderen Punkt. Der Dritte erhält erst bei absichtlicher Schädigung, der Fluggast aber (nach dem Haager Protokoll) schon bei bewußter Fahrlässigkeit unbeschränkte Ersatzansprüche. Hier besteht ein innerer Widerspruch. Der Dritte verdient stärkeren Schutz als der Fluggast, der sich ja bewußt dem Risiko der Luftfahrt aussetzt.

Zu prüfen ist, ob die Risiko-Übernahme auch heute noch ein geeignetes Kriterium für den Gesetzgeber bildet. In den ersten Jahrzehnten des Luftverkehrs war das Flugzeug selbst für eilige Beförderungen nicht

---

[55] *Esser*, Gefährdungshaftung 1941, S. 46.

[56] *Esser*, S. 95, 102, bezeichnet die Betriebseröffnung als „Wagnisübernahme“ und Haftungsgrund.

[57] *Enneccerus-Nipperdey* 1955 § 217 II, S. 945; *Enneccerus-Lehmann* 1950 § 230 II, S. 274.

allgemein üblich. Wer in diesen Jahrzehnten flog, nahm aus freiem Entschluß das Risiko auf sich. In unserem Jahrzehnt ist es für Personen nicht nur in Spitzenstellungen kaum ein freier Entschluß, ob sie fliegen wollen. Man kann heute nur noch in beschränktem Maße von einer freien Wahl des Verkehrsmittels und von einer bewußten Risiko-Übernahme sprechen. Weil der Luftverkehr immer weiter verbreitet ist, verdienen der Fluggast und Absender von Luftfracht stärkeren Schutz als bisher.

Das Haager Protokoll entspricht dieser Entwicklung wenigstens in einem Punkt. Der Fluggast wird besser geschützt als nach dem Warschauer Abkommen. Vor allem wird die Haftsumme für Personenschäden verdoppelt. Unbeschränkte Haftung tritt allerdings nicht bei grober Fahrlässigkeit, sondern erst bei bewußter Fahrlässigkeit ein. Das ist eine mehr theoretische als praktische Schlechterstellung des Benutzers. Im ganzen entspricht das Haager Abkommen der neueren Interessenlage und Entwicklungstendenz: Es verstärkt den Schutz des Benutzers.

Im Ergebnis zeigt sich, daß die Interessenlage des Dritten und des Benutzers richtig erkannt und bewertet ist. Die Unterschiede zwischen beiden sind nach deutschem und internationalem Recht sachgemäß geregelt. Auch das Römer Abkommen von 1952 mag in der großen Mehrzahl der Fälle zu befriedigenden Ergebnissen führen, es stört aber das Rechtssystem, indem es eine unbeschränkte Schadensersatzpflicht nur noch bei Akten von Saboteuren und Selbstmördern eintreten läßt (Art. 12). Das Haftungssystem im Luftrecht beruht auf zwei Gedanken: Es wird erstens ein Gleichgewicht geschaffen zwischen einer Haftung ohne Verschulden oder mit umgekehrter Beweislast einerseits und Höchstbeträgen für die Haftung andererseits. Der zweite Gedanke verlangt, daß der Dritte weitergehend zu schützen ist als der Benutzer. Das Römer Abkommen von 1952 wird diesen beiden Gedanken nicht in allen Einzelheiten gerecht, wenn es auch fast immer zu wirtschaftlich angemessenen Ergebnissen führt. Der Artikel 12 des Römer Abkommens ist deshalb ein Fremdkörper in dem sonst ausgewogenen Haftungssystem des Luftrechts.

Vierter Teil

STAATSRECHT

STRAFRECHT

STAATSRECHT

FILMZENSUR IN DER BUNDESREPUBLIK DEUTSCHLAND

Von Dr. Ignaz Seidl-Hohenveldern
Professor an der Universität Saarbrücken

Nach den Erfahrungen der nationalsozialistischen Zeit ist es nicht schwer zu verstehen, daß das Grundgesetz für die Bundesrepublik Deutschland (GG)[1] von einem sehr freiheitlichen Geist beseelt ist. Dieser Geist wirkte sich u. a. in einer grundlegenden Änderung der Einstellung zur Frage der verfassungsmäßigen Zulässigkeit einer Zensur auf dem Gebiete des Filmwesens gegenüber der Weimarer Verfassung aus, so daß man hier seit 1949 völlig neue Wege ging.

Gemäß Art. 118 der Weimarer Verfassung war eine Vorzensur möglich. Dieser Artikel sah nämlich ausdrücklich vor, daß trotz des grundsätzlichen Zensurverbots „für Lichtspiele durch Gesetz abweichende Bestimmungen getroffen werden können". Auf Grund dieser Bestimmung wurde durch das Reichslichtspielgesetz[2] eine obligatorische staatliche Vorzensur eingeführt. Nach 1945 hoben die alliierten Besatzungsmächte das Reichslichtspielgesetz auf und führten zunächst jede in ihrer eigenen Zone selbst ein ziemlich strenges Zensurregime[3]. Am 18. 7. 1949 verzichteten die Militärregierungen auf diese Zensurrechte unter der Bedingung, daß an deren Stelle eine Freiwillige Selbstkontrolle der deutschen Filmwirtschaft (FSK) treten sollte. Es mag mit diesem Ursprung der FSK zusammenhängen, daß die von ihr ausgeübte Vorzensur weitgehend dem Vorbild der in den USA bestehenden Selbstkontrolle der „Motion Picture Association of America"[4] sowie der britischen Selbstkontrolle durch das „British Board of Film Censors"[5] gleicht.

Die FSK wird finanziell von der Spitzenorganisation der deutschen Filmwirtschaft e. V. (SPIO) getragen, der die Filmhersteller, Filmverleiher, Filmtheaterbesitzer und filmtechnischen Betriebe praktisch

---

[1] Vom 23. 5. 1949 BGBl. S. 1.

[2] Vom 12. 5. 1920 RGBl. I, S. 953; Neufassung vom 16. 2. 1934 RGBl. I S. 95, hierzu *Seeger*, Reichslichtspielgesetz (Berlin 1932).

[3] Bürgerrechte und Besatzungsmacht (Frankfurt/Main 1951), S. 37f.

[4] *Berthold- v. Hartlieb*, Filmrecht (München-Berlin 1957), S. 215—222.

[5] Ebenda S. 222—225.

lückenlos angehören[6], obwohl es sich um keinen Zwangsverband handelt. Die SPIO arbeitet hier aber eng mit der öffentlichen Hand zusammen. Ziel der FSK ist es, die Herstellung, Verleihung und öffentliche Vorführung in- und ausländischer Filme zu verhindern, die gegen nachstehende Richtlinien verstoßen[7]:

„Kein Film soll Themen, Handlungen oder Situationen darstellen, die geeignet sind

a) das sittliche oder religiöse Empfinden zu verletzen, insbesondere entsittlichend oder verrohend zu wirken;

b) nationalsozialistische, militaristische, imperialistische, nationalistische oder rassenhetzerische Tendenzen zu fördern;

c) die Beziehungen Deutschlands zu anderen Staaten zu gefährden oder das Ansehen Deutschlands im Ausland herabzuwürdigen;

d) die verfassungsmäßigen und rechtsstaatlichen Grundlagen des deutschen Volkes in seiner Gesamtheit und in seinen Ländern zu gefährden oder herabzuwürdigen[8];

e) durch ausgesprochen propagandistische oder tendenziöse Beleuchtung geschichtliche Tatsachen zu verfälschen."

Hierbei ist nicht der objektive Inhalt oder die Darstellung entscheidend, sondern die Wirkung, die ein solcher Film in der Öffentlichkeit hervorzurufen geeignet ist. Die Richtlinien der FSK sehen weiterhin vor, daß Propagandafilme und Tendenzfilme, die unter dem direkten oder indirekten Einfluß einer Regierung, einer politischen Partei, einer Religionsgemeinschaft, eines Interessenverbandes usw. hergestellt wurden, ausdrücklich als solche zu kennzeichnen sind. Schließlich wird noch die Unzulässigkeit einer Geschmackszensur besonders betont.

Die Zusammensetzung der FSK und die Rechtsgrundlagen für deren Tätigkeit sind verschieden, je nachdem es sich um die Zulassung der Filme zur allgemeinen Vorführung oder um die Zulassung der Filme für Jugendliche handelt. Das Verfahren weist hingegen große Ähnlichkeit auf. In beiden Fällen ist ein dreistufiges Verfahren vor dem Arbeitsausschuß, dem Hauptausschuß und dem Rechtsausschuß vorgesehen. Im Verfahren für die allgemeine Zulassung besteht der Arbeitsausschuß

---

[6] Ebenda S. 228.

[7] SPIO Filmhandbuch (Herrmann Luchterhand-Verlag), Gruppe 11, S. 1.

[8] Praktisch besteht vor der Zensur der FSK allerdings noch eine Kontrolle der Filme aus den Ostblockstaaten durch einen interministeriellen Ausschuß. Die Einfuhr solcher Filme kann von diesem Ausschuß mit der Begründung verweigert werden, daß eine Zulassung dieser Einfuhr für die mit der Einfuhr dieser Filme befaßten Beamten (Zoll, Devisengenehmigung usw.) ggfls. einen Verstoß gegen § 93 des deutschen Strafgesetzbuches darstellen würde (*Berthold- v. Hartlieb*, a. a. O. S. 271 Anm. 5). Diese durch Gesetz vom 30. 8. 1951, BGBl. I S. 739 eingeführte Bestimmung stellt die Einfuhr von Darstellungen unter Strafe, die den Bestand der Bundesrepublik Deutschland oder deren Verfassungsgrundsätze beeinträchtigen könnten.

aus je vier Vertretern der Filmwirtschaft und der öffentlichen Hand, der Hauptausschuß aus einem einvernehmlich bestellten Vorsitzenden und je sieben Vertretern der Filmwirtschaft und der öffentlichen Hand, der Rechtsausschuß schließlich aus fünf Personen, die die Befähigung zum Richteramt haben und zugleich planmäßige Mitglieder von ordentlichen Gerichten oder ordentliche Universitätslehrer sind.

Sie werden paritätisch von der Filmwirtschaft und der öffentlichen Hand benannt[9]. Die Berufung an die höheren Instanzen steht dem Antragsteller jederzeit zu. Hierbei besteht zu seinen Gunsten ein Verbot der reformatio in peius[10]. Auch eine im Arbeitsausschuß überstimmte Minderheit von drei bzw. zwei Mitgliedern kann den Hauptausschuß sowie eine dort überstimmte Minderheit unter gewissen Voraussetzungen den Rechtsausschuß anrufen. Die hauptamtlichen Vertreter der Filmwirtschaft in der FSK haben langfristige Verträge. Ihnen sowie den ehrenamtlichen Prüfern ist ausdrücklich die volle Unabhängigkeit bei ihren Prüfungsentscheidungen garantiert[11]. Als Vertreter der öffentlichen Hand fungieren im Arbeitsausschuß je ein Vertreter des Bundes, der Länder, der Kirchen (einschließlich der israelitischen Religionsgemeinde) und des Bundesjugendrings, und im Hauptausschuß zwei Vertreter des Bundes und zwei der Länder, zwei Vertreter der Kirchen (einschließl. der israelitischen Religionsgemeinde) und ein Vertreter des Bundesjugendringes. Die meisten dieser Vertreter der öffentlichen Hand und eine Minderheit der von der Filmwirtschaft nominierten Vertreter üben ihre Aufgabe ehrenamtlich aus. Die ehrenamtlichen Mitglieder sollen weder in Ministerien noch in der Filmwirtschaft tätig sein. Mitglieder der FSK, die an der Überprüfung eines Films im Arbeitsausschuß mitgewirkt haben, dürfen an der Überprüfung des Films im Hauptausschuß nicht teilnehmen. Alle an der FSK beteiligten Verbände und Behörden sowie der Antragsteller haben das Recht, an den Sitzungen der Organe der FSK, aber nicht an der Beratung und Beschlußfassung teilzunehmen[12]. Alle Instanzen der FSK entscheiden mit einfacher Stimmenmehrheit.

Die Entscheidung der FSK kann auf Freigabe, oder Vorführverbot lauten, es können aber auch Schnitte, Änderungen und Vorführbeschränkungen auferlegt werden. Für freigegebene Filme stellt die FSK eine „Freigabekarte“ aus. Die FSK entscheidet auch über die Freigabe zur

[9] *Berthold-v. Hartlieb,* a. a. O. S. 230.
[10] *Berthold-v. Hartlieb,* a. a. O. S. 230.
[11] *Berthold-v. Hartlieb,* a. a. O. S. 231.
[12] Diese Bestimmung mildert bis zu einem gewissen Grade den Umstand, daß die Vertreter der öffentlichen Hand turnusweise ziemlich häufig wechseln, damit z. B. jede Religionsgemeinschaft einmal vertreten sein kann. Dieser Wechsel gefährdet naturgemäß die Entscheidungskontinuität. Aus diesem Grunde wird im Jugendprüfungsverfahren ein längerer Turnus der Jugendpsychologen für wünschenswert erachtet.

Vorführung an den landesgesetzlichen „stillen Feiertagen“ (z. B. Allerseelen, Karfreitag usw.). Ferner führt das Gesetz über die Verbreitung jugendgefährdender Schriften v. 9. 6. 1953[13] praktisch zu einer obligatorischen Überprüfung des gesamten Werbematerials (Standphotos, Plakate, Diapositive, Matern) durch die FSK[14]. Die FSK nimmt schließlich auch noch gutachtlich — aber nur auf Wunsch des Produzenten — zu Filmmanuskripten Stellung, sie greift aber dadurch ihrer späteren Prüfungsentscheidung nicht vor[15]. Ein abgelehnter Film kann jedenfalls nach vier Monaten[16], aber nach Vornahme wesentlicher Änderungen oder bei wesentlich geänderten Zeitumständen auch schon früher der FSK neuerlich vorgelegt werden. Andererseits kann der Vorsitzende des Hauptausschusses auch nach Freigabe eines Films die erneute Vorlage zur Prüfung durch den Arbeitsausschuß verlangen, wenn nachgewiesen wird, daß Voraussetzungen, die für die Freigabe des Films bestimmend waren, nicht mehr gegeben sind oder daß neue Umstände eingetreten sind, die bei dem früheren Prüfverfahren noch nicht berücksichtigt werden konnten. So war z. B. unmittelbar nach Kriegsende der Film „Schleichendes Gift“ zugelassen worden, der die Bevölkerung über die Gefahren der Geschlechtskrankheiten durch z. T. sehr drastische Bilder aufklären wollte. Mit dem Abklingen dieser Gefahr rechtfertigte sich eine strengere Überprüfung der zahlreichen Aktaufnahmen dieses Films[17].

Die Sanktion der FSK-Bestimmungen besteht bei der Freigabe zur allgemeinen Vorführung in der Verpflichtung aller SPIO-Mitglieder, nur von der FSK freigegebene Filme in den Verkehr zu bringen. Übertretungen werden vom Überwachungsausschuß der SPIO[18] nach deren Ehrengerichtsordnung mit Verweis, Geldstrafe oder Ausschluß bestraft. Es können auch Liefer- und Abnahmesperren ausgesprochen werden. Nichtmitglieder der SPIO (also z. B. ausländische Produzenten) verpflichten sich vertraglich für den Fall der Verletzung der FSK-Bestimmungen zur Zahlung von Konventionalstrafen. Mit der Stellung des Prüfungsantrages unterwirft sich der Antragsteller den FSK-Regeln und der Schiedsgerichtsbarkeit des Überwachungsausschusses[19].

---

[13] BGBl. I, S. 377, Kommentar von *Becker* und *Seidel*, Münster 1953.

[14] *Berthold-v. Hartlieb*, a. a. O. S. 250.

[15] Von dieser Einrichtung wird praktisch nur hinsichtlich 5% der Filmvorhaben Gebrauch gemacht (*Berthold-v. Hartlieb*, a. a. O. S. 231).

[16] Praktisch kommen Fälle einer unveränderten Vorlage nach Ablauf dieser Viermonatsfrist aber nicht vor.

[17] *Berthold-v. Hartlieb*, a. a. O. S. 281.

[18] Dieser Ausschuß ist ein Dreierkomitee des Rechtsausschusses der FSK. Gegen dessen Entscheidung besteht eine Berufungsmöglichkeit an das Plenum des Rechtsausschusses der FSK (*Berthold-v. Hartlieb*, a. a. O. S. 231).

[19] Die ordentlichen Gerichte könnten in diesem Verfahren höchstens im Falle der Einklagung der FSK-Konventionalstrafe befaßt werden (*Berthold-v. Hartlieb*, a. a. O. S. 249).

Die Jugendfreigabe besteht in der Anerkennung eines Films als jugendfrei Stufe 1 (für Jugendliche ab 6 Jahren)[20], Stufe 2 (für Jugendliche ab 12 Jahren) oder Stufe 3 (für Jugendliche zwischen 16 und 18 Jahren) im Sinne des § 6 Abs. 3 des Gesetzes zum Schutz der Jugend in der Öffentlichkeit in der Neufassung v. 27. 7. 1957[21]. Filme, die geeignet sind, die Erziehung von Kindern und Jugendlichen zur leiblichen, seelischen oder gesellschaftlichen Tüchtigkeit zu beeinträchtigen, dürfen nicht zur Vorführung vor diesen freigegeben werden. Hierüber entscheiden die gleichen drei Instanzen der FSK, jedoch wird der Arbeitsausschuß um ein ständiges Mitglied, nämlich einen von den Ländern bestellten Jugendpsychologen oder Pädagogen, erweitert. Im Hauptausschuß werden für diese Entscheidungen ein Bundesvertreter und je zwei Vertreter der Länder und der Filmwirtschaft durch Jugendpsychologen oder Pädagogen ersetzt. Der Rechtsausschuß wird hierbei um zwei Jugendrichter erweitert.

Gegen die Zulassung eines Filmes als jugendfrei können die Vertreter von mindestens zwei Ländern die Einleitung eines Wiederaufnahmeverfahrens beantragen. Über diesen Antrag entscheidet mit Stimmenmehrheit eine Kommission, die sich aus je einem Vertreter der Obersten Jugendwohlfahrtsbehörde jedes Landes und einem Vertreter der FSK zusammensetzt.

Die Verwendung negativer Jugendentscheidungen zu Werbezwecken ist unzulässig. Werbevorspanne werden unabhängig vom Hauptfilm beurteilt, doch darf in Jugend- oder Kindervorstellungen nur für Hauptfilme geworben werden, die selbst jugendfrei sind.

Während bei der Zulassung zur allgemeinen Vorführung die FSK nur auf Grund der vertraglichen Abmachungen der SPIO tätig wird, übt sie ihre Tätigkeit im Rahmen der Jugendzensur als Beauftragte der Obersten Jugendwohlfahrtsbehörden der Länder aus. § 6 des Gesetzes zum Schutze der Jugend in der Öffentlichkeit hat diese Behörden mit der Jugendzensur betraut. Durch vertragliche Abmachungen der SPIO mit diesen Behörden und der Länder untereinander übt jedoch die FSK die Rechte dieser Behörden in deren Namen aus[22]. Die Jugendzensurentscheidungen der FSK sind daher neben den auch hier anwendbaren vertraglichen Sanktionen auch durch die Strafbestimmungen des § 13 dieses Gesetzes (bei fahrlässigem Verstoß bis zu 6 Wochen Haft oder bis zu 150,— DM Geldstrafe, bei vorsätzlichem Verstoß Gefängnis bis zu 1 Jahr) geschützt. Ihre Einhaltung kann durch die Polizeibehörden überwacht und notfalls erzwungen werden. Diese Entscheidungen der FSK gelten formell als Entscheidungen der Jugendwohlfahrtsbehörden der

[20] Kindern unter 6 Jahren ist der Besuch öffentlicher Filmvorführungen überhaupt verboten.

[21] BGBl. I S. 1058. Zur ursprünglichen Fassung dieses Gesetzes (vom 4. 12. 1951 BGBl. I S. 936) vergl. den Kommentar von *Tillmann-Göke*, Münster 1952.

[22] Hierzu ein Gutachten von *Peters*, zitiert bei *Berthold-v. Hartlieb*, a. a. O. S. 234—235, sowie S. 249f.

Länder. Sie unterliegen der vollen Überprüfung durch die Verwaltungsgerichte und zwar auch hinsichtlich der richtigen Anwendung der FSK-Grundsätze durch die FSK-Stellen[23].

Die Ausübung einer direkten Zensur stellt nicht die einzige Möglichkeit einer Einflußnahme des Staates auf die Filmwirtschaft dar. Hierzu gehört auch die Genehmigung von Subventionen, insbesondere in der Form von Steuerbegünstigungen. Es sei daher hier noch kurz auf die Stellung der Filmbewertungsstelle Wiesbaden (FBW) hingewiesen, deren Aufgabe es ist, durch Verleihung der Prädikate „wertvoll" oder „besonders wertvoll" derart ausgezeichnete Filme in den Genuß des hierfür in den Vergnügungssteuergesetzen der Länder vorgesehenen Steuernachlasses zu bringen (durchschnittlich 3% bei wertvollen, 5% bei besonders wertvollen Spielfilmen, 4% bei wertvollen Beifilmen)[24]. Die FBW wurde durch eine Verwaltungsvereinbarung der Länder mit der einheitlichen Vornahme dieser Prädikatisierung betraut. Die FBW ist eine Dienststelle des Hessischen Ministers für Erziehung und Volksbildung. Die Prüfung wird von einem Bewertungsausschuß vorgenommen, gegen dessen Entscheidung dem Antragsteller die Berufung an den Hauptausschuß offen steht. Die Ausschüsse setzen sich aus Vertretern der Länder zusammen, die hinsichtlich dieser Tätigkeit unabhängig und weisungsungebunden sind. Für Berufung gegen Entscheidungen gilt das Verbot der reformatio in peius[25]. Die Entscheidungen der FBW unterliegen der Kontrolle der Verwaltungsgerichte[26].

Es sei nun noch kurz zu einigen Rechtsproblemen Stellung genommen, die in der Praxis aufgeworfen wurden. In seiner Entscheidung v. 21. 12. 1954 über den Film „Die Sünderin"[27] hat das Bundesverwaltungsgericht das Bestehen eines Grundrechtes der Filmfreiheit[28] ausdrücklich bejaht. Danach fallen Filme — mit Ausnahme der Wochenschauen — nicht unter Art. 5 Abs. 1 GG, demzufolge die „Freiheit der Berichterstattung durch Rundfunk und Film gewährleistet wird"; dieses Grundrecht findet nämlich gemäß Art. 5 Abs. 2 GG seine Schranke „in den Vorschriften der allgemeinen Gesetze, den gesetzlichen Bestimmungen zum Schutz der Jugend und dem Recht der persönlichen Ehre"[29]. Filme stellten viel-

[23] *Berthold-v. Hartlieb*, a. a. O. S. 250.

[24] Näheres bei *Berthold-v. Hartlieb*, a. a. O. S. 284f.

[25] *Berthold-v. Hartlieb*, a. a. O. S. 290.

[26] *Berthold-v. Hartlieb*, a. a. O. S. 290.

[27] Archiv für Urheber-, Film-, Funk- und Theaterrecht (UFITA) 20 (1955) S. 192f, Entscheidungen des Bundesverwaltungsgerichts Bd. I S. 303 Nr. 95.

[28] *v. Hartlieb*, Das Grundrecht der Filmfreiheit, UFITA 20 (1955) S. 129f.

[29] Die Urteile des Bezirksverwaltungsgerichts Koblenz vom 22. 6. 1951, des Landesverwaltungsgerichts Rheinland-Pfalz vom 29. 5. 1952 (VerwRspr. 4 S. 733) und des Landesverwaltungsgerichts Hannover (Kammer Osnabrück) vom 31. 1. 1952 wollten lt. *v. Hartlieb* UFITA 20 (1955) S. 145—149 Filme gemäß Art. 5 Abs. 1 und 2 GG behandeln. [Ebenso *Wernicke* in Bonner Kommentar zum GG Erl II 2 c, zu Art. 5 GG, *Koellreutter*, Deutsches Staatsrecht (Stuttgart 1953), S. 276, *Maunz*,

mehr ein Erzeugnis der Kunst dar und genössen daher den Schutz des Art. 5 Abs. 3 GG, demzufolge „Kunst und Wissenschaft, Forschung und Lehre frei sind". Da hinsichtlich *dieses* Grundrechtes kein Gesetzesvorbehalt (analog zu Art. 5 Abs. 2 GG) bestehe, finde es daher seine Schranken lediglich dort, wo es mit anderen *Grundrechten* in Konflikt geraten würde. Nun stellt zwar Art. 6 GG die „Ehe und Familie unter den besonderen Schutz der staatlichen Ordnung", und garantiert Art. 2 Abs. 1 GG die freie Entfaltung der Persönlichkeit nur insoweit sie nicht gegen die verfassungsmäßige Ordnung oder das Sittengesetz verstößt. Diese Bestimmungen stellten aber keine hinreichende Grundlage dar, um vorbeugend Polizeiverbote gegen die Aufführung von Filmen zu erlassen, die mit der Sittenauffassung *lediglich gewisser Kreise oder in gewissen Gebieten* der Bundesrepublik in Widerspruch ständen. Der in Art. 2 Abs. 1 GG verankerte Schutz des Sittengesetzes solle nur Angriffe auf allgemeine grundlegende ethische Anschauungen des gesamten Bundesvolkes verhindern — einen solchen Angriff stelle der Film „Die Sünderin" aber nicht dar.

Entgegen den Anschauungen einiger unterer Verwaltungsgerichte[30] hält das Bundesverwaltungsgericht das Recht der Filmfreiheit also im wesentlichen für „polizeifrei". Man würde aber irren, wenn man aus dieser Auffassung heraus die Ansicht vertreten würde, ohne die Heranziehung der FSK wäre das Jugendschutzgesetz grundgesetzwidrig, da die dort vorgesehenen Vorzensurbestimmungen gegen das Zensurverbot des Art. 5 Abs. 3 GG verstoßen würden[31]. Dem ist entgegenzuhalten, daß in Ländern, die wie Österreich ebenfalls ein Zensurverbot ohne Gesetzesvorbehalt kennen, eine Vorzensur der Filme auf Jugendfreiheit trotz dieser Verfassungsbestimmung besteht, da eine solche Überprüfung nach der dortigen ständigen Lehre und Praxis nicht unter den Begriff der „Zensur" — und daher auch nicht des Zensurverbotes — fällt[32].

Trotz der geschilderten Rechtslage[33] kann die Polizei aber auch in der Bundesrepublik in die Lage kommen, in Ausnahmefällen eine Art Zensur auszuüben.

Deutsches Staatsrecht (München 1957), S. 98, *Giese*, GG (Frankfurt 1951), S. 32. Der Ansicht des Bundesverwaltungsgerichts folgen dagegen *Ridder*, *Hamann* und *v. Mangoldt-Klein* (S. Anm. 33).] Der Film „Die Sünderin" konnte daher nach Ansicht dieser Gerichte wegen Störung der örtlichen öffentlichen ethischen Ordnung polizeilich verboten werden. Das Zensurverbot des Art. 5 Abs. 1 GG betreffe nur die Vorzensur. Von den gleichen Grundlagen aus kam das Oberverwaltungsgericht Lüneburg am 4. 11. 1952 lt. *v. Hartlieb*, UFITA 20 (1955), S. 149—151 jedoch zur Aufhebung eines Vorführungsverbotes für denselben Film, da er nach Ansicht dieses Gerichtes die ethische Ordnung nicht verletzte.

[30] Siehe oben Anm. 29.

[31] Diese hier abgelehnte Auffassung vertreten *Berthold-v. Hartlieb*, a. a. O. S. 240, 249.

[32] Österr. Verfassungsgerichtshof 1. 7. 1949, Amtl. Sammlung Nr. 1829.

[33] *v. Mangoldt*, Das Bonner GG (Frankfurt 1953), S. 66 ließ die Frage offen, ob nicht eine Zensur von Spielfilmen trotz Art. 5 GG weiterhin zulässig sein solle.

Wenn nämlich die Aufführung eines Filmes zu öffentlicher Unruhe führt und die Polizei nur unter einem Einsatz unverhältnismäßiger Mittel mit diesen Störungen der öffentlichen Ordnung fertig werden könnte, kann sie statt dessen zur Verhinderung weiterer Unruhen Maßnahmen auch gegen einen Nichtstörer treffen, d. h. ein Verbot der Aufführung des Films erlassen, die konkret Anlaß zu diesen Unruhen gegeben hat[34]. In diesen Fällen gebührt dem von diesem Aufführungsverbot betroffenen Nichtstörer allerdings u. U. Schadenersatz[35]. Anläßlich der Aufführung der ersten Veit-Harlan-Filme der Nachkriegszeit kam es zu solchen Verboten. Sie stellen aber eine derartige Bankrotterklärung der Polizei dar, daß zu hoffen ist, daß sie nicht oft in die Lage kommen wird, von dieser Vollmacht Gebrauch zu machen.

Wie steht es mit dem Recht der Polizei und anderer öffentlicher Stellen zur Ausübung einer Repressivzensur[36]? Entgegen der Ansicht von *Berthold- v. Hartlieb*[37] glaube ich, daß eine polizeiliche oder sogar gerichtliche Verfolgung wegen der bereits erfolgten Aufführung eines von der FSK zugelassenen Filmes, der nach Ansicht dieser Stellen durch das Grundgesetz geschützte Werte verletzt, theoretisch nicht unmöglich wäre, da der Freigabebescheid der FSK ja eben kein staatlicher Hoheitsakt ist. Bei der strengen Spruchpraxis des FSK ist es allerdings höchst unwahrscheinlich, daß derartige Strafanträge Aussicht auf Erfolg hätten[38].

Mit Einschränkung auf die sitten- u. gesundheitspolizeiliche Überwachung bejaht ein solches Zensurrecht *v. Mangoldt-Klein*, Das Bonner GG (Frankfurt 1957), S. 247. *Drews-Wacke*, Allgem. Polizeirecht (Köln 1957), S. 37—38 will überhaupt den Gesetzesvorbehalt des Art. 5 Abs. 2 GG auch für die Kunst aufrecht erhalten. Diese Ansicht wird aber überwiegend abgelehnt. Vergl. *Ridder*, in *Neumann-Nipperdey-Scheuner*, Die Grundrechte (Berlin 1954), S. 280, und *Hamann*, Das Grundgesetz (Berlin 1956), S. 105.

[34] *Pioch*, Das Polizeirecht (Tübingen 1952), S. 13.

[35] Lt. *Pioch*, a. a. O. S. 35 gebührt ein solcher Schadenersatz allerdings nicht, soweit die Maßnahme zum Schutz der Person oder des Vermögens des Nichtstörers ergangen war.

[36] *Maunz*, a. a. O. S. 99 und *Wernicke* in Bonner Kommentar zum GG Erl. II 1 f Abs. 2 zu Art. 5 wollen aus Art. 5 GG die Unzulässigkeit sowohl der Präventiv- als auch der Repressivzensur ableiten. Dagegen *v. Mangoldt-Klein*, a. a. O. S. 247 mit zahlr. Literaturnachweisen.

[37] a. a. O. S. 247—248.

[38] Nach einem eingehenden Gutachten von *Giese* — zitiert bei *v. Hartlieb* UFITA 20 (1955), S. 139—143 soll neben der Tätigkeit der FSK auch rechtlich gesehen kein Raum mehr für eine Betätigung polizeilicher Stellen bestehen. Die Polizei sei nur zur Vornahme notwendiger Eingriffe befugt. Für derartige Eingriffe bestehe im Hinblick auf die Zusammensetzung und Spruchpraxis der FSK aber keine Notwendigkeit. — Diese Ausführungen müssen aber meiner Meinung nach dahingehend ergänzt werden, daß bei einer Änderung dieser hinsichtlich der FSK gegebenen Verhältnisse ein solches Polizeirecht sehr wohl aufleben könnte und daß es — vorbehaltlich einer verwaltungsgerichtlichen Überprüfung — Sache der Polizei ist, zu beurteilen, ob eine solche Veränderung der Verhältnisse eingetreten sei.

Es bleibt nun nur noch die Frage zu beantworten, ob die Tätigkeit der FSK nicht etwa selbst gegen das GG verstößt. Im Hinblick darauf aber, daß sich das Zensurverbot des Art. 5 Abs. 3 GG gegen den Staat richtet, Trägerin dieses Freiheitsrechtes aber die Filmwirtschaft selbst ist, kann man die freiwillige Selbstbeschränkung dieses Freiheitsrechtes durch dessen Trägerin im Rahmen der FSK keinesfalls als Ausübung einer Zensur ansehen[39]. Im Hinblick auf die freiwilligen vertragsmäßigen Bindungen der gesamten deutschen Filmwirtschaft, die einen von der FSK nicht zugelassenen Film von der Aufführung in der Bundesrepublik praktisch völlig ausschließen, könnte schließlich auch noch das Bedenken aufkommen, ob man es hier nicht mit einem Kartell zu tun hätte[40]. Im Hinblick auf die Tatsache aber, daß den gegenständlichen Bindungen und Absprachen keinerlei Gewinnstreben zugrunde liegt, wird man wohl auch diese Frage mit Recht verneinen. Die FSK stellt sich also als eine für den deutschen Rechtsbereich neuartige Form der Erfüllung öffentlicher Belange durch privatrechtliche Mittel und offiziöse Stellen dar. Ein Überblick über die 8jährige Tätigkeit der FSK, muß aber wohl zu dem Schluß kommen, daß sie sich der ihr gestellten Aufgabe gewachsen gezeigt und also die Bewährungsprobe bestanden hat[41].

---

[39] So insbes. auch *Giese* in seinem Gutachten, zitiert bei *Berthold-v. Hartlieb* a. a. O. S. 244.

[40] Gewisse Zweifel in dieser Hinsicht äußert *Ridder*, a. a. O. S. 281.

[41] Kritisch zur FSK und für Wiedereinführung einer Staatszensur *Hagemann*, Film und freie Meinungsäußerung in Recht, Staat, Wirtschaft IV (1953) S. 281f.

Im Saarland wird die Filmzensur auf Grund des Gesetzes über die Filmprüfung im Saarland vom 20. 6. 1952 (Amtsblatt S. 1071) von einer staatlichen Zensurstelle ausgeübt. Seit dem Wirksamwerden des GG im Saarland (1. 1. 1957) ermangelt diese Zensurstelle allerdings der Zwangsgewalt, sie übt ihre Tätigkeit also nunmehr ähnlich wie die FSK auf freiwilliger Basis aus. Gegenüber *Berthold-v. Hartlieb*, aaO. S. 209 betont die Zensurstelle allerdings, daß ihre Zensurergebnisse nicht wesentlich von denen der FSK abgewichen sind.

STRAFRECHT

DIE NEUEN WISSENSCHAFTLICHEN METHODEN DER VERBRECHENSAUFKLÄRUNG UND DER SCHUTZ DER RECHTE DES BESCHULDIGTEN

Von Dr. MAX KOHLHAAS

Bundesanwalt am Bundesgerichtshof in Karlsruhe

Vorbemerkung: Ein Kurzreferat, welches die Besonderheiten des derzeit in der Bundesrepublik geltenden Rechtes und die Problematik einzelner umstrittener Rechtsfragen herausstellen will, muß sich auf folgende Hauptpunkte beschränken, in denen sich das in der Bundesrepublik Deutschland geltende Recht von anderen unterscheidet:

1. Die starke Einwirkung verfassungsrechtlicher Grundsätze auf den Strafprozeß;

2. das ausdrückliche Verbot, bestimmte Beweismethoden und Erforschungsmittel anzuwenden, gleichgültig ob sie zuverlässig oder unzuverlässig sind;

3. eine starke Abneigung innerhalb der Rechtslehre und Rechtsprechung gegen ein allzu weites Eindringen moderner Erforschungsmittel in den Strafprozeß und schließlich

4. die Streitfrage, ob man verbotswidrig erlangte Beweismittel zur Wahrheitsfindung verwerten darf, und ob solche Beweismittel verschieden beurteilt werden dürfen, je nachdem sie durch behördliche Organe oder durch Privatpersonen gewonnen worden sind.

I. Allgemeine Betrachtung der Problematik

1. Dem gerechtfertigten Bestreben der Allgemeinheit nach der vorbeugenden Verhinderung drohender sowie der verfolgenden Aufdeckung begangener Verbrechen entspringt ihr Wunsch, die Behörden, welche Aufgaben vorbeugender Art haben, und besonders die Strafverfolgungsbehörden und Gerichte mit allen zur besseren Findung der Wahrheit geeigneten wissenschaftlichen Hilfsmitteln ausgestattet zu sehen.

Diesem Wunsch liegen nicht rechtsfremde Zwecke oder rein polizeistaatliche Machtbestrebungen zugrunde. Es muß den Verfechtern einer uneingeschränkten Wahrheitserforschung zugebilligt werden, daß sie den Dienst an einem von ihnen als höherwertig angesehenen Rechtsgute im Auge haben. Diesem Bestreben nach Wahrheit um jeden Preis aber steht das den Belangen der Allgemeinheit nicht weniger dienende, nur von der breiten Öffentlichkeit meist nicht als solches erkannte Bedürfnis entgegen, die in die Hand der Staatsmacht gelegten Mittel gegenüber dem einzelnen nur in einem Rahmen angewandt zu sehen, welcher jedermann ohne Rücksicht auf die Schwere des gegen ihn gerichteten Verdachts und sein kriminelles Vorleben gewisse unüberschreitbare Mindestgarantien gewährt.

2. Zwischen beiden Bedürfnissen bestehen Reibungspunkte. Im Kampf zwischen Polizei und Justiz einerseits und dem Rechtsbrecher andererseits ist zwar das erste Ziel die Findung der Wahrheit. Daher kann es mancher Verfechter der Anwendung wissenschaftlicher Wahrheitserforschungsmethoden nicht verstehen, wenn er sich daran durch bestimmte prozessuale oder verfassungsrechtliche Schranken gehindert sieht, oder wenn gar von ihm gefordert wird, er dürfe ein auf gesetzwidrige Weise erlangtes Beweisergebnis nicht verwerten, obwohl es teils unmittelbar, teils durch Verfolgung der auf diese Art aufgedeckten Spuren mittelbar zur Findung der Wahrheit führen könnte, ja sogar mitunter bereits zu einer sicheren Wahrheit geführt hat. Der gute Zweck des Strebens nach Wahrheitsfindung allein kann nicht jedes dabei angewandte Mittel rechtfertigen. Auch die Folter und alle ihr verwandten, von der modernen Rechtsordnung abgelehnten, äußeren Einwirkungen auf Leib und Seele sind als echte Wahrheitsfindungsmittel im Inquisitionsprozeß angewandt worden, dessen handelnde Personen nicht minder von reinem Streben nach Wahrheitsfindung erfüllt gewesen sind als die modernen Kriminalisten. Obwohl die in § 136a StPO aufgezählten verbotenen Methoden fast durchweg unwissenschaftlicher Natur sind, muß folgerichtig entsprechend dem in ihm ausgesprochenen Verwertungsverbot bestimmter Beweisergebnisse erwogen werden, ob und inwieweit auch solche Ergebnisse gleichermaßen unverwertbar bleiben müssen, die durch wissenschaftliche Methoden erlangt worden sind, die nicht in § 136a StPO genannt sind, aber dennoch als unzulässig erachtet werden. Dabei wird nicht verkannt, daß eine Parallele zwischen exakter wissenschaftlicher Forschung und den Mißbräuchen des § 136 a StPO nur bedingt gezogen werden kann. Aber auch sie muß selbst dann, wenn sie den lautersten Motiven entspringt, ihre Grenze dort finden, wo sie den Betroffenen zum bloßen Objekt der Erforschung macht, weil sie damit zugleich mit der Würde unvereinbart wird, die jeder Mensch einschließlich der einer schweren Straftat dringend Verdächtigten zu beanspruchen hat.

3. Bevor auf die sich hieraus ergebenden Fragen näher eingegangen wird, muß ein anderer allgemeiner Gesichtspunkt umgekehrter Art her-

vorgehoben werden. So wenig unzulässige Erforschungsmittel selbst dort angewandt werden dürfen, wo sie zu wissenschaftlich gesicherten Ergebnissen führen, so wenig kann man umgekehrt die Anwendung von Methoden, die nicht gegen die genannten Grundsätze verstoßen, mit der bloßen Begründung ablehnen, sie seien im Ergebnis nicht voll zuverlässig. Der Unterschied zwischen Unzulässigkeit und Unzuverlässigkeit ist neuerdings bei der Diskussion um die Verwertbarkeit des Tonbandes im deutschen Strafprozeß auffallend oft übersehen worden[1]. Das Argument der Zuverlässigkeit gehört ausschließlich in den Fragenkreis danach, ob der Richter, gestützt auf Bekundungen Sachverständiger oder eigene Erfahrungen, nach seiner Überzeugung den Ergebnissen der angestellten Forschungen rein sachlich trauen darf, wobei er davon überzeugt sein muß, daß sie als wissenschaftlich gesichert anzusehen und daß keine Verfälschungen vorgekommen sind[2]. Die Frage nach der Zulässigkeit dagegen kann selbst bei eindeutiger Zuverlässigkeit des Vermittelten auftreten. Ihre Verneinung führt im Rahmen des noch Darzulegenden zur völligen Unverwertbarkeit des Bekundeten oder Ermittelten auf Grund eines Beweisverbotes. Gerade die gesetzestechnische Möglichkeit, sich die Vorteile solcher Mittel dadurch zu sichern, daß zwar nicht das unzulässig gewonnene Beweismittel selbst Beweisgrundlage wird, aber die mit seiner Hilfe aufgefundenen weiteren Indizien verwertet werden können, zeigt die Gefahren auf, in denen sich die Prozeßentwicklung im jetzigen Augenblick befindet, wo die Technik in einem früher unvorstellbaren Maße neue Wege des Eindringens in die geheimsten Sphären der einzelnen Menschen eröffnet. Die Gefahr besteht vor allem dort, wo die Verführung zur Anwendung bequemer Mittel zum Zwecke der Aufdeckung schwerer Verbrechen besonders stark ist und den Zug zu ihrer Anwendung fast unwiderstehlich macht[3], um so mehr, wenn man sich nicht darüber im klaren ist, wie leicht dabei die Grenze zwischen Wahrheitsfindung und Übergang zum Terror verwischt werden kann.

4. Es ist daher hervorzuheben:

a) Auch der sichere, wissenschaftlich fundierte Weg zur Wahrheit rechtfertigt für sich allein noch nicht die Anwendung von Mitteln, die entweder durch die Prozeßordnung ausdrücklich verboten oder, selbst ohne Vorliegen eines ausdrücklichen Verbots, mit allgemein rechtsstaatlichen oder verfassungsrechtlichen Grundsätzen unvereinbar sind.

b) Die bloßen Zweifel an der Zuverlässigkeit eines Beweismittels stehen der Einbeziehung in die Würdigung durch das Gericht nicht ent-

---

[1] Zusammenstellung bei *Kohlhaas*, NJW 1957, 81ff. und *Siegert*, *Goltdammers* Archiv 1957, 265.

[2] BGHSt. 5, 34.

[3] *Sendler*, Die Verwertung rechtswidrig erlangter Beweismittel im Strafprozeß mit Berücksichtigung des anglo-amerikanischen und französischen Rechts (Berlin 1956), S. 10ff.

gegen. Ob eine solche Würdigung im Einzelfall rechtsfehlerhaft ist oder nicht, ist im Rahmen der sachlichen Prüfung eines Urteils zu behandeln, berührt aber die prozessualen Grundgedanken der Verwertbarkeit nicht.

II. Verfassungsrechtliche Besonderheiten im Recht der Bundesrepublik

Neben den in den Prozeßordnungen ausdrücklich verbotenen Erforschungsmethoden oder solchen, die auch nicht auf dem Weg einer im Verfahrensrecht verwendbaren Analogie[4] den zulässigen Beweismitteln gleichgestellt werden können, sind auch solche unzulässig, die in den Prozeßordnungen anerkannt sind oder bestehenden Beweismitteln analog zugeordnet werden könnten, aber mit rechtsstaatlichen Grundgedanken oder der Menschenwürde unvereinbar sind. Diese Auffassung beruht nicht nur auf allgemeinen Erwägungen, sondern sie findet ihre Stütze im Verfassungsrecht der Bundesrepublik Deutschland, wie es im Bonner Grundgesetz seine Form gefunden hat. Art. 1 Abs. 1 GG erklärt die Menschenwürde als unantastbar, schützt sie also negativ gegen Angriffe, einschließlich solcher des Staates, die in Gesetzesform gekleidet sind, selbst wenn der Gesetzgebungsakt den Formerfordernissen genügt. Es darf in der hier notwendigen Kurzdarstellung offen gelassen werden, ob das Grundrecht der Wahrung der Menschenwürde auf die subjektiven Abwehrrechte des Betroffenen unmittelbar aus Art. 1 Abs. 1 GG einwirkt[6], oder ob es erst durch Art. 1 Abs. 3 GG aktualisiert wird[7]. Entscheidend ist diese Divergenz für die Stellung des Beschuldigten im Strafprozeß gegenüber neuartigen wissenschaftlichen Erforschungsmethoden wohl kaum, da Einigkeit erkennbar insoweit besteht, als die Wahrung der Menschenwürde nicht nur als ein bloßer Programmsatz oder als unverbindliche Redensart anzusehen ist, sondern unmittelbar auf das objektive Recht wirkt[8]. Der Grundsatz von der Achtung der Menschenwürde beherrscht die Beziehungen des einzelnen zum Staat[9]. Der verfassungsrechtliche Grundsatz von der Wahrung der Menschenwürde ist also unmittelbare Grundlage für die Feststellung der Unzulässigkeit gewisser Verfahrensmethoden prozessualer Art, auch wenn sie nicht mit den eigentlichen Prozeßordnungen in Widerspruch stehen[10]. Ob man diese Folge direkt aus der Verfassung ableitet oder ob § 136a StPO über seinen auf die Vernehmung beschränkten Bereich hinaus auch das all-

---

[4] *Peters*, Strafprozeß S. 73 und *Kohlhaas*, NJW 1957, 81ff.
[5] BVerfGer. Entsch. 1, 97 (104).
[6] *Nipperdey*, Die Würde des Menschen und die Grundrechte, in *Neumann-Nipperdey-Scheuner* (1954) Bd. II, S. 1ff.
[7] *Dürig*, Archiv für öffentliches Recht Bd. 81 (1956), S. 119 vor Fußnote 5.
[8] *v. Mangoldt-Klein*, Das Bonner Grundgesetz, 2. Aufl. (1955) Art. 1 III 1, S. 196.
[9] *v. Mangoldt*, a. a. O., Art. 1 III 4; *Nipperdey*, a. a. O., S. 18.
[10] *Maunz*, Deutsches Staatsrecht (1955), S. 88.

gemeine Prinzip verkörpert, die Menschenwürde zu achten[11], kann hier offen bleiben; die Frage gewinnt erst für die Frage nach der völligen Unverwertbarkeit gewisser Beweisergebnisse, die ohne Verstoß gegen § 136a StPO gewonnen worden sind, Bedeutung.

Aus dem Dargelegten ergibt sich eine Zweispurigkeit, welche dem ausländischen Rechtskenner befremdlich erscheinen mag, nämlich die Befugnis der Verfassungsgerichtsbarkeit, unmittelbar auf Anruf des von einem strafprozessualen Akt Betroffenen nachzuprüfen, ob bestimmte Entscheidungen der ordentlichen Gerichtsbarkeit, obgleich auf der Grundlage der Prozeßordnung formrichtig beurteilt, dennoch gegen unabdingbare Grundrechte verstoßen haben. Bei Bejahung dieser Frage können solche Entscheidungen der ordentlichen Gerichtsbarkeit vom Bundesverfassungsgericht aufgehoben werden. Zu erklären ist diese Besonderheit nicht allein damit, daß das Verfassungsrecht der Bundesrepublik wegen seiner späten Entstehung Grundsätze der Charta der Menschenrechte direkt aufgreifen konnte, sondern vor allem damit, daß wohl nirgendwo so sehr wie in Deutschland ein solch eindrucksvolles Anschauungsmaterial dafür vorhanden gewesen ist, wie eine Aushöhlung rechtlicher Mindestgarantien, selbst vom Streben der reinen Wahrheitserforschung ausgehend, zur nackten Rechtlosigkeit des einzelnen führen kann. Gerade an dieser Stelle muß aber auch umgekehrt hervorgehoben werden, daß es ein reiner Trugschluß wäre, wenn man neue Methoden schlechthin mit der Begründung ablehnen wollte, daß ihr Gebrauch unlauteren Machtbestrebungen Vorschub leisten könne. Es geht vielmehr darum, die neuen Methoden in rechtsstaatliche Bahnen zu lenken und dort zu verwenden, nicht aber sich von ihnen dadurch überspielen zu lassen, daß von der Rechtsprechung für Justiz und Polizei Neuerungen abgelehnt werden, die im Geschäftsleben längst Fuß gefaßt haben und zum Gegenstand privatrechtlicher Beziehungen gemacht werden. Das Problem liegt sonach nicht darin, daß die Verwendung etwa eines Tonbandes oder eines Lügendetektors — ihre Vereinbarkeit mit der Menschenwürde sei vorerst dahingestellt — in schlechten Rechtssystemen zum Rechtsmißbrauch führen könnte. Denn dies kann letztlich mit jeder legalen Maßnahme, wie Untersuchungshaft, Haussuchung, Beschlagnahme, Protokollführung durch Mißbrauch in schlechten Händen geschehen. Daß solches verhindert werde, ist das Anliegen aller; nichts aber wäre falscher, als moderne wissenschaftliche Methoden nur danach zu beurteilen, was durch ihre Anwendung in schlechten Händen angerichtet werden *könnte*, denn die schlechte Hand wird ohnehin nie zögern, ihr genehme Mittel anzuwenden, selbst wenn sie in Verfassungen und Prozeßordnungen als unzulässig gebrandmarkt würden[12]. Daher darf bei jeder Betrachtung lediglich geprüft werden, ob die ein-

[11] *Sendler*, a. a. O., S. 4 und 8.
[12] *Kohlhaas*, NJW 1957, 81ff.

zelne Verfahrensmethode für sich allein mit den gegenwärtigen rechtsstaatlichen Garantien vereinbar ist oder nicht. Nur im letzteren Falle darf sie abgelehnt werden. Eine allein auf pessimistischen Zukunftsprognosen beruhende Ablehnung wäre eine zum Selbstmord der Strafrechtspflege führende Resignation.

III. § 136a StPO als Grundlage

§ 136a StPO gilt nicht nur für die richterliche Vernehmung eines Beschuldigten, sondern auch für die Vernehmung von Zeugen und Sachverständigen und für alle Vernehmungen vor Polizei und Staatsanwaltschaft. Dies ergibt sich aus dem Wortlaut der Bestimmungen der §§ 69 Abs. 3, 161 Abs. 2 und 163 Abs. 2 StPO. Darüber hinaus aber ergibt sich aus dieser Bestimmung, daß Gesetzgeber oder Praxis der Strafverfolgungsorgane nicht imstande sind, den in § 136a StPO niedergelegten Grundsätzen widersprechende Maßnahmen zu normieren oder solche anzuwenden, die gegen den unüberschreitbaren Kernbereich des Rechts[13] verstoßen. Entsprechend kann auch kein neues Erforschungsmittel in die Prozeßordnung aufgenommen oder von der Rechtsprechung analog in formal zulässige Beweisformen eingegliedert werden, wenn es diesen Grundsätzen widerspricht. An dieser Feststellung darf nicht etwa deshalb gezweifelt werden, weil § 136a StPO nur ganz bestimmte Mißbräuche erwähnt. Der Umkehrschluß, daß damit alle anderen uneingeschränkt zulässig seien, ist fehlerhaft, weil die kasuistische Regelung des § 136a nur so verstanden werden kann, daß sie die schlimmsten auf eigener Erfahrung des deutschen Volkes basierenden Erfahrungen von vornherein brandmarken wollte[14].

Als weitere Zusammenfassung ist sonach festzuhalten:

Jedes neuartige wissenschaftliche Erforschungsmittel findet die Schranken seiner Anwendbarkeit nicht nur in der Prozeßordnung selbst, sondern an den geschriebenen Verfassungsrechten und den ungeschriebenen Grenzen des Kernbereichs des Rechtes, wie es allen Kulturstaaten gemeinsam ist.

IV. Einzelne Erforschungsmittel, soweit sie von staatlichen Stellen angewandt werden

In der Folge muß unterschieden werden, ob die zu erörternden Methoden von staatlichen Behörden oder durch deren Beauftragte einerseits oder durch Privatpersonen angewandt werden, da dies für die Verwertbarkeit der gewonnenen Erkenntnisse von Bedeutung sein kann. Nach der Themastellung scheiden Erforschungsmittel aus, die nicht

---

[13] BGHSt. 1, 307.

[14] Verhandlungen des deutschen Bundestags, Wahlperiode 1949, Sitzung vom 26. 7. 1950 (Spalte 2882).

neuartig sind, sowie diejenigen, die auf keiner wissenschaftlichen Grundlage beruhen, sondern nur primitiv auf den Menschen einwirken wie etwa durch Schmerzbereitung, List, Drohung. Die Verwendung von Spitzeln und Hörfallen ist alt, kann aber durch technische Mittel wie Kamera, Tonapparate, Lautverstärker u. dgl. in ihrer Wirkung verstärkt werden und wird damit in den Bereich des Themas einbezogen.

1. Vorwegzunehmen sind hier die körperlichen Eingriffe. Im Gegensatz zu dem Grundsatz, daß der Staat auf jede mittelbare oder unmittelbare Mitwirkung des Beschuldigten zur Feststellung seiner Schuld verzichtet[15], sind körperliche Untersuchungen im beschränkten Rahmen gestattet.

a) Die rein äußerliche körperliche Betrachtung des entblößten Körpers sowie die Durchsuchung der Körperhöhlen auf verbotene Gegenstände und Spuren der Tat ist im allgemeinen weder modern noch wissenschaftlich. Soweit aber moderne und wissenschaftliche Methoden angewandt werden, sind derartige Eingriffe dort zulässig, wo kein Nachteil für die Gesundheit des zu untersuchenden Verdächtigen zu besorgen ist. Beim Beschuldigten selbst kommt es (§ 81a StPO) im Gegensatz zu der Untersuchung dritter Personen (§ 81c StPO) nicht auf seine Einwilligung an, falls nicht die Verletzung der Menschenwürde als solche in Frage kommt. Lumbalpunktionen, Röntgendurchleuchtungen, Magenaushebungen, vor allem auch die Enzephalographie (röntgenologische Darstellung des Gehirns, um an dessen Formveränderung Rückschlüsse auf pathologische Prozesse im Gehirn ziehen zu können) sind ebenso wie die Entnahme von Blutproben auch gegen die Einwilligung des Beschuldigten zulässig, sofern sie nach den Regeln der ärztlichen Kunst vorgenommen werden. Die Blutentnahme spielt vor allem für die in der deutschen Rechtsprechung und Rechtslehre stark umstrittene Feststellung der Alkoholbeeinflussung im Hinblick auf die Fahruntüchtigkeit eines Kraftfahrers eine Rolle. Ferner bei Feststellung der Abstammung eines Menschen, bei Meineid und bei Verletzung der Unterhaltspflicht. Die Einwilligung des Beschuldigten ist unwirksam, wenn die genannten Eingriffe nicht von einem Arzt vorgenommen werden. Zweifelhaft ist dies nur hinsichtlich der Entnahme einer Blutprobe durch Sanitäts- oder sonst geschultes Personal[16]. Die Anordnung einer Unterbringung in einer Krankenanstalt nach § 81 StPO gibt noch nicht die Befugnis zur Vornehme körperlicher Eingriffe[17].

b) Bei nichtbeschuldigten Personen ist eine körperliche Untersuchungsmöglichkeit gegen deren Willen nur gegeben, soweit sie als Zeugen in Betracht kommen. Jede Pflicht zur Duldung einer Unter-

---

[15] *Beling*, Beweisverbote, S. 11.

[16] *Kohlhaas*, Deutsches Autorecht 1957, 205.

[17] BGHSt. 8, 144.

suchung fällt also dort weg, wo ein Zeugnisverweigerungsrecht besteht und davon ausdrücklich Gebrauch gemacht wird. Zwar kann auch ein Zeuge, der z. Z. der Untersuchung aussageunfähig ist, untersucht werden, jedoch ist sein später geltend gemachtes Zeugnisverweigerungsrecht zu respektieren. Gleichermaßen wenn er über sein Recht der Aussageverweigerung nicht belehrt wurde und später davon Gebrauch macht. Bei den nicht beschuldigten Personen darf nur nach bestimmten Spuren am Körper gesucht werden. Die Untersuchung muß für den Betroffenen auch zumutbar sein. Dabei sind die lästigen Folgen für ihn gegen die Untersuchungsbedeutung im Hinblick auf die Schwere der Tat abzuwägen. Für Frauen gelten besondere Sicherungen für die Wahrung der Sittlichkeit (§ 81 d).

2. Als Einwirkungen auf den seelischen Zustand kommen die hypnotische Beeinflussung, die Anwendung hemmungslösender Drogen, die Narkoanalyse (nämlich Betäubung durch Eunarkon, Evipan oder Luminal, durch welche der Wille des Behandelten, die Unwahrheit auszusagen, ausgeschaltet werden soll) sowie Schockversuche in Betracht. Sie sind ohne Rücksicht auf den Wahrheitswert schlechthin unzulässig, soweit sie zur Preisgabe innerer Vorgänge führen, also nicht lediglich einschläfernden, schmerzstillenden oder heilenden Zwecken dienen[18]. Diese unter allen Umständen verbotenen Eingriffe in den seelischen Zustand werden weder durch die Einwilligung des Untersuchten, mag er Beschuldigter oder Zeuge sein, noch durch den Untersuchungszweck nach der Schwere der Tat gerechtfertigt. Diese Eingriffe sind nach Rechtsprechung und Rechtslehre der Bundesrepublik mit der Menschenwürde unvereinbar, weshalb auch die Auffassung, bei „ausgekochten" vorbestraften Verbrechern solle die Anwendung für den Zweck der Wahrheitsfindung ausnahmsweise gestattet werden[19], fehlerhaft ist. Wo sollten denn auch hier die Grenzen liegen?

3. Ein Zwischending zwischen der rein äußerlichen Untersuchung und den Eingriffen in den seelischen Zustand ist der Lügendetektor. Er nimmt einerseits rein äußere Eindrücke wie Schweißabsonderung, Pulsschläge und Atem auf, er soll aber auch ermöglichen, aus diesen Aufnahmen seelische Rückschlüsse zu ziehen. Er will also gerade das festhalten, was der Vernommene entweder verschweigen oder durch falsche Worte verschleiern will. Die Befugnis des Beschuldigten, zu schweigen oder Falsches zu sagen, wird somit dadurch umgangen, daß trotz des Schweigens oder Falschredens seine inneren Regungen durch einen Apparat registriert und dann wissenschaftlich ausgewertet werden. Man kann diese Art der Vernehmung nicht der Beobachtung des Vernommenen durch die Verhörsperson auf Erröten, Stocken oder Stottern gleichstellen.

---

[18] Statt vieler *Niese*, ZStW 63, 225.

[19] *v. Mangoldt-Klein*, a. a. O., Art. 1, Anm. III 5a.

Letztere wird immer nur zu subjektiven Eindrücken des jeweils Vernehmenden führen, welche nur durch ihn als Zeugen vermittelt werden können, wogegen der Vernommene durch die Festschnallung auf dem Stuhl zur Kontrolle seiner seelischen Erregung einem Instrument ausgeliefert wird. Es geht auch hier nicht um die Zuverlässigkeit, die übrigens sehr umstritten ist, sondern nur um die Vereinbarkeit dieser Art der Prozedur mit den Grundsätzen der Menschenwürde. DerBundesgerichtshof hat in Übereinstimmung mit der überwiegenden Meinung der Rechtslehre angenommen, daß diese Art der Gewinnung von Eindrücken mit dem Grundsatz der Entschließungsfreiheit zu leugnen oder zu schweigen nicht vereinbar sei[20]. Dies gilt auch gegenüber „ausgekochten" Verbrechern[21].

4. Im Mittelpunkt der gegenwärtigen prozessualen Erörterungen im Recht der Bundesrepublik steht derzeit wohl das Tonband. Das Tonband kann aber nicht losgelöst vom Lichtbild betrachtet werden. Eigenartigerweise haben diejenigen, welche die Anwendung des Tonbandes schlechthin ablehnen, sowohl zu der hier nicht entscheidenden Frage nach der Zuverlässigkeit des Beweismittels wie auch zur Frage der Zulässigkeit im Hinblick auf das Eindringen in die Persönlichkeits sphäre das Lichtbild völlig übersehen. Das Lichtbild ist bislang widerspruchslos als Augenscheinsobjekt anerkannt gewesen, und zwar ohne Unterschied, wie es zustande gekommen war, ob mit dem Willen des Aufgenommenen oder gegen seinen Willen, ob heimlich oder in der Öffentlichkeit, ob unter Vertrauensbruch oder nur unter Ausnutzung einer besonders gegebenen Lage, wogegen all diese Punkte gerade bei der Tonaufnahme derzeit Gegenstand leidenschaftlicher Debatten sind. Zu erklären ist dieser Widerspruch daraus, daß das Lichtbild in seinen technischen Kinderschuhen allerdings früher für sein Zustandekommen voraussetzte, daß der Aufgenommene sich irgendwie in der Öffentlichkeit oder in einer Situation, in der er sich einer Aufnahme aussetzte, bewegt oder daß sein Einverständnis mit der Aufnahme vorgelegen hatte. Seit dem Aufkommen der Kleinstkamera in Knopflöchern oder automatisch auslösbarer Geräte aber ist das Lichtbild nicht minder geeignet, in die Privatsphäre einzudringen als etwa der Tonapparat. Ein Unterschied, ob in eine Privatwohnung ein Mikrophon eingebaut wird oder ob in dieser Wohnung ein heimlicher eingebauter Filmapparat das private Leben eines Menschen mit oder ohne Besucher festhält, dürfte kaum mehr bestehen. Daraus ergibt sich folgendes:

a) Erkennungsdienstliche Bildaufnahmen sind gegenüber jedem Beschuldigten ohne weiteres zulässig. Entsprechendes gilt für die Verwertung von Tonaufnahmen, die mit Wissen des Vernommenen gemacht werden, wobei die Frage danach, ob man sie als Augenscheinsobjekt oder

[20] BGHSt. 5, 332.

[21] Anders, vgl. Fußnote 19.

als Mittel des Urkundenbeweises ansehen soll, hier zunächst offen zu bleiben hat.

b) Heimliche Bildaufnahmen während einer Vernehmung werden kaum von praktischem Wert sein. Ihre Zulässigkeit steht aber der ohne Wissen des Betroffenen gemachten Tonaufnahme gleich. Über letztere sind die Ansichten geteilt. Vielfach wird vertreten, jeder, der amtlich vernommen werde, müsse ebenso wie mit Zuhörern im Nebenraum mit einer Aufnahme rechnen, denn er wisse ja, daß man von ihm durch eine Vernehmung etwas Amtliches erfahren wolle[22]. Andere meinen, jede heimliche Aufnahme, somit auch eine behördliche, sei schlechthin unzulässig[23]. Richtig dürfte sein, nicht vor Ablauf einer gewissen Übergangszeit zu unterstellen, daß der Vernommene mit einer Tonaufnahme habe rechnen müssen oder können, solange die Benutzung solcher Beweismittel noch nicht der Allgemeinheit bekannt ist. Wird sich aber das Tonband als Beweismittel durchsetzen, was schon allein durch Gerichtsberichte bekannt werden wird, wird man auch die nicht bekanntgegebene Tonaufnahme bei einer amtlichen Vernehmung als nicht mehr „heimlich" und sonach als zulässig ansehen dürfen[24]. Dagegen liegt bei einer amtlichen Vernehmung eine zur Unverwertbarkeit der Tonaufnahme führende Täuschung vor, wenn auf eine Frage wahrheitswidrig erklärt wird, es werde keine Aufnahme gemacht.

c) Tonaufnahmen gegen den ausdrücklichen Willen eines Beschuldigten können dadurch, daß er keine Aussagen macht, hinfällig gemacht werden. Sagt er aber, wenn auch unter Protest, in Kenntnis des Vorhandenseins eines Tonapparates aus, so ist gegen die Verwertung des Bandes, soweit es, wie noch auszuführen, unter die Bweismittel der StPO eingereiht werden kann, nichts einzuwenden[25], es sei denn, daß die Aussage durch Drohung mit einer Verhaftung für den Weigerungsfall erreicht worden ist. Obgleich die Androhung eines legalen Mittels, etwa der Untersuchungshaft wegen Verdunkelungsgefahr, bei Verweigerung einer Aussage nicht zu beanstanden ist, so darf eine solche Androhung dort nicht geduldet werden, wo ein an sich Aussagebereiter sich lediglich nicht auf eine Aufnahme auf einem Gerät einlassen will, dessen Zuverlässigkeit er mißtraut.

d) Bei heimlichen Aufnahmen außerhalb des Vernehmungsraumes liegt eine völlige Unverwertbarkeit vor. Jeder, der sich in einem Lokal oder auf der Straße bewegt, muß damit rechnen, daß er irgendwo bildlich festgehalten werden könne. Wer sich in einem Lokal laut unterhält, geht das

[22] *Sendler*, a. a. O., S. 30 mit Zitaten, früher auch *Kohlhaas*, DRiZ 1955, 82.

[23] Hierher gehören alle die Tonaufnahmen als Beweismittel schlechthin Ablehnenden, vor allem *Eberhard Schmidt*, JZ 57, 206.

[24] *Kohlhaas*, NJW 1957, 81ff.

[25] So für den allerdings anders gelagerten Fall der Tonübertragung aus dem Gerichtssaal BGHSt. 10, 202.

Risiko ein, daß sein Gesprächspartner oder ein Lauscher den Inhalt des Gesprächs weiterträgt. Jedermann darf aber darauf vertrauen, daß der Gesprächspartner nicht heimlich ein Hörgerät in der Tasche oder unter den Tisch gestellt hat oder daß Mikrophone in die Wände eingebaut sind, ebenso wie er nicht damit zu rechnen braucht, daß in einem Raum, in welchem er völlig privat lebt und Besuche empfängt, von fremder Hand ein Photogerät aufgestellt ist. Fälle, in welchen verborgene Tonaufnahmegeräte oder Kameras anerkannt werden können, sind die einer öffentlichen, also jedermann zugänglichen Versammlung, in welcher jeder Redner damit rechnen muß, daß er überhört werden könne, sowie die Anbringung eines Tonaufnahmegeräts am Telephon-Apparat des Gesprächsempfängers, wie es kürzlich in einem Kindesentführungsfalle aktuell wurde. Hier wird kein Vertrauen des Anrufenden getäuscht (vgl. unter V). Täuschung von Vertrauen darf aber nicht mittels verborgener technischer Mittel verstärkt werden. Man kann auch die Anwendung von Abhörgeräten von amtlicher Seite nicht mit dem Hinweis auf die Verwendung von Spitzeln und Hörfallen analog zulassen. Es ist ein Unterschied, ob ein Zellengenosse den anderen verrät oder ob in der Zelle, in der sich beide unbeobachtet glauben, ein Mikrophon eingebaut ist. Gegen Lauscher von außen mag jeder sich selbst schützen. Die Auslieferung als reines Objekt an die Technik würde einen Zustand völliger Unsicherheit und des Mißtrauens eines jeden herbeiführen. Auch Privatpersonen, derer sich die Ermittlungsbeamten dabei bedienen, stehen diesen als Werkzeuge gleich. Die gemachten Aufnahmen sind sonach gleichermaßen unverwertbar.

e) Neben der grundsätzlichen Problematik der Vereinbarkeit der Tonaufnahme mit den prozessualen Grundrechten des Beschuldigten[26] braucht hier nur noch kurz angedeutet zu werden, daß die Einreihung des Tonbandes in die Beweismittel der Strafprozeßordnung umstritten ist. Der Umstand, daß seine Zuverlässigkeit nur durch Einhaltung besonderer Sicherungsgarantien gegen eine Verfälschung gewahrt werden kann, unterscheidet es nicht von gängigen Beweismitteln wie Protokollen, Untersuchungsbefunden, ärztlichen Zeugnissen usw. Fraglich ist vielmehr, ob es Augenscheinsobjekt oder Urkunde ist, deren Verlesung analog durch das Abspielen des Bandes ersetzt wird. Die Verfechter der Urkundeneigenschaft[27] weisen darauf hin, daß die Betrachtung als Augenscheinsobjekt die Gefahr in sich birgt, es möge ein Zeugnisverweigerungsrecht eines Angehörigen durch eine Augenscheinseinnahme umgangen werden, obwohl die Verlesung einer Urkunde oder die Vernehmung einer Verhörsperson über eine frühere Vernehmung unzulässig

[26] Vor allem *Eberhard Schmidt*, JZ 1957, 206.

[27] *Kohlhaas*, DRiZ 1955, 82; *Alsberg-Nüse*, Der Beweisantrag im Strafprozeß (1955), S. 270.

ist. Diese Gefahr ist aber nach anderer Auffassung[28] nicht gegeben, wenn man auch die Augenscheinseinnahme nach den Urkundenbeweisverboten der §§ 251 ff. ausrichtet. Daß das Tonband nach geltendem Recht dem Gerichtsprotokoll nicht gleichgesetzt werden kann, ist unumstritten.

Zusammenfassend ist festzustellen:

Körperliche Untersuchungen und Eingriffe sind nur unter den Regeln ärztlicher Kunst zulässig. Alle Methoden, welche das Innere eines Betroffenen durch Einwirkung auf sein Bewußtsein erforschen sollen, sind strafprozessual unzulässig. Eine Einwilligung des Betroffenen nimmt ihnen die Unzulässigkeit nicht. Dasselbe gilt für den Lügendetektor. Dagegen sind Bild- und Tonbandaufnahmen, sofern sie nicht heimlich unter Vertrauensmißbrauch oder bei amtlicher Vernehmung unter Täuschung aufgenommen worden sind, als Beweismittel zulässig. Als Berichterstattungsmittel kann die Tonaufnahme dann die Rechte des Beschuldigten verletzen, wenn er, ein Zeuge oder der Verteidiger, sich dadurch in seiner Aussage gehemmt fühlen und dies durch einen Protest zum Ausdruck bringen[29].

5. Aus § 136a StPO ergibt sich unmittelbar nur, daß die auf unlautere Art erlangten Aussagen — dasselbe gilt auch nach dem hier Entwickelten für die durch rechtswidrige Eingriffe in die körperliche Integrität erlangten Erkenntnisse — nicht als Beweisgrundlage verwendet werden dürfen. Damit ist jedoch die Frage danach noch nicht beantwortet, ob etwa auf Grund einer solchen Aussage oder Erkenntnis nach anderen Beweismitteln gesucht werden darf und daß dann erst letztere, sofern sie gefunden werden, als alleinige Beweisgrundlage benutzt werden können, so daß es des auf verbotene Weise gewonnenen ursprünglichen Beweismittels nicht mehr bedarf. Von einer großen Zahl von Autoren wird dies bejaht[30]. Dennoch scheint dies nicht gangbar zu sein, denn der Sinn der Verbote wird auf diese Weise umgangen. Die Unabhängigkeit des zusätzlich gewonnenen Beweismittels ist nur scheinbar, da es in Wirklichkeit nur gefunden worden ist, weil vorher eine gesetzeswidrige Maßnahme vorgenommen worden war. Wollte man solches zulassen, so würde ein Anreiz für übereifrige Ermittlungsbeamte geschaffen, durch verbotene — wenn auch nicht strafbare — Überhörmethoden oder mittels Erlangung einer Einwilligung zu unzulässigen Eingriffen in das Seelenleben zu versuchen, Spuren zu finden, mögen sie auch vor eigentlichen strafbaren Handlungen zurückschrecken. Daß der Gesetzgeber die letzte Konsequenz des Verwertungsverbots etwa habe bewußt offen lassen wollen, erscheint unmöglich. Es ist zwar nichts dagegen einzuwenden, das

---

[28] *Siegert*, wie Fußnote 1.

[29] BGHSt. 10, 202.

[30] *Dallinger*, SJZ 1950, 371. Weitere Zitate bei *Sendler*, a. a. O., S. 39.

verbotswidrig erlangte Beweismittel ganz zu eliminieren, wenn von ihm unabhängig andere Beweismittel gefunden und beigebracht werden. In einem solchen Falle ist das andere Beweismittel geeignet, alleinige Beweisgrundlage zu werden, so daß ein früher begangener Mißgriff der Verurteilung des Beschuldigten nicht entgegensteht[31]. Wird aber ein Beweismittel verwendet, das nur auf Grund einer verbotenen Erforschungsmaßnahme gefunden werden konnte, dann muß dies als unzulässig erachtet werden. Dies mag auf den ersten Blick befremdlich erscheinen, läuft es doch darauf hinaus, ein aufgefundenes eindeutiges Beweismittel negieren zu müssen. Dieses unerfreuliche Ergebnis unterscheidet sich aber nicht von dem, daß man auch ein erpreßtes Geständnis, selbst wenn es richtig erscheint, negieren muß, oder daß man eine frühere Zeugenaussage eines später von seinem Zeugnisverweigerungsrecht Gebrauch machenden Zeugen gleichermaßen als nicht vorhanden ansehen muß. Daß es nicht möglich sein kann, auf dem verbotswidrigen Wege weiterzuforschen, geht aus folgender Erwägung hervor: Wie kann man das Verbot der Eunarkon-Versuche oder der Tonbandhörfallen überhaupt durchführen, wenn der gesetzeswidrig wirkende Arzt oder der das Vertrauen täuschende Ermittlungsbeamte die Erkenntnisse zur weiteren Forschung benutzen und die dadurch gewonnenen Beweismittel scheinbar selbständig eingeführt werden? Wenn die legale Nachforschung versagt, dann ist die Erforschung gescheitert. Gesetzwidrige Praktiken müssen von vornherein und in allen Konsequenzen abgewehrt und ausgeschaltet werden[32].

Eine einzige Ausnahme kann allenfalls — wenn auch nicht ohne Bedenken — dort anerkannt werden, wo Maßnahmen, die an sich zulässig wären — fehlerhaft durchgeführt werden[33]. Es ist aber ein gewichtiger Unterschied, ob eine an sich zulässige Maßnahme nur von einer unzuständigen Person oder unbewußt fehlerhaft durchgeführt wird oder ob eine völlig unzulässige Methode angewandt wird. Der Erfolg der Aufdeckung einzelner Taten wird mit der Umgehung der prozessualen und grundgesetzlichen Schutznormen und dem Verlust an Vertrauen in die Rechtspflege zu teuer bezahlt. Daß bei Schaffung einzelner Straftatbestände für die Anwendung unzulässiger Ermittlungsmethoden die Gefahr darin liegt, daß die Quelle, auf Grund derer die Polizei weitergeforscht hat, geheim gehalten wird, und die neuen Beweise als auf eigener Initiative der Erforschenden beruhend dem Gericht präsentiert werden, ohne daß dabei publik wird, wie sie gewonnen wurden, ist nicht zu verkennen. Sie kann aber am Prinzip selbst nichts ändern. So wie im anglo-

---

[31] Mehr will wohl auch *Eberhard Schmidt*, Lehrkommentar Anm. 23, zu § 136a nicht sagen.

[32] *Sendler*, a. a. O., S. 55 unter Hinweisen auf das anglo-amerikanische Recht.

[33] So für Blutprobenentnahmen durch einen Nicht-Arzt OLG Oldenburg, NJW 1955, 683; kritisch *Kohlhaas*, Deutsches Autorecht 1956, 204.

amerikanischen Recht die Anklagebehörde nachweisen muß, daß sie die Beweismittel nicht durch verbotene Eingriffe gefunden habe, hat das Gericht die Erforschung von Amts wegen dahingehend vorzunehmen, auf welche Weise schwierig zu findende Beweismittel gefunden worden sind. Eine konsequente Ablehnung einzelner Beweismittel, die auf unzulässige Weise gewonnen worden sind, wird das beste Mittel sein, um die Ermittlungsbehörden davon abzuhalten, derart nutzlos gewordene Erforschungsversuche überhaupt zu machen.

V. Maßnahmen von Privatpersonen

Mit der Einschränkung staatlicher Willkür ist das eigentliche gefährliche Problem der Weiterentwicklung der Technik noch nicht voll erfaßt. Fast alle Betrachtungen, die sich mit der Anwendung neuer Methoden befassen, erwähnen die Gefahren der Staatswillkür gegenüber dem Individuum, sie gehen aber nicht darauf ein, daß auch Privatpersonen Beweismittel beibringen können, die sie selbst auf eine Weise gewonnen haben, die nach dem bisher Ausgeführten staatlichen Stellen verboten sind.

Außer Betracht bleiben hier alle Maßnahmen von Privatpersonen, die sie als Beauftragte einer Ermittlungsbehörde vorgenommen haben. Dasselbe gilt für Privatpersonen, die bei der Vornahme gesetzwidriger Handlungen von Ermittlungsbeamten Zeugen gewesen sind und nun über ihre angeblich privaten Beobachtungen berichten sollen. Solche Fälle sind gleich zu behandeln wie die unmittelbaren Übergriffe der staatlichen Organe. Wenn eine Privatperson aber von sich aus einen Verdächtigen durch körperlichen Zwang, Freiheitsberaubung oder Drohung mit einem illegalen Mittel, wozu die Erstattung einer Strafanzeige oder Erhebung einer zivilrechtlichen Klage selbstverständlich nicht gehört, zu einem Geständnis bewegt oder eine heimliche Tonbandaufnahme herstellen läßt, um diese später als Beweismittel zu verwerten, scheint der Fall auf den ersten Blick anders zu liegen. § 136a StPO versagt, da er sich erkennbar nur an die Staatsorgane richtet, wenn man nicht eine analoge Ausdehnung, die im Strafprozeß generell, mindestens aber zum Schutze des Angeklagten, zulässig ist, annehmen will. Hier gewinnt der eingangs erwähnte Gesichtspunkt Bedeutung, daß Art. 1 GG den Grundsätzen der Menschenwürde eine unmittelbare Gesetzeswirkung verschafft. Dieser Grundsatz gilt nicht nur zwischen dem einzelnen und dem Staat, sondern auch zwischen den Staatsbürgern selbst[34]. Die staatlichen Ermittlungsorgane dürfen sich keiner Erkenntnisse bedienen, die ihnen ein Dritter bringt, der diese unter Verletzung der Grundsätze der Menschenwürde erlangt hat. Allerdings fallen nicht alle in § 136a StPO ge-

---

[34] *v. Mangoldt-Klein*, a. a. O., Art. 1 III, 1 S. 146.

nannten Verstöße unter den Begriff der Verletzung der Menschenwürde. Manche der in § 136a aufgezählten Verbote dienen nur der Sauberhaltung der Strafverfolgung und dem Schutze des einzelnen gegen die Staatsmacht. Ist das Anbieten unberechtigter Vorteile in einer amtlichen Vernehmung unzulässig (Zigarettenangebot, um ein Geständnis herauszulocken), oder ist eine Ausnutzung einer Ermüdung durch staatliche Behörden verboten, so kann umgekehrt eine Privatperson im geschäftlichen oder privaten Umgang derartige Manöver anwenden, ohne damit gegen die von staatlichen Organen gezogenen Grenzen zu verstoßen. Es ist etwas anderes, ob ein Polizeibeamter einen amtlich Vernommenen täuscht oder ob eine Privatperson einen Verdächtigen überlistet. Es ist etwas anderes, ob ein Beamter einem Vernommenen Alkohol verabreicht oder ob eine Privatperson jemanden berauscht. Die Grenze für die Unverwertbarkeit von Beweismitteln, die eine Privatperson beibringt, liegt vielmehr erst dort, wo das Verhalten dieser Privatperson entweder mit Kriminalstrafe bedroht ist oder wo es gegen die primitivsten rechtsstaatlichen Grundsätze oder gegen die Menschenwürde verstößt. Der Unterschied zwischen der Enthemmung durch die Verabreichung von Alkohol, den zu trinken oder nicht zu trinken ja im freien Belieben des Bewirteten steht, einerseits und der Verabreichung von Drogen, die den Willen völlig ausschalten, der tückischen Verabreichung von Spritzen oder der Anwendung eines Lügendetektors durch einen Geschäftsmann gegenüber seinen Angestellten andererseits, liegt ebenso klar auf der Hand wie der zwischen einer Anzeigedrohung einerseits und einem Einsperren oder Verprügeln eines Verdächtigten bis zur Geständnisablegung andererseits und zwischen der Belauschung durch Zeugen auf der einen und der heimlichen Tonbandaufnahme durch ein verborgen angebrachtes Gerät auf der andern Seite, wobei man das Anbringen eines Geräts am Fernsprecher eines Erpreßten, Bedrohten oder Beleidigten nicht als solchen Vertrauensbruch bezeichnen kann, da der Anrufende in keinem Vertrauensverhältnis zu dem von ihm selbst Angegriffenen steht, also auch mit dessen Abwehrmaßnahmen rechnet. Überall aber, wo Vertrauen besteht, darf der Schutz der Menschenwürde und das Vertrauen der Mitmenschen untereinander, dessen immer weitere Durchbrechung durch neue technische Geräte letzten Endes zu einer Zukunftsentwicklung führen kann, die mit einem freiheitlichen eigenverantwortlichen Denken eines jeden Menschen nicht mehr vereinbar ist, auch dort nicht außer acht gelassen werden, wo Beweismittel von Privatpersonen beigebracht werden. Das durch Folterung erzwungene Geständnis, das durch einen unlauteren technischen Trick vermittelte Indiz müssen gleichermaßen unverwertbar bleiben, ob sie von Staatsorganen oder von Privatpersonen erlangt worden sind. Dagegen bestehen keine Bedenken, private Ermittlungen dort zu verwerten, wo sie zwar unter den Katalog des § 136 a StPO fallen, aber noch nicht den allgemeinen Bereich des rechtsstaatlich Erlaubten verlassen.

Ein Eingehen auf das Recht anderer Länder war in diesem Zusammenhang nicht mehr möglich. Daß viele der hier vertretenen Ansichten umstritten und in ihren Konsequenzen vermutlich bei der Aufdeckung einzelner Verbrechen äußerst hinderlich sein können, ist bereits mehrfach zum Ausdruck gebracht worden. Dennoch hoffe ich, daß der Beitrag bei aller Unvollständigkeit, die ihm anhaftet, dazu dienen kann, die Problematik aufzuzeigen und durch Austausch von Erfahrungen zur Entwicklung dieses schwierigen Problems zu helfen.

DIE SANKTIONEN IM WIRTSCHAFTSSTRAFRECHT

Von Dr. Richard Lange

Professor an der Universität Köln

I.

Die erste Aufgabe dieser Untersuchung muß es sein, das Gebiet des Wirtschaftsstrafrechts zu bestimmen, dessen Sanktionen hier dargestellt werden sollen.

Zu unterscheiden sind hierbei:

1. Straftaten, die auf Grund wirtschaftlicher Macht- oder Vertrauensstellungen oder sonst innerhalb der Wirtschaft begangen werden. Hier ist etwa zu denken an Untreue, die ein Prokurist in seiner Firma begeht (§ 266 des deutschen StGB), insbesondere aber an die Tatbestände der strafrechtlichen Einzelgesetze, wie in Deutschland des Aktiengesetzes, des Börsengesetzes, des Depotgesetzes usw.

So bestimmt etwa § 294 des Aktiengesetzes, daß bestraft wird, wer als Mitglied des Vorstandes oder des Aufsichtsrats oder als Abwickler vorsätzlich zum Nachteil der Gesellschaft handelt.

Diese Gruppe bietet unter dem hier interessierenden Gesichtspunkt nichts Besonderes. Im wesentlichen handelt es sich dabei um Spezialfälle der Vermögensverbrechen, die bereits im allgemeinen Strafgesetzbuch fixiert sind. Geschützt werden hier wie sonst Rechtsgüter einzelner, so z. B. bei § 294 des Aktiengesetzes das Gesellschaftsvermögen, daneben Aktionäre und Gläubiger[1].

Bezeichnend für diese Abhängigkeit vom allgemeinen Strafrecht ist die Abstimmung der Sanktionen nach Art und Umfang auf die des Grunddeliktes.

Gelegentlich sind die Übergänge zwischen Vermögensdelikt und Verstößen gegen andere Rechtsgüter, z. B. die Ehre oder sonstige höchstpersönliche Güter, flüssig, etwa bei der Kreditgefährdung (§ 187 StGB), im Gesetz gegen den unlauteren Wettbewerb und bei den Gesetzen zum Schutze der Urheberrechte.

Aber im Bereich der Sanktionen wirken sich diese Besonderheiten nicht aus, es sei denn darin, daß die zivil- und strafrechtlichen Sanktionen im

[1] *Eb. Schmidt* bei *Gadow*, Komm. zum Aktiengesetz, § 294 Anm. 15.

Gesetz über den unlauteren Wettbewerb in größere Nähe zueinander rücken als sonst.

2. In scharfem Gegensatz zu dieser hier nicht weiter zu behandelnden Gruppe stehen die Verstöße gegen staatliche Bestimmungen, die die Wirtschaft regeln und ordnen oder unmittelbar auf sie einwirken.

Erst hier entsteht die eigentliche und eigentümliche Problematik, die zur Ausbildung besonderer Sanktionen führt.

Das Wesen dieses eigentlichen Wirtschaftsstrafrechts liegt darin begründet, daß es eine besondere, und zwar wohl die wichtigste Art des Verwaltungsstrafrechts ist.

Die Eigenart des Verwaltungsstrafrechts ist in Deutschland, längst bevor die Gesetzgebung ihm eine Sonderbehandlung zuteil werden ließ, durch die Wissenschaft herausgearbeitet worden.

Schon um die Wende zum 19. Jh. hat *Feuerbach* Justizdelikte und Polizeidelikte aufs schärfste getrennt. Das entsprach seinem geisteswissenschaftlichen Standort als Wegbereiter des Liberalismus im Strafrecht, der Eingriffe des Staates auf die Bekämpfung von Rechtsverletzungen beschränkte und ihm nicht mehr die schrankenlose Betätigung und Eingriffsmöglichkeit zuerkannte, wie sie der absolute Staat für sich in Anspruch genommen hatte. Dieser war eben deshalb gleichbedeutend mit dem Polizeistaat. Der Wohlfahrtszweck kannte keine Schranken, die ihm etwa der Rechtswert und insbesondere die Freiheitssphäre des Individuums auf Grund der Rechtsidee gesetzt hätten. Deswegen war in jener Epoche alles Strafrecht im Grunde Polizeistrafrecht.

Unmittelbare Bedeutung für das moderne deutsche Wirtschaftsstrafrecht und sein Sanktionssystem hat, nachdem im 19. Jh. der Sieg des liberalen Gedankens die Verwaltungsaufgaben des Staates zunächst zurückgedrängt und damit das Problem des Verwaltungsstrafrechts in den Hintergrund hatte treten lassen, die um die Jahrhundertwende ausgebildete Lehre *James Goldschmidts* vom Verwaltungsstrafrecht. Auch sie fällt wohl nicht zufällig mit einer allgemeinen Entwicklung zusammen. Das anbrechende Massenzeitalter und die Notwendigkeit zu immer weitergreifenden staatlichen Reglementierungen, um den immer neuen sozialen und wirtschaftspolitischen Anforderungen an den Staat gerecht zu werden, hatten eine Fülle von Verwaltungsnormen geschaffen, als deren Sanktion zunächst nur die alte Kriminalstrafe zur Verfügung stand.

Von dieser Sachlage geht z. B. noch *Walter Jellinek* in seinem Lehrbuch des Verwaltungsrechts aus[2]:

> „Der letzte Rechtsbehelf der Verwaltung ist die Strafe im Sinne des Strafrechts, die sog. echte oder kriminelle Strafe, als das für schuldhaft rechtswidrige Handlungen oder Unterlassungen bestimmter Art rechtssatzmäßig angedrohte Übel, das durch Einzelakt über den Täter verhängt wird.

[2] Lehrbuch des Verwaltungsrechts, § 15 V.

Soweit die echte Strafe dem Schutze der Verwaltung dient, würde es für die Einheitlichkeit der Verwaltung von Vorteil sein, wenn die Verhängug der Strafe und die Entscheidung über Rechtsmittel dagegen ausschließlich der aktiven Verwaltung und den Verwaltungsgerichten anvertraut wären."

Der Diskrepanz zwischen dem Charakter der bloßen Verwaltungswidrigkeiten einerseits und dem ihrer Rechtsfolgen, die der Reaktion auf kriminelle Handlungen entnommen waren, andererseits war man sich jedenfalls in der deutschen Verwaltungsrechtswissenschaft offenbar nicht bewußt.

Von außen her ist die Problematik in Deutschland gewaltsam vorangetrieben worden durch die Kriegs- und Nachkriegszeiten mit ihrer einschneidenden Zwangswirtschaft, durch die Ansätze zur Sozialisierung der Wirtschaft und auch durch die soziale Marktwirtschaft unserer Tage, vorübergehend auch durch den in der nationalsozialistischen Zeit unternommenen Versuch, eine Art ständischer Wirtschaft mit Strafgewalt der Wirtschaftsverbände aufzubauen (z. B. dem Reichsnährstand und den entsprechenden ständischen Organisationen der gewerblichen Wirtschaft solche Befugnisse zuzusprechen).

Gerichtsverfassungsmäßig und verfahrensmäßig ist die Entwicklung eines besonderen Wirtschaftsstrafrechts als Unterart des Verwaltungsstrafrechts vor allem darin zum Ausdruck gekommen, daß neben den Gerichten — und vor allem in der nationalsozialistischen Zeit auch an Stelle der Gerichte — Verwaltungsbehörden als erkennende Stellen eingeschaltet wurden.

Das Steuerstrafrecht, das im weiteren Sinne als staatliche Einwirkung auf die Wirtschaft auch hier wenigstens am Rande mit zu berücksichtigen ist, zeigt in dieser Richtung in Deutschland besonders charakteristische Züge[3].

Das damit entstehende Problem des Verhältnisses der ordentlichen Gerichte zu den Verwaltungsbehörden als Instanzen des wirtschaftsstrafrechtlichen Sanktionsrechtes ist in Deutschland immer wieder in verschiedener Weise gelöst worden.

II.

Die positivrechtliche Entwickling in der Bundesrepublik Deutschland erhält ihr Gepräge durch das Gesetz über Ordnungswidrigkeiten vom 25. 3. 1952, ein Rahmengesetz, das für das gesamte Gebiet des bisherigen Verwaltungsstrafrechts und damit insbesondere auch für das Wirtschaftsstrafrecht gilt. Es enthält die Grundentscheidung füe eine Herausnahme der Verwaltungswidrigkeiten aus dem Bereich des Kriminalstrafrechts. Im Bereich der Sanktionen drückt § 1 des Gesetzes diese Grundentscheidung dadurch aus, daß er bestimmt:

[3] Vgl. *Hartung*, Steuerstrafrecht, 2. Aufl., § 413, Anm. I.

(1) Ist eine Handlung ausschließlich mit Geldbuße bedroht, so ist sie eine Ordnungswidrigkeit.

(2) Ist eine Handlung ausschließlich mit Strafe bedroht, so ist sie eine Straftat.

(3) Ist eine Handlung entweder mit Strafe oder Geldbuße bedroht, so ist sie im Einzelfall eine Straftat, wenn sie mit Strafe, eine Ordnungswidrigkeit, wenn sie mit Geldbuße zu ahnden ist.

(4) Die in den Absätzen 1 und 3 bezeichneten Handlungen sind Zuwiderhandlungen im Sinne dieses Gesetzes. Auf die in Absatz 2 bezeichneten Handlungen ist das Gesetz nicht anzuwenden.

Damit scheint der deutsche Gesetzgeber das Problem überhaupt von der Sanktion, von der Rechtsfolge her zu lösen. Aber diese Ansicht des Gesetzes zeigt nur seine Oberfläche.

Ausgangspunkt der Erörterung und Ansatzpunkt für die neu geschaffene grundsätzliche Lösung ist vielmehr der Zweifel gewesen, ob Handlungen, die sich als bloße Verwaltungswidrigkeiten darstellten, mit Kriminalstrafe bedroht werden dürfen. Die deutsche Literatur ist nicht müde geworden, darauf hinzuweisen, daß es unerträglich sei, wie die ältere Gesetzgebung, aber auch die unbekümmerte Strafpolitik der nationalsozialistischen Zeit es tat, Strafdrohungen, oft bis zur Höhe von Vergehensstrafen, für Verhaltensweisen auszuwerfen, die nur den Charakter einer formalen Zuwiderhandlung gegen ephemere Ordnungsvorschriften trugen.

Die Frage nach den *Sanktionen* des Wirtschaftsrechts und ihrer sachgemäßen Gestaltung kann daher nicht unabhängig von der Prüfung des Charakters der *Zuwiderhandlungen* gegen Verwaltungsnormen im Bereich der Wirtschaft geprüft werden. Diese Prüfung kann, jedenfalls in einem Beitrage zu einem internationalen Kongreß, nicht auf ein internes dogmatisches Problem des jeweiligen positiven Rechtszustandes beschränkt werden. Eine wissenschaftliche Behandlung kann bei einem solchen Legalismus überhaupt nicht stehen bleiben. Es handelt sich bei unserer Frage um nichts Geringeres als um eine Begegnung des Sanktionsrechtes mit der Rechts- und Staatsidee überhaupt.

Selbst wenn man sich auf eine dogmatische Betrachtung beschränkt, so kann man doch schon die Auslegung und Anwendung des überall noch sehr lückenhaften und biegsamen, nicht immer widerspruchsfreien Gesetzesmaterials nur so auf eine feste Basis stellen, daß man zu jener Grundfrage vordringt. Schon um das in allen möglichen Nebengesetzen und Verordnungen bis herab zu Ausführungsbestimmungen und Einzelanordnungen verstreute, zunächst völlig unübersichtliche Material überhaupt als einheitliches erfassen zu können, bedarf man einer rechts- und staatsphilosophischen Grundlegung und der Grundsätze der allgemeinen Rechtslehre. Dies gilt um so mehr, wenn sich das Sanktionenrecht im Bereich des Wirtschaftsstrafrechts — wie z. Z. in Deutschland erklärter- und zugegebenermaßen — in ganz verschiedenen Stadien eines Umwandlungsprozesses befindet, in denen zunächst oft noch Gleiches ungleich und Ungleiches gleich behandelt wird.

Beschränkt man sich auf eine rein positivistische Dogmatik, so entstehen sofort schwere Mißverständnisse und rechtspolitische Unrichtigkeiten. Das zeigt in Deutschland die Entwicklung der Lehre vom Verbotsirrtum, bei der man zunächst die Grundverschiedenheit des Verwaltungsstrafrechts, insbesondere des Wirtschaftsstrafrechts, und des Kriminalstrafrechts ignoriert hat[4].

III.

Auf der Grundlage der bahnbrechenden Lehren von *James Goldschmidt* hat es *Erik Wolf* unternommen, in einer auch für das Wirtschaftsstrafrecht gültigen und hierfür besonders bedeutsamen Abhandlung *die Stellung der Verwaltungsdelikte im Strafrechtssystem* näher zu bestimmen.

Er hat dargelegt, daß die idealistische Begründung der Rechtsstrafe, die auf ethischen Vorstellungen (Negation des Unrechts, Sühne für die Schuld) fußt, den Verwaltungsdelikten gegenüber völlig ihren Sinn verliert. Aber auch die realistische oder naturalistische Begründung der Erziehungs- oder Sicherungsstrafe, die auf soziologischen Voraussetzungen fußt und die Reaktion der Gesellschaft auf gefährliches Verhalten zum Ausgangspunkt hat, versagt bei der Sinngebung der Verwaltungsdelikte. Daher ist der Sinn der Verwaltungsstrafe ein anderer als der der Kriminalstrafe. Und zwar knüpft ihre Sinn- und Wertverschiedenheit an die Verschiedenheit der Staatszwecke an. Die Gerechtigkeit ist konstitutiver Grundwert des Justizstrafrechts und damit der Kriminalstrafe. Demgegenüber ist für die Verwaltungsstrafe der höchste Verwaltungswert des Staates, die Wohlfahrt, konstitutiver Grundwert. Dem entspricht die Verschiedenheit des Rechtsguts. Nur das durch emotionale Verknüpfung mit den Inhalten des Gerechtigkeitsgedankens „staatsgerecht" gewordene Kulturgut ist „Rechtsgut" im philosophischen Sinne. Verwaltungsgüter hingegen entstehen durch Verknüpfung beliebiger sozialer Sachverhalte mit den Inhalten staatlicher Verwaltungswerte. Sie tragen damit das Siegel des Vergänglichen aufgeprägt, sind stets an bestimmte Situationen gebunden, temporäres Recht, ihre Rechtswidrigkeit knüpft nicht an eine tatbestandlich vertypte Tätigkeit, sondern an das Unterlassen einer positiv und konkret gebotenen Tätigkeit an. Die Rechtswidrigkeit wird zur Verwaltungswidrigkeit. Die Wandelbarkeit und Zeitbedingtheit der Verwaltungsgüter tritt auch in der *Form* des Verwaltungsstrafrechts hervor: typisch hierfür ist die Blankettstrafnorm, die auf die wechselnden Gebote und Verbote, die sich beliebig einfügen und herausnehmen lassen, Bezug nimmt.

[4] Vgl. darüber die Ausführungen des Verf. „Der Strafgesetzgeber und die Schuldlehre", JZ 56 S. 73ff., „Die Magna Charta der anständigen Leute", JZ 56 S. 519ff., „Nur eine Ordnungswidrigkeit?", JZ 57 S. 233ff.

Deshalb sind Verwaltungsstrafen so wenig Kriminalstrafen wie Exekutivstrafen, Disziplinarstrafen und Vertragsstrafen es sind. Sie sind vielmehr reine Ordnungsstrafen. Auch die Strafzwecke im einzelnen unterscheiden sich von denen der Kriminalstrafe. Die abschreckende Kraft der Strafdrohung ist bei ihnen stärker betont. Erziehungszwecke kann sie hingegen nur in sehr begrenztem Ausmaß erfüllen. Es geht weder um Resozialisierung noch um sittliche Besserung. Mit der Verurteilung wegen eines Verwaltungsdeliktes ist keine capitis diminutio verbunden. Sicherungszwecke scheiden völlig aus. Ihr Sinn ist, den nachlässigen Rechtsgenossen zur Ordnung zu rufen. Angesichts des geringen Grades seiner Antisozialität, die nur ein Mangel an Sozialaktivität ist, darf hier auch der staatliche Eingriff in die Rechtsgüterwelt des Betroffenen nicht sehr tief gehen[5].

Die Konsequenzen dieser Grundlegung des Verwaltungsstrafrechts für das Spezialgebiet des Wirtschaftsstrafrechts hat sodann *Eb. Schmidt* unter Anknüpfung an *Goldschmidt* und *Erik Wolf* gezogen; und er hat diese Grundsätze durch seine maßgebliche Mitarbeit an der Schaffung des Wirtschaftsstrafgesetzes und des Gesetzes über Ordnungswidrigkeiten dem geltenden deutschen Wirtschaftsstrafrecht in der Bundesrepublik aufprägen können[6].

Von Interesse sind auch heute noch seine Darlegungen darüber, daß das reine machtstaatliche Denken des Nationalsozialismus der Theorie eines besonderen Verwaltungsstrafrechts ablehnend gegenüberstehen mußte, wie auch sein Überblick über die verschiedenen früheren Ausprägungen des Begriffs „Wirtschaftsstrafrecht", insbesondere die Versuche von *Grünhut*, *Alsberg* und anderen[7].

Die hier eingangs vorgenommene Abgrenzung des Bereichs deckt sich im wesentlichen mit der von *Schmidt* herausgearbeiteten.

Die Bedeutung der rechtstheoretischen und gesetzgeberischen Leistung *Eb. Schmidts* auf dem hier betrachteten Gebiet liegt aber nicht nur in der Realisierung der Lehre vom Verwaltungsstrafrecht, wie sie *Goldschmidt* und *Erik Wolf* entwickelt hatten. Was in jenen Theorien noch unbeachtet geblieben war, mußte jetzt praktisch geregelt werden: Die Nahtstelle zwischen dem kriminellen Unrecht, das es selbstverständlich auch im Bereich des Wirtschaftsstrafrechts gibt, und der bloßen Verwaltungswidrigkeit. Hier ist — offensichtlich auf Grund von Vorschlägen *Eb. Schmidts* — im Wirtschaftsstrafgesetz von 1949 und seinen Nachfolgern jene „Zauberformel" geschaffen worden, die im heutigen § 3 wie folgt lautet:

(1) Eine Zuwiderhandlung im Sinne der §§ 1, 2 ist eine Straftat, wenn
1. die Tat ihrem Umfang oder ihrer Auswirkung nach geeignet ist, die Ziele

[5] Festgabe für *Reinhard v. Frank*, S. 519ff., 583ff.
[6] Das neue westdeutsche Wirtschaftsstrafrecht, 1950, S. 9ff.
[7] *Eb. Schmidt*, a. a. O., S. 15ff.

der Wirtschaftsordnung, insbesondere einer geltenden Marktordnung oder Preisregelung, erheblich zu beeinträchtigen, oder

2. der Täter die Zuwiderhandlung hartnäckig wiederholt, gewerbsmäßig, aus verwerflichem Eigennutz oder sonst verantwortungslos handelt und durch sein Verhalten zeigt, daß er das öffentliche Interesse an dem Schutz der Wirtschaftsordnung, insbesondere einer geltenden Marktordnung oder Preisregelung, mißachtet.

(2) In allen anderen Fällen ist die Zuwiderhandlung eine Ordnungswidrigkeit.

Zusammen mit dem oben wiedergegebenen § 1 des Gesetzes über Ordnungswidrigkeiten ist dies die grundlegende Bestimmung über die Abgrenzung des kriminellen und des verwaltungsmäßigen Wirtschaftsdelikts. Dementsprechend ist der Begriff des „Wirtschaftsstrafrechts" in einem weiteren, sowohl die Reaktion auf eigentliche Straftaten wie auch die auf Verwaltungswidrigkeiten umfassenden, Sinn zu verstehen.

Eine zusammenfassende Würdigung der viel umstrittenen Formel des § 3 WiStG kann hier, wo es sich in erster Linie um die Sanktionen handelt, nicht gegeben werden. Soviel erscheint indessen sicher: Auch bei schärfster theoretischer Abgrenzung der beiden Bereiche kommt der praktische Gesetzgeber nicht daran vorbei, daß die Sanktion der Geldbuße bei schweren und gefährlichen Zuwiderhandlungen gegen die staatliche Ordnung der Wirtschaft nicht ausreicht. So ist die Bestimmung des § 3 nicht nur von der Seite des Unrechts, sondern auch von der Seite der Rechtsfolge zu verstehen. Wegen ihrer besonderen Schärfe und Eindruckskraft ist die Kriminalstrafe in äußersten Fällen eben noch nicht entbehrlich.

An anderer Stelle ist im einzelnen dargetan worden, daß auch die Erscheinung dieser sog. Mischtatbestände, die bald Ordnungswidrigkeiten, bald Straftaten sind, und ihre differenzierten Rechtsfolgen mit der grundsätzlichen Staatsauffassung zusammenhängen[8]. Dem Wohlfahrts- und Polizeistaat entspricht es, das Justizstrafrecht und damit das Kriminalstrafrecht im Verwaltungsstrafrecht aufgehen zu lassen. Umgekehrt muß der liberale Staat als reiner Rechtsstaat die Sanktionen des Verwaltungsrechts völlig aus dem Strafrecht verweisen — wie *Feuerbach* es in der Tat wollte. Der soziale Rechtsstaat des Grundgesetzes der Bundesrepublik Deutschland muß als Rechtsstaat ebenfalls der Verwaltungswidrigkeit prinzipiell ein anderes Sanktionensystem zuweisen als dem Kriminalunrecht. Aber als sozialer Staat kann er, da zu seinen Grundaufgaben die sozial richtige Austeilung und Garantie der Rechtsgüter gehört, nicht mit dem strengen Entweder — Oder des Kriminalstrafrechts und des Rechts der Ordnungswidrigkeiten auskommen. Er braucht praktisch wie grundsätzlich zwischen beiden eine Zone echten Verwaltungs*straf*rechts. Dem Wesen des sozialen Rechtsstaats in der Prägung des Grundgesetzes entspricht daher die Dreiteilung in Verwaltungsrecht mit Ordnungssanktionen, Verwaltungsstrafrecht und

[8] Der Strafgesetzgeber und die Schuldlehre, JZ 56 S. 77ff.

Kriminalstrafrecht. § 3 WiStG gibt der Tatsache sinngemäß Ausdruck, daß die Verwaltungswidrigkeit durch ihr Ausmaß oder ihre Intensität zu einer schuldhaften Gefährdung von Rechtsgütern werden oder durch die Einstellung des Täters sozialethischen Unwert erhalten kann.

IV.

Die totalitären Staaten der Gegenwart und der jüngsten Vergangenheit haben die Konzeption eines besonderen Verwaltungsstrafrechts mit einem eigenen, nicht diffamierenden Sanktionensystem aus ihrer Struktur heraus schärfstens abgelehnt.

Über die Verwerfung oder Verfälschung der Lehren vom Verwaltungsstrafrecht in der nationalsozialistischen Zeit hat *Eb. Schmidt* berichtet[9]. An gleicher Stelle weist er darauf hin, daß es ein charakteristisches Zeichen für den totalitär-machtstaatlichen Charakter der sowjetzonalen Wirtschaftsstrafverordnung vom 23. 9. 1948 sei, daß nach ihr auch die Verwaltungsbehörden „kriminelle Geldstrafen" verhängen, und daß der Unterschied zwischen Wirtschaftsstraftat und Ordnungswidrigkeit, zwischen Kriminalstrafe und Ordnungs- (Verwaltungs-)Strafe abgelehnt wird. „Nationalsozialismus und Bolschewismus erweisen sich auch hier als eineiige Zwillinge"[10].

In der Tat zeigt die Praxis des Rechts und der Rechtspolitik auf dem Gebiet des Wirtschaftsstrafrechts und seiner Sanktionen im östlichen Gegenbild handgreiflich, bis zu welchen grundsätzlichen Tiefen das Problem hinabreicht.

„Hier (in der sowjetischen Besatzungszone) hat sich auf Grund der Veränderungen der ökonomischen Struktur . . . bereits das Bewußtsein dafür herangebildet, daß dort, wo es sich nicht um den Schutz der Individualsphäre des Einzelnen, sondern um den Schutz überindividueller, die Gesamtheit angehender Interessen handelt, die eigentliche Arbeit der Strafjustiz zu leisten ist, weil die allgemeinen Rechtsgüter schutzwürdiger sind als die individuellen. Hier hat man erkannt, daß . . . jeder Staat ein Instrument zur Ausübung der Macht durch die in einer bestimmten Gesellschaftsordnung herrschenden Kräfte ist . . .". „Alle Verstöße gegen die Wirtschaftsordnung als die Grundlage unserer gesamten gesellschaftlichen und politischen Entwicklung sind wirkliches kriminelles Unrecht . . . auch leichte Verstöße gegen die Wirtschaftsordnung bleiben echtes kriminelles Wirtschaftsunrecht, und es geht nicht an, sie als bloße Ordnungswidrigkeiten zu bezeichnen, über die ein ethisches Unwerturteil eigentlich gar nicht gesprochen werden dürfte"[11].

---

[9] A. a. O., S. 12ff., 21ff., 42ff.

[10] *Eb. Schmidt*, a. a. O., S. 25, Anm. 3.

[11] So *W. Weiß* in der sowjetzonalen „Neuen Justiz" 1949 S. 49, 53ff. über „Wesen und Bedeutung des Wirtschaftsstrafrechts" in einer Polemik gegen *Eb. Schmidt*, den Weiß als „Apologeten der bestehenden Gesellschaftsordnung" bekämpft.

Folgerichtig verteidigt man[12] — wenn auch natürlich unter Distanzierung vom „Faschismus" — ein wirtschaftsstrafrechtliches Sanktionensystem, das mit dem des Nationalsozialismus mindestens drei entscheidende Züge gemeinsam hat: Erstens die Bedrohung der Wirtschaftsdelikte mit schweren, diffamierenden Kriminalstrafen als Ausdruck der Auffassung, daß der einzelne nichts, die Gemeinschaft bzw. Gesellschaft alles ist. Zweitens Strafrahmen und Strafmittel, die nicht nur von dem ausgesprochenen Strafzweck rücksichtsloser Generalprävention bestimmt sind, sondern darüber hinaus durch ihre Dauer und Schwere den gesellschaftlichen und wirtschaftlichen Existenzverlust der zu treffenden Einzelpersonen oder ganzen Schichten ermöglichen (langjährige Zuchthausstrafen als Mindeststrafen, wie in der bisherigen Fassung des § 2 Handelsschutzgesetz vom 21.4.1950, obligatorische Vermögenseinziehung nach der gleichen Vorschrift und gemäß § 1 der WirtschaftsstrafVO vom 23. 9. 1948, Betriebsschließung oder Sequestrierung schon als Folge bloßer Formaldelikte gemäß § 14 WiStrVO). Drittens die Überantwortung der Strafgewalt in weitestem Umfang an die Verwaltungsbehörden. Deren Strafbann wurde allerdings unter dem Eindruck des 17. 6. 1953 wieder etwas eingeschränkt. Aber das besagt wenig. Denn „von der neuen demokratischen Verwaltung kann erwartet werden, daß auch bei ihr sachgemäße und gerechte Entscheidungen ergehen"[13] und andererseits sind auch die Richter wie alle anderen Funktionäre zur „Parteilichkeit" angehalten. „In ihr (der Rechtsprechung der Gerichte) verwirklichen sich in besonderen speziellen Formen die Funktionen der Arbeiter- und Bauernmacht". „Die richtige, durch das Gesetz geforderte Entscheidung muß parteilich begründet werden". „Die große Mehrheit des Volkes steht hinter den parteilichen Entscheidungen der Gerichte"[14].

V.

Demgegenüber hat man aus dem gleichen Grunde — eben weil die Frage in die letzten Entscheidungen über das Wesen von Staat und Recht hineinführt — *in der Bundesrepublik von je her in den Sanktionen des Wirtschaftsstrafrechts ein besonders Problem gesehen.* Denn in schärfstem Gegensatz zu der soeben wiedergegebenen Theorie ist das Recht nach dem Grundgesetz der Bundesrepublik nicht Ausdruck der Staatsmacht und der Staatsraison. Vielmehr setzt die Rechtsidee in ihrer auf die Würde des Menschen gegründeten Unantastbarkeit und Eigengesetzlichkeit ihrerseits der Macht des Staates unübersteigbare Grenzen. Dies gilt gerade da, wo die Staatsraison, verkörpert durch Initiative und Expansion der Verwaltung, geneigt wäre, sich über sie hinwegzusetzen.

---

[12] *Weiß* a. a. O.

[13] *Weiß*, NJ 1948 S. 187.

[14] Aus: „Gericht und Rechtsprechung in der DDR", Herausgeber: Ministerium d. Justiz.

Daß das Feld der Wirtschaftsverwaltung mit seinen zwangsläufigen Versuchungen zum Dirigismus zu diesem kritischen Gebiet in allererster Linie gehört, ist gar nicht zu übersehen. Nach dem Geist und dem klaren Wort der Grundrechtsartikel des Grundgesetzes ist der Staat nicht Herr des Rechtes, sondern sein erster Diener. Nicht in letzten Endes naturrechtlichen Auffassungen über den Charakter des Delikts, sondern in der klaren Entscheidung des Verfassungsgesetzes findet daher die Wirtschaftsgesetzgebung und das Sanktionensystem der Ordnungswidrigkeiten auf diesem Gebiet ihre Stütze. Der Gesetzgeber ist von dem Bewußtsein durchdrungen, nicht nach Belieben Strafe festsetzen zu können, sondern in jedem Fall gebunden zu sein an das, was an sittlichem Wertempfinden im Volke lebendig ist, wenn er ein bestimmtes Verhalten unter Strafe stellen will. Ausgangspunkt war dabei für die Gesetzgebung die Überzeugung, daß der echten Kriminalstrafe ein sozialethisch diffamierender Charakter unablösbar zu eigen ist. Sozialethik aber kann man nicht machen, man kann nur an sie anknüpfen und sie allmählich zu entwickeln und zu verfeinern suchen. Dies kann gerade nicht durch das heteronome Muß einer Strafdrohung geschehen. Denn so würde man den Kern der Sozialethik, die innere Anerkennung und Freiwilligkeit der Befolgung, die Loyalität gegenüber der Norm als sozialpsychologischem Faktor und sozialethischer Substanz zerstören[15].

Der Gesetzgeber kann nach dieser Grundauffassung sinnvoll vielmehr nur an die allgemeine Pflicht des Staatsbürgers zur Disziplin und zur Einsicht in die Notwendigkeit unverzichtbarer Ordnungs- und Regelungsvorschriften appellieren. Der Ungehorsam gegen solche Ordnungsbestimmungen als solcher, nicht ein Verhalten, das schon an und für sich in jedem Falle sittlich zu mißbilligen wäre, ist der einzig sinnvolle Ansatz für eine Sanktion. Deren Eigenart und deren Begrenzung ist dann aber an diesen bloß sekundären und formalen Unrechtscharakter gebunden und durch ihn qualitativ wie quantitativ in engere Grenzen verwiesen als sie der Kriminalstrafe in deren eigentlichem Raum zur Verfügung stehen.

Die moderne deutsche Wirtschaftsstrafgesetzgebung ist sich dieser Problematik voll bewußt. Dies ist insbesondere in der hochbedeutsamen neuen Kartellgesetzgebung durch das Gesetz gegen Wettbewerbsbeschränkungen v. 27. 7. 1957 (BGBl. I S. 1081) zum Ausdruck gekommen.

Die amtliche Begründung zur Kartellgesetzvorlage zeigt das klare Bewußtsein des Gesetzgebers von der doppelten Art der Unrechtsbegründung: man entschied sich für die Beschränkung auf Ordnungsbußen, weil bisher „weder in der deutschen Öffentlichkeit noch in den beteiligten Wirtschaftskreisen ein lebendiges Bewußtsein davon ver-

[15] Vgl. dazu die — hier nicht durchweg geteilten — Ausführungen zum Wesen und zur Begrenzung der Strafe und ihrer Möglichkeiten bei *Coing*, Grundzüge der Rechtsphilosophie, S. 205ff.

breitet ist, daß wettbewerbsbeschränkende Verträge und Geschäftspraktiken unerlaubt und ethisch verwerflich seien" und „weil Zuwiderhandlungen gegen das Gesetz in weiten Kreisen nur als kaufmännisch unlauteres Verhalten und als Verstoß gegen gewisse Ordnungsprinzipien der Wettbewerbswirtschaft aufgefaßt werden".

Hierin zeigt sich zugleich die neue Auffassung vom Rechtsstaat, die ebenfalls auf einer Entscheidung des Grundgesetzes beruht, nämlich auf seinem Bekenntnis zum „sozialen Rechtsstaat" (vgl. z. B. Art. 28)[16].

Im 19. Jh. war, jedenfalls in Deutschland, der Rechtsstaatsbegriff überwiegend im Sinne verfahrensmäßiger Garantien, als „Rechtswegstaat", entwickelt worden. Heute ist über die Gewähr der gerichtlichen Nachprüfung von Verwaltungsentscheidungen hinaus die inhaltliche, materiale Gestaltung der Staatsakte, insbesondere auch der Gesetze, in die bindenden und begrenzenden Postulate der Rechtsstaatsidee einbezogen[17].

An der deutschen Entwicklung der letzten Jahre lassen sich hiernach zwei Grundphänomene aufzeigen:

1. die enge Verbindung zwischen der Auffassung des Wirtschaftsstrafrechts und seiner Stellung im Rechtssystem mit den Grundauffassungen von Recht und Staat überhaupt,

2. die ebenso unauflösliche Verbindung und gegenseitige Abhängigkeit von Normen- und Sanktionensystem im Wirtschaftsstrafrecht.

VI.

Die vorliegende Darstellung hat sich im wesentlichen auf das deutsche Recht zu beschränken und erhebt nicht den Anspruch, eine Übersicht über *das Recht anderer Staaten* zu geben.

Doch läßt sich, wenn man einige besonders markante Gestaltungen herausgreift, feststellen, daß, bei noch so verschiedener positivrechtlicher Gestaltung im einzelnen, dennoch dieselben Grundzüge, wenn auch in verschiedenster Gewandung, immer wiederkehren.

Österreich hat bereits am 1.7.1925 ein Verwaltungsstrafgesetz erlassen, das am 31. 8. 1950 wieder verlautbart worden ist (BGBl. für die Republik Österreich 1950, S. 711ff., 729ff.). Allerdings sind gegen das Sanktionensystem dieses Gesetzes in Deutschland von Anfang an grundsätzliche Einwendungen erhoben worden[18]. Nach der Neufassung sind als Freiheitsstrafen Arrest und Hausarrest vorgesehen. Wieweit diese Strafen

---

[16] Eingehend darüber die vortreffliche Schrift von *Chr. Fr. Menger*, Der Begriff des sozialen Rechtsstaates im Bonner Grundgesetz, Recht und Staat, Heft 173 (1953).

[17] Näheres hierzu in meinem Vortrag „Der Rechtsstaat als Zentralbegriff der neuesten Strafrechtsentwicklung" auf der Berliner Kundgebung 1952 des Dt. Juristentages (*J. C. B. Mohr*, Tübingen, 1952).

[18] Vgl. z. B. *Erik Wolf*, a. a. O., S. 584, Anm. 2.

auch im Bereich des Wirtschaftsstrafrechts angedroht sind, kann hier nicht verfolgt werden.

Besonders scharf und treffend hat die *französische* Strafrechtswissenschaft die Besonderheit der Wirtschaftsdelikte gekennzeichnet.

In einem Vortrag „Autonomie und Orthodoxie eines Rechtsgebietes" hat Mazard, Procureur de la République adjoint près le Tribunal de la Seine, auf der Tagung der deutsch-französischen Juristenvereinigung in Frankfurt am 21. 5. 1956 ausgeführt:

„Das Wirtschaftsdelikt ist ein künstliches Delikt. Das natürliche Delikt enthüllt die fehlende Moral des Täters (Diebstahl — Sittlichkeitsverbrechen — Verleumdung). Das künstlich geschaffene Delikt verrät den Mangel an Bürgersinn dessen, der es begeht. Das Wirtschaftsdelikt verletzt die Wirtschaftsordnung; es handelt sich also um Ungehorsam gegenüber behördlichen Anordnungen, die der geltenden Wirtschaftsordnung entspringen oder ihrer Organisierung dienen. Die weiter oben entwickelten Merkmale des Wirtschaftsrechts finden sich auch in dem Bereich des Wirtschaftsstrafrechts. Wie soll man das umständebedingte, kurzlebige und oft widersprüchliche positive Wirtschaftsrecht in Einklang bringen mit der Objektivität und der langen Dauer, deren das Strafgesetz bedarf, um Anspruch auf Moralität erheben zu können?"

Auch in den *Vereinigten Staaten* ist die normative Besonderheit der Wirtschaftsstraftaten grundsätzlich anerkannt. Das Oberste Bundesgericht hat die Klasse der „Ordnungsstrafgesetze" wiederholt begrifflich umrissen. Zu dieser Gruppe gehören die Polizei- und Wirtschaftsstraftaten, die legislativ dem common law später zugefügt worden sind[19].

In der *Schweiz* ist man sich ebenfalls des besonderen Charakters der Wirtschaftsstraftaten durchaus bewußt. Dies gilt namentlich für den normativen Ansatzpunkt, daß die hier geregelten Handlungen keinesfalls grundsätzlich sittlicher Mißbilligung unterliegen, daß sich ihr Unrechtsgehalt vielfach auf die Mißachtung von Anordnungen oder Verfügungen der zuständigen Behörden beschränkt und daß gegenüber den im großen und ganzen unwandelbaren Tatbeständen des eigentlichen Kriminalstrafrechts, die an die vorgegebene sittliche Ordnung anknüpfen, hier ein vielfach ephemeres, immer aber auf Zeit und Veränderlichkeit gestelltes, reines Zweck- und Schutzrecht vorliegt, das nicht abgelöst werden kann von den Einzelheiten der positivrechtlichen Ordnung, mit der es steht und fällt[20].

---

[19] Vgl. *Gerhard O. W. Müller*, Das amerikanische Bundesstrafrecht, Zeitschr. f. d. gesamte Strafrechtswissenschaft, Berlin 1952, Bd. 69 S. 322ff.

[20] Vgl. hierzu neuestens *Peter Noll*, Die neueren eidgenössischen Nebenstrafgesetze unter rechtsstaatlichen Gesichtspunkten, Schw. Ztschr. f. Strafrecht 1957, Bd. 72 S. 361ff.

VII.

Aus der Erkenntnis der Besonderheiten des Verwaltungsstrafrechts werden freilich keineswegs immer die notwendigen Folgerungen gezogen.

In Deutschland ist die hier in der Praxis so ungeheuer wichtige Irrtumsfrage zwar vom Gesetzgeber frühzeitig erkannt worden. Mitten im ersten Weltkriege erging bereits die damals revolutionär wirkende Irrtumsverordnung v. 18. 1. 1917, die in vollem Gegensatz zur festbegründeten Rechtsprechung des Reichsgerichts im Bereich des Kriegswirtschaftsrechts die Anerkennung des Rechtsirrtums aussprach.

In der neuesten Zeit haben aber ein großer Teil der Literatur und auch vereinzelte Entscheidungen des Bundesgerichtshofs den grundlegenden Unterschied übersehen, der zwischen den Fällen besteht, in denen der Täter das sittliche Werturteil verfehlt hat, auf dem im echten Kriminalstrafrecht das Schuldurteil beruht, und den Fällen, in denen er, wie gerade im Wirtschaftsstrafrecht, irgendeine positive Regelung eines bis dahin vielleicht völlig freien und unbeanstandeten Verhaltens nicht zur Kenntnis genommen hat. Das schlechte Gewissen bei einer kriminellen, unrechtstypischen Tat und die mangelhafte Orientierung über die staatliche Ordnung des Wirtschaftslebens unter Schuldgesichtspunkten gleichzusetzen ist aber schlechterdings unzulässig[21].

Noch mehr verkannt wird offenbar die Notwendigkeit, Verbotsirrtümer auf diesem Gebiet besonders zu berücksichtigen, in der Rechtsprechung der nordamerikanischen Gerichte. Wie *G. O. W. Müller* berichtet, wird bei den „Ordnungsstrafgesetzen", also auch bei Wirtschaftsstraftaten, wenn hier im Gesetzestext subjektive Tatbestandsmerkmale fehlen, von den Gerichten angenommen, daß der Gesetzgeber eine Erfolgshaftung niederlegen wollte. „Das bedeutet, daß sowohl im Bundesstrafrecht als auch im Strafrecht der großen Mehrzahl der Staaten eine mißverstandene Zweckmäßigkeitsphilosophie mit der schuldlosen Strafhaftung weiteren Unfug treiben darf. Innerhalb der Klasse der Ordnungswidrigkeiten und Polizeistraftaten werden also täglich ethisch-sittlich ungerechtfertigte Schuldsprüche gefällt. Der betroffene Kaufmann, Drogist, Fabrikant usw., sieht sich gezwungen, Geldstrafen für derartige Gesetzesverletzungen, die ja unvermeidlich waren, als regelmäßige Geschäftsunkosten anzusehen und durch Preiserhöhungen auf den Verbraucher abzuwälzen. Eine Strafhaftung, die den Tatsachenirrtum trotz Sorgfalt nicht als Entschuldigungsgrund anerkennt, veranlaßt dadurch die dem Gesetz unterworfenen Personen zur Aufgabe der Sorgfalt. Weshalb hat nun eine derartige Regel noch nicht zum öffentlichen Massenprotest geführt? Die Strafen sind fast durchweg geringfügiger Art. Die betroffenen beruflichen Interessengruppen, z. B. Drogisten, werden sich erst jetzt langsam dieser Rechtsanomalie bewußt"[22].

[21] Vgl. darüber im einzelnen die oben Note 4 angeführten Arbeiten.

[22] *Müller* a. a. O., S. 324.

Wenn zuvor festgestellt wurde, daß das Sanktionensystem mit dem Normensystem des Wirtschaftsstrafrechts in unlöslichem Zusammenhang steht, so soll damit nicht behauptet werden, daß nur die Herausbildung eines besonderen Sanktionensystems, wie es das deutsche Bundesrecht im Gesetz über Ordnungswidrigkeiten von 1952 geschaffen hat, dem Wesen des Wirtschaftsstrafrechts unter rechtsstaatlichen Gesichtspunkten und im Geist der freiheitlichen Demokratie entspreche. Auch für die deutschen Verhältnisse war vielmehr darauf hinzuweisen, daß der Gesetzgeber im Bereich des Wirtschaftsstrafrechts mit den besonderen Sanktionen nicht auskommt, sondern auch echte Wirtschaftsstraftaten mit der Kriminalstrafe als Sanktion vorsehen muß.

Von Interesse ist hier die andersartige Gestaltung der schweizerischen Gesetzgebung, die mit den allgemeinen Sanktionen, wie sie das Kriminalstrafrecht vorsieht, auch das Wirtschaftsstrafrecht ausstattet. Es zeigt sich nämlich, daß hier die Natur der Sache gleichsam unaufhaltsam durchbricht und trotz der dem deutschen System entgegengesetzten Struktur der Sanktionen doch zu Konzessionen nötigt, welche im Ergebnis die kriminellen Strafen in diesem Bereich ihrer diffamierenden Wirkung weitgehend entkleiden. So werden in verschiedenen Wirtschaftsstrafrechtsbestimmungen die sonst zwingenden Vorschriften, daß Verurteilungen wegen Vergehen in das Strafregister einzutragen sind, in das Ermessen des Richters gestellt. Ebenso wirkt der Widerruf des bedingten Strafvollzuges hier nicht zwingend. Offenbar war, wie *Noll* darlegt, der Gesetzgeber bestrebt, dem Täter den sittlichen Mangel der Vergehensstrafe teilweise zu ersparen, wo diese bloße Zweckstrafe darstellt. Ferner wird das System der Kriminalstrafen durch eigenartige Sanktionen, die anscheinend nur im Wirtschaftsstrafrecht vorkommen, erweitert. So können geringfügige Zuwiderhandlungen gegen die Bestimmungen über die Brotgetreideversorgung des Landes mit Verwarnung geahndet werden. An anderer Stelle wird im Landwirtschaftsgesetz in leichten Fällen der Verstoß statt mit Buße mit Verweis geahndet. Mit Recht bemerkt *Noll*[23], daß diese Rechtsfolgen keine eigentlichen Strafen mehr darstellen und es zum mindesten zweifelhaft ist, ob die Verwarnung als materielle Rechtsfolge oder bloße prozessuale Maßnahme anzusehen ist.

Im übrigen hat aber die grundsätzliche Übernahme des allgemeinen Sanktionensystems auf das Wirtschaftsstrafrecht in der Schweiz auch erhebliche Kritik unter rechtsstaatlichem Gesichtspunkt hervorgerufen. So wird beanstandet, daß Handlungen, die durchweg keiner sittlichen Mißbilligung unterliegen, wie etwa die Verletzung der Pflicht zur Vorratshaltung oder zur Rechenschaftsablegung gegenüber der Getreideverwaltung, an den Müllern sogar bei Fahrlässigkeit bis zu drei Jahren Gefängnis geahndet wird, während umgekehrt im Landwirtschaftsgesetz

[23] A. a. O. S. 373.

eine betrugsähnliche und also kriminelle Handlung nur mit Haft oder Buße bestraft wird[24]. Grundsätzlich wird gegenüber dem uneinheitlichen Rechtszustand gefordert, daß nur für Handlungen, die sittlicher Mißbilligung unterliegen, Verbrechens- und Vergehensstrafe, für die übrigen höchstens Übertretungsstrafe angeordnet werden sollte, und auch dies nur dann, wenn der gesetzgeberische Zweck sich nicht durch andere Mittel als Strafe erreichen läßt[25]. Die Begründung für diese Reformvorschläge zum Sanktionensystem knüpft bezeichnenderweise wieder an die Eigenart der Normen an, mit denen sich die Gesetzgebung solcher Gebiete ordnend bemächtigt hat, in denen früher mehr oder weniger frei die Willkür der einzelnen schaltete. Diese Eingriffe führen vor allem zu einem wirtschaftlichen Interventionismus. Der weitaus größte Teil aller Straftatbestände der neueren schweizerischen Nebenstrafgesetzgebung bezweckt den Schutz wirtschaftlicher Maßnahmen der Verwaltung. Alle diese Normen sind sittlich völlig indifferent. *Noll* wirft im Anschluß hieran die Frage auf, ob nicht angesichts der Möglichkeit, durch andere Formen des Verwaltungszwangs, wie Ersatzvornahme oder Entzug von Bewilligungen und Kürzung von Beiträgen, den gleichen Zweck zu erreichen, überhaupt auf Strafdrohungen hätte verzichtet werden können. Er weist darauf hin, daß vereinzelt solche außerstrafrechtlichen Rechtsfolgen ausdrücklich statuiert werden, so z. B. wenn das Bundesgesetz v. 3. 10. 1951 über die Bildung von Arbeitsbeschaffungsreserven auf Zwangstrafe vollständig verzichtet, vielmehr diejenigen Unternehmen, welche die gewünschten Reserven bilden, mit Steuererleichterungen belohnt[26].

Hier kommt der Gedanke der Wiedervergeltung in bonam partem einmal zu glücklichem und anscheinend auch praktikablem Ausdruck.

VIII.

Es würde zu weit führen und ist auch nicht Aufgabe einer Untersuchung, die sich auf grundsätzliche und damit gemeinsame Fragen beschränkt, die *technische Ausgestaltung* der verschiedenen Sanktionen des Wirtschaftsstrafrechts im einzelnen darzulegen. Immerhin sei vermerkt, daß das deutsche Wirtschaftsstrafrecht zunächst, als es in den Notjahren weit und tief in die Privatsphäre eingreifen mußte, eine Reihe von Nebenfolgen, nämlich Berufsverbot, Betriebsschließung oder -einschränkung und öffentliche Bekanntmachung der Bestrafung vorgesehen hat (§§ 33—38, 53 und 56 WiStG 1949). Diese besonderen Sanktionen sind durch die verkürzte und eingeschränkte Neufassung des Wirtschaftsstrafgesetzes von 1954 entfallen.

An Besonderheiten gegenüber dem allgemeinen Strafrecht ist hervorzuheben, daß nach § 7 WiStG die Einziehung entsprechend den §§ 17—26

[24] *Noll*, S. 377 a. a. O., auch über die Gründe dieser auffälligen Unstimmigkeit.
[25] *Noll*, S. 374 a. a. O.
[26] Vgl. *Noll*, a. a. O., S. 375ff.

des Gesetzes über Ordnungswidrigkeiten geregelt ist, somit die allgemeine Regelung der §§ 40, 42 StGB ausgeschlossen wird. Jedoch ist die Einziehung nur zulässig, nicht zwingend vorgeschrieben.

Von großer praktischer Bedeutung ist die durch § 8 WiStG vorgesehene Abführung des Mehrerlöses. Danach ist, wenn der Täter durch eine Zuwiderhandlung gegen Preisvorschriften einen höheren als den zulässigen Preis erzielt hat, anzuordnen, daß er den Unterschiedsbetrag zwischen dem zulässigen und dem erzielten Preis (Mehrerlös) an das Land abführt, soweit er ihn nicht bereits auf Grund einer rechtlichen Verpflichtung zurückerstattet hat. Die Abführung kann auch bei bloß objektivem Verstoß angeordnet werden. Im Fall einer unbilligen Härte sind erleichternde Bestimmungen anwendbar.

Über die Rechtsnatur der Abführung des Mehrerlöses herrscht Streit[27], auf den hier nicht näher eingegangen werden kann.

Auch die Berechnung des Mehrerlöses und die hier zugrundezulegenden Maßstäbe sind in der Rechtsprechung sehr umstritten.

Statt der Abführung kann auf Antrag des Geschädigten die Rückerstattung des Mehrerlöses an ihn angeordnet werden, wenn sein Rückforderungsanspruch gegen den Täter begründet erscheint (§ 9 WiStG). Die Abführung des Mehrerlöses kann auch selbständig angeordnet werden (§ 10 WiStG).

Die ganz überwiegende Sanktion bei Zuwiderhandlungen gegen wirtschaftsregelnde Bestimmungen ist die Geldbuße des Gesetzes über Ordnungswidrigkeiten, die nach dem erklärten Willen des Gesetzgebers keinen Strafcharakter trägt. Sie beträgt im Normalfall (§ 5 OWG) mindestens zwei, höchstens 1000 DM. Doch können die einzelnen Gesetze etwas anderes bestimmen. So ist im Kartellgesetz Geldbuße bis zu 100 000 DM vorgesehen.

Die Geldbuße soll das Entgelt, das der Täter für die Ordnungswidrigkeit empfangen und den Gewinn, den er aus der Ordnungswidrigkeit gezogen hat, übersteigen. Reicht das gesetzliche Höchstmaß hierzu nicht aus, so darf es überschritten werden (§ 6 OWG). Die Verfolgung von Ordnungswidrigkeiten steht unter dem Opportunitätsprinzip (§ 7 OWG). In Fällen von geringer Bedeutung kann an die Stelle einer Geldbuße eine schriftliche Verwarnung treten (§ 8 OWG).

Von grundsätzlicher Bedeutung ist die Bestimmung des § 5 WiStG über die Verletzung der Aufsichtspflicht. Wird in einem Betrieb eine durch das Wirtschaftsstrafgesetz mit Strafe oder Geldbuße bedrohte Handlung begangen, so kann gegen den Inhaber oder Leiter und, wenn dieser eine juristische Person oder eine Personengesellschaft des Handelsrechts ist, auch gegen diese eine Geldbuße bis zu 50 000 DM festgesetzt werden, wenn der Inhaber oder Leiter oder der zur gesetzlichen Vertretung Berechtigte vorsätzlich oder fahrlässig seine Aufsichtspflicht verletzt hat

[27] Vgl. *Gerner-Winckhler*, Wirtschaftsstrafgesetz 1954, § 8 Vorbem.

und der Verstoß hierauf beruht. Hierzu tritt die auch in der Schweiz häufige Sonderregelung über die Strafbarkeit der Organe juristischer Personen[28]. Im deutschen Strafrecht ist eine allgemeine Strafbarkeit der vertretungsberechtigten Organe einer juristischen Person bisher nicht vorgesehen, sie wird jedoch in § 14 des Entwurfs eines Strafgesetzbuchs nach den Beschlüssen der Großen Strafrechtskommission in erster Lesung (Dez. 1956) vorgeschlagen. Diese Bestimmung würde gegebenenfalls im Wirtschaftsstrafrecht besondere Bedeutung erlangen.

IX.

Die vorliegende Darstellung mußte sich schon aus Raumgründen auf das materielle Wirtschaftsstrafrecht beschränken. Nicht behandelt werden konnte das Problem, das sich daraus ergibt, daß in mehr oder weniger großem Umfang *die Ahndung von Wirtschaftsdelikten Verwaltungsbehörden überlassen wird*[29]. Auch diese Frage führt tief in die Staatsgrundsätze und namentlich die Probleme des Rechtsstaats hinein. Es muß hier genügen, auf den Gegensatz hinzuweisen, der beispielsweise zwischen der Auffassung der Verwaltung in der deutschen Sowjetzone und der Konvention zum Schutz der Menschenrechte besteht. Für die erstere erklärt *Weiß*[30], daß die neue demokratische Verwaltung, die in der sowjetischen Besatzungszone nach der Zerschlagung des alten Beamtenapparates aufgebaut worden sei, die genügende Gewähr für eine gerechte Handhabung des Wirtschaftsstrafrechts auch im Wirtschaftsstrafverfahren biete. Das ist besonders bemerkenswert, weil es sich nach der dort vertretenen Auffassung auf der ganzen Linie im Wirtschaftsstrafrecht um echte Kriminaldelikte und nicht etwa nur um Ordnungswidrigkeiten handelt.

Dem steht die Auffassung der Konvention zum Schutz der Menschenrechte gegenüber, die grundsätzlich auch in diesem Bereich die Judikatur von Verwaltungsbehörden ausschließt. Auch gegenüber dem österreichischen Verwaltungsstrafrecht und -verfahren weist die Literatur bereits auf die Bedeutung dieser Grundsatzerklärung der Konvention hin[31].

[28] Übersicht bei *Noll*, a. a. O., S. 379, Note 4.

[29] Zu der sich hieraus ergebenden Spannung zwischen den Begriffen des nichtkriminellen Unrechts und des Verwaltungsunrechts — einer Divergenz, die sich wiederum besonders im Wirtschaftsstrafrecht auswirkt — vgl. Materialien zur deutschen Strafrechtsreform Bd. 2 (Zusammenstellung der rechtsvergleichenden Arbeiten), S. 249ff.: *Schottelius*, Die Trennung zwischen kriminellem Unrecht und Verwaltungsunrecht, bes. S. 250 und S. 261.

[30] a. a. O.

[31] „Nach der Konvention zum Schutz der Menschenrechte vom 4. 2. 1950 wird der Gesetzgeber nicht mehr befugt sein, Strafbefugnisse den Verwaltungsbehörden einzuräumen." *Rittler*, Lehrbuch, S. 36, Fußnote 1.

GEISTESWISSENSCHAFTEN

BRESSLAU, H. Handbuch der Urkundenlehre für Deutschland und Italien. 2 Bände. 2./3. Auflage. 1958. Ganzleinen DM 136,—

BREYSIG, K. Die Geschichte der Menschheit. 5 Bände. Groß-Oktav. 1955. Je Band Ganzleinen DM 30,—

BÜHLER, J. Deutsche Geschichte. 5 Bände. Groß-Oktav. Ganzleinen DM 123,—

DORNSEIFF, F. Der deutsche Wortschatz nach Sachgruppen. 5., völlig neubearbeitete Auflage mit Generalregister. Groß-Oktav. Etwa 900 Seiten. 1958. Ganzleinen etwa DM 35,—

HARTMANN, N. Kleinere Schriften. 3 Bände. Groß-Oktav. Ganzleinen. I: Abhandlungen zur systematischen Philosophie. VIII, 318 Seiten. 1955. DM 26,—; II: Abhandlungen zur Philosophie-Geschichte. IV, 364 Seiten. 1957. DM 28,—; III: Vom Neukantianismus zur Ontologie. VI, 395 Seiten. 1958. DM 30,—

HOFFMANN, E. T. A. Poetische Werke. Mit Federzeichnungen von Walter Wellenstein. 12 Bände. Oktav. Ganzleinen.
Bereits erschienen: Band 1—3, 5—8. *Sonderprospekt aller Bände auf Anforderung.*

KLUGE, F. Etymologisches Wörterbuch der Deutschen Sprache. 11. bis 16. Auflage von Alfred Götze. 17. Auflage, unter Mithilfe von Alfred Schirmer bearbeitet von Walther Mitzka. Lexikon-Oktav. XVI, 900 Seiten. 1957. Ganzleinen DM 35,—

KÜRSCHNERS Deutscher Literatur-Kalender 1958. Herausgegeben von Werner Schuder. Oktav. XIV, 958 Seiten. 1958. Ganzleinen DM 52,—

KÜRSCHNERS Deutscher Musiker-Kalender 1954. Zweite Ausgabe des deutschen Musiker-Lexikons. Hrsg. Hedwig und E. H. Mueller von Asow. Oktav. XI Seiten, 1702 Spalten. 1954. Ganzleinen DM 42,—

KÜRSCHNERS Biographisches Theater-Handbuch. Schauspiel — Oper — Film — Rundfunk. Deutschland · Österreich · Schweiz. Hrsg. von Dr. Herbert A. Frenzel und Prof. Dr. Hans Joachim Moser. Oktav. XII, 840 Seiten. 1956. GanzleinenDM 58,—

DIE DEUTSCHE LITERATUR DES MITTELALTERS. VERFASSER-LEXIKON. Begründet von Wolfgang Stammler, hrsg. von Karl Langosch. Groß-Oktav. 5 Bände. 1933—1955. Ganzleinen DM 319,50

LÜTHI, M. Shakespeares Dramen. Groß-Oktav. 474 Seiten. 1957. Ganzleinen DM 20,—

STROH, F. Handbuch der germanischen Philologie. Lexikon-Oktav. XX, 820 Seiten mit 82 Abbildungen im Text und auf Tafeln. 1952. Ganzleinen DM 32,—

TRÜBNERS DEUTSCHES WÖRTERBUCH. Begründet von Alfred Götze. In Zusammenarbeit mit Eduard Brodführer und Alfred Schirmer herausgegeben von Walther Mitzka. 8 Bände. Quart. Ganzleinen DM 342,—

WAIS, K. Französische Marksteine. Von Racine bis Saint-John Perse. (Gesammelte Aufsätze) Groß-Oktav. 372 Seiten. 1958. Ganzleinen DM 24,—

WITTLICH, B. Angewandte Graphologie. 2., verbesserte und ergänzte Auflage. Oktav. 315 Seiten mit 90 Abbildungen und 10 Tafeln. 1952. Ganzleinen DM 15,—

WUSTMANN, G. Sprachdummheiten. Erneuerte 13. Auflage von W. Schulze. Oktav. XII, 388 Seiten. 1955. Ganzleinen DM 9,80

ZAHN-HARNACK, A. von, Adolf von Harnack. 2. Auflage. Oktav. XIII, 453 Seiten. 1951. Ganzleinen DM 16,80

FSC
www.fsc.org
MIX
Papier | Fördert gute Waldnutzung
FSC® C083411

Kolibri 360 GmbH
Ferdinand-Jühlke-Straße 7
99095 Erfurt, Deutschland
produktsicherheit@kolibri360.de